深圳文化蓝皮书

Blue Book Of Shenzhen's Culture 2015

文化治理现代化与文化发展新常态

主编 彭立勋

2015

中国社会科学出版社

图书在版编目（CIP）数据

深圳文化蓝皮书.2015：文化治理现代化与文化发展新常态/彭立勋主编.—北京：中国社会科学出版社，2015.4
ISBN 978-7-5161-5909-5

Ⅰ.①深… Ⅱ.①彭… Ⅲ.①地方文化—文化事业—白皮书—深圳市—2015 Ⅳ.①G127.653

中国版本图书馆 CIP 数据核字(2015)第 069697 号

出 版 人　赵剑英
责任编辑　卢小生
责任校对　周晓东
责任印制　戴　宽

出　　版　中国社会科学出版社
社　　址　北京鼓楼西大街甲 158 号（邮编　100720）
网　　址　http://www.csspw.cn
发 行 部　010-84083635
门 市 部　010-84029450
经　　销　新华书店及其他书店

印　　刷　北京君升印刷有限公司
装　　订　廊坊市广阳区广增装订厂
版　　次　2015 年 4 月第 1 版
印　　次　2015 年 4 月第 1 次印刷

开　　本　710×1000　1/16
印　　张　25.5
插　　页　2
字　　数　418 千字
定　　价　78.00 元

《深圳文化蓝皮书》

编 委 会

目 录

总报告

文化治理现代化研究

文化体制创新研究

公共文化服务研究

文化产业发展研究

行业与区域研究

借鉴与参考

CONTENTS

GENERAL REPORT

STUDIES OF MODERNIZATION OF CULTURAL ADMINISTRATION

STUDIES OF INNOVATIONS IN CULTURAL SYSTEM

STUDIES OF PIBULIC CULTURAL SERVICE

STUDIES OF DEVELOPMENT OF CULTURAL INDUSTRIES

STUDIES OF TRADES AND REGIONS

For Reference

总　报　告

推进文化治理现代化　实现新常态下文化新发展

总报告课题组

一　2014年深圳文化发展回顾

2014年，是全面深化改革的开局之年，也是深圳打造“文化发展升级版”重要的一年。全市深入推动文化强市建设，在城市特色文化发展、文化体制改革、公共文化服务体系建设、文化产品创作生产、文化产业发展等方面均取得了新的进展。

（一）城市特色文化的发展和影响

在城市文化运营规划与发展方面，深圳积极发挥国家立场对本地文化发展的指导和推动作用，把握城市文化发展的关键期，以特色文化引领城市创新发展。深圳一直在“设计之都”及“全球全民阅读典范城市”两个特色领域进行深耕细作，每年一度的读书月和“创意十二月”早已成为市民最喜爱的文化品牌活动，城市阅读风尚及创意氛围日趋浓厚。2014年，相关领域活动精彩纷呈，不仅让市民感受到了深圳文化的魅力，而且在国内、国际产生了积极的影响。

2月，德国慕尼黑创意营商周“深圳设计日”系列主题活动，深圳作为唯一受邀参加的中国城市，首次在德国集中展现了深圳创意设计行业成果。

9月，蕴含中国元素又与世界流行趋势并轨的深圳时装军团，亮相2015纽约春夏时装周，开展FASHION SHENZHEN系列经贸活动及时装发布。同月，中国商务部和深圳市政府联合组团参加全球最受注目的商业型设计展之一“伦敦百分百设计展”，并首次设立中国馆推介“中国设计”形象。由深圳市平面设计协会组织承办的“GDC 平面设计在中国 2003—2013 伦敦巡回展”也同期亮相，涵盖平面、广告、交互、产品、空间等内容，呈现了中国平面设计行业过去十年的发展，以及当下中国设计观念的多样性和丰富性。同月，首届深港设计双年展，以“双城·创意 Let's Create”为主题，集结了深港两地 40 余个设计协会、设计机构及设计院校共同参与，跨界工业、平面、艺术、室内、服装、时尚、新媒体与科技等行业，以八大展览和八大公众活动的多元化形式进行展示和体验。

11 月，由联合国教科文组织、深圳读书月组委会、深圳公共艺术中心共同主办的 2014 全球图书会议，邀请来自十多个国家和地区的嘉宾与国内专家、业内人士等共同聚焦“数字图书和未来科技”。同月举办的 2014 中国（深圳）国际工业设计大展（SZIDF），以“开放创新：再设计·新市场”为主题，聚焦智能可穿戴技术及硬件、开源创客、移动互联网产品、智慧生活及创意家居等领域，集中展示了全球近 25 个国家和地区 5000 多件设计作品。

12 月举办的深圳首届新媒体艺术节，邀请 12 位享誉全球的独立艺术家和 4 个国际知名的艺术团体，为市民带来 31 件新媒体艺术作品，包括屏幕影像、游戏设备、动力装置、设备艺术、互动装置及声音作品等类型。该艺术节是中国内地唯一一个以“新媒体艺术”为主题的城市节庆，以后每两年举办一次。

（二）文化体制改革的推进与成效

2014 年年初，深圳市委宣传部出台《关于三大集团干部人事制度改革的意见》，就三大集团领导方式、管理方式、选人用人方式、员工交流机制、分配机制等提出指导意见。深圳建设效益集团的经验得到中宣部的充分肯定，5 月 9 日，中央《文改简报》刊发《深圳市探索建立市属文化集团两个效益相统一的考核评价体系》，新华社、《光明日报》等中央媒体均做了专题报道。2014年6月5日，央视“新闻联播”在“全面深化改革进行时”栏目中以《深圳：文化单位考核效益求双“好”》为题，介绍深圳加强国有文化资产监管和绩效考核，建立有效的激励与约束机制以推进国有文化集团实现社会效益和经济效益双丰收的做法。报道指出，深圳将绩效考核作为国有文化资产监管的重要内容，市委宣传部与市国资委等部门每年都对国有文化集团实施考核，并实行考核结果与负责人薪酬直接挂钩。

在“社会效益最大化，经济效益最优化”运营理念的带动下，深圳三大国有文化集团2014年交出了亮丽的成绩单：深圳报业集团大力推动“七个融合”，入选“中国报业融合发展创新10强”；广电集团成立合资公司运营“无线深圳”项目，“直播港澳台”、“军情直播间”、“决胜制高点”等栏目领跑省级卫视；出版发行集团推进公司制和股份制改造，输出“深圳书城”品牌。此外，深圳文交所先行先试中央文化企业产权交易指定进场业务，已受理6宗，提高了交易公开透明度，促进了国有资产保值增值。

（三）公共文化服务体系建设的统筹与推进

2014年，全市稳步推进公共文化服务体系协调机制建设，加大公共文化服务资源整合力度。全年新增自助图书馆20台，自2008年第一台自助图书馆投入试运行以来，深圳共有220个自助图书馆服务点遍布全市街道、社区以及大型工业区，它们和全市212家公共图书馆实现了通借通还，并在开展自助图书馆运营绩效考核的基础上，进一步优化服务点布局，不断提升自助图书馆服务效能。公共图书馆系统推出监控与统计分析平台，进一步完善了全市“图书馆之城”统一服务合作机制。广播影视公共服务不断完善，探索运用GPS系统加强对公益放映情况的监管。推进在龙岗、大鹏、盐田等区建设固定放映点，试行由观众选择电影节目及放映时间，更好地满足群众需求。全年放映公益电影18469万场，观影人次达600余万人次。博物馆事业稳步发展，全年引进“洛杉矶郡艺术博物馆藏印度文物精品展”、“景德镇出土成化官窑瓷器展”等十多个国内外精品文物展览，全市文博系统共举办各类展览100余场，接待观众200多万人次。全年新增民办博物馆6家，全市民办博物馆增至27家。国内最大的版画专业博物馆——中国版画博物馆正式开馆并举办“2014首届中国版画大展”，弥补了国际上中国版画专业展馆缺失的不足，为中外版画交流提供了一个新的合作平台；同时，中国版画大展将以双年展的方式永久落户中国版画博物馆。深圳非物质文化遗产保护体系不断完善，2014年重新认定全市26项省级非遗项目保护单位，评选出18位市级非物质文化遗产项目代表性传承人。举办欢乐闹元宵、文化遗产日、沙头角渔灯节和非遗进社区（校园）等展演展示活动近100场，促进了非遗产项目的保护与传承。

2014年，举办了文博会艺术节、第三届深圳合唱节、2014深圳戏剧节、深圳中外艺术精品演出季、第18届深圳大剧院艺术节、第三届“艺术大观”、第十届深圳（大梅沙）沙滩音乐节、首届“戏曲交响乐”、首届深圳文学季、2014中国（深圳）童话节、第三届深圳儿童戏剧节、第五届深圳粤剧周、第二届青少年粤剧粤曲大赛、第二届深圳钢琴音乐节、草莓音乐节、首届民俗文化节等丰富多彩的文艺活动。同时，举办周末剧场、美丽星期大、戏聚星期六、剧汇星期天、粤剧在周末等周末系列活动300场，丰富市民周末文化生活。实施外来工文化服务工程，成功地举办第十届外来青工文体节。组织京剧合唱系列专场音乐会、戏曲名剧名家展演、戏曲讲演汇活动，推动普及戏曲艺术。开展“南粤幸福周”系列活动71项，以多样化的文化活动满足市民多元化的文化生活需求。

创办于2000年的“深圳读书月”，至2014年已经成功地举办15届。本届读书月以“接力民族精神，创造文明生活”为主题，开展“书香深圳”、“阳光阅读”、“青春成长”等主题活动718项，辐射力和影响力进一步扩大。创办于2005年的“创意十二月”一直坚持高端专业创意和群众生活创意相结合，精心设置了许多市民参与项目。2014年“创意十二月”推出151项活动，大部分免费向市民开放。其中不乏影响广泛的大展，包括2014公共雕塑展、第五届深港城市/建筑双城双年展等。本年度还成功地举办了第三届国际钢琴协奏曲比赛、第十二届中国·深圳标准舞拉丁舞世界公开赛。

宝安文化春雨行动“文化钟点工”，作为基层公共文化服务的新举措，开创了“购买式文化服务”的弹性模式。该行动作为深圳唯一的一个项目，获国家文化部颁发的全国文化志愿者先进示范项目证书。2014年3月，福田区正式启动国家公共文化服务示范区创建工作，未来两年区财政预计投入8亿元用于继续完善公共文化设施和文化活动、文化服务、队伍建设等方面。福田区文体中心推行和建立公共文化场馆理事会制度，形成了全新的管理体系和运作机制。其中，区公共图书馆理事会偏向智库咨询型，先后被广东省文化厅、文化部确定为“公共文化机构法人治理结构”省级、国家级改革试点单位。

（四）文化精品力作的影响与获奖

深圳原创大型儒家主题交响乐《人文颂》，2014年成功赴国外和我国港台地区演出。享誉世界的费城交响乐团在纽约联合国总部大宴会厅演奏了儒家文化合唱交响曲《人文颂》，常驻联合国代表和联合国官员等400多位嘉宾一起聆听。2014年2月，《深圳学派建设丛书》、《深圳改革创新丛书》首批12部著作正式出版，在社会科学理论界引起很大反响。在2014年9月揭晓的第十三届精神文明建设“五个一工程”奖中，深圳报送的电影《全民目击》、动画片《熊出没之夺宝熊兵》、电视剧《有你才幸福》、歌曲《放飞梦想》和广播剧《昼家小渔村》5部作品获奖。2014年，深圳市共有54件作品入选第十二届全国美展各美术分展区，数量位居全国第二。《关山月北京写生专题展》等4个展览项目入选2014全国美术馆馆藏精品展出季活动目录。《风起同仁堂》获第九届中国评剧艺术节“优秀剧目奖”和个人表演“优秀表演奖”。青年演员赵梓琳荣获中国曲艺最高奖——第八届中国曲艺牡丹奖新人奖，使深圳在该艺术奖项上实现了零的突破。《熊出没之丛林总动员》获少儿精品及国产动画发展专项资金项目一等奖。深圳作家邓一光的《你可以让百合生长》、南翔的《绿皮车》、盛可以的《捕鱼者说》入选第三届郁达夫小说奖。深圳福永杂技团创作演出的杂技快板情景剧《守卫平安》荣获第九届全国戏剧文华奖现实题材创新剧目大奖，同时还荣获了导演金奖、表演金奖等多个奖项。

2014 年，iF 设计奖评选中，深圳共有 38 件作品获奖，占中国总获奖件数的 1/3。2014 年德国红点产品设计奖评选中，深圳设计获奖数量为 17 件，其中深圳锐唐电子有限公司作品获得红点至尊奖。深圳设计师杨邦胜带领的设计团队，凭借酒店设计作品“三亚海棠湾 9 号度假酒店”，获国际室内设计师协会主办的“全球卓越设计大奖”最佳酒店设计大奖，成为酒店类别全球获此殊荣的唯一中国设计公司。深圳华强科技文化集团创作的大型表演项目《猴王》摘得 2014IAAPA（国际游乐园及游艺设施协会）颁发的“铜环奖·最佳现场演出奖”。该奖是全球主题公园游艺表演设备领域最具影响力及权威的奖项，华强集团成为本届大奖中唯一入围和唯一获奖的中国企业。由雅昌印制的《2010—2012 中国最美的书》荣获“世界最美的书”称号，成为中国两本获奖书籍之一。该书收入了 2010—2012 年“中国最美的书”获奖图书 60 种。

（五）文化创意产业的扶持与发展

2014 年，不断优化产业发展环境，全年修订完善《深圳文化创意产业振兴发展政策》和《关于促进对外文化贸易的若干意见》等政策措施，进一步强化扶持资金的带动促进作用。完成原创研发、房租补贴、百强奖励等资金资助工作，安排 2.7 亿元，资助 409 个项目（企业），带动超过 100 亿元社会资本投资文化创意产业。重点扶持印刷企业绿色、节能、3D 等项目，扶持珠宝企业工艺、设计创新与文化融合，促进传统文化企业整合升级。推动企业创新发展模式，动漫游戏、新媒体及相关数字内容产业的龙头企业收入同比增长超过 30%，迅雷网络和创梦天地在美国纳斯达克上市。全国唯一的国家级新媒体试点广告产业园深圳新媒体广告产业园正式开园，凤凰古村落文化旅游集聚区、甘坑生态文化创意村等一批新的文化创意产业园建成。华谊兄弟文化城、华强创意产业园、深圳书城宝安城项目、世模总部基地、深圳与爱丁堡互建创意产业孵化中心等一批重大项目进展顺利，20 个项目被列为全市重点项目。

2014 年，深圳出品的《全民目击》创下了两亿元的票房，《熊出没之夺宝熊兵》更以创纪录的 2.5 亿元票房树起了国产动画新标杆，还有多部电视剧在央视播出。深圳影视工程自 2009 年启动以来，共生产电视剧约 4000 集，动画片约 12 万分钟。经过 6 年发展，“深圳制造”已在国内外产生较大影响。名导、名编、名角三路会聚，电影、电视剧、动漫、纪录片“四轮驱动”，为影视编年史留下了“深圳刻度”。

国家对外文化贸易基地正式揭牌，成为继文博会、深圳文交所、中国文化产业投资基金后的第四个国家级文化平台，也使深圳成为北京、上海之后，我国第三个获得国家对外文化贸易基地授牌的城市。5 月举行的第十届文博会总成交额达 2324.9 亿元，同比增长 39.6%。文化产品出口交易额达 161.38 亿元，同比增长 30%。7 月举行的第十四届中国（深圳）国际品牌服装服饰交易会，以跨界、共享与多元的全新姿态，实现由传统专业交易平台向创意设计型展会的转型。第六届深圳动漫节，来自本土以及日本、美国、俄罗斯及我国港澳台地区的著名动漫品牌参与了交易和展示活动。9 月举办的深圳国际珠宝展览会、深圳珠宝节，作为中国珠宝界顶级盛会，吸引全球超过 73 个国家与地区、4 万多名专业买家参观、洽谈和交易。10 月举办的第七届中国国际室内设计文化节以“回到生活的设计”为主题，倡导“设计悦人”的价值导向、“回归自然”的技术导向，鼓励以设计的精神去关照日常的生活。

2014 年，深圳文化产业继续保持较快增长势头，文化创意产业增加值实现 1560 亿元，同比增长 15%，占全市 GDP 的比重为 9.8%，文化创意产业成为深圳战略性新兴产业和支柱产业的重要组成部分，对全市经济提质增效升级发展作出了重要贡献。

二　推进城市文化治理体系和治理能力现代化

（一）推进城市文化治理体系和治理能力现代化的意义

党的十八届三中全会明确提出，推进国家治理体系和治理能力的现代化，是我国全面深化改革的根本目标。国家治理作为21世纪初在我国学术界广泛讨论的一个学术概念，不仅有着理论层面的丰富内涵，而且有着重大的现实意义。“国家治理”既是一个综合性概念，又是一个最高层次概念。所谓综合性概念，是指国家治理是一种系统性的行为，是一个国家多个方面治理的总和，其治理呈现出特有的层次性，最基本的层面是政治治理、经济治理、文化治理、社会治理和生态治理等几个子系统。所谓最高层次概念，是指国家治理虽然由上述众多子系统的治理所组成，但是，当我们在同一时间和空间讨论这些治理时，国家治理并不等于上述子系统治理的简单相加，而是超越各个子系统，与子系统的治理有很大的不同。国家治理是一个国家的总体治理，从治理的领域看，它不仅包括上述各个子系统的治理领域，而且还涉及整个国家的安全、稳定与发展，涉及国与国之间的关系，涉及国际社会的共同事务，涉及人类的命运与发展。因此，这就需要我们全面认识和深刻理解国家治理及其与子系统治理的关系。有了正确的认识和理解，我们才能正确认识和理解其子系统之一——文化治理的本质和意义。因此，文化治理不单是国家治理中与政治、经济、社会、生态并列的一个子系统，而是深刻地影响着其他领域的一个带有全局性的问题。

所谓推进文化治理体系和能力的现代化，应该从体系和能力两个方面来着手。从“体系”角度看，应当建立和健全一整套民主的和科学的现代化治理制度和机制，这就是中国特色社会主义文化治理体系，这种体系包括社会主义核心价值观的培育和传导体系、公共文化服务体系、文化产业体系、文化市场体系、对外文化传播体系等。我国虽然也在一定程度初步建立起了这些体系，但是这些体系不够完善和健全，有的甚至才初具雏形。另外，这些已经建立或正在建立的体系，是否符合治理的要求，也是一个值得思考的问题。只有建立了这些主要的治理体系，才可能谈到治理能力的提高。从“能力”角度看，应当强调制度的执行效果也就是治理效果，要有一套衡量文化治理现代化的指标体系。这首先需要有高素质的治理队伍，这个队伍拥有高度的责任性、强烈的民主法治精神、丰富的专业知识和卓越的管理能力，如果治理者的素质不高，执行能力不强，也同样不会取得良好的治理效果，再好的体制和机制，再好的制度和法规，一切都没有意义。

城市文化治理，对于国家的文化治理而言，有着特殊的意义。首先，城市是一个国家或地区的文化中心。与农村相比，城市生产力水平相对发达、社会分工相对复杂和精细，同时城市的人口相对集聚、人们交流相对频繁。城市拥有更多的文化设施和科教机构，大学、图书馆、博物馆、展览馆、电影院、剧院等设施基本上都在城市。因此，一个城市特别是一个中心城市，它不仅是一个经济中心，更是一个文化中心，它对一个区域（就区域中心城市而言），甚至整个国家（就国家中心城市或某些区域中心城市而言）的文化发展（包括文化观念、文化风尚、文化事业发展、文化产业发展等）都起着引领和示范的作用。其次，城市型社会要求城市文化治理走在前列。我国已经进入城市型社会，2013 年年底已超过54%，2014 年年底达到57%。也就是说，在我国有一半以上的人口生活在城镇，这标志着中国已经结束以乡村型社会为主体的时代，开始进入到以城市型社会为主体的新城市时代。这种变化不是一个简单的城镇人口百分比的变化，它意味着中国社会的文明模式和文化特质即将或正在发生深刻的变化。也就是说，从整体而言，我国已从传统的农业文明向现代工业文明转变，由乡村文化向城市文化转变。城市在我国不仅是文化中心，也是文化重心所在。所谓中心是指占有主导地位，所谓重心是指具有压倒性优势。因此，城市文化治理是国家文化治理的主要载体和平台，城市文化治理成为国家文化治理的基本对象和主要内容。城市的文化行为实际上是国家文化行为的体现，国家的文化综合实力、文化竞争力靠城市特别是其主要城市来实现。

另外，城市文化治理需要国家文化治理的支撑。城市文化发展虽然具有一定的独立性和主动性甚至超前性，但是终究不可能脱离国家文化发展的大环境。无论是文化体制机制、文化方针政策以及文化价值观念，都在一定程度上有时甚至完全受制于国家文化的发展理念和发展状况。当然，在一定程度上，城市文化治理也可以推动整个国家文化治理，正如在经济体制改革领域，地方的改革举措可以转化成为整个国家改革的举措一样。特别是中心城市和主要城市，其文化发展对推动整个国家的文化会起到根本性的推进作用。文化治理，相较于过去的文化管理来说，是一种新的理念和机制，需要一些城市起到带头和探索作用，这样，才能有效地推进其他城市和整个国家文化治理的进程。

（二）推进文化治理现代化是加快深圳文化强市建设的必由之路

推进文化治理体系和治理能力现代化，对于深圳而言有着特别重要的意义。深圳既是我国综合实力最强的经济特区，综合实力位于全国大中城市前列，又是全国文化体制改革试点地区。中央几代领导人对深圳的改革开放都寄予厚望，习近平总书记最近又对深圳工作做出专门批示，要求深圳牢记使命、勇于担当，进一步开动脑筋、解放思想，要大胆探索、勇于创新，在“四个全面”中创造新业绩。因此，深圳有责任在推进文化治理体系和治理能力现代化方面为全国作出更多的探索，提供更多的经验。

经济特区成立30多年来，深圳在文化体制改革、文化发展方面作了很多探索。从文化管理体制看，深圳一直采用大部制的管理方式，这对有效推进整个城市的文化发展起到了重要作用；从文化发展战略看，深圳率先确立“文化立市”战略，并大力推进“文化强市”建设；从文化发展理念看，深圳明确提出维护国家文化主权、实现市民文化权利、建设智慧型、创新型、包容型、力量型文化，这使文化发展有了明确的目标；在文化事业方面，深圳基本建成普惠型、多样化、全覆盖的公共文化服务体系；在文化产业体系方面，深圳已经形成“文化+科技”、“文化+金融”、“文化+旅游”、“文化+创意”的发展模式，有效地推进了文化产业的发展。深圳已经连续多次被评为“全国文化体制改革先进地区”，为全国的文化体制改革作出了有益的探索，也为深圳自身推进文化治理体系和能力的现代化奠定了良好的基础。

但是，从推进国家文化治理体系和治理能力现代化的要求来看，深圳的文化改革和发展仍存在一些不足和问题。

第一，深圳在文化管理体制机制创新、服务方式创新方面仍需进一步完善和提高。

其一，单一主体转向多元共治发展较为缓慢，尚未形成完善的机制。尽管文化领域已出现公私合作伙伴关系，市场主体和社会组织参与公共文化服务供给，以及政府向社会力量购买公共文化服务的机制；但伴随新生事物发展的有效监管机制尚未健全，社会力量通过兴办实体、资助项目、赞助活动、提供设施等形式参与公共文化服务的局面尚未广泛形成。

其二，现代化政府文化管理体制与模式构建，还需要进一步转变政府职能，向服务型政府转型；从依靠行政管理向依法管理转型；发展独立的第三方文化政策的绩效评估机制，建立公共领域文化决策问责和纠错制度。当前，相当部分政策是没有被评估的，有些政策的评估是政府内部自我评估，因此难以保证客观性。

第二，在覆盖城乡、便捷高效、保基本、促公平的现代公共文化服务体系构建方面，深圳仍存在诸多不足，需要进一步完善。原特区内外文化设施及文化活动品质仍存在一定差距；常住人口与包括外来建设者在内的流动人口，在享受文化福利上存在一定差距；市区级公共文化设施与基层公共文化设施，在管理与服务上也存在一定差距，需要全市统筹推进公共文化服务均衡发展，重点提升基层公共文化设施建设、管理和服务水平，促进市民文化参与，维护市民享受文化权利的公平性原则。

近年来，在吸引社会资本投入公共文化领域方面，深圳做了积极的尝试。

此外，在大力推动文化志愿服务的常态化发展方面也做了诸多努力，出台了相关政策措施。但是，在培育和规范文化类社会组织方面，仍需要更为具体的政策措施予以孵化与扶持发展，这样，才能进一步引导社会力量参与公共文化服务供给，并健全政府向社会力量购买公共文化服务的机制。

第三，在深圳市文化创意产业转型升级过程中，仍存在体制机制等限制其发展的诸多“短板”因素。

其一，文化创意与科技创新相结合，以及近来产生的创新模式之一创客文化——鼓励个体将创意想法转变为现实并乐于分享——商业化及社会化孵化机制还不够完善，支持小微文创企业发展的政策措施也需进一步健全，包括小微文创企业赖以生存的融资渠道、创意空间、关键技术等公共服务平台等。

其二，与“升级版”文化创意产业相配合的中高文化创意技能人才总量偏小，创意研发人才还比较紧缺，高层次人才和储备人才尚显不足，人才集聚平台和交流载体还比较缺乏。

其三，尽管深圳文化创意产业近年整体态势均呈现出增长点丰富、增速稳定、投资强劲、产出和效益同步增长；文化创意产业在全国各项文化经济指标比较中也均表现不错；但整个行业的创新能力仍有待提高。从“加工制造”文化产业链下游低端位置向“研发创意”上游环节靠拢，仍需要一段逐步发展时间。依据 2013 年深圳统计局提供的专项统计，深圳规模以上文化产业十个大类，从吸纳就业人员数量来看，排前三位的分别为文化用品的生产、文化专用设备的生产和工艺美术品的生产。从法人单位资产来看，排前三位的分别为工艺美术品的生产、文化用品的生产和文化信息传输服务。从法人单位营业收入来看，排前三位的分别为工艺美术品的生产、文化用品的生产和文化专用设备的生产。

此外，由于深圳市长期缺乏详细的文化创意产业数据统计支撑，导致相关领域不能对文化创意产业数据进行科学监测分析及形势预判。

上述存在的问题和不足，从根本上说，是在文化治理体系和治理能力现代化上还存在差距。深圳目前正在加快建设文化强市，要实现建设文化强市的战略目标，必须着力解决上述深圳文化发展中的问题和不足。这就需要我们按照党的十八届三中全会提出的推进国家治理体系和治理能力现代化的要求，推出符合深圳市情的城市文化治理体系和治理能力现代化的举措，在文化体制机制创新和文化法律制度建设上迈出新的步伐，以改革促发展，使深圳的文化发展再上一个新的台阶，为全国推进文化治理现代化作出新的贡献。

三　构建新常态下城市文化发展格局

2015 年是全面深化改革的关键之年，是全面推进依法治国的开局之年，是全面完成“十二五”规划的收官之年，又是深圳经济特区建立 35 周年。在我国经济已进入新常态的形势下，积极适应新常态、在新常态下努力有所作为已成为地方政府促进经济社会发展的重要指向和施政共识。目前，深圳已就适应新常态下的经济社会发展提出新的发展思路，核心是打造深圳标准，以质量引领、创新驱动推进深圳率先进入质量型增长新常态，在新常态下构建质量竞争新优势。围绕这一核心思路，深圳文化发展也要适应新常态的形势要求，继续坚持实施文化立市战略，加快构建新常态下的城市文化发展格局。这一格局的主要内涵就是以质量和效益为核心，以完善城市文化治理体系和推进文化治理能力现代化为指向，以文化强市为目标，推动深圳文化的大发展大繁荣。

（一）进一步完善现代公共文化服务体系建设，以标准服务促进均等服务，形成公共文化服务优质服务的新常态

标准服务是现代公共文化服务体系建设的重要标志。党的十八届三中全会决定在深化文化体制机制改革、构建现代公共文化服务体系中突出强调要促进公共文化服务的标准化、均等化，党的十八届四中全会决定提出要制定公共文化服务保障法来促进公共文化服务的均等化。为此，国家文化部自 2014 年下半年开始推动全国的公共文化服务标准化试点工作，并在 2015 年的重点工作中特别强调要全面贯彻落实《关于加快构建现代公共文化服务体系的意见》和《国家基本公共文化服务指导标准》，加快公共文化服务标准化建设。为此，深圳也应以国家的指导标准为基础，结合深圳的实际情况，尤其是作为特区和经济发达城市市民有更高需求的情况，制定地方基本公共文化服务标准，以更好地实现和保障市民的文化权利。《深圳市人民政府关于打造深圳标准构建质量发展新优势的指导意见》提出形成与社会主义先进文化相适应的文化发展标准体系，

公共文化服务和基础设施标准达到国内领先水平，要求健全基本公共文化服务标准体系，“研究制定基本公共文化服务保障、管理和评价标准，建立健全普惠型、多样化、高质量的基本公共文化服务标准体系。提高基层文化设施覆盖率和服务效能，推动公共文化服务均等化”。所以，下一步现代公共文化服务重点应放在标准体系的建设和实施上。

在标准服务的基础上推进实现均等服务。目前，深圳还存在着原特区内外公共文化服务不均等和外来建设者享受参与公共文化服务不均等的情况。这既有历史遗留的原因，也有区域差别的原因。但是，加快推进区域性服务和群体服务的均等应是政府的责任，也是实现权利公平的重要因素。所以，在现代公共文化服务体系建设上，还需要加强对区域和群体服务均等的关注，通过制度设计安排来促进和实现区域和群体的均等服务。

现代公共文化服务体系建设必须关注的一个内容就是要积极广泛利用现代网络技术、数字技术推进公共文化服务的更新和优质服务。据调查统计，目前深圳市市级文化场馆实现了数字化服务的只有深圳图书馆、深圳博物馆、深圳美术馆、关山月美术馆、深圳市群众艺术馆等都未启动和实现数字馆建设服务，全市也未建立利用大数据、云计算的服务平台。整体来说，在这方面深圳已落后于北京、上海、杭州等东部城市，甚至比内地的一些城市还落后，如马鞍山市文化馆的数字文化馆服务在国内领先，重庆已推出公共文化服务的物联网服务。因此，加强现代技术应用于公共文化服务应切实提上建设规划和实施日程。

（二）进一步完善现代文化市场体系建设，以市场配置资源促进市场资源的充分流动，形成文化市场主体活力激发的新常态

让市场在资源配置中起决定性作用，是党的十八届三中全会深化经济体制改革的核心内容和要求。特区建立以来，对市场在资源配置作用的重视一直是深圳先行先试和改革开放的重点内容，这也是推动深圳文化市场持续活跃的重要前提。由于对市场作用的重视，深圳较早地形成了统一的文化市场，并探索了对文化市场统一管理的体制机制和法律制度。

进一步完善文化市场体系的重点，首先要进一步营造市场主体竞争的公平有序的市场环境。要按照党的十八届三中全会和四中全会的精神，通过完善市场准入法律制度，确保各类市场主体的公平竞争，使各类市场主体在竞争中实现权利公平、机会公平和规则公平。其次要进一步促进各类市场主体的发展。2013 年深圳市推行商事登记制度改革后，商事主体进入爆发式增长。仅仅一年时间，各类文化类商事主体就增加了 1 万多家。各类商事主体从事文化经营服务，尤其是通过资本运作和创意服务，既促进了文化产业的效益提高，同时也实现和促进了个人作为商事主体的转变，进行了个人创意效益的市场转化。要及时研究前海和蛇口纳入自由贸易区后文化市场管理的制度，尤其是对文化服务业的开放政策要进一步明确，调整并逐步缩减外商投资准入特别管理措施，引进具有国际营销渠道、品牌影响力和产业竞争力的外资文化企业、商会协会和总部基地等，搭建国内外文化产业、企业、产品和服务交流平台。

要进一步优化文化市场监管制度。市场监管并不是为了监管而监管，其出发点在于规范市场秩序，调控市场失灵行为，亦即作为看得见的政府管制，基于市场失灵而进行的规范管理。所以，政府应从“法无规定不可为”的角度管理市场，制定相关的规范制度。目前，文化市场管理的制度有些还不能适应市场发展的需求，如网吧市场的管理。目前，网吧在面临手机和移动互联网严重冲击的情况下，整个市场呈现急剧衰退的状态。所以，要及时根据市场发展的情况进行相关规制的调整和改革。如深圳市文体旅游局调研商事制度改革后文化市场管理对策，建议改行政审批为告知性备案。告知性备案，就是文化市场主体，将需要提供相关的资料“告知”给文化管理部门，文化部门对备案材料只进行形式审查，而无须进行实质性审查。同时对文化市场监管权责进行梳理，并相应地进行调整，加强事中、事后监管的依据。

（三）进一步完善文化产业促进体系建设，以创意创新促进产业转型，形成文化产业提质增效发展的新常态

文化产业本质上属于经济形态。中央经济工作会议认为我国经济发

展进入新常态，正从高速增长转向中高速增长，经济发展方式正从规模速度型的粗放增长转向质量效率型的集约增长，经济结构正从增量扩能为主转向调节存量、做优增量并存的深度调整，经济发展动力正从传统增长点转向新的增长点。中央经济工作会议从增长速度、发展方式、经济结构和发展动力四个方面概括了经济新常态。实际上这种新常态可以归结为两个基本方面：一个方面是经济的增长速度从高速增长转向中高速增长，另一个方面是经济发展方式从规模速度型的粗放增长转向质量效率型的集约增长。文化产业的集约性、质量性、增值性、创意性符合新常态的经济结构调整方向，又可以成为经济发展的新增长点和新动力。

进一步完善文化产业促进体系建设，需要加强文化创新标准建设。要落实《深圳市人民政府关于打造深圳标准构建质量发展新优势的指导意见》的要求，加快推进创意设计、动漫游戏、数字视听、数字出版、新媒体、文化旅游等重点行业标准研制，推动文化与科技、文化与金融、文化与时尚创意深度融合，打造一批城市文化品牌和文艺精品，培育一批具有国际竞争力的创新型文化企业。深圳获得的“设计之都”，既是联合国教科文组织对深圳创意设计业的肯定，同时又是对深圳未来发展寄予厚望。深圳进一步完善“设计之都”品牌及形象建设，特别是在面临国内同类城市竞争的情况下，要优化吸引文化创意人才的政策，使“创客之城”的深圳对集聚文化创意人才有更强的吸引力。要加强对新业态的重点扶持。制定切实可行的有针对性的扶持政策，支持文化与科技、文化与旅游、文化与体育、文化与休闲、文化与电商等结合新业态企业的支持力度。

加强自由贸易区创意产业和对外文化贸易发展。前海和蛇口地区已纳入自由贸易区范围，这一重大利好政策将大大促进深圳文化创意产业的发展，特别是为自由贸易区的文化创意企业发展提供重大机遇。在对外文化贸易方面，也为深圳国家对外文化贸易基地和文化保税区建设创造资源和机遇。深圳要抓住这个机遇，尽快促进对外文化贸易基地和文化保税区建设的落地实施工作，使基地尽快在对外文化贸易中发挥积极作用。

重视推进小微企业的发展。目前，国家已经出台鼓励和促进小微企业发展的政策，深圳也要在这方面积极地有所作为。深圳商事登记改革后商事主体呈现爆发式增长，增长的主要主体都是小微企业。深圳又是重要的创客之城，来自全国各地的移民来此创业，形成良好的、宽松的、包容的创业氛围，未来在政策导向上要形成鼓励促进小微企业发展和创客创意产业发展的系列制度。

（四）进一步推进文化治理体系建设，以治理体制机制创新促进治理能力现代化，形成文化治理效能优化的新常态

以“全面深化改革”为主线完善文化体制机制。未来深圳的文化管理体制改革重点不是在对原有体制的“破”上，而在于根据文化治理体系和能力现代化的要求的“立”上。这种“立”主要是处理好政府与市场、社会和个人的关系，履行好作为现代政府的政府职能定位，激发市场主体、社会主体和个人主体的活力。目前，深圳已实现文化管理的大部制改革，建立文化、新闻出版、广播影视、文物、体育、旅游等融合管理的政府管理体制，但这种融合效益仍需进一步发挥。

以“特区立法”优势构建文化法律体系。根据深圳文化立法的历史和国家的要求，结合政府、社会与市民的需求，建议下一步在推进文化法律制度的建设上要重点关注三个方面的立法：一是根据国家的文化立法规划，推进深圳经济特区基本公共文化保障法的制定实施工作。二是抓紧出台现有公共文化服务创新做法的相关法律，推进公共文化服务的法治化运作。比如2014年起草的《深圳经济特区全民阅读促进条例》，已提交市人大常委会审议，2015年审议通过实施。该条例的特点是将深圳长期以来坚持的推进全民阅读的经验进行法定化，同时借鉴结合国内外的先进做法，进一步推进全民阅读的法律保障。三是抓紧出台相关专门的法律，推动法人治理结构建设。可以借鉴我国香港特区的做法，将现有的公共文化机构确立为法定机构，以法律形式规定公共文化机构的职责。比如制定博物馆条例、图书馆条例、美术馆条例、文化馆条例等，通过法律的规范来明确和推进公共文化机构的履职。

以“社会参与”为重要方向促进共同治理。建议在落实中央要求的基础上，从文化治理的几个环节上完善社会参与的体制和制度。一是完善参与决策机制，重点是建立参与决策管理的平台和载体。福田区成立的文化议事会就是参与决策平台的创新尝试。建立可以成立市一级和区一级的文化决策咨询委员会，公共文化机构成立文化理事会。二是重大文化项目征求公众意见机制。除了常规的座谈会论证会外，现在可借助网络平台征求公众的意见建议。三是完善社会参与服务的机制。一方面通过政府的资源开放带动社会资源的参与进入，另一方面通过政策鼓励社会资源的参与进入。当前尤其要注意政府的公共文化服务项目和资源的向社会开放，要大力实施服务外包和服务转移。四是完善社会参与评估的机制。公共文化服务做得好不好要群众说了算，因此要建立经常性的评估反馈制度，建立群众文化需求与服务对接制度。

另外，还要进一步强化创新自觉。创新是特区发展的生命力，特区本身的使命就要不断创新。党的十八大以来，以习近平为总书记的新一届党中央高度重视特区的改革创新。因此，深圳需要继续在文化治理上强化创新的优势，以创新的资源推动文化治理体系的不断完善和能力的不断提升。

（课题组成员：彭立勋：深圳市社会科学院教授、博士生导师；黄发玉：深圳市社会科学院研究员；黄士芳：深圳市特区文化研究中心主任、博士；任珺：深圳市社会科学院研究员）

文化治理现代化研究

论文化治理与文化权利

王京生

党的十八届四中全会通过的《中共中央关于全面推进依法治国若干重大问题的决定》明确提出：保障公民经济、文化、社会等各方面权利得到落实，实现公民权利保障法治化，强调了要用法治化的形式保障公民的“文化权利”。

深圳，作为我国改革开放的“排头兵”，早在2000年举办第一届“深圳读书月”时，将活动主题定为“实现市民文化权利”，首次提出“文化权利”这一概念。不仅如此，深圳自成立经济特区以来，一直把“实现市民的文化权利”作为城市未来发展战略和文化战略的重要组成部分，2005年还出版《文化权利：回溯与解读》一书，从理论层面进行深度探讨和研究，是倡导并践行“实现公民文化权利”的首推者、先行者。

党的十八届四中全会通过的《中共中央关于全面推进依法治国若干重大问题的决定》明确提出，依法保障公民权利，加快完善体现权利公平、机会公平、规则公平的法律制度，保障公民人身权、财产权、基本政治权利等各项权利不受侵犯，保障公民经济、文化、社会等各方面权利得到落实，实现公民权利保障法治化。推进“公民权利保障法治化”是实现依法治国的一项重要举措，也对提升国家治理体系和治理能力的现代化水平具有重要意义。

习近平总书记指出：“国家治理体系是在党领导下管理国家的制度体系，包括经济、政治、文化、社会、生态文明和党的建设等各领域体制机制、法律法规安排，也就是一整套紧密相连、相互协调的国家制度；国家治理能力则是运用国家制度管理社会各方面事务的能力，包括改革发展稳定、内政外交国防、治党治国治军等各个方面。”这一重要论述，明确把文化作为国家治理体系和治理能力的一个重要方面，是我们深入探讨国家治理体系和治理能力现代化的重要基础。

文化治理是公共治理的重要组成部分。文化治理的着力点是满足社会大众的文化需求，维护和发展文化权利。文化权利是人的一项与经济权利、社会权利并列的基本权利。文化权利实现与否，在某种程度上，标志着一个国家、一个社会的发展进步和文明程度，是国家文化战略人民性的直接体现。只有推进文化治理现代化，实现广大人民的文化权利，才能进一步提振民族精神，弘扬文化主权，为实现中华民族伟大复兴的中国梦注入强大文化力量。

一　文化治理的创新价值

自20世纪90年代以来，国际学术界对公共治理理论的日益重视，已成为一种引人注目的全球性趋势。全球治理委员会（Commission on Global Governance）将“治理”界定为个人和公共或私人机构管理公共事务的诸多方式的总和，是使相互冲突的或不同的利益得以调和并且采取联合行动的持续过程。①

文化治理，作为公共治理的一个重要组成部分，具有公共治理的一般特征。但究竟什么是文化治理？在学术上至今还是一个探索性的课题，中外学者都存在着学术理解上的不同界定和旨趣，并没有一个定论。尽管如此，在当前的文化实践中，文化治理的指向和含义依然是明确的。强调文化治理，主要是为了推动政府文化职能从传统管理向现代治理转变。市场经济的建立和发展要求转变政府职能，推动服务型政府建设，加强政府的责任意识与服务意识。这种职能转变主要表现在两个方面：一是政府文化职能从管理转向服务，为社会大众提供基本的公共文化产

① 刘熙瑞：《服务型政府——经济全球化背景下中国政府改革的目标选择》，《中国行政管理》2002年第7期。

品，满足其文化生活需要，保障和实现其文化权利；二是政府文化职能的履行，要从单一的政府行为转向政府和社会的共同运作，形成网络化、立体型、全覆盖的新型文化治理结构。

推进文化治理能力现代化是文化治理的主要内容。关键在于厘清政府与市场、企业、社会组织、个人的关系，充分调动社会力量参与文化建设，发挥公民个人参与文化创造的积极性和创造性，以更好地解决社会公众日益增长的文化需求与公共文化产品不足之间的矛盾。

党的十八届四中全会要求“制定公共文化服务保障法，促进基本公共文化服务标准化、均等化”，说明建设公共文化服务体系是一项不容忽视的硬性任务。所以，提出公共文化服务体系的构建，是政府文化治理的理念创新和体制创新，是适应市场经济发展、建设服务型政府的一项重要任务，也是公共文化治理模式的基本内容。

那么，政府应怎样建设文化服务体系？总的来说，建设公共文化服务体系，就是要围绕满足人的文化需要、维护和发展人的文化权利来推进和展开。也就是说，文化权利的内涵和分类规定了公共文化服务体系建设的基本方向，实现和保障社会大众享受文化成果、参与文化活动、开展文化创造和创造的成果利益受保护等方面的权利，也就成为公共文化服务体系建设的主要维度和基本路径。因此，研究文化权利也就成为探讨文化治理的一个基本内容。

二　文化治理中的文化权利

马克思认为，文化有满足人民“文化生活需求”、呈现人性的功能。[①] 在实践活动中，“人不仅像在意识中那样理智地复现自己，而且能动地、

① 马克思：《奥地利的海外贸易》，《马克思恩格斯全集》第12卷，人民出版社1962年版，第94页。

现实地复现自己，从而在他所创造的世界中直观自身。”① 通过文化，人可以反观、确证和展现人性，这是马克思文化观的重要思想。文化的发展是人性全面自由发展的重要内容。恩格斯指出：“文化上的每一个进步，都是迈向自由的一步。”② 通过“文化”迈向的“自由”，实际上就是文化权利。

文化权利是一个思想丰富、理解多样的概念。一般认为，作为国际公认的人权概念，文化权利最早出现于1948年的《世界人权宣言》，但在此后的很长一段时间并没有受到足够的重视。自1966年联合国大会通过《经济、社会和文化权利国际公约》以来，尤其是进入21世纪后，公民的文化权利问题日益受到政府、民间以及学术界、文化界的关注和重视。

文化权利包括诸多方面的内容，参照《经济、社会和文化权利国际公约》而对文化权利加以分类概括，则它至少包括以下四个基本层面的内涵：一是享受文化成果的权利。这是文化权利实现的最为基本的内涵，也是文化价值实现的根本环节。在这里，文化设施和文化产品的供应对这项权利具有直接制约作用。二是参与文化活动的权利。如果仅仅是享受文化成果，那还停留在基本的甚至是被动的层面上，因此还要通过开展各种各样、不同层次的社会文化活动，使广大人民群众能够得到充分的文化参与的权利。三是开展文化创造的权利。最能体现文化主体意识的是文化创造的开展，这也是社会主义和人的全面发展的本质特征之一。没有这种自由的文化创造空间和机制，文化权利的实现还将停留在较低层次上。四是文化创造的成果利益受保护的权利。倘若没有形成对文化创造成果的有效保护机制，必然会极大打击公众进行文化创造的积极性，同时也不利于知识经济的健康发展。文化权利的这四层含义是文化治理的四条理路，奠定了文化治理的基本运作框架。

《经济、社会和文化权利国际公约》的颁布和文化权利问题的提出，

---

① 马克思：《1844年经济学哲学手稿》，《马克思恩格斯全集》第42卷，人民出版社1979年版，第96—97页。

② 恩格斯：《反杜林论》，《马克思恩格斯选集》第3卷，人民出版社1972年版，第154页。

是国际人权发展的重要里程碑。其最为重大的意义是在公众的政治权利、经济权利和社会权利之外，赋予了文化权利以独立价值，并在基本内涵上规定了文化权利的主要内容，在实现目标上确立了各国政府所肩负的职责与义务。它不仅是权利范畴的扩展，而且也必将对人类的文明进程和社会的文化发展产生极其深远的影响。

在这个意义上，实现文化权利是现代国家文明水平的一个标志，也是现代文化成长、发展和繁荣的必要前提和基本构件，是政府服务理念和民众成长诉求的重要内容，是“善治”的重要特征。实现公民文化权利，是推进国家治理体系和治理能力现代化的一个基础性环节，融合于我国现代化建设和改革发展的方方面面。

从更广泛的意义上看，“国家治理”作为一个新概念、新范畴、新表述，有利于强化中国在国际上的话语权。在理念上引领世界，是实现中华民族伟大复兴的中国梦的必要条件。“国家治理”概念不仅凝练了当代中国的伟大实践，而且也展示了中国对话西方的新优势，蕴含着广泛的国际认同和学术理解。在文化治理过程中，文化权利的发展会不断推进理论创新，文化模式的优化会增强文化竞争力和辐射力，文化的繁荣和发展将使国家文化主权得以彰显和弘扬。

三　城市化与市民文化权利

20 世纪下半叶以来，城市化在全球得到了迅速发展，而伴随现代文明的扩散和工业化的驱动，一场席卷世界的城市化进程正在加紧推进。

在中国，城市化具有某种突变性，在制度性安排和设置的同时，外在表现是直接从农业社会向城市社会过渡，由此必然引发典型的城市社会转型期的“社会惰距”、“文化惰距”的发展，经济社会与文化发展的不同步性，必然导致“合理性危机”与“合法性危机”的发生。[①] 而城

① 张鸿雁：《合法化危机——中国城市化进程中的社会问题论》，《探索与争鸣》2006 年第 1 期。

市为符号生产和要素聚集创造了广阔的空间，在某种程度上，城市已成为现代社会文化发展必不可少的节点。以城市为单位的文化生产的组织、文化对话的开展逐步成为现代文化运作和文化成长的主要内容，这些又为舒缓和解决“合理性危机”与“合法性危机”提供了可能和方向。

从历史背景看，文化权利一直是我国发展过程中的一块“洼地”、一个“短板”。而现代城市要保障公民或市民文化权利的充分实现，就必须要把文化发展作为整个城市发展的战略来加以推进。回顾改革开放以来中国城市的发展历程，可以看到以文化为轴心的城市战略已逐步或必将成为共同的选择，并出现了“大都市以文化论输赢”的新的竞争和发展理念。

深圳是倡导“实现公民文化权利”的首推者、先行者。自成立经济特区以来，深圳一直将实现市民的文化权利当作未来城市战略和文化战略的重要内容。从20世纪80年代深圳市委、市政府勒紧裤腰带建设的“八大文化设施”，到90年代兴建了以深圳书城、深圳文化中心（音乐厅、新图书馆）为代表的标志性文化设施，再到进入21世纪以来新博物馆等重大设施的继续推进、深圳读书月等重大活动的开展、“两城一都”等重大建设项目所取得的巨大成效，以及公共文化服务体系的逐渐完善，还有文化创意产业的快速发展，在相当意义上无不是实现市民文化权利理念的延伸与扩展。而这种自觉意识在2000年举办的首届“深圳读书月”将主题定为“实现市民文化权利”时就已得到充分的体现，随后在理论研究上得到了深化，如2005年出版了《文化权利：回溯与解读》等理论成果，成为全国第一个广泛讨论文化权利理论的城市。深圳市民文化权利的发展赢得了世界的赞誉，“设计之都”、“杰出的发展中的世界知识城市”、“全球全民阅读典范城市”等国际荣誉的获得，标注了中国城市实现公民文化权利的全球新高度。自成立经济特区以来，深圳一直将实现市民的文化权利当作未来城市战略和文化战略的重要内容。

作为一个欣欣向荣的现代化大都市，深圳30多年来以其快速的经济发展、个性分明的城市形象、开放包容的文化态度吸引了大量年轻移民来深圳为梦想打拼，这一巨大的人口红利不仅驱动了深圳的工业化和城市化进程，也促进了深圳的社会和文化发展。时至今日，深圳总人口实际上已超过1500万。然而，由于种种原因，深圳人口和社会结构存在不少问题，如户籍人口和非户籍人口严重失衡、低学历人口所占比例过大、社会阶层贫富差异明显，等等。其中，值得特别注意的是，数以百万计的外来务工人员的文化权利问题。由于学历低、收入低、生存压力大，他们在文化休闲娱乐消费上普遍存在能力不足问题。当一个城市的主要居住群体都还没完成社会建构，没有形成与城市发展命运休戚与共的共同体意识，文化繁荣发展就无从谈起，甚至会产生反向的障碍或破坏作用。

事实上，对于深圳这样的“移民城市”而言，如何通过实现市民文化权利，形成从“陌生人社会”到“熟人社会”的转变，消弭移民社会的价值冲突，建立起一个具有强大主流文化认同的市民共同体，形成一种良好的公共治理秩序，始终是个巨大的挑战。在一般的城市社会，市民之间往往通过某种自然的、传统的社会联结纽带（如血缘关系），建立起关于城市共同体的空间想象和“我城”的家园感或身份意识。但这些在深圳从一开始就相对阙如。这种社会情感需求突出地表明，“文化纽带”将在深圳市民共同体的构造中扮演越来越重要的角色。比如在早期，深圳的公共文化设施落后，公共文化生活匮乏，因而一些简陋的文化设施如有名的“大家乐舞台”，受到了打工者、普通市民的热情欢迎和积极参与，不仅缓解了人们的文化娱乐需求矛盾，而且也塑造了城市的公共空间，塑造了人与人之间的紧密关系和共同体生活。

更重要的是，包括广泛参与公共文化生活在内的市民文化权利的实现，不仅有助于更多的城市互动空间的出现，更有助于“共享同一符号，认同于同一的基本价值与目标”的“共享文化”的生成。城市文化以文化设施和文化活动为载体，通过它们可以构造出各种社会的公共空间，这反过来又可以创造新的市民文化。以深圳读书月为例，作为由政府倡导设立的大型公共文化活动，读书月从一开始就秉承“实现市民文化权利”的理念，一方面从“权利的根本含义是要求与主张”的角度来回应市民的阅读文化需求；另一方面它也预示着一种新的公共行政理念的出现，这就是通过举办大型读书文化活动以及政府、企业、媒体、市民等多元主体的共同参与，来推动城市尊崇知识、热爱阅读等基本价值目标的实现，促进共享文化成为市民共同体的重要构造力量。可以说，读书月十几年的可贵坚持，不仅对政府的文化行政向公共治理方向延展产生了极大推动作用，更重要的是，它对于政府与社会、市民与市民之间形成某种文化共识具有重大影响。这种文化共识的达成，不仅是市民共同体得以体现的一个标记，而且其影响涉及城市公共治理结构的方方面面。

四　让每个市民感受到文化就在身边

文化权利的内涵决定了文化权利的运作方式和实现途径。实现市民文化权利，一是围绕“权利”要求，积极履行政府的文化服务责任；二是围绕“文化”特色，努力塑造宽容、仁善的城市人文底蕴，提升城市和市民的文化品位。这两者相互联系，统一于建设“文化强市”、“文化深圳”的全过程，统一于广大市民享有文化权利的美好生活，统一于文化治理的方方面面。

近年来，深圳强化政府的主体责任，整合利用各种资源，着力构建设施齐全、内容丰富、服务便利、载体多样、覆盖全市的公共文化服务体系，为实现市民的文化权利奠定坚实的基础。通过建立科学有效的公共文化服务责任体系、促进市民全程参与公共文化服务体系建设、营造良好的环境和条件、加强政策法规和维权机制建设，推动实现公民文化权利保障法治化。伴随着城市文化服务和文化设施的健全和发展，“五分钟文化圈”、“十分钟文化圈”已经在原特区内变成了深圳人生活的真实写照，深圳人身边的文化气息正变得越来越浓郁。

从根本上说，加强文化治理、发展文化权利的基本路径就是建设“文化深圳”。

一是培育现代人文精神，让每个市民都感受到城市精神的温暖和力量。社会发展的目标是促进人的全面发展，而在中国现代化进程中，人的现代化关键因素是培育现代人文精神。公民的文化权利，是人之为人的基本要求，而对这一权利的实现过程，就是人的培养和发展的过程。将现代人文精神贯穿到文化权利的实现过程中，倡导社会主义核心价值观，会大大促进人的文化道德水平的提升，会更有利于现代公民群体的塑造。没有成熟的城市人文精神，也就不会有发达的城市文化。而城市人文精神的发展，对于造就城市人文价值观、培养现代市民群体，有着不可替代的重要作用。

二是营造良好的城市文化环境，让每个市民都感受到文化的厚重和流动。对于政府这样一个文化管理者的角色而言，它对文化环境的营造也许比直接参与文化生产更为重要。其中，文化创新环境的营造尤其需要重视。文化只有创新才能发展，要维护社会文化创新的动力，政府就必须要在形成机制、营造环境上下工夫，这也是实现公民文化权利的重要内容。

三是提升城市文明程度和市民文明素质，让每个市民都感受到城市的高雅和秩序。坚持以法治阳光照耀文明成长，不断推进城市文明的法治化进程，深化城市公共文明创建活动，巩固和发展全国文明城市创建成果，塑造文明和谐的城市形象。重点完善创建文明城市长效机制，全面推进公共文明提升行动计划，营造城市优美环境、培育城市优良秩序、促进行业优质服务、引导市民优雅言行。继续实施深圳关爱行动，加强人文关怀，注重市民心理健康，建设“幸福与共”幸福促进中心，提升市民家园意识和幸福感，塑造市民美好心灵，培育良好社会心态，建设“关爱之城”和“志愿者之城”。

四是创新文化载体，让每个市民都感受到城市的生机和活力。公民文化权利的实现，必须要借助必要的文化载体，如文化精品、文化节庆、文化设施、文化网络等。没有文化精品，公民充分享受文化成果的权利就无法实现，而没有文化节庆、文化设施、文化网络，公民就无法进行文化参与和文化创造。对于政府来说，如何最大限度地配置文化资源，使公民真正获得文化享受的成果、文化参与的机遇、文化创造的空间，这是实现公民文化权利的必然选择。因此，在未来的文化发展中，实施精品战略，创造文化精品，开展文化节庆，搭建文化舞台，建设文化场馆，开辟文化阵地，构建文化网络，拓展文化空间，这些将是相当长时间内实现公民文化权利的主要方式。

建设“文化深圳”，还必须继续推进公共文化服务体系的健全和发展，打造文化品牌和文化亮点，大力发展文化事业和文化产业，广泛开展文化领域的深港和国际交流与合作，等等。总之，公民文化权利既是一个理论问题，也是一个实践问题。而实现市民的文化权利，“让每个市民感受到文化就在身边”，构成了深圳这座梦想之城面向未来的最大文化愿景之一，它既需要我们进一步的理论思考，也需要我们付出更多现实努力！

（王京生：中共深圳市委常委、宣传部部长）

深圳文化治理现代化的探索和思考

李瑞琦

党的十八届三中、四中全会对推进国家治理体系和治理能力现代化作出了重大战略部署。国家文化治理现代化是国家治理体系和治理能力现代化的一个重要组成部分，是现代文化发展的新坐标、新任务。深圳作为当代中国的先锋城市，在城市文化发展上提出了许多新理念，进行了许多新探索，对深入推进文化治理现代化具有重要意义。

一　文化治理现代化的重大意义

（一）文化治理现代化体现了文化建设的时代新内涵

20 世纪 90 年代以来，西方政治学家、公共管理学家和经济学家对公共治理理论的研究日益重视，并赋予“治理”以新的含义。全球治理委员会（Commission on Global Governance）将治理界定为个人和公共、私人机构管理公共事务的诸多方式的总和，是使相互冲突的或不同的利益得以调和并且采取联合行动的持续过程。[①] 一般认为，与“管理”相比，治理有许多新特点：一是治理的主体多元，既包括政府，还包括各种社会组织和个人。在公共治理框架内，政府既是治理的主体，也是治理的对象；社会既是治理的对象，也是治理的主体。二是治理的目的取向为

① 刘熙瑞：《服务型政府——经济全球化背景下中国政府改革的目标选择》，《中国行政管理》2002 年第 7 期。

公共利益。治理理论创始人之一的詹姆斯·罗西瑙认为：治理是由共同的目标所支持的，这个目标未必出自合法的以及正式规定的职责，而且它也不一定需要依靠强制力量克服挑战而使别人服从。① 治理强调多元主体如政府、非营利组织、企业和个人在沟通协商基础上的一致，以及“共同意愿”的达成、运作和实现。三是治理的手段和方式是多向的、自愿的、柔性的，因而共享性、包容性很强。

文化治理是公共治理在文化建设领域的体现和运用，具有公共治理的一般特征。但由于对文化内容重点的理解不同，因而文化治理至今还是一个探索性的问题，并没有定论。无论是较早将治理引入文化研究的英国伯明翰学派（如威廉斯与本尼特），还是20世纪90年代以后对文化治理的研究，都存在着学术理解上的不同界定和旨趣。尽管如此，在当前的语境中，我们强调文化治理，其指向和内涵是明确的——是政府文化职能从传统管理向现代治理转变。一是主体结构的转变，即政府的单一主体结构向政府和社会共同参与的多元结构转变；二是方式的转变，即政府文化职能从管理向服务转变。

从社会发展趋势上看，由单一主体的文化管理迈向多元主体协同运作的文化治理，就是全方位、多领域推动全社会有效参与文化发展的进程，发挥文化在人的全面自由发展中的积极作用，这不仅是概念和表述的变化，更是价值重心的转移和文化内涵的创新，是国家治理能力现代化的重要标志。

（二）文化治理现代化诠释了文化发展的根本宗旨

推进文化治理现代化，是为了更好地满足和引导文化需求，解决好人民群众日益增长的文化需求与公共文化产品不足之间的矛盾。在国家文化治理体系中，文化事业、文化产业和公共文化服务三者相互影响、相互联系。如果没有文化产业的基础支撑，文化产品和服务就不会丰富，公共文化体系就不会获得雄厚的物质基础，人民群众的文化需求就难以

① 转引自曾凡军《由竞争治理迈向整体治理》，《学术论坛》2009年第9期。

满足；如果没有公共文化服务体系的全覆盖，就难以保证公民发展机会的平等和公正，就难以激发全社会共同参与文化建设的热情。

构建现代公共文化服务体系是推进文化治理现代化的重要组成部分，其要旨是在人文理性与经济理性相统一的基础上，强化公共文化发展的公平正义与有效运行，突出“公共文化”的现代特色要求和“服务”的基本性质，明确“体系”的主要内容；其基本功能是保障公民基本文化权利，在社会主义核心价值引领下促进社会进步和谐，在“以人民为中心”的公平正义原则下实现城乡公共文化服务标准化、均等化和全覆盖；在产品和服务提供方式上，以政府采购、项目补贴、定向资助、贷款贴息、税收减免等政策措施吸引和鼓励社会参与，发挥市场在公共文化服务资源配置中的积极作用。

在构建现代公共文化服务体系中实现国家文化治理，需要用现代意识和观念引领，不断创新解放文化生产力的条件和途径，引导各种社会力量投身公共文化事业，引入竞争机制，推动公共文化服务社会化发展；最大限度满足人民群众的文化消费需求，培育和塑造社会的良好文化消费习惯，激发全民族的文化创造力，突出文化服务人民的根本宗旨。

（三）实现文化治理现代化是增强文化创造活力的关键

文化治理现代化是文化要素和文化关系的现代运作，需要充分发挥政府服务职能和市场机制作用。从文化市场视角提高文化治理能力，就是最大限度实现文化资源和文化要素在生产、流通、分配、消费等各个环节上的自由选择和充分便利，激发文化市场的公平正义能量，形成统一开放、竞争有序的文化市场体系。市场的价值发现功能和平等竞争机制决定了文化资源配置的高效和优化。而优化资源配置，正是解决当前文化市场矛盾的关键。形成市场决定的价值引导机制和科学的政府监管体系，不仅有利于提高文化资源的配置效率，而且会在竞争中实现文化的社会效益与经济效益的统一，体现社会主流价值导向。这不是降低政府的作用，而是增强政府驾驭市场的能力，是政府“善治”的重要体现。

随着社会主义市场经济体制的逐步完善，市场在文化发展中的作用不断增强。现代文化市场是一个庞大而完整的体系，包括文化产品市场、文化服务市场、文化人才市场、文化资源市场等。建设现代文化市场，要求产权主体关系明晰、生产要素配置合理、知识产权保护有力、产品服务流通顺畅、中介服务组织规范而发达，充分尊重企业的市场主体地位，保障市场在资源配置中起决定作用，以法律制度与市场规律作为文化生产力发展的准则和动力。现代文化市场所具有的文化多样性、资源丰富性和市场主体特色的差异性，使文化创造活力竞相迸发，使文化权利得到更好保障，推动社会文化生活丰富多彩。建设现代文化市场体系，是打造文化产业体系、完善公共文化服务体系的一项基础性工程，是文化体制改革的重中之重，也是实现文化治理现代化的一个新坐标、新任务。

二 深圳文化治理现代化的探索实践

推进文化治理现代化，最为关键的是需要处理好政府与市场、政府与社会、政府与市民等多种关系，不断增强文化创造活力。多年来，深圳遵循文化流动的基本规律，围绕打造开放型“文化深圳”，注重处理好政府与市场、社会、市民等关系，推动实现市民文化权利，增进市民文化福祉，张扬国家文化主权，努力承担起中华文化复兴进程中的深圳责任和深圳担当。

（一）培育现代人文精神，集聚文化治理的力量与追求

没有成熟的现代人文精神，就不会有发达的城市文化；城市人文精神的培育和发展，对于造就城市人文价值观、培养现代市民群体，实现文化治理现代化的价值目标有着不可替代的重要作用。从特区建立之初的“拓荒牛”精神，到“开拓创新、诚信守法、务实高效、团结奉献”的深圳精神，“敢闯敢试”领全国风气之先；从“时间就是金钱，效率就是生命”、“敢为天下先”、“实现市民文化权利”、“送人玫瑰，手有余香”等深圳十大观念，到“从这里开始，不一样的精彩”的大运理念；

从倡导“阳光、辛勤、感恩”理念，到深入开展“关爱行动”、“爱心之城”、“志愿者之城”建设活动，深圳的人文精神建设发育史从未中绝，城市人文精神也不断地被赋予新的内涵。在城市人文精神的培育过程中，由政府主导、推动多元主体参与，动员号召各单位、团体、组织和群众，以各种形式加强人文关怀，引导市民培养信任、宽容、互惠、合作、团结等公共精神，成为特区建立以来各届政府的积极有为的重要方式。

（二）营造良好城市文化环境，展现文化治理的开放和厚重

城市管理者在文化治理上的根本职责，是营造健康向上、积极活跃的文化生态环境，以宽松、有序、多元的城市文化环境吸引各种人才、培育市民群体，造就旺盛的文化创造创新活力，形成开放型、多样化、可持续的城市文化发展格局。

第一，基本建成全覆盖、普惠型公共文化服务体系，促进公共文化服务标准化、均等化发展。加大公共财政投入，在全国率先采取公益性文化场馆全面免费开放措施；创新服务载体和内容，策划实施“周末”、“流动”、“高雅艺术”三大文化服务系列活动，每年举办公益文化活动上万场次，受惠群众达1000多万人次；加大文化关爱力度，组织实施“外来青工文体节”等外来务工文化服务工程；推进“图书馆之城”建设，已建成公共图书馆640多个、“自助图书馆”200台，基本达到每万人一座图书馆的国际标准。

第二，扎实推进以“深圳读书月”为代表的全民阅读活动。按照政府财政采购、社会团体承办的运作模式，把每年11月的“读书月”交由社会和企业承办，一方面，数量庞大的政府公共文化服务实现了社会化和市场化运作，培育、扶持了为数众多的民间社会组织，形成了政府和社会、市场之间的良性互动；另一方面，通过组织举办政府、企业、社会组织、市民等主体共同参与的大型全民阅读活动，突破了公共产品服务供给的户籍限制和行政界限，形成了政府和市民之间的良性互动。

第三，围绕“全球视野、时代精神、民族立场、深圳表达”宗旨建设“深圳学派”。出台了《“深圳学派”建设推进方案》，明确整体规划

和路线图；大力培养、引进和整合优秀学术人才，加快建设强大学术研究人才队伍；中国特色社会主义理论研究、经济特区建设研究、对外开放研究等领域走在全国前列，并开始形成学科、学术优势。《深圳学派建设丛书》和《深圳改革创新丛书》连续编辑出版，学术文化氛围日渐浓厚，提升了城市文化的理论水平和价值内涵。

（三）提升城市公共文明和市民素质，铸造文化治理的高雅和秩序

城市的文明水平，最终要靠市民的文明素质来体现；城市的文化治理水平，关键要靠其民众的文明素质来支撑。深圳深入开展城市公共文明创建，三次获得“全国文明城市”称号。制定《基层（街道）文明创建和社会建设基本工作测评体系》，定期组织开展城市公共文明指数测评、窗口行业公众满意度调查和交通文明指数调查，推动文明创建日常化、长效化；强调“从小事做起”，在全社会发起“日行一善”、“文明出行”等实践活动，随手而为、日常小善；强调“从娃娃抓起”，已建成20个“学校少年宫”试点和10个社区“四点半学校”示范点，推动未成年人思想道德素质教育；实施“市民文化艺术素养提升计划”，加大高雅艺术票价补贴力度，支持高雅艺术进校园、进社区，提升市民精神文化生活品位。与此同时，坚持运用法治思维和法治方式实施文化治理，通过推进文明领域的立法、守法、执法进程，让法治内化为市民文明行为习惯的精神驱动。如针对“中国式过马路”、机动车斑马线“不礼让行人”等突出问题，深圳于2010年出台内地最严厉的《道路交通安全违法行为处罚条例》，使上述现象大幅减少；在2012年颁布《经济特区文明行为促进条例》，对文明行为进行鼓励，对不文明行为予以惩处，是全国首个规范市民文明行为的法规。

（四）打造文化品牌和文艺精品，增强文化治理的生机和活力

作为文化治理的基本内容，市民文化权利的实现，需要借助一定的文化载体，如文化精品、文化节庆、文化设施等。深圳多年来始终坚持“品牌和精品”两手抓，双管齐下，推动文化品牌活动蓬勃开展和文艺精

品高效创作。例如，以鼓励全民阅读学习为追求的“深圳读书月”，自2000年起已连续成功举办十五届，成为文化深圳的“招牌产品”，使深圳成为“因崇尚阅读而受人尊敬的城市”，被联合国教科文组织特别授予“全球全民阅读典范城市”称号。以提高市民“鉴赏·品位”为目的的“市民文化大讲堂”，自2005年开办以来经历了10年的思想传播，成为市民终身学习的一个“重要课堂”，先后邀请800多位名家学者举办了800多场讲座，各类媒体受众累计达上亿人次，被市民推选为最喜爱的“2006年十大文化事项”和“深圳市十大文化品牌”之一，2009年荣获文化部“创新奖”，列入“全国十大文化创新工程”，2014年又获得“全民终身学习活动品牌”称号。又比如，旨在张扬市民创意理念的“创意十二月”，自2005年以来持续举办了十届，掀起了全民创意热潮，成为深圳打造“设计之都”的重要抓手，活动领域从首届的30余项扩展至第十届的151项，吸引了国内外众多艺术家来深展示创意才华，见证了深圳文化创意产业迅猛增长的魅力。以“关爱、感恩、回报”为精神坐标的“关爱行动”，自2003年创办以来，和市民温暖同行11年，吸引上千万人次参与、开展了逾1.9万余项活动，成为市民践行社会主义核心价值观的重要载体和深圳创建文明城市的“重点品牌”，入选中国“社会治理创新十佳经验”，所探索的“社会救助民间组织模式”被认为“在全国是个创举”。近几年来，深圳以“音乐工程”、“影视工程”、“文学工程”为龙头，把创作生产优秀作品作为文艺工作的中心环节，推动“深圳创造”文艺精品创作，迄今已有45部作品获得全国“五个一工程”奖，成绩名列广东首位、全国前列，彰显了“文艺深军”的雄厚实力和蓬勃活力。

（五）促进文化产业快速发展，提升文化治理的质量和效率

在全球化的背景下，文化产业作为一种重要的战略力量，逐渐被推到经济、政治、文化竞争的前沿，成为文化软实力提升的核心载体。打造文化产业先锋城市是文化治理现代化对深圳文化发展繁荣提出的必然要求，也成为深圳文化产业的基本定位。近年来，深圳的文化创新活力

得到激发，四次获得“全国文化体制改革工作先进地区”称号。打造了文化产业“升级版”，率先探索“文化+科技”、“文化+创意”、“文化+金融”、“文化+旅游”等产业新模式、新业态，涌现出腾讯、华强文化科技等一批高成长型文化科技企业，形成了大芬油画村、怡景动漫等十余个国家级文化产业示范基地和50多个文化创意产业园区；文化创意产业十年来以年均25%的速度增长，2014年全年文化创意产业增加值实现1560亿元，同比增长超过15%，成为深圳经济发展新常态的重要引擎和助推器。同时，在产业服务上形成了一批“国家级”平台，文博会、文化产权交易所、中国文化产业投资基金、国家对外文化贸易基地等发展平台有力地拉动了全国文化产业的发展，其中深圳的文化产品出口约占全国1/6，成为中国文化产品进出口的重要基地和主要口岸。

（六）推动文化“走出去”，增强文化治理的辐射力和影响力

深圳立于维护国家文化主权的高度，以国家立场、文化自觉、敢于担当的气魄，推动文化“走出去”，形成多层次、宽领域对外文化交流格局，成为中华文化走向世界的“桥头堡”。依托“设计之都”、“文博会”等世界级平台，举办“联合国教科文组织深圳创意设计新锐奖”、“Idea－Tops国际空间设计大奖”、“深圳国际钢琴协奏曲大赛”等国际性设计赛事，组织召开“全球图书会议”并发布《深圳宣言》，有力提升了深圳“设计之都”的国际化、现代化城市形象和国际影响力。特别是深圳历时8年多创作的大型儒家合唱交响乐《人文颂》，对儒家文化进行富有时代性和开拓性的诠释，实现了传统文化和西方交响乐的完美结合，继2013年在联合国教科文组织巴黎总部成功演出后，2014年奏响纽约联合国总部，在马其顿、保加利亚以及中国台湾、中国香港成功巡演，赢得盛誉，不仅有力地提升了深圳的城市形象，还有效地输出和传播了中华人文价值，是“讲好中国故事、传播好中国声音”的创新之举，增强了深圳文化的国际话语权。这些都反映出深圳文化治理的国际视野。

三　推进深圳文化治理现代化的基本思路

文化治理是一项战略工程、系统工程，既要前瞻思考，具有先进的治理理念，又要统筹安排，突出自身特色和治理重点。深圳的文化治理，需要在突出城市主流文化战略方位、夯实文化治理基础、彰显国家中心城市的使命与责任、激发社会创造活力、加强治理能力创新等方面取得新突破，不断提升城市文化治理现代化水准，更好地满足市民文化权利，形成文化治理现代化的新常态。

（一）推进城市主流文化建设，突出深圳文化治理的战略方位

城市主流文化是城市主体人群的生活生产方式的集中反映和诉求，是文化治理的公共精神所应观照和聚焦的基本内容。没有城市主流文化的形成，就不可能有良好的城市文化治理。推进文化治理现代化，首先要反映和提炼市民的行为特色和精神诉求，积极构建城市主流文化。深圳作为文化治理的先锋城市，必须体现文化治理战略方位的前瞻性、先导性和示范性，反映文化自觉、文化自信的内在要求和实践探索。为此，深圳结合改革开放实践和城市文化发展特点，率先提出“创新型、智慧型、包容型、力量型”的城市主流文化导向和基本定位，崇尚创新创意，追求知识理性，保持开放包容，弘扬自强不息、刚毅血性的进取精神，对城市的治理体系和治理能力起着长远的引导、激励和匡正作用。

创新型文化强调以创新为城市之魂，率先实现观念更新、体制机制革新、技术创新，在现代新价值观念的创造和输出上保持领先，打造与城市地位相匹配的文化创新活力。深圳以创新为旗帜，创造了400多个全国第一，涌现了众多的著名创新型企业，产生了自主创新的“6个90%”的企业现象。

智慧型文化反映了城市热爱学习的强烈需求，强调以追求知识和理性为旨归。大力建设人文气息浓郁，学术文化繁荣，学习型、知识型城市。要实现高水平的文化治理，必然以普适性的智慧为主导，以理性和

知识为能力基础。深圳连续24年人均购书量最多，“读书月”15年可贵坚持，被国际知识界评为“杰出的发展中的知识城市”。

包容型文化反映了广大移民主体的价值诉求，强调尊重文化差异，对多样性文化采取兼容并蓄的态度，促使城市文化治理具有吐故纳新、兼容创新的能力，城市发展呈现开放包容、创新进取的良性态势。深圳是最大的移民城市，“来了，就是深圳人”最能体现城市开放包容、海纳百川的气质。

力量型文化反映了一切改革者的良好夙愿，强调保持自强不息的进取精神，确保城市文化具有强大的竞争力、辐射力，这是城市高水平治理与持续发展的突出优势和根本动力。“杀出一条血路”、“敢闯敢试”、“敢为天下先”成为深圳经济特区的精神写照，胆力和血气始终是城市人文精神的最大亮点。

（二）维护和发展市民文化权利，拓展深圳文化治理的基础和空间

文化治理的着力点是满足社会大众的文化需求，维护和发展文化权利。文化权利是人的一项与经济权利、社会权利并列的基本权利，其实现水平在某种程度上标志着国家、社会的发展进步和文明程度，是国家文化战略人民性的直接体现。只有推进文化治理现代化，保障文化权利，才能促进民生福祉、提振民族精神，为民族伟大复兴注入强大文化力量。

实现市民文化权利，不仅是衡量深圳文化治理绩效的基本指标，也是城市文化战略的基本支柱，是城市文化治理体系和能力的基本主题。可以说，市民文化权利的实现程度，是文化治理深入基层、深入社会、深入市民的核心内容，决定了城市文化发展的基本成效。市民文化权利包括享受文化成果的权利、参与文化活动的权利、开展文化创造的权利和文化成果受保护的权利四个层面的内涵。

首先，如何给市民创造更多的文化享受条件，是深圳实现文化权利最为基本的内涵，包括文化场馆的建设，对多种多样文化产品的供应等。

其次，深圳通过最大限度地提供老少皆宜、各得其所的参与文化活动的条件与氛围，让市民得到充分的参与文化的权利，使文化治理具有

了广泛的群众基础。

再次，最能体现市民文化主体意识的是文化创造的开展，这是文化治理的重要特征之一，深圳着力构建自由的文化创造空间和机制，充分调动社会文化资源，使市民的文化创造热情和潜能得到极大发挥。

最后，文化成果受保护的权利，与文化创造权利紧密相连，如果没有形成对知识产权的保护机制，没有有效地保护文化创造成果，必然会打击市民开展文化创造的积极性。

（三）体现深圳文化担当和影响力，彰显文化治理的特色与责任

文化治理现代化的充分实现，是城市文化特色的自主表达和全面展现。城市文化治理必须反映民族的“根”和“魂”，彰显民族精神和地域特色，不断增强文化的感召力、凝聚力和影响力。城市文化特色的表现程度，在一定程度上反映了城市“共治”、“善治”的程度，反映了文化治理现代化的水平。

深圳作为移民城市，体现了中华文化的丰富性和活力，又是中西文化交汇的“桥头堡”，在大量的对外开放交流中吸收了世界文明的精华，在传统的浸润和现代的创造中，开创了一种崭新的文化气象和精神力量。深圳文化治理的责任和担当，就是要通过有效手段，把传统的文化资源改造成向世界展示的文化软实力，彰显民族特色，站稳国家立场，维护国家利益。作为国家中心城市，深圳始终是国家战略的重要承担者、先行者，大力推动中华文化“走出去”，充分实现国家文化主权，提升民族文化的传播力、辐射力和影响力，为世界文明样式注入全新的价值理念，是深圳文化发展的时代担当，是深圳文化治理现代化的鲜明特色。

深圳推动文化产业跨越式发展，支持鼓励文化产品和服务出口；加强“文博会”、“设计之都”、“国家对外文化贸易基地”等国家级、国际性平台建设，展示中华文化核心竞争力；以《人文颂》等传世精品开展对外文化交流，宣扬民族核心价值。通过这些方式，展现民族特色，弘扬和输出中华文化价值，为提升中国文化在世界文化体系中的主导地位，提供有力的实践依据和样本意义。

（四）推动文化流动和开放包容，形成深圳文化治理的新常态

在文化治理中，文化主体的多样性、互动性，决定了文化体系的开放和文化要素的流动。文化流动是文化治理现代化的基本形态。借助文化流动的力量，像深圳这样缺乏文化积累的新兴城市，才有可能实现文化发展上的跨越。推动文化流动和文化包容，是深圳文化治理的新经验、新常态，有助于为新兴城市建构起一种新的文化治理模式。

首先，流动的人群是文化流动的承载者，形成了城市的文化特色。人的流动正如物的流动一样，越频繁，规模越大，一个地区就越有活力。深圳在文化治理过程中，由于参与主体的流动性极强，文化发展充分体现出不同地域、体制、行业、个体间的交融，在流动中生长出与自身人文地理特色、城市定位相适应的文化丛林，从而具有鲜明的城市文化个性，这是实现文化共治善治、确立城市文化身份的关键标杆。

其次，文化资源的流动和文化生态的营造，实现了文化治理的良性生长。对新兴城市来说，文化“存量”、“总量”不再是唯一刻度，文化资源绝不仅仅是地域性的，在更大的空间中寻求和配置资源，城市的文化竞争既是文化存量的竞争，更是增量的竞争。深圳在文化创造中，使各民族、各地区、各城市的文化发生更大的碰撞和融合，以极其丰富的文化资源构建了文化治理的美好图景。

最后，文化开放包容使文化流动的速度和规模实现质的跃升，形成了优质的文化治理生态。文化开放包括对内开放和对外开放，深圳毗邻港澳，面向东南亚，坚持“两条腿”走路，充分利用国内国际两个市场、两种资源，培育和开拓文化治理的广阔天地，提高文化发展的市场开放度和核心竞争力，实现文化治理的外延式发展。

（李瑞琦：深圳市委宣传部副部长）

以文化治理现代化加快文化强市建设

——深圳推进文化治理体系和治理能力现代化探讨

彭立勋　黄士芳　杨立青

一　推进文化治理体系和治理能力现代化的要求和意义

党的十八届三中全会通过的《中共中央关于全面深化改革若干重大问题的决定》指出："全面深化改革的总目标是完善和发展中国特色社会主义制度，推进国家治理体系和治理能力现代化。"这是在我们国家党和政府文件中首次出现"国家治理"一词，也是首次将推进国家治理体系和治理能力现代化作为体制改革的总目标，标志着我们党在治国理政理念上的创新，意义十分重大。

推进国家治理体系和治理能力现代化与完善和发展中国特色社会主义制度两者是统一的，只有推进国家治理体系和治理能力现代化，才能实现社会主义现代化，更好发挥中国特色社会主义的优越性。全面深化改革，就是要推进经济、政治、文化、社会、生态文明和党的建设等各个领域改革，从总体上推进国家治理体系和治理能力现代化，从而完善和发展中国特色社会主义制度。

关于国家治理体系和治理能力的具体内涵以及两者之间的关系，习近平总书记在《切实把思想统一到党的十八届三中全会精神上来》的讲话中已经做了非常明确而具体的阐述。他说："国家治理体系和治理能力是一个国家制度和制度执行能力的集中体现。国家治理体系是在党领导下管理国家的制度体系，包括经济、政治、文化、社会、生态文明和党的建设等各领域体制机制、法律法规安排，也就是一整套紧密相连、相互协调的国家制度；国家治理能力则是运用国家制度管理社会各方面事务的能力。”又说：“国家治理体系和治理能力是一个有机整体，相辅相成，有了好的国家治理体系才能提高治理能力，提高国家治理能力才能充分发挥国家治理体系的效能。”这些论述，为我们深入探讨文化治理体系和治理能力现代化问题提供了科学的理论指导。

文化治理体系和治理能力是国家治理体系和治理能力的有机组成部分。按照上述对于国家治理体系和治理能力的理解，国家文化治理体系应指国家管理文化的制度体系，包括文化体制机制和文化法律法规两个方面，文化建设的各领域体制机制和法律法规相互联系、相互协调形成一整套文化制度，便构成文化治理体系。文化治理能力则指运用文化制度管理文化各领域、各方面事务的执行能力，是充分发挥文化治理体系作用的保证。

在探讨文化治理体系和治理能力现代化问题时，涉及对于“治理”和“文化治理”的概念如何理解的问题。“治理”是20世纪末兴起的一个新政治概念，从“治理”一词被运用的情况来看，它主要用于与国家公共事务相关的管理活动，其兴起首先标志着一种新的政府管理方式的出现。“治理标志着政府管理含义的变化，指的是一种新的管理过程，或者一种改变了的有序统治状态，或者一种新的管理社会的方式。”① 其核心在于它倚重的统治机制并不靠政府的权威或制裁，而强调围绕公共事务寻求社会的自治以及政府与社会的合作。“治理”不同于“统治”这个概念。但治理和统治究竟有哪些原则区别，认识并不完全一致。较普遍的看法是，认为两者的主体有所区别。统治的主体是一元的，就是政府或各种国家公共权力；而治理的主体则是多元的，既包括政府，也包括社会组织、企业组织和居民自治组织等。此外，两者的性质、途径、

① 罗伯特·罗茨：《新的治理》，载俞可平主编《治理与善治》，社会科学文献出版社2000年版，第86页。

手段、范围也有所不同。统治是强制性的，自上而下，主要运用行政手段，范围是政府权力所及领域；而治理则更多地具有协商性，上下互动，更加注重运用法律或契约等手段，范围是比政府权力所及更广的公共领域。[①] 这些区别表明，治理的理念是和政治的现代化发展相联系的，在"治理"理念上，内在地折射出国家（政府）、市场与社会之间关系的深刻调整和历史变化。

治理概念运用于文化领域，较早见于西方学者的著作和相关文件。但对于文化治理的概念包含哪些具体含义，论者的看法也并不完全一致。发表于2002年的ERICarts的报告指出："'文化治理'指的是为文化确定方向的公共部门、私营机构和自愿非营利团体组成的复杂网络。其中，包括来自公共部门、私营企业、非营利团体等各种性质的机构和个人，涵盖文化、经济、社会等各个政策领域，涉及跨国、民族国家、地区、地方等不同地理和行政运作层面。治理也指公民不仅作为投票者和利益集团的成员，而且作为消费者、专业工作者、文化工人、企业家、志愿者以及非营利组织的成员，拥有了更为多样化的渠道影响文化发展。"[②] 这里强调的是文化治理包括多元化的参与主体、涵盖多个政策领域和运作层面、充分发挥公民对文化发展的影响等多种内容要素，和以往所说的单一的政府对于文化的管理是有着明显区别的。它反映出文化发展的现代化走势，是可作为我们的参考和借鉴。

推进文化治理体系和能力现代化，作为全面深化文化体制改革的总体要求和目标，就是要适应时代变化，既改革不适应实践发展要求的文化体制机制、法律法规，又不断构建新的文化体制机制、法律法规，使各方面文化制度更加科学、更加完善，实现文化治理制度化、规范化、程序化。为此，推进文化治理体系和能力现代化应当实现以下基本要求：

第一，要大力培养和弘扬社会主义核心价值体系和核心价值观，加快构建充分反映中国特色、民族特性、时代特征的价值体系。社会主义

---

① 俞可平：《国家治理体系的内涵本质》，《理论导报》2014年第4期。

② 郭灵凤：《欧盟文化政策与文化治理》，《欧洲研究》2007年第2期。

核心价值体系是社会主义先进文化的精髓，决定着中国特色社会主义发展方向。培育和弘扬核心价值体系和核心价值观，有效地整合社会意识，是文化治理体系和治理能力的重要方面。推进文化治理体系和治理能力现代化，要以社会主义核心价值体系为引领，将社会主义核心价值体系融入文化建设全过程，体现到精神文化产品创作生产传播各方面，使文化体制机制改革、法律法规建设都体现社会主义核心价值体系的要求，从而使中国特色社会主义文化制度不断得到完善和发展。

第二，要全面深化文化体制改革，推进文化体制机制创新，实现传统文化管理向现代文化治理转变。推进文化治理体系和能力现代化，需要进一步厘清政府、市场、社会在参与文化活动、实施文化管理方面的关系，构建政府、市场、社会多元共治的文化治理体制机制，创新文化管理体制和文化生产经营机制。既要充分发挥政府在公共文化中的主导作用，在产业发展方面的引导和服务作用，又要充分发挥市场在文化产业中的主导作用和资源配置中的决定性作用，积极鼓励社会力量参与文化建设，发挥公民个人参与文化创造的积极性。为此，要把完善和创新文化管理体制、构建现代文化市场体系和构建现代公共文化服务体系作为深化文化体制改革的重点任务。

第三，要大力推进文化法律制度建设，建立和完善文化各方面的法律法规，使依法治国、依法执政落实到文化建设和管理上来。依法治国是实现国家治理体系和治理能力现代化的必然要求。建立和完善文化法律制度，是实现文化治理体系和治理能力现代化的基础和前提。党的十八届四中全会通过的《中共中央关于全面推进依法治国若干重大问题的决定》提出："建立健全坚持社会主义文化前进方向，遵循文化发展规律，有利于激发文化创造活力，保障人民基本文化权益的文化法律制度。"这为文化法制建设指明了方向。《决定》还明确提出，制定公共文化服务保障法，促进基本公共文化服务标准化、均等化。制定文化产业促进法，把行之有效的文化经济政策法定化，健全促进社会效益和经济效益有机统一的制度规范。这些都是推进文化治理体系和治理能力现代化的基本要求。

推进文化治理体系和治理能力现代化，对推进国家治理体系和治理能力现代化具有十分重要的意义。文化治理体系是国家治理体系的一个重要方面，是和经济、政治、社会等各方面的治理体系紧密相连、相互协调的。由于文化和经济、政治、社会建设的联系日益加强，文化在综合国力竞争中的地位和作用更加凸显，文化治理体系和治理能力现代化在国家治理体系和治理能力现代化中所起的作用也越来越重要。就文化建设本身来说，推进文化治理体系和治理能力现代化建设，既是全面深化文化体制改革的总体要求和目标，也是推动社会主义文化大发展大繁荣的强大动力。有了完善的文化体制机制和法律法规，才能实现文化治理的制度化、规范化、程序化，不断解放和发展文化生产力，激发全民族文化创造活力，为文化大发展大繁荣提供良好的条件和保证。

改革开放以来，我们在文化体制改革中推进文化体制机制创新和法律法规建设，在文化治理体系建设和治理能力提高上取得了很大的成绩，适应我国国情和文化发展要求的文化体制机制正在建立和完善。但是，和经济社会文化发展要求以及人民群众对文化的期待相比，我们在文化治理体系和治理能力方面还存在许多不足，有许多亟待改进的地方。从全国来看如此，从深圳来看也是如此。这些年来，深圳在文化体制改革上一直走在前面，在体制机制创新和文化立法上都创造了不少新鲜经验。但是，距离文化治理体系和治理能力现代化的要求还有很大差距。在处理好政府、市场、社会参与文化发展的关系方面，在政府文化管理体制和能力现代化方面，在健全现代文化市场体系和构建现代公共文化服务体系方面，在文化法律制度建设方面，都需要加大改革力度，大胆探索，勇于创新。随着我国经济社会发展进入新常态、新阶段，深圳文化建设和发展与此相适应，必须在提高质量、水平和创新发展中再创新优势，迈上新台阶。这就要求我们必须推进文化治理体系和治理能力现代化建设，以改革促发展、促繁荣，不断提高城市文化发展水平和创新能力，推动文化强市建设迈向更高的阶段。

二 深圳文化治理现代化的初步探索及存在问题

（一）深圳文化治理现代化的初步探索

改革开放以来，随着计划经济的解体、市场经济的建立及全球化的发展，传统的一体化社会开始向国家、市场和社会三元分立格局转化，逐渐形成了三个既相互关联又相对独立的领域：一是政府组织（第一部门）；二是市场组织（第二部门）；三是社会组织（第三部门）。而改革开放的主要成就之一，就是不仅催生了强大的市场力量，也催生了不断成长的社会力量。上述变化在客观上也推动了政府机构改革及职能转变，即从传统计划体制下“全能政府”向市场体制下“有限政府”的转变。这是政府、市场和社会三大部门权力（权利）关系的调整和分权过程：传统全能政府的弊端在市场经济条件下的日益暴露，必然要求政府逐步推进分权化，把市场机制能够自行调节、社会组织和公民能够自主解决的事项转移出去，把不再需要政府行使的社会管理和公共服务职能交由社会组织承担。显而易见，推动多元主体共同参与社会管理和公共服务，既与世界范围内的治理潮流高度契合，也在我国文化体制改革中得到了集中体现。这构成了讨论深圳文化治理问题最重要的历史语境。

深圳自1980年成立经济特区以来，就以其鲜明的市场化改革，既推动了市场体制的建立和经济社会的发展，也促进了与之相适应的政府改革的持续进行，形成了以“小政府、大社会”为取向的政府改革模式。由于市场经济体制建立较早、经济社会发展迅速，在深圳很早就出现了较强的市场力量和蓬勃的社会力量，公民的权利意识、法律意识、自主意识、公共意识、志愿意识等均相对发达，这一方面极大地制约了政府之手的无限扩展，另一方面也维护了市场和社会相对自治的格局，使政府、市场和社会的关系处于某种相对均衡的状态。这为深圳文化治理现代化探索提供了较为坚实的社会土壤和现实条件。

无论是文化治理体系建设，还是文化治理能力的现代化，从根本上说都是制度改革的结果，并见证了我国文化制度的历史变迁过程。因此，要讨论深圳文化治理现代化的探索，首先与深圳文化体制改革及其全面深化息息相关。

有学者系统地回顾了1978年以来我国文化体制改革的阶段性发展，将改革进程划分初始创新、试点推动和普遍推动三个阶段。① 而根据中国改革的通常演进路径来考察，我们可把深圳文化体制改革的历程大致划分为两个阶段。

1979—2000年，为文化宏观体制和微观体制改革的地方探索期。从1979年建市到20世纪80年代后期，深圳的文化管理主要是恢复、沿袭在“文化大革命”中受到破坏的传统体制。同时，由于深圳较早地进行了市场化改革，与市场经济相伴随的“体制外”文化现象也开始出现（如全国第一家帐篷歌舞厅），形成了一个体制外的文化市场。体制内和体制外文化的同时展开，必然要求建立精简高效、协调运转的宏观文化管理体制。1989年借助当时第四次行政体制改革之机，深圳将“小文化”管理改为“大文化”管理，率先在全国建立起集文化艺术、新闻出版和广播电视三位一体的大文化管理架构，实现从专业化管理到综合性管理的现代转变。在微观体制改革上，其突破口在于按市场化、竞争化的思路，以提高激励、效率为核心，推动了交响乐团、粤剧团、歌舞团等国办表演团体的改革。同时，基于体制外表演艺术团体的大量存在，深圳还探索出从“政府办文化”转向“社会办文化”的路子，初步形成了“政府宏观调控、事业微观搞活、社会共建共享”的格局，为建立现代文化管理体制和运行模式奠定了基础。

2001年至今，为中央统筹推动、深圳配合改革时期。2001年，国务院体改办领导要求深圳超前探索文化体制改革，随后深圳成立文化体制改革领导小组及其办公室，2002年起草《关于深化文化体制改革的总体方案》等“1+4”文件，在2003年全国文化体制改革试点工作会议后上

① 陈世香：《大部制视角下地方政府文化管理体制改革进程及其挑战》，《上海行政学院学报》2010年第5期。

报中央主管部门并获原则同意。在中央的统筹推动下，深圳继续以文化宏观管理体制和微观运行机制为改革重点，促进政府职能的“三个转变”，解决政府的越位和错位问题，并从2003年开始尝试大型公共文化活动的社会化运作。出台促进文化产业发展的系列政策文件，推动了民营文化企业等“体制外”力量的快速成长。深化文化事业单位改革，努力建构现代文化企事业制度：推动了三大国办专业文艺院团改革，交响乐团、市图书馆等单位探索实行理事会制度；成立报业集团、发行集团和广电集团三大产业集团，探索国有文化资产的监管模式；启动新一轮以“分类改革”为路径的事业单位改革，推动了经营类文化事业单位的转企改制。

文化体制改革是政府改革的缩影。由以上文化体制改革的历程可以看出，深圳文化治理现代化的探索，首先是从转变政府职能、调整“政府、市场和社会”关系为中心的。换言之，这种转变和调整是通过政府自身的改革来实现的。如早在2003年，中央就提出了政府文化职能的“三个转变”，即从“办”文化到“管”文化的转变，从管“微观”到管“宏观”的转变，从主要面向国办文化单位向面向全社会文化的转变。而要实现这一转变，除了调整政府、市场与社会关系，还必须具备配套性条件，即政事、政企、事企分开和管办分离，赋予文化企事业单位相对的独立性和自主权。2003年前后，深圳成立报业、发行、广电三大集团，极大地推动了政企分开和管办分离。2006年后经营类文化事业单位大规模转企改制，则区隔了公益性文化事业和营利性文化产业的属性界限，促进了事企分开。结合事业单位分类改革开展了文化事业单位法人治理结构试点，市图书馆初步形成理事会组织架构与运行机制，实行法人治理，则是政事分开的创新性尝试。在这方面，2014年福田区进行了新探索：不仅正式成立了公共图书馆理事会，推进文化事业项目理事会制度改革，同时还创设了“文化议事会”制度，组建了“文化议员”队伍。“议员”由有政府工作背景的领导和专家、文化理论研究专家学者、文化营运专家人士和社区文化工作者三大类人员组成，各占总数的1/3。他们对福田区重大文化项目、重大决策进行事先调查研究、咨询论证和事后跟踪评估等相关工作，此外还将建立健全“议事会专家库”，成为推动福田未来文化发展的智囊机构和思想库。

更重要的是，深圳文化治理现代化的探索，除了体制内文化单位的存量改革，还集中体现于体制外的增量改革。所谓增量改革，就是在改变政府“大包大揽”文化事务的传统格局的同时，积极鼓励市场、社会和个人等非政府文化资源参与文化发展。一方面，市委、市政府出台了一系列重大文化经济政策，促进了文化创意产业的快速发展，特别是腾讯、雅昌等民营文化企业的崛起，成为深圳乃至全国文化企业的标杆，使民营文化成为驱动深圳文化发展和文化治理的重要力量。在社会力量培育方面，深圳很早就认识到社会民间力量参与文化发展的重要性，充分挖掘和利用深圳作为移民城市藏艺于民的特点及民间文化社团蓬勃发展带来的契机，其结果就是以2003年形成大型公共文化活动社会化运作机制为开端，不断加大对社会办文化机构的资助和扶持力度。如2012年出台《深圳市民办博物馆扶持办法》，使近30家民办博物馆成为深圳社会文化力量兴起的一个标记。推动政府公共资源逐渐向全社会开放，不断拓展政府文化购买的规模和范围，极大地促进了社会力量对文化建设的广泛参与。据统计，2010—2012年深圳市文化事业建设费及宣传文化基金资助非政府文化团体的金额分别为1011万元、1601万元、2392.5万元。南山区不仅形成了《南山区公益文化活动实行社会招标试行办法》、《南山区文化艺术活动资助实施细则》等较完善的公共文化社会招标和资助制度，而且资源投入在各区中也是最多的，2010—2012年政府文化购买的资金就分别达到1433万元、1277万元、1347万元。

（二）深圳文化治理现代化存在的主要问题

深圳文化治理现代化的探索，可以说取得了一定的成效，但由于种种历史和现实原因的制约，也存在着不少亟须解决的问题，主要体现在以下几个方面：

第一，从存量改革上看，政府文化职能转变还不到位，政事、政企、事企分开和管办分离改革有待深化。深圳目前已实现了文化大部制改革的部门重组，在政府改革上取得较大突破，但机构合并目前只是物理层面的简单组合而尚未引起化学综合反应，政府职能的有效转变远未完成，政府文化管理的传统思维尚未得到逆转，体现为向市场和社会放权进展有限，管理的范围和事务依然庞杂，文化审批事项有待进一步削减。其结果就是政事、政企、事企分开和管办分离改革不足，国有文化企事业单位独立性和自主权不够。以目前广受关注的理事会制度试点为例，有些理事会成立之后没有完全实现“决策监督”职能，而是降格停留在辅助决策、议事决策层面；理事会制度下的单位负责人遴选机制与现行人事管理制度不完全兼容；理事会决策单位预决算与现行财务管理体制、经费拨付机制存在矛盾；理事会构成“外部理事占多数”与共同治理“各方利益不占优”原则不完全协调；理事会决策支撑体系建设和法人治理环境下基本制度建设不完善；文化事业单位独立法人自主权尚难以完全落实，等等。[①]

第二，从增量改革上看，市场组织和社会组织发展受限，其活力仍未得到充分挖掘与发挥。随着中央《关于深化文化体制改革的若干意见》、《关于鼓励、支持和引导个体、私营等非公有制经济发展的若干意见》、《关于非公有资本进入文化产业的若干决定》、《关于文化领域引进外资的若干意见》等在2005 年的陆续颁布，国家层面以“产权改革”为核心的文化政策的变动与非公有制经济市场准入条件的放宽，极大地促进了深圳民营文化企业的快速发展。但由于在某些核心领域和重要环节依然实行国有保护政策，以及某些严格的管理制度，也抑制了市场组织特别是民营文化企业的更大发展，市场力量参与文化治理现代化建设的活力有待进一步释放。对于社会文化组织而言，一方面国家通过社会组织登记管理制度创新，积极鼓励和培育社会组织发展，尤其是在公共服务等民生领域；另一方面则仍存在诸多的限制。这种制度环境上的先天不足，加上目前我国文化类社会组织普遍存在发展不充分、参与社会管理和公共服务的能力、水平有限，这些均构成制约深圳乃至我国文化治

① 李国新：《推动法人治理创新体制机制》，《中国文化报》2014 年 4 月 25 日。

理现代化的最大问题之一。

第三，从体制机制上看，上下互动、彼此合作、相互协商的文化治理制度安排尚未建立健全。“治理”的核心要义是权力（权利）主体上下互动、彼此合作、相互协商。在这方面，西方发达国家已做出了一些有益的探索，特别是在公共服务社会化、市场化上形成了较为成熟的模式。在我国，这种新型文化治理结构还是个新事物，相关制度安排还处于搭建的初期阶段。深圳也同样如此，如在文化决策上，政府和社会的互动不够，政策出台前意见征询、听证的民主化程度不高，社会各界人士的参与度较小，影响了公共政策的科学性和合理性；在政策执行环节，特别是在公共文化产品和服务的供给上，国办文化事业单位依然是最核心的主体，其与市场社会力量彼此合作、相互协商制度尚未成型；在文化需求调查和绩效评估环节，常态化的市民文化需求情况调查机制尚未成为文化决策的基础，长效化、专项化、综合性的文化绩效评估体系也尚未建立健全。

第四，从文化法律上看，文化治理现代化的核心环节——文化法治亟须加强。党的十八届四中全会作出了“依法治国”的重大决策和战略部署，在未来，法治化将成为我国推进国家治理体系和治理能力现代化的核心推动力。但是，在文化治理领域，相关立法缓慢等法治化不足成为其中最显著的问题之一，如我国的文化领域目前仅有《文物保护法》、《著作权法》两部正式法律以及《公共文化体育设施条例》、《营业性演出管理条例》、《娱乐场所管理条例》、《广播电视管理条例》、《电影管理条例》、《出版管理条例》、《音像制品管理条例》、《印刷业管理条例》等文化行政法规。而对于深圳的文化治理现代化而言，能否加强法治建设，将是决定深圳文化治理成败得失的关键所在。在这方面，深圳依托特区立法权出台了《深圳经济特区公共图书馆条例（试行）》以及大量的政府部门规范性文件，《深圳经济特区全民阅读促进条例》的立法工作也在积极推进中，但更多的文化行业细分领域专门法律法规的相对阙如，无疑也从法治制度层面制约了深圳文化治理的现代化发展。

三 推进深圳文化治理体系和治理能力现代化的思路对策

深圳作为经济特区，肩负着改革创新的探索使命。在全面深化改革和全面依法治国的治国方略指引下，深圳应发挥先行先试的探索优势，积极为推进国家治理体系和治理能力现代化作出积极的贡献。就文化改革和发展来说，要将文化治理体系和治理能力现代化作为深化文化体制改革的总目标，以文化治理现代化加快推进文化强市建设。

（一）以保障市民文化权利为核心强化文化治理的自觉意识、责任意识和法制意识

“权利”是国家宪法赋予公民的法定权利，包括政治、经济、文化和社会权利等。党的十八届四中全会第一次在党的决定中明确提出要保障公民文化权利的落实，其中明确提出要“保障公民经济、文化、社会等各方面权利得到落实，实现公民权利保障法治化”。把文化权利的保障上升到国家的依法治国层面而加以大力推行，这对于完善文化治理体系和推动文化治理能力现代化来说具有非常重要的意义，一则可以强化公民权利的法治保障；二则可以强化责任主体的法定担当；三则可以强化公民权利的自觉意识。就深圳来说，在政府的文化治理中，2003 年就已提出把实现市民的文化权利作为建设公共文化服务体系的出发点和着眼点，从促进市民享受文化、参与文化、文化创造及保护创造四个方面的权利内容出发，强化政府的主体责任，强化市民的文化参与，强化市民文化创造的保护，由此促进政府落实市民文化权利的自觉性与主动性，同时又促进了市民文化权利的意识观念的提升，从而为政府与市民共同推进文化建设创造了良好的环境。

党的十八届四中全会非常明确地提出要促进公民的文化权利的保障落实，自然也为今后深圳的文化治理体系和能力现代化建设提供了坚强的法治保障。因此今后的文化建设也要紧紧抓住“权利”这个关键词，进一步落实和保障市民的文化权利。这方面的工作未来可以从四个方面

着手和努力，一是要进一步强化文化权利的法定意识。政府作为落实权利的法定责任主体，其文化工作要围绕以实现文化权利为核心目标进行部署和落实，而不是以一时的政绩和形象为导向进行短期的推进。要形成对保障文化权利的尊重和共识，尤其是政府文化部门以外的部门要自觉形成这种意识。二是要进一步强化文化权利的参与意识。在法律制度和政府运作程序设计上建立和健全参与文化管理的体制机制，使文化权利的参与权利能够得到充分的实现，由此推进政府的文化管理从传统的单向管理转向多元共治管理发展，发挥非政府资源参与文化管理的积极性。三是要进一步强化文化权利的效益意识，既要鼓励市民的文化创造，同时又要为文化创造提供良好的制度环境，确保其创造效益能够得到实现和效益最大化。四是要进一步强化文化权利的监督意识，要建立完善的评价反馈制度来监督政府以及相关法律保障制度的落实情况。

（二）以全面深化改革为主线进一步创新和完善文化体制机制

按照党的十八届三中全会的精神，深化文化体制机制改革是全面深化改革的内容之一。推进文化体制机制改革也是推进文化治理体系和治理能力现代化的必然内容，所以，完善文化管理体制、建立现代公共文化服务体系和现代文化市场体系成为未来加强文化治理的重要内容和改革路向。就深圳来说，作为经济特区城市，也作为全国文化体制改革的试点城市，实际上自特区成立之日起就一直在不断地进行改革探索，文化管理体制的改革深化一直持续到现在。深圳也为此多次被评为全国文化体制改革先进城市，许多的文化管理体制创新成为国内其他省市学习和借鉴的样本。

未来深圳的文化管理体制改革仍然需要进一步全面深化，但这种改革的重点不是在对原有的体制的“破”上，而在于根据文化治理体系和能力现代化要求的“立”上。这种“立”主要是处理好政府与市场、社会和个人的关系，履行好作为现代政府的政府职能定位，激发市场主体、社会主体和个人主体的活力。一是在处理好政府与市场的关系上，关键是让市场发挥作为资源配置的决定性作用。政府作为文化管理主体，应依法履行文化管理职能，做到法无授权不可为，法定职责必须为，依法履行公共服务和市场管理的职责，而不是随意干涉市场甚至直接介入市场经营。当前的重点是进一步清理和规范文化市场审批管理政策，适应目前商事登记制度改革的趋势和要求，进一步释放文化市场主体的活力。二是在处理好政府与社会的关系上，关键是激发社会主体参与文化治理的积极性、主动性与自觉性。社会参与本身即是文化权利保障的重要内容，同时又是深化改革的题中应有之义。促进社会参与文化治理首先必须加快政府的职能转变，吸引社会主体参与公共文化服务。当前的重点是加大政府公共文化服务的采购服务和向社会主体的转移服务。通过社会主体的对公共文化服务的广泛承接承办，推进政府本身管理能力的提升，改变以前的“政事不分、包办乱办”现象。三是在处理好政府与个人的关系上，关键是政府通过法律制度设计，保障市民的文化权利，促进市民的文化创造，实现市民的文化创造效益。深圳是移民城市，文化包容性非常强，未来尤其要关注如何激发市民的创造活力，在“大众创业、万众创新”中最大限度地实现市民的文化创造效益。

（三）以特区立法的优势创新推出具有深圳特色的文化法律体系

在文化法律制度建设上，因为其有意识形态属性，因而相比其他法律制度，总体上处于滞后状态。党的十八届四中全会在强调保障落实公民的文化权利的基础上提出加强文化法律制度建设，强调制定基本公共文化服务保障法、文化产业促进法等法律。必须承认的是，深圳作为特区，拥有全国人大授予的特区立法权，所以，相比其他城市，未来深圳在建立健全文化法律体系方面应是大有作为的。而且也只有在完善各项文化法律的基础上，文化治理才能真正实现法治化、规范化、常态化和程序化。

根据深圳文化立法的历史和国家的要求，结合政府、社会与市民的需求，建议下一步在推进文化法律制度的建设上要重点关注三个方面的立法：一是根据国家的文化立法规划，推进深圳经济特区基本公共文化保障法的制定实施工作。目前国家文化部已将这一立法计划上报全国人大。深圳拥有特区立法的创新优势，可以在国家法律出台之前制定具有地方特色的公共文化服务保障法。二是抓紧出台现有公共文化服务创新做法的相关法律，推进公共文化服务的法制化运作。比如2014年起草的《深圳经济特区全民阅读促进条例》，已提交市人大常委会审议，2015年审议通过实施。该条例的特点是将深圳长期以来坚持的推进全民阅读的经验进行法定化，同时借鉴结合国内外的先进做法，进一步推进全民阅读的法律保障。三是抓紧出台相关专门的法律，推动法人治理结构建设。可以借鉴我国香港地区的做法，以法律形式规定公共文化服务机构的法定职责，推进现有公共文化机构的法定化运作。比如制定《深圳博物馆条例》、《深圳图书馆条例》、《深圳美术馆条例》等，通过法律的规范来明确和推进公共文化机构的履职。

（四）以社会参与为重要方向鼓励各类主体参与文化治理

文化管理向文化治理的转变的重要的标志之一是社会主体能够参与文化管理的各个环节和程序，强调政府与社会通过平等对话、协调合作等形式达成共识，最终形成相互认同的价值目标，从而实现文化治理的更高的行政效率，实现社会成本的最小化和公共利益的最大化。目前深圳在文化管理运作过程中已形成社会参与的共识，实际的文化管理也探索了多种参与形式，包括公共文化机构理事会、文化议事会、重大文化项目听证会和征求意见会、公共文化服务项目公众评价等，但还没有形成规范完善的贯穿文化治理各个环节的参与平台和载体以及规范的运作机制。

在具体的社会参与要求上，党的十八届三中全会文件已作了明确阐述。建议在落实中央要求的基础上，从文化治理的几个环节上完善社会参与文化治理的体制和相关制度。一是完善参与决策的机制，主要是建立社会主体和公民主体参与决策管理的平台载体。福田区成立的文化议事会就是参与决策平台的创新尝试。建议可以成立市一级和区一级的文化决策咨询委员会，公共文化机构成立文化理事会。二是重大文化项目的公众意见征求机制。除了常规的座谈会载体外，现在可借助网络平台征求公众的意见建议。三是完善社会参与服务的机制。在公共文化服务体系建设中必须强调政府主导，但政府主导并不是政府包办。而且从资源角度来说政府资源也是有限的，所以利用社会资源参与公共文化服务正是政府履职的方向。在完善社会参与机制上，一方面是政府的资源开放带动社会资源的参与进入，另一方面是政策鼓励社会资源的参与进入。当前尤其要注意政府的公共文化服务项目和资源的向社会开放，在制度设计上完善鼓励促进制度，激发各类社会主体参与的活力。四是完善社会参与评估的机制。公共文化服务做得好不好要群众说了算，因此要建立经常性的评估反馈制度，建立群众文化需求与服务对接制度。

（五）以创新能力提升推进文化治理能力现代化

文化治理能力现代化的核心内涵是从人民群众的现实需求出发，不断创新文化治理理念，改进治理方式，使文化治理跟上时代步伐，将中国特色社会主义的文化建设的制度优势转化为文化治理的效能，实现最优化的治理效果。从深圳特区建立35年的历程来看，文化创新能力和其他创新能力一样，是推进深圳改革发展的根本动力。可以说，35年来，深圳文化建设的进步成就，都与特区文化决策者和文化工作者的文化创新探索有关。观念创新推动价值理念的领先，确立了深圳城市核心价值的地位；战略创新推动深圳由文化立市进而建设文化强市；体制创新推动政府的“小政府、大社会”运作，释放了市场和社会的活力；技术创新推动文化与科技的融合，实现文化创意产业的转型效益和公共文化服务的更新服务；制度创新推进了文化建设的法治化、规范化；资源创新促进了文化资源的地域行业流动，取得了丰硕的经济效益。未来的文化治理能力的提升还需进一步推进文化观念创新、文化战略创新、文化体制创新、文化资源利用创新和技术应用创新。尤其是互联网时代，更需要运用互联网思维和新型移动技术来推动文化建设。通过推进文化治理能力现代化，全面提升深圳的文化软实力，努力实现文化强市建设目标。

（彭立勋：深圳市社会科学院教授、博士生导师；黄士芳：深圳市特区文化研究中心主任、博士；杨立青：深圳市特区文化研究中心副研究员）

城市文化运营战略研究

深圳市委宣传部课题组

在经济全球化的背景下，文化已经成为城市发展的核心，是决定城市未来的根本所在。进入21世纪以来，中国城市的发展大体经历了从“拼经济、拼管理”到“拼文化”的阶段，城市竞争实际上已成为城市文化的竞争，呈现出“以文化论输赢、以文明比高低、以精神定成败”的新格局。提升城市文化竞争力，需要对城市文化建设发展的方式和路径作出深入的研究和探讨。本文试图从文化运营的角度对城市文化发展进行研究，总结已有的文化发展经验，并探索未来文化发展的道路。

一　城市文化运营的内涵及要素

（一）城市文化运营的内涵

“运营”是一个经济管理学概念，也就是对产品生产营销过程的计划、组织、实施和控制，是与产品生产和服务密切相关的各项管理工作的总称。从更宏观的角度去看，只要是具有系统性、综合性的组织，都需要战略指导和综合协调。所不同的是，因应发展目标的不同，运营的战略和方式会有不同。城市文化的发展也是如此。

这里所说的城市文化，是城市在发展过程中创造形成的独具特色的价值观念、城市精神、行为规范等精神创造和城市景观、城市风貌等物质财富等的总体形态。城市文化如同城市的“遗传基因”，通过使人们形成对城市的集体记忆，影响着城市的演变和发展历程，它是城市的灵魂，是文明的标志，标志着城市市民的完整价值体系、生活方式与城市特质和个性。

城市文化运营就是把城市系统中的文化资源有效地整合起来，为实现城市的文化定位和价值目标，而计划、组织、实施和控制等一系列过程。政府应当充当“运营主体”的角色，负责制定城市文化运营战略和配套措施并提供相关资源和平台，文化服务机构或企业再根据“运营主体”的要求，结合自身的资源和平台创造有文化价值的产品提供给市民。与企业运营不同，城市文化运营不以营利为目的，所追求的更多的是社会价值，在始终把社会效益放在第一位的前提下，实现社会效益与经济效益相统一。所以，从本质上说，城市文化运营是指以政府为主导的多元经营主体，根据城市文化发展的需要，运用市场、政策、法律等多种手段，对各种公共文化资源进行合理配置，以实现特定的文化目标和社会价值，从而促进城市经济、政治、社会、文化的和谐发展。

（二）文化运营对城市发展的意义

1. 有助于形成文化特色，增强城市核心竞争力

美国学者托夫勒指出：“哪里有文化，哪里早晚会出现经济繁荣。”文化成为决定城市未来发展的关键因素，成为城市的核心竞争力，以文化为核心的城市战略也因此逐步成为城市管理决策者的自觉选择。

2. 有利于提升文化力，确立城市的中心地位

城市文化是城市的“关键能力”。一方面，一座城市的文化力之大小，决定着城市是否有核心竞争力，能否成为中心城市，能否辐射和引领其他非中心城市。城市不仅仅要有经济的附加能力，还要有文化的附加能力。在21世纪，“文化的经济意义将远远超过人们的预料，其对地方整体经济具有乘数效应，将使城市发展大受裨益”。[①] 城市的发展必须是综合协调可持续的发展，文化在其中的地位越来越重要。没有文化的支撑，城市就不可能成为中心城市。另一方面，城市文化本身就是经济力量，可以为城市的发展提供经济支撑，尤其是文化产业，往往会成为

① 约翰·奈斯比特：《2000年大趋势》，中共中央党校出版社1990年版。

拉动城市经济发展的支柱性产业。

3. 有助于建构城市文化体系，凝聚城市文化精神

建构并形成城市文化体系，是运营城市文化的重要载体。城市文化体系的培育和营建，主要包括：一是确立主流文化。这是城市所倡导的主导文化形态和文化目标，主流文化决定了城市的抱负和追求，标注着城市文化的内在魅力和无形吸引力。二是培育观念文化。城市观念文化集中了城市的核心价值追求和市民共同的内在共同文化心理，凝练了城市的核心价值观、城市精神和本质追求。观念文化主要体现在城市理想、共同价值和城市人文精神。三是丰富实体文化。这是城市文化体系中各类有形的特色文化，既包括各类文化活动、舞台艺术、文艺创作等文艺创造活动，也包括文化资源、产业模式、文化产品、文化服务和文化消费等文化经济生产，还表现为外在的城市景观形象，包括城市建筑、城市公共空间和城市环境。四是引导行为文化。具体地表现为市民的文明素养、生活品位、行为方式、公共心理和价值追求，体现了城市的风气、文明、法治、精神等诸多方面。

（三）城市文化运营的要素

城市文化的运营战略，涉及城市文化管理和运营过程的基本原则和问题，主要包括城市文化运营主体、运营理念、运营规划、品牌建设、资源整合，等等。

1. 文化运营的理念基石

一是文化的流动性。文化的发展是一个不断吸收并转换文化元素、扩大文化流动的过程。流动性是文化的本质特征之一，是推动文化发展的最大动力；文化的生命在于流动，流动是文化的重要属性。文化的开放和流动，催生文化元素的分解和融合，产生出文化的新内涵、新样式、新生命，汇聚四面八方流动而来的文化，构成了一种新的文化生态。一个地区的文化资源总量并不是固定的，其中一个巨大的变量因素在于一个地区对文化增量的获得程度。城市的文化竞争，是文化存量之间的竞争，但更是文化增量之间的竞争。只有流动的文化才是活的文化，才是

最有生命力的文化。所以，一个城市的文化定位要建立在“文化是流动的”观念基础上。

二是文化的差异性。俗话说：“一方水土养一方人。”每个城市因为其政治经济社会状况不同，文化传统与资源差异，必然影响到城市文化运营的策略。有的城市可能以丰厚的传统文化为其特色，有的城市可能以现代文化为其个性，有的城市文化发展更多地依托政治资源，而有的则更多地依托于经济资源。城市文化的运营，首先要明确城市的优势和弱势，确定城市文化的定位，才能在此基础上确定运营战略。

三是文化的关键期。犹如一个人的成长有其关键期一样，一座城市也有其发展的关键期。能否抓住关键期，决定了城市的格局和气象，决定了城市未来文化的地位。历史上的开放城市，充满着活力，在那个时代造成了很大的吸引力，而这种吸引力所植入城市的因子，犹如城市持续发展的健康基因一样，具有长期的影响。

2. 城市文化运营的主力

运营战略的确立和实施，都要由倡导者和推动者完成。其中，政府是运营的主力，社会机构和市民是重要的参与力量。政府作为城市文化运营的策划者和领导者，通过自觉自为的建设和运营城市文化，最终形成自身文化特色。社会机构和市民在政府的带动下，通过自身的文化活动，把文化战略变为现实，市民也同时是文化主体和文化运营的最终目标。

3. 城市文化品牌的建设和运营

现代的市场经济是一个品牌竞争的时代，一切产品都在品牌化。城市文化的运营，也需要打造自己的文化品牌。城市文化品牌，是一座城市的历史文化传统、文化景观、文化活动、文化产品、文化氛围等所形成的城市文化特色符号的形象表述，是社会对之做出的包括情感、联想、价值在内的正面性认知、识别与评价系统。城市文化品牌战略包括四个部分：一是突出特色优势，形成鲜明的品牌识别系统。规划以核心价值为中心的品牌识别系统，即提出城市文化品牌建设的目标和考察标准。二是突出创新内容，优选高效的品牌架构。优化整合文化资源，提高文化产品自主创新能力，树立精品意识打造高品质文化产品，重点培育能体现城市核心价值的文化项目，使其逐步占据领先地位，从而形成文化品牌。三是突出可持续，提高品牌延伸生命力。文化品牌活动贵在坚持，只有持续的培育和不断的创新，文化品牌的影响力、辐射力和凝聚力才真正具有生命力，才能不断地吸引、带动和促进市民群众热情参与文化活动。四是突出开发运用，推进品牌资产的增值。加强文化品牌运作和经营，着力打造富有特色、体现水平、具有广泛影响力的知名文化品牌。

二 深圳城市文化运营战略的实践

（一）深圳城市文化运营战略的实施

1. 制定城市文化运营战略

制定城市文化发展规划需要统筹考量城市文化发展的现状及文化资源存量，合理预测城市文化未来发展的目标定位，确立城市文化的竞争优势。

（1）制定“文化立市”战略和“文化强市”建设目标。2003 年，深圳首次提出实施“文化立市”战略；2005 年，提出全面实施“文化立市”战略，把文化产业培植成为第四大支柱产业。“文化立市”战略的提出是深圳城市文化运营历程的标志性事件，它突破了城市文化发展规划仅限于宣传文化系统的部门战略和局部战略，成为统筹城市文化资源，各部门协调、整体推进的全局性战略规划。2012 年，深圳提出了建设“文化强市”的战略目标，打造“文化立市”战略加强版，推动文化建设与经济建设、政治建设、社会建设、生态文明建设协调发展，从城市发展的角度对文化运营进行了战略谋划。

（2）提出城市文化运营理念。一是提出了“实现市民文化权利”的理念。在 2002 年第三届深圳读书月活动中，提出了“实现市民文化权利”理念，将市民文化权利的实现程度作为政府的文化责任，作为公共文化服务体系建设的法理依据。市民文化权利主要包括文化享受、文化参与、文化创造、文化创造成果受保护四个方面的权利。二是提出“维护国家文化主权”的理念。中华民族的伟大复兴，不仅是经济的腾飞，更重要的是古老文明焕发生机，以新的姿态和形式走向世界。作为改革开放的先锋城市，深圳在中华优秀传统文化的传承发扬、中华人文价值的输出和传播等方面应有更大的作为。

2. 凝聚城市核心价值

提炼和打造城市的核心价值观既是城市文化运营的任务与目标，又是城市文化运营战略的主要方式与手段。

（1）评选“深圳十大观念”。深圳将城市核心价值观念的提炼和打造作为城市文化运营战略的核心。深圳经济特区建立 30 周年之际，经由全民参与，网上投票评选出“时间就是金钱，效率就是生命”；“空谈误国，实干兴邦”；“敢为天下先”；“改革创新是深圳的根，深圳的魂”；“鼓励创新，宽容失败”；“深圳，与世界没有距离”；“让城市因热爱读书而受人尊重”；“实现市民文化权利”；“送人玫瑰，手有余香”；“来了，就是深圳人”的“深圳十大观念”。

——深圳因“观念”而生。作为经济特区，深圳从一开始就被赋予某种特殊的政治使命和城市功能，城市在既定的“观念”主导下萌芽和成长。“观念”成为深圳城市文化发育的胚胎，是深圳城市精神发展的逻辑起点。

——“观念”引领深圳发展。深圳由观念而生，反过来观念以其强大的感召力和创造力引领城市发展。从最初的体制突破，到城市建设，再到发展方式与文明模式的转换；从拼经济，到拼管理，再到拼文化，始终能够感受深圳观念作为核心价值的引领和推动作用。

——“观念”彰显核心价值。深圳观念是深圳城市文化运营中最为宝贵的资源——城市的核心价值。深圳观念内在地包含和体现了社会主义核心价值观的价值追求，折射了全国改革开放以来价值观念建构的革新与进步，是社会主义核心价值观的深圳表达，也是社会主义核心价值观成功实践的城市样本。

（2）以法治提升公民文明素质。深圳不断推进文明领域的立法、守法和执法进程，让法治内化为市民文明行为习惯的精神驱动。2005 年、2008 年、2012 年和 2015 年，深圳连续四次获得“全国文明城市”称号。

——以法为“戒尺”，规范不文明行为。针对“中国式过马路”、机动车斑马线“不礼让行人”等突出问题，深圳于2010年出台全国交通违法行为处罚最严厉的《道路交通安全违法行为处罚条例》。2012年，深圳颁布《文明行为促进条例》，对遵守公共秩序、维护公共环境等文明行为进行鼓励和促进，对随地吐痰、乱扔垃圾等不文明行为予以惩处，成为全国首个有关市民文明行为的法规。

——以法为“盾牌”，保护市民的文明行为。深圳于1997年出台《奖励和保护见义勇为人员条例》，对见义勇为人员的医疗救治、工作保障、人身保护等方面作出详细规定，2013年通过《救助人权益保护规定》，是全国首个保护救助人的专门立法，免除做好人好事的后顾之忧。

——以法为“灯塔”，指引市民向善向好。为鼓励无偿献血、捐献器官、志愿服务等文明行为，深圳在全国率先就这些领域进行立法，出台《公民无偿献血及血液管理条例》、《人体器官捐献移植条例》、《义工服务条例》，将这些文明行为的优待措施法定化。深圳成为全国无偿献血人数、总量最多的城市之一，全国器官捐献人数最多的城市，注册义工近百万的志愿者之城。

3. 打造城市文化品牌

深圳在城市文化运营中特别重视城市文化品牌的作用，以高度文化自觉推动文化品牌活动和文化精品的培育发展。

（1）深圳读书月为阅读树立全球典范。每年11月举办的深圳读书月创办于2000年，以“阅读·进步·和谐”为总主题，每届举办数百项读书文化活动，创出了许多知名品牌项目，参与人次由首届170多万上升至1000多万。作为由政府推动的一项公众文化节庆，深圳读书月已经成为深圳市民的文化庆典、城市的文化名片。2013年，联合国教科文组织特别授予深圳“全球全民阅读典范城市”称号，以表彰深圳在推广书籍和阅读方面为全球树立了典范。

（2）深圳市民文化大讲堂创造了先进文化全民共享的新模式。大型公益性文化活动“市民文化大讲堂”自2005年推出以来，先后邀请了800多位名家学者举办了800多场讲座，被市民推选为“深圳市2006年十大文化事项”和“深圳市十大文化品牌”之一。形成了多元传播网络，各类媒体受众累计达上亿人次。2009年文化部授予深圳市民文化大讲堂“文化创新奖”，2014年大讲堂入选全国“终身学习活动品牌”。

（3）文博会成为推动中华文化走出去重要平台。文博会是中国唯一一个国家级、国际化、综合性的文化产业博览交易会，自2004年开办以来，每年5月在深圳举行，推动中国文化产品走向世界。十届文博会累计总成交额超过1万亿元，文化出口交易额累计超过1千亿元；分会场从第一届的1个扩展到第十届的54个，参展海外机构从第一届的50多个国家和地区的102家企业，增加到第十届的95个国家和地区的17696家企业，成为名副其实的“中国文化产业第一展”。

（4）深圳关爱行动探索了社会救助民间组织的新模式。深圳关爱行动自2003年创办以来，组织开展了1.9万余项活动，打造了一系列品牌公益项目，涌现出了一大批爱心人物。关爱行动已成为市民践行社会主义核心价值观的重要载体，成为深圳创建文明城市和加强精神文明建设的著名品牌。由清华大学课题组做的《深圳关爱行动调研报告》，认为“深圳关爱行动探索的‘社会救助民间组织模式’在全国是个创举”。

（5）“创意十二月”营造了全民创意氛围。旨在培育市民创新精神的“创意十二月”，坚持高端前沿的专业创意和群众性的广泛参与相结合，加强全球文化民间交流，营造“设计之都”品牌效应。自2005年以来，“创意十二月”活动项目从首届的30余项增加至140项，涵盖20余个领域，吸引了国内外创意文化产业领域的众多专家学者来深展示创意才华，见证了深圳文化产业迅猛增长的魅力。

4. 开发城市文化产品与服务

从城市文化运营的角度来看，公共文化服务、文化创意产业、文艺作品创作、学术文化研究等都属于城市文化产品与服务的范畴。

（1）率先构建普惠型公共文化服务体系。截至2013年，深圳已建成博物馆36座，文化馆（站）69个，公共图书馆（室）643个，“城市街区24小时自助图书馆系统”200台，文化广场381个，形成了遍布全市的公共文化设施网络。推出节庆、周末、流动、社区和高雅艺术五大公益文化系列活动，打造了一系列公益文化品牌，每年开展公益文化活动近两千场，广场文化活动1万余场次，受益观众超过600万人次。

（2）打造文化产业先锋城市。深圳率先探索出“文化+科技”、“文化+创意”、“文化+金融”、“文化+旅游”等产业新模式，涌现出腾讯、华强文化科技等一批高成长型文化科技企业，打造文化产业“升级版”。文化创意产业10年来以年均25%的速度发展，2014年全年增加值实现1560亿元，同比增长约15%，占全市GDP比重9.8%，成为深圳经济发展新常态的重要引擎。组建产业服务平台“国家队”，形成文博会、文化产权交易所、中国文化产业投资基金、国家对外文化贸易基地等多个国家级文化产业发展平台，文化产品出口约占全国的1/6，成为中国文化产品进出口的重要基地和主要口岸。

（3）培育创作文艺精品。深圳以“音乐工程”、“影视工程”为龙头，把创作生产优秀作品作为文艺工作的中心环节，推动“深圳创造”文艺精品创作，迄今已有45部作品获得全国“五个一工程”奖，成绩名列广东首位、全国前茅。歌曲《春天的故事》、《走进新时代》、《走向复兴》唱响全国，每年举办中国音乐金钟奖流行音乐大赛，深圳获颁“中国流行音乐发展杰出贡献奖”。2013年获得全国“五个一工程”奖的电影《全民目击》、电视剧《有你才幸福》、动画片《熊出没》，是“影视工程”的部分代表作。

（4）建设“深圳学派”。深圳在1997年就提出建设“深圳学派”的构想；2012年明确提出以“全球视野、时代精神、民族立场、深圳表达”为宗旨建设“深圳学派”，将“深圳学派”正式纳入城市文化运营整体战略。2013年，深圳出台《“深圳学派”建设推进方案》，加快推动深圳学派建设。中国特色社会主义理论研究、经济特区研究、对外开放研究等领域走在全国前列。2014年，《深圳学派建设丛书》、《深圳改革创新丛书》首批12部著作正式面世，在社科理论界引起很大反响。

5. 做好城市文化营销

在提升城市文化传播和影响力方面，突出效益集团建设、互联网文化管理和城市外宣，做好城市形象的文化营销。

（1）建设“效益集团”。深圳以建设“效益集团”为目标，围绕“社会效益最大化、经济效益最优化”加强报业、广电、出版发行三大国有文化集团管理运营，成为高举改革开放大旗“辅政亲民”的主流媒体。深圳报业集团从最早四开四版的一张报纸，发展到拥有十多种报刊、1个重点新闻网站；深圳广电集团从1个电台加1个电视频道，发展成拥有十多个频道、频率的传媒集团；深圳出版发行集团，已发展成一家年销售额7.4亿元，员工近2000名的大型文化创意产业集团。

（2）构建“法治、公开、担当、良知”的网上舆论环境。对于网络舆论，深圳坚持“法治、公开、担当、良知”的治理理念。从全国关注的“5·26”特大交通事故舆情事件开诚布公的持续沟通，到“罗湖家园网”通过持续曝光推动东门占道乞讨行为的解决，从开通政务微博“深圳微博发布厅”，到发布“政务微信公共账号”，都成为上述理念的生动注脚。深圳连续三年位列“中国最佳网络形象城市”榜首。

（3）坚持国家立场的城市外宣。深圳通过“文博会”、“设计之都”等世界级平台，融入全球文化产品营销网、供应链，获得了与世界先进城市平等对话的载体，增强深圳文化的国际话语权。历时八年多创作的大型儒家交响乐《人文颂》，继2013年在联合国教科文组织巴黎总部成功演出后，2014年奏响纽约联合国总部，在马其顿、保加利亚以及中国台湾、中国香港成功巡演，赢得盛誉，是“讲好中国故事、传播好中国声音”城市外宣战略的经典之作。

6. 理顺城市文化发展体制机制

2003年，深圳被确定为全国文化体制改革综合性试点地区之一，积极稳妥推进多项文化体制机制改革项目，先后四次获得“全国文化体制改革工作先进地区”称号。

（1）转变政府文化管理职能。一方面，推动政府职能从以办文化为主向以管文化为主转变，强化政策调节、市场监管、社会管理、公共服务职能。另一方面，降低文化市场准入门槛，全面开放演出市场、图书发行市场、音像连锁市场，市级层面实现文化市场零审批；实行文化设施经营权招标和政府“文化采购”制度，推动大型公共文化活动的社会化运作。

（2）深化文化管理体制改革。推进文化机构重组和“大部制”改革。2009年，原深圳市文化局（新闻出版局、广电局、文物局）、体育局、旅游局和文产办整合为市文体旅游局，形成了“六局合一”的大部门体制。深化文化事业单位改革。以“一团一策”方案推动三大国办专业院团改革；深圳交响乐团、深圳图书馆等单位探索实行理事会制度；34家经营性文化事业单位全部转企改制，10家公益性文化事业单位完成内部“三项制度”改革。

（3）创新文化体制机制政策。深圳陆续出台了《文化产业发展规划纲要（2007—2020）》、《文化创意产业振兴发展规划》、《关于鼓励和引导文体旅游领域社会投资的相关配套政策措施》等政策文件，鼓励社会资本和社会力量参与文化建设，调整政府文化投资领域。同时，加快文化产品市场和要素市场建设，培育文化行业协会和中介机构，推动民营文化经济和社会文化组织崛起。

（二）深圳城市文化运营中遇到的问题

深圳城市文化运营仍有不足之处，在发展中遇到的问题需要各方面协调解决。具体表现在以下几个方面：

1. 城市文化运营的主体方面，社会机构与市民群众的主动性尚未充分发挥

目前深圳的城市文化运营，主要还是依靠政府的投入与组织，民间文化资源、市民、企业等社会参与度不足、热情不高，社会化、市场化程度不高，影响了公共文化产品和服务的有效供给与丰富程度。

2. 文化运营的实施方面，文化体制机制有待优化

文化运营、管理的开展大部分靠政府的推动，没有形成固定的制度体系、完善的法规体系。各级文化资源共享及服务统筹机制没有普遍确立，资源分割、服务分割现象严重，资源利用率不高。

3. 城市核心价值方面，家园意识有待提高

一是家园意识不强烈，有待突破。尤其是低收入群体的家园意识薄弱，对公共事务不关心，自我约束不足。

二是社区自治能力不足，尤其是非业主的大量租住群体难以参与社区自治和自我管理。

4. 城市文化产品与服务方面，公共文化服务总量仍显不足和不均

一是现有公共文化服务体系尚未完全满足市民需求，公共图书馆、文化馆、美术馆、博物馆的建设数量未达规划目标。

二是从事人文社科学术研究的机构数量少，人员编制少，实力相对较弱；从事人文社科基础理论研究的人员数量较少，文史哲等学科基础薄弱。

三是原关外地区的市属文化设施少；外来建设者比较集中的工业区文化设施较少。

5. 城市文化营销方面，文化“走出去”力度不够

在深圳的对外文化交流中，存在着文化交流途径、手段不够丰富，策划能力、专业沟通能力以及信息获取敏感度不高，高效持久的交流机制尚未完全建立起来等不足。香港的借鉴作用还没有得到有效发挥。

三　深圳城市文化运营的目标和意见建议

在党的十八大召开之后，城市文化发展面临着新的发展关键期。深圳文化运营必须确定发展目标，明确工作重点，推动城市文化的跨越式发展，以期领国内城市文化建设之先，为中国特色社会主义文化大发展大繁荣交出特区新答卷、输送深圳新经验。

（一）城市文化运营目标：建设创新型、智慧型、包容型、力量型城市文化

深圳文化运营的目标定位是倡导和培育创新型、智慧型、包容型、力量型主流文化。按照“文化流动论”揭示的文化发展规律，这一目标的提出将促成深圳在文化加速流动和持续创新的大背景下，实现文化发展的“弯道超车”，成为新的文化中心城市。

1. 创新型文化

创新型文化相对于既成型、守旧型文化而言，其基本精神是批判、

反思，强调敢于挑战权威，敢于提出新的理念，敢于创造新的方法，敢于建立新的制度。深圳的创新型文化，应是一种“综合创新”，既不是传统文化的重复循环、西方文化的生搬硬套，也不是两者的简单相加，而是强调坚持民族立场，在扬弃两者的利弊选择和大胆开拓中，再造城市文化的新内涵、新表达。

作为一座被设计出来的先锋城市，深圳的价值和生命就是改革创新。倡导创新型文化，是深圳城市主流文化的应有之义。在精神文化层面，深圳应不断地率先实现精神跨越、观念更新、价值创新。在制度文化层面，要不断地率先实现各类体制的改革创新。在器物文化层面，深圳更加突出自主创新的城市战略，让技术创新型企业层出不穷。

2. 智慧型文化

智慧型文化相对于蒙昧、盲动、无创见的文化形态而言，强调的是张扬人的理性，包含“求真”的工具理性和“求善”、“求美”的价值理性。工具理性属于外在行动的智慧，主要体现为人们对技术产品的重视和偏好，是智慧型文化的物质性、自然性内涵。价值理性属于内在的心灵智慧，主要体现为人们对社会精神和人类伦理的重视，是智慧型文化的精神性、社会性内涵。

智慧型文化主导着城市文化发展的方向。构建一个科学、人文精神浓厚的学习型、智慧型社会，成为当今城市的普遍共识和自觉追求。深圳作为一座只有35年历史的移民城市，用接近一半的时间持之以恒推动全民阅读活动，持续举办了15届读书月，充分表明“让智慧在这座城市中流淌”已成为深圳城市文化发展的主动脉。

3. 包容型文化

包容型文化相对于封闭型、排外型文化形态而言，是一种具有包容心态和性格的文化，其基本内涵是尊重不同文化之间的差异。一种文化的先进性，首先意味着广泛的包容性——既吸收历史上各种积极的文化因素，也吸收世界各个民族的优秀文化因素。包容的文化才真正具有强大的生命力和创造活力。包容型文化是创新型、智慧型、力量型文化的母体和基础。

文化包容，是人类文明和平共存的根源所在。作为一个移民城市，以包容品格为核心的移民文化是深圳城市文化的典型特征。移民文化造就了深圳生机勃勃、充满个性、创新包容、多元平等的城市文化基因，营造出适合多样化生长的健康文化生态环境，多种多样的文化表现形式在这里落地生根。

4. 力量型文化

力量型文化相对于消解型、娱乐至上型、自我消弭型文化形态而言。力量型文化强调秉性的胆力、刚健和血性，强调意志的坚韧不拔，强调蓬勃朝气、昂扬锐气、浩然正气，高扬对人生、社会、国家的意义追求。培育力量型文化，需要从文化价值观、文化生态、文化生产等方面着手。

力量型文化，是所有伟大文明的基本表征。如中国先秦时期文化和古希腊文化，是力量型文化的典范。一个民族、一座城市要走向崛起、复兴，就需要提倡力量型文化。三十年前的深圳作为经济特区，突破传统计划经济体制束缚，“闯出一条血路”，体现了一种血性和刚健；当代的深圳，以崭新的文化形态、强大的文化实力，以及被广泛认同的朝气、锐气、进取心，日益清晰地屹立在世界城市之林。

“创新型文化”准确表达了深圳城市发展的特质，并力求通过文化将创新的特质凝聚到城市的血液中；“智慧型文化”精练概括了深圳作为移民城市对知识的重视、对理性的崇尚，为城市未来发展提出方向；“包容型文化”有针对性地回答了创新型、智慧型、力量型文化之间的兼容问题，强调移民城市的包含品格为孕育多元文化提供了土壤；“力量型文化”力图解决城市如何实现可持续发展的问题，强调为城市的发展提供持续动力。“四型文化”彰显了深圳从文化自发、文化自觉、文化自信到文化自强的脉动与跨越。

（二）未来深圳城市文化运营的举措建议

围绕深圳城市文化运营的目标，结合深圳的文化运营的优势与不足，下一步建议做好以下几个方面的工作：

1. 树立城市的核心价值，汇集城市的凝聚力、向心力

培育全体市民的“主人翁”意识和家园意识，进一步调动和发挥全

体市民的积极性、主动性、创造性，共同参与城市文化运营，共同分享城市发展成果，合力推动城市全面发展。

倡导包容精神，号召全体市民着眼于深圳建设现代化国际化先进城市的高度，牢固树立“来了，就是深圳人”的观念，尊重个性差异，包容多元文化，共同打造和谐深圳、美丽深圳。

2. 健全文化立法体系，推进城市文化建设制度化进程

构建相对合理的城市文化政策体系。完善公共文化服务政策体系、文化产业政策体系，推进市、区、办事处各级文化政策相互协调统一，促进全体市民自由、平等、充分享受公共文化产品和服务。

健全城市文化立法体系，构建包括文化发展规划、文化产业振兴规划、文化市场管理条例、文化成果保护条例等在内的法规体系，使城市文化运营有法可依。

完善城市文化制度落实工作，推进政府依法管文化。文化立法要明文界定文化行政部门及其官员的职权和义务，明确监督、制约和违规处理办法，保障依法行政。

推动在深圳地区设立专门知识产权法院。目前，北京、上海、广州3个城市均已组建专门的知识产权法院，加强了对知识产权的司法保护。应该说，深圳作为率先提出自主创新战略的国内大城市，更有设立专门知识产权法院的客观需要。

3. 提高文化产品供给质量，丰富市民精神文化生活

构建全面发展的城市公共文化服务体系。一方面走普惠之路，按照建设“图书馆之城”的策略、标准和路径，推进“博物馆之城”、“美术馆之城”、“文化馆之城”建设，为实现市民文化权利创造更好条件。另一方面走高端路线，借鉴纽约、伦敦、巴黎等全球文化中心城市经验，加快规划建设能够作为深圳城市标志的大型综合性文化中心，进一步提高深圳文化供给水平。

构建与现代化国际化先进城市战略定位相适应的城市公共文化空间运营网络。在空间上合理布局城市公共文化设施，满足不同人群多层次文化需求。在部分适宜城区规划建设特色街区，增加深圳文化国际内涵。

4. 引导社会力量参与文化建设，做大做强城市文化运营主体

深化城市文化运营体制机制改革。政府应更多地通过政策引导扶持、法律法规保障、文化发展平台搭建等手段提升服务功能，放权于社会和市场，引导社会和市场自由发展，为城市文化运营创造良好的政策环境、法律环境。

鼓励社会各界人士参与城市文化运营。探索建立文化议会机构模式，吸引包括政府人士、民间人士、企业代表、专家学者、社区居民、外来建设者代表等各类主体共同参与，推动城市文化良性运营。

引导更多社会资本进入城市文化运营领域。进一步降低社会资本进入文化市场门槛，按照“谁投资，谁受益”原则，通过贷款贴息、降低税收等优惠政策，引导更多民间资本参与文化设施建设运营、文化活动组织、文化品牌创建、文化精品打造等环节。

5. 抓住国家“一带一路”战略机遇，推动文化产品和服务走向世界

加快发展湾区经济，打造“21世纪海上丝绸之路”文化“桥头堡”。重点依托文博会、国家对外文化贸易基地等文化产业服务平台，优先拓展“一带一路”沿线的国内城市展场和国外城市展场，促进我国优秀文化产品和服务出口。大力打造、传播外宣精品，进一步抓好深圳原创大型儒家合唱交响乐《人文颂》的宣传推介，推动向“21世纪海上丝绸之路”沿线东南亚、南亚、中东、非洲东海岸等国家、城市的巡回演出。

加快推动文化产业“走出去”。扶持、支持一些有能力、有意愿、有竞争力的文化企业率先“走出深圳”，优先选择“一带一路”沿线新兴市场国家的沿海城市、我国沿边特区，围绕京津冀的重点城市、长江沿线重点城市，以及城镇化规划中的重点大中城市进行文化产业投资，突破深圳土地空间限制，优化文化经济发展空间格局，逐步形成深圳总部、海陆统筹、东西双向、面向全球的文化产业布局。

（课题组组长：王京生，副组长：李瑞琦；
成员：杨建、王磊、温挚、高小军、唐宵峰、刘上江、张蕾蕾、何建平）

文化体制创新研究

互联网思维对文化与科技融合发展的启示

吴 忠

科技的发展日新月异，文化与科技的融合日益彰显出推动社会进步的力量。以互联网技术为主要推力的信息产业蓬勃发展，深刻影响了当今社会的生产和生活，并催生了大量新鲜理念，其中尤以“互联网思维”最广为人知。2014 年 8 月，习近平总书记就“推动传统媒体和新兴媒体融合发展”提出，要“强化互联网思维”，“顺应互联网传播移动化、社交化、视频化的趋势，积极运用大数据、云计算等新技术，发展移动客户端、手机网站等新应用新业态”，不断提高技术研发水平。

一 互联网思维是一种全新的思维模式和思考方式

当今社会，互联网正在渗透甚至重构现代社会的生产和生活方式。任何一个行业几乎都不可避免地遭遇了互联网带来的改变和挑战。所谓互联网思维，就是主动拥抱互联技术，以“开放、平等、互动、合作”精神审视、改造、提升传统行业的一种全新的思维模式和思考方式。互联网思维的主要特点是：

互动性——基于互联网的自媒体特性和社交化特点，打破内容生产者与受众二元对立关系，让受众同时成为内容生产者，让受众参与表达和传播。

融通性——互联网通过算法技术和聚合技术，在海量新闻信息中，进行有针对性的价值整合，实现技术和产业的融通。

个性化——把握目标受众的需求、习惯和偏好，实现内容产品规划、生产和传播的精准定位，“在合适的地点、合适的时间，向合适的读者展示我们的‘作品’”，并进一步为受众提供自主选择的个性化服务。

多样化——匹配互联网多终端分发的需要，实现信息内容一次采集、多样表现、多种生成、多元传播。

社会化——基于社交性的特点，互联网可通过社会化的方式将工作任务免费高效实行外包，并接受更大范围网民的价值评价。

平台化——建立渠道优势、积累用户资源，通过各种衍生产品和服务，实现商业模式的拓展。

互联网带来的是一种业态的颠覆性变革和急速更新。互联网思维要求的不是简单地把内容放到网络平台上去，作为一种思维模式和思考方式，它要求必须克服过去成功所形成的惯性思路，挖掘、沉淀消费者需求的本质，研究新时代消费者的生活方式，主动变革、大胆创新，打造新的发展模式，为社会、市场、用户创造更大的价值，为自身创造更多的利润。

二　互联网思维要求“文化与科技融合发展”必须实行全方位的变革

互联网改变了社会生活，也逐渐改变传统的商业模式。在推动文化与科技融合发展中，不论是企业战略制定、组织架构，还是产品研发产销等，各个方面都要顺势而变。

（一）在产品与服务方面要求有用户思维、内容思维和社会化思维

产品和服务是企业生产活动的落脚点，是企业与消费者关系的纽带。就文化科技企业来说，互联网思维对企业生产活动（产品与服务的定位、创作、营销）的启迪主要表现在用户思维、内容思维和社会化思维等方面。

1. 用户思维就是挖掘需求、准确定位

互联网思维强调的诸多因素中，用户思维、个性化服务是最重要的。

消费者需求是企业一切活动的出发点。互联网传播打破了利用大众媒体进行自上而下式宣传推广的媒介垄断，在自媒体占据信息主要通道、消费者日益注重口碑评价的当下，要求文化产品若要在众多竞争者中脱颖而出，必须塑造独特的定位，准确击中目标消费者的特殊需求，并最大化满足其个性化需要。

值得一提的是，互联网时代，“大数据思维”为信息挖掘和企业生产创造了新的可能。2013 年火遍全球的美剧《纸牌屋》就是一部用大数据“算”出来的电视剧。通过分析 3000 万用户的收视选择、400 万条评论、300 万次主题搜索，制作方发现，最受欢迎的剧集应该包含以下三个要素：BBC 的剧集、大卫·芬奇的指导和老戏骨凯文·史派西的表演。在这些数据“建议”的指导下，该剧果然不负众望，它是将大数据分析运用到文化产业获得的一次成功尝试。

2. 内容思维就是内容为王、讲好故事

内容质量是产品的灵魂，对于以思想性为主的文化产品来说尤其如此。《纸牌屋》取得巨大成功，重要一环是“我把你喜欢的东西都拣选出来组合到一起，至少你不会不喜欢”。科学的统计手段起到了帮助判断、规避风险的作用。但归根结底，把故事讲好才是关键。互联网时代，全球范围的信息传播格局，为文化产品的广传远播提供了新的机会，同时也加剧了思想观念的碰撞，对其内容质量提出了更高要求。

从国家层面来看，文化产品担负着传输国家核心价值观的使命。互联网在全球广泛普及，超越地域、民族、宗教、肤色、语言，塑造了信息社会的共同生活习惯，沟通了人类对一切美好感情和体验的共同向往。在这样的背景下，讲好自己的故事、表达鲜明的思想成为文化产品制胜的关键。从个人层面来看，文化产品的功能主要体现在满足精神需求。随着互联网发展，两方面需求趋势愈加凸显：一是互联网社会结构网状化、去中心化，广大网民尤其是年轻网民日益注重个体表达、个人权利，要求实现自我价值。二是互联网社会的移动社交化发展，让人们越来越习惯于随时随地在微信、微博上分享细节、交流情感、维系关系，文化生活成为个人展现生活方式、彰显生活品位的重要载体。这一切，都要求文化产品比以往更关注人的情感需求、社交需求、自我实现需求等，在内容创作上与时俱进，激发共鸣。

3. 社会化思维就是众包协作、口碑营销

社会化思维是互联网思维的最直观体现。免费、开放、互联、互动的网络为信息传播和利用提供了极大的便利，每一名普通网民都掌握着内容生产的工具。社会化网络，为企业生产和营销开辟了新的路径。随着互联网的发展，它把过去由特定员工执行的工作任务，以自觉自愿的形式外包给非特定的大众。众包不同于“外包”的高度专业化分工，而是由广大爱好者、兼职者、发烧友跨专业完成，大量参与者分文不取。众包的人工成本低廉，加上积少成多、相互补充、自动纠错的智力汇总，“24 小时互联网工作制”的效率。企业首先能获得最大的成本优势，其次是节省大量时间，最后是打破了专业藩篱、广泛吸纳众智，并为企业生产管理带来了全新的视角。

互联网信息自由流动、互相补充，打破了传统商业靠信息不对称制胜的规则，既能让企业的虚假营销无处遁形，也能成就企业最廉价、最广泛的口碑宣传。最典型的莫过于淘宝的“宝贝评价”，再完美的包装和宣传也抵不过亲身使用者的一句“差评”有力。同时“口口相传”的古老商业理念重新焕发了生机，只要产品服务质量过硬，“曝光”就成了“亮相”。因此，企业如果积极挖掘社交媒体、移动终端等新型营销渠道，主动策划议题，把自主推广巧妙地融入社交传播中，就能收到事半功倍的效果。

（二）在发展战略方面要求建立全球思维、跨界思维和科技思维

产品和服务是企业运转围绕的核心，发展战略则是企业运转的指挥棒。进入互联网时代，文化科技融合在发展战略上尤其需要注重以下三个方面：

1. 建立全球思维

互联网时代是一个经济全球化的时代，全球消费一体化、供应一体化。消费者可以在全球范围内了解商品、筛选商品、购买商品，就文化

产品而言，还可以仅仅通过网络就轻而易举地“消费”商品。这一切打破了时空限制，任何一个产品都置于全球化的竞争中。

建立全球思维，首先要向全球学习。企业需要广泛借鉴成功的国际经验，创新内容创作、服务体验、表现方式等各个环节，通过情感打动、高附加值、超越预期体验等吸引消费者。建立全球思维，还要积极走向全球。互联网打通了全球的信息传输渠道，企业可以在更大范围内筛选资源、利用资源。不仅硬件资源可以全球采购，信息资源同样也可以进行跨区域组织。同时，全球化的传播体系、金融体系、物流体系等也让商品的全球化宣传、销售、流通成本大大降低。“地球村”是企业的生存发展新空间。

2. 要具备跨界思维

随着互联网和新科技的发展，纯物理经济与纯虚拟经济开始融合，很多产业的边界变得模糊，零售、制造、图书、金融、电信、娱乐、交通、媒体等相互交错，互联网企业的触角已经无孔不入。正如业界对移动公司的调侃：“搞了这么多年，发现腾讯才是真正的竞争对手”，跨界融合正在改变许多领域的业态，文化科技企业必须主动拥抱变化，大胆颠覆创新。

一方面，要开拓利用用户、数据和各方资源，敢于在业务上跨界创新。互联网产业正在发挥自身的渠道优势、技术优势、管理优势等，融入、提升、改造传统产业，改变了原有的产业发展节奏、建立起新的游戏规则。传统企业面临前所未有的挑战，但同时也迎来空前的机遇。要将以往局限于单一行业领域内的产业升级，变革为大规模的跨界融合和产业链的纵向与横向整合，从而产生“1+1>2”的聚合、扩散效应。另一方面，要大胆招揽跨领域的复合型人才。人才是企业发展的核心力量，拥有跨界意识和跨领域专业构成的人才队伍，将有助于企业在科技和人文的交会点上找到自己的坐标，找准“文化+科技”、“文化+创意”的出奇制胜的发力点。

3. 要强化科技思维

在互联网时代，科技在现代文化发展中的作用表现得越来越突出，高科技的运用，不仅提升了文化的创作力、表现力、感染力、传播力，而且实现了文化的大众化，扩大了文化消费，推动了文化的产业化，促进了文化与相关产业的融合发展。华强文化科技集团提出“让文化插上科技的翅膀”。现代文化产业的发展在产品内涵上要实现“内容为王”，但在企业的战略谋划上则要注重“科技引领”，切实推动文化与科技的深度融合。现代文化离开了高科技不可能有很好的市场前景。文化科技类企业，既要做好内容这个根本，又要注重技术和平台建设，要善于整合内外的技术资源、信息资源、产品资源，形成有效的文化与科技深度融合的产业链条。

（三）在企业管理方面要重新塑造小、快、灵的运作模式

技术发展改变了社会结构，也改变了企业生产的运作模式和管理方式。

1. 小而灵的“自组织”重新回到经济社会的中心

《第三次工业革命》作者杰里米·里夫金指出，互联网大幅降低了信息生产和发布的成本。在过去，“地方性家庭手工业难以同金融资本高度集中的工厂式生产和规模经济相抗衡”。然而，“互联网通过整合博弈场所改变了这场游戏的本质，通过网络将百万生产者和卖家在虚拟空间中连接起来几乎是不需要任何成本的”。淘宝网的发展是这一论断的生动诠释，阿里巴巴在美国上市创下有史以来规模最大的一桩 IPO 交易，正反映了这一商业运作方式与技术市场发展的高度契合。腾讯调整组织架构，重点发展社交、游戏、网媒、无线、电商和搜索六大业务，重塑小公司的“小、快、灵”的创业特质；小米组织结构更加扁平化，小米只有管理层、部门管理者和员工三个层次，雷军虽然是董事长，但他亲自抓产品、市场和营销以及公司资源的分配。

2. 文化企业要适应快速变化的时代特征

相比互联网和工业时代，我们现在所处的移动互联网时代有很大的改变，其中最重要的体现就是速度发生了变化。具有互联网思维的公司，其产品开发要做到小步快跑、快速迭代，节奏是按天或周计算，如小米

产品开发采用互联网模式，每周迭代两次，腾讯微信一年内迭代44次。科技的进步加快了与文化融合的发展速度，这种融合迫使文化企业作出决策要快、产品推出要快、产品迭代要快、创新速度要快和具有快速的市场反应能力。文化产品的生产需要一定的周期，好的文化产品会很快被人所接受，同样文化产品也面临着没有进入市场就被淘汰的风险。同时，移动互联网时代生产者和用户体验之间的界限被打通了，现在有一种新的说法叫“先进用户引导型创新”，文化产品的生产必须及时把握用户体验，按照市场客观规律做出快速的反应。快能使企业迅速抓住机遇，捷足先登，掌握竞争的主动权，将其他企业甩在身后。

3. 要不断创新组织形态以适应管理系统的重构

未来，在满足个性化需求与追求效率最大化的双重压力下，企业需要改变过去信息从高端向下游传递的方式，从正三角形向“扁平化”甚至“网状”转变，形成“大平台+小团队”的组织结构。除了行政、法务、财务、人力资源这样一些“支持部门”，其余都是以“产品”为中心的项目团队。这些同样是扁平结构的项目团队也许会有十多个，不同团队围绕不同的产品，为响应客户需求而取长补短、协同作战，共同营造生态化、“动成长”的新型组织形态。在这种组织结构下，企业将面临流程的重组、文化的重塑以及管理系统的重建。互联网尤其是移动互联网快速发展，面临的环境变化和不确定性不断增加，企业要在复杂的市场环境下保持永续发展，就必须把握互联网思维的精髓和本质，要将互联网思维运用到企业经营管理的全过程，同时要建立现代治理结构和沟通协作机制，加强企业内部的协调合作，推动资源互通互补，集成再造。唯有如此，企业才能在不断适应环境变化的过程中得到发展壮大。如果仍用传统工业思维和传统治理模式来经营管理企业，企业失败不可避免。

互联网思维的提出和流行，是一个时代转型的信号。越早顺势而为、应势而动，就能越早抢占先机，赢得未来！

（吴忠：中共深圳市委宣传部副部长、研究员）

文化事业产业综合体：公共文化服务实现方式案例分析

尹昌龙　杨　茜

文化是一个民族、一个国家的集体记忆，作为人类共同财富，它以物质和非物质的形态传承。与其他产品不同，文化具有双重属性，即经济属性与社会属性。长期以来，文化仅仅作为意识形态存在，直到改革开放后，文化的经济属性逐渐为人所认知。党的十五届五中全会首次提出“文化产业”的概念；党的十六大明确了文化产业和文化事业的不同属性以及各自特征，即经营性文化产业和公益性文化事业。到党的十八大强调，要坚持把社会效益放在首位，社会效益和经济效益相统一，推动文化事业全面繁荣、文化产业快速发展。

需要说明的是，从文化的不同属性出发，有利于从文化事业、文化产业两个不同纬度形成科学的公共文化政策，尤其是区别性政策诉求体现和促进了不同类型文化发展。但问题在于，文化产业和文化事业不是截然对立的，它们既相互区别，同时又相互联系，二者往往形成互相促进、相得益彰的实际效果。这恰恰是现代公共文化服务不能忽略的，由此可以带动文化体制改革在新的纬度上的展开和推进。

一　文化事业与文化产业互为支撑的关系

文化事业主要是促进文明的积累和进步，目的在于满足公共文化生活需要。一般来说，文化事业是出于社会公益目的，往往由国家文化事业单位生产和提供的。所谓文化产业，是指从事文化产品生产和提供文化服务的经营性行业。从性质上看，文化事业具有公益性，文化产业具有经营性。因此，为了真正满足人们的文化需求，社会必须构建两个体系，即完善的公共文化服务体系与发达的文化产业体系。

区分公益性文化事业与经营性文化产业，既为文化体制改革提供了理论依据，也为发展文化产业清除了理论障碍，同时为全国事业单位改革提供了有益借鉴。自2003年起，文化体制改革坚持一手抓公益性文化事业、一手抓经营性文化产业，把文化单位区分为公益性和经营性两种类型，推动经营性文化事业单位转制为企业，建立现代企业制度，使其成为合格的文化市场主体。经过几年的实践探索，在出版发行、文艺表演以及电影制作、发行和放映等重点领域，除个别单位继续保留事业体制外，绝大多数都已作为经营性文化单位转制为企业。

然而，文化体制改革时至今日，一方面产业与事业的概念有了清晰的界定，需要区别对待；另一方面在二者之间或多或少存在相互重叠的“准公益性”灰色地带。从公共文化服务供给来看，目前，公共文化服务是以政府投入为主，同时它也需要利用市场机制，例如政府通过采购的方式提供公共文化服务，政府采购也就是利用文化企业、社会力量来生产文化产品。反观文化产业发展的上游，研发创作，特别对于一些重大题材内容的创作，投资风险比较大，存在着市场失灵，需要政府干预。可见，文化事业为文化产业的发展开辟了市场；反之，文化产业又为文化事业提供了内容支持。这两个领域既有区分，又密切相连，互为支撑，无法完全割裂。由此，文化建设要将文化事业与文化产业紧密结合，形成两者共赢发展的局面，才能促进公共文化服务的有效实现。

二　公共文化服务供给方式创新

过去，政府需要向老百姓提供什么服务，就设立相应的机构，也就是现在所谓的事业单位，政府的服务实际上由事业单位来具体承担。但是，提供纯粹公共文化服务的事业单位，直接附属于政府主管部门，其财务、人事等管理都参照政府部门设置，不同程度地存在文化事业单位资源配置计划化、事业单位行政化、事业人才“干部化”等情况，缺乏内在动力和活力，效率低下，严重制约着公共文化服务水平的提高和服务效能的提升，公共文化管理体制机制亟须改革创新。2013 年 11 月，党的十八届三中全会《决定》提出“构建现代公共文化服务体系”。即在坚持政府主导的前提下，充分发挥市场机制作用，把适合由社会承担的公共文化服务，以购买服务等方式交由企业、社会组织承担，推动公共文化服务提供主体和提供方式的多元化，形成政府主导、社会参与、多元投入、协力发展的新格局。

依照现代公共文化服务体系构建要求，政府是公共文化服务的重要主体，文化企业、民间组织等也是公共文化服务的主体之一；推动公共文化服务的社会化，按照“小政府、大社会”的格局，建设有限政府、责任政府和服务型政府，将社会可自我调节和管理的职能交给社会文化组织和文化企业，同时完善政府购买服务机制，拓宽公共文化资金来源，丰富公共文化服务方式。具体而言，政府购买服务是指，政府通过公开招标、定向委托、合同管理、评估兑现等多种形式，将原本由自身承担的公共服务转交给社会组织、企事业单位履行，以提高公共服务供给质量和财政资金使用效率，改善社会治理结构，满足公众的多元化、个性化需求。这是克服传统体制供给不足、水平不均、效率不高、质量偏低等弊端的必然要求，更是构建现代公共文化服务体系的必由之路。

政府通过向社会、企业购买公共文化服务产品，推动公共文化服务市场化、社会化，构建政府、市场、社会之间的良性互动机制。由于文化具有很强的意识形态属性，相应的文化产品不仅具有经济属性，而且也具有意识形态属性，这就要求提供公共文化产品的企业必须注重社会效益，要实现社会效益与经济效益的统一。这种情况使得原本以经济效益为主的企业，具有了公益性和经营性混合特性。一方面作为独立的市场主体，进行产业化的运作；另一方面又承担着公共文化服务职能，具有很强的公益性，变成既有产业性质，又有事业性质的公共文化事业产业综合体。这一综合体性质不仅指一些文化企业，也包括一些公共文化设施，如书店、剧院等，既是经营场所，又能提供公共服务，同时具备双重功能。

公共文化事业产业综合体的存在充分体现了“不求所在，但求所用”的文化资源共享模式的优越性。作为企业的公共文化事业产业综合体，面向市场，机制灵活，积极性高，密切关注公众文化需求导向，在一定程度上比纯事业单位更有利于实现公共文化服务。本文主要以公共文化服务供应商、公益文化活动社会化运作、文化场馆委托管理运营三种公共文化事业产业综合体构成方式为具体案例，分析政府通过资助、购买等方式，推动公共文化服务市场化、社会化运作，实现公共文化服务供给方式的创新。

三　文化事业产业综合体案例分析

（一）公共文化服务供应商

1. “深圳书城”模式

2003 年，根据《国务院办公厅关于印发文化体制改革试点中支持文化产业发展和经营性文化事业单位转制为企业的两个规定的通知》等文件精神，一般艺术院团、出版、发行、电影制片厂等从事业单位体制中剥离出来，改制为企业，进行市场化运作。“深圳书城”作为转企后的市场主体，摒弃了事业单位体制弊端，以生机勃勃的灵活机制，作为公共文化服务供应商的角色，更好地履行文化国有企业的社会责任。例如，与深圳图书馆这一类事业单位比较而言，同样作为公共文化阅读空间，在文化服务及生活配套方面，做得更加丰富和多元。

以深圳图书馆读者餐厅为例，由于图书馆周边除了中心书城外，餐饮项目较少，读者餐厅的存在能有效解决读者就餐问题，是公共文化设施的重要配套服务。但由于图书馆是“全额拨款事业性”单位，财政实行“收支两条线”管理，即收入全部上缴政府，其支出则全部由政府下拨，收支互不交叉。在这种体制下，读者餐厅的创收与图书馆的利益缺乏直接关联性，同时图书馆又要为读者餐厅的卫生、安全等运营管理问题承担责任。如此，读者餐厅变成图书馆的沉重包袱，导致积极性下降，最终读者餐厅被改建成全自助式阅览室“南书房”。读者餐厅的取消为读者带来不便，对于一些全天候待在图书馆的读者们，只能自备干粮，颇有点“苦读”的意味。从另一角度来看，没有相关的生活配套，一到用餐时间，读者就离开了，也不利于场馆聚集人气。国外的图书馆、美术馆等一般都设有咖啡馆和小商店，以便读者用餐、休闲、购买纪念品等，是读者休闲的重要场所。

科技的进步使人们的闲暇时间普遍增加，从而使休闲不再是某些特权阶级的专利，人们的生活品质不断提高，对休闲的需求更加多元化。人们进入图书馆、博物馆、美术馆等公共文化空间，除了求知、审美、社交等需求外，还有休闲、怡情、雅兴等更多个性化需求。因此，图书馆、博物馆、美术馆等公共文化服务设施不仅要不断提升场馆环境，完善丰富公共文化服务产品内容，同时也要实现文化休闲资源的多样化，以及服务方式的多元化，配备人性化服务设施，如咖啡馆、休闲吧、餐厅、茶馆等，以满足公众的多种文化休闲需求。但对于财政全额补款的事业单位，由于受体制机制限制，很难在此有所作为。

反观“深圳书城”，作为公共文化服务供应商，不仅具有图书馆阅读、学习、社交等功能，而且突破以买书、卖书为主要功能的传统书城运行模式，打造以“积极休闲”和“能动生活”为特征的“一站式”综合性文化生活空间，给予读者全新的阅读体验，构建了休闲、怡情、雅兴的休闲生活方式。其空间项目组合除了图书、音像、文具等核心层产品销售，教育培训、创意文化等外围层文化项目外，还提供餐饮、咖啡、休闲、娱乐等配套服务，以及举办图书推荐、讲座展览、音乐欣赏、文艺沙龙等公益文化活动。仅以“深圳书城”旗舰店中心书城为例，每年举办文化交流活动就达800多场。“深圳书城”不仅是图书卖场、阅读空间，更是文化综合体。在书城这个宽松自在的综合文化空间中，人们可以阅读、购物、听音乐、看电影、观展览，也可以与孩子亲子共读、合作创意DIY，与朋友家人分享美食、品茶喝咖啡、参与文艺活动，甚至闲逛发呆。过去，在图书馆、美术馆、剧院、音乐厅等文化场馆才能享受的文化活动，现在书城文化综合体中可一并实现，这里几乎涵盖了所有与文化有关的东西，读的、看的、演的、玩的等，人们的多种文化休闲需求，在这里得到“一站式”满足。

“深圳书城”在高效运行中，实现了公共文化设施效益的最大化，成为城市公共文化服务的重要平台，这得益于其文化事业产业综合体的性质。一方面，书城作为国有文化企业，具有很强的公益性，政府给予很大的支持，如减免地价、投资兴建，以及将社会效益纳入考核体系等。另一方面，书城作为经营性企业，具有积极性和专业性，更能从公众需求出发，撬动更多的资源和能量，为市民提供一个集阅读学习、展示交流、聚会休闲、创意生活于一体的复合式城市文化生活空间，满足了个体多样化的文化需求，释放出强大的公众吸引力、文化影响力和发展力，实现了社会效益与经济效益的良性循环。

2. “社区书吧”模式

党的十八大报告中提出“坚持面向基层、服务群众，加快推进重点文化惠民工程。开展全民阅读活动”。在政府的支持下，深圳出版发行集团在街道、社区、校园建立众多书吧网点，如“24 小时书吧”、学苑书屋、简阅书吧、麒麟书吧等，成为深圳市公共文化服务、文化惠民工程的组成部分。书吧作为文化事业产业综合体，具有市场意识，也极具公益性质，在追求经济效益的同时，最大限度地实现了社会效益。它不仅是图书卖场，图书阅览室，还具备借阅功能，更是市民分享阅读、聚会休闲的社区型文化交流空间；解决了社区图书馆馆藏不足、图书更新慢、借阅服务不到位等问题。书吧有效承担了社区图书馆的职能，是传播公共文化、提升文化品质的载体。

比如说，简阅书吧广泛深入社区、工业区，以建设人文关怀的公共文化阅读空间为定位，为居民提供“一站式”、便利性的公共文化阅读服务。在空间规划和功能布局上主要有四大区域：一是出版物专区，主要包括图书音像出版物展示陈列区和公共阅览区、图书借阅区，读者能够畅享购书、静享阅书、惠享借书；二是文化创意精品区，主要包括书画、陶艺、动漫、数字产品等创意产品的展示交流区；三是阅读活动区，主要包括各类交流、展览、沙龙和讲座等分享交流区和公益活动区；四是配套服务区，主要包括简餐、咖啡等配套休闲区。

简阅书吧有着丰富的品类和业态，是社区公共文化服务和交流的窗口。书吧不仅有经典专著、国内外畅销书籍以及外文原著等，还有各式各样创意精品。书吧定期举办各种沙龙讲座、签名售书、纪录片专场等活动，为市民提供了一个阅读生活交流的平台，丰富了社区文化生活，提升了整体的环境品质。书吧推出“筑梦计划”，致力于帮助有文学梦、创作梦且条件较为艰苦的有志之士，提供创作圆梦的便利条件和基本空间，助其圆梦；还为刚毕业的大学生提供一个“创业从这里开始”的平台，与政府相关部门共同组织“创业者家园”，策划一系列与创业、技能培训相关的活动，为有创业梦想者提供创业起步台阶。成立“简，阅书友会”，举办书友见面会、每周读后感、创意走廊等文化活动，让爱阅读爱生活的人有一个“畅想的国度”；还推出“荐书活动”，每周评出好书新书，推崇阅读，引导阅读。书吧作为经营性文化单位，以极大的热情投入公益性的文化事业，为市民提供公共文化阅读服务，同时也培育了消费群体，在确保经济效益的同时，承担起一个文化企业的社会责任。

（二）公益文化活动社会化运作

深圳在公共文化服务的社会化运作方面试行得比较早。2004 年，深圳就出台了《重大公益文化活动实行社会化运作试行办法》，开始试行“公益文化活动社会化招标”，并逐年扩大招标范围，丰富招标内容。其中，“深圳读书月”、“深圳晚八点”等活动品牌正是对这一措施良好效益的生动阐释。

1.“深圳读书月”

2000 年，深圳市委、市政府顺应民意，高瞻远瞩，将每年的 11 月设为“深圳读书月”。作为由政府推动的一项大型综合性群众读书文化活动，深圳读书月走进了千家万户，融入市民生活，影响遍及全国和港澳地区，已经成为最受市民欢迎的文化庆典，城市的文化名片，以及实现市民文化权利的重要载体。深圳市委常委、宣传部部长王京生曾比喻道："每年 11 月，是我们读书的钱塘潮，而全年的读书就是浩荡的、永不回头的、一直流淌的钱塘江水。"兴起十五年的"钱塘潮"，蔚为壮观。15 年以来，深圳读书月共举办各类读书文化活动 4500 多项，参与人数超过 1 亿多人次，被誉为全民阅读活动的"深圳模式"。深圳读书月有力地促进了城市读书热潮的形成。"以读书为荣"成为城市的价值理念，"以读书为乐"成为市民的生活方式。2013 年，深圳荣获"全球全民阅读典范城市"称号，城市因为热爱阅读而受人尊重。深圳读书月之所以产生如此大的影响力，主要得益于"政府倡导、专家指导、社会参与、企业承办"的运作模式。

从第四届读书月开始采取政府委托承办制，委托具有丰富书业经验及较强文化推广能力的深圳出版发行集团总承办，并签订委托承办责任书，明确职责权限，有效实现了政府从"办文化"为主向"管文化"为主的转变。政府扮演引导方向、营造环境、整合资源、创造载体的角色，以及在财力上给予读书月最大支持，市宣传文化基金拨出专款，扶持推动活动开展。由深圳出版发行集团总承办，发动全市各机关团体、新闻媒体、企事业单位等 30 多家具体承办重点主题活动，同时还通过企业冠名方式，先后与深圳卓越、万科、农业银行、中国移动、地铁公司等企业进行积极合作。这样既确保了活动的公益性，又调动了社会资源，实现了活动的多样性、持续性和有效性。

此前，内地一些城市也承办过类似的读书活动，但往往存在后续乏力的问题。其中一个重要原因是，由图书馆等事业单位承办，往往因为利益机制缺乏而影响可持续发展。阅读活动开展了，读者增加了，图书馆的工作量也增加了，但图书馆具体到个人的薪酬待遇却不会因此有太大改变。没有直接的利益关联性，很难具有内生动力。而在深圳，作为经营单位的深圳出版发行集团，以如此高的热情投入深圳读书月承办工作，关键在于，在承担公益性文化活动的同时实现了经济效益的提升、品牌的扩张。第一届读书月开幕时，主席台突然刮起了一阵大风，将横幅上"读"的言字旁吹掉了，"读书月"成了"卖书月"。这个小插曲恰恰道出了企业积极推动读书文化活动的关键所在，读书月活动的举办，直接增加了图书销售量及书城人气。文化企业投身到公益性的文化活动中，为企业带来了人气和市场，同时也为公众提供了高质量的公共文化服务，属于典型的“双赢”。这种政府委托，企业承办的方式，完全符合城市构建现代公共文化服务体系的思路，实现了政府、市民、企业“多方受益”。

2. “深圳晚八点”

政府通过向企业采购文化活动，也是实现公共文化服务职能的有效手段，“深圳晚八点”就是这种模式的产物。“深圳晚八点”是由市宣传文化基金资助，深圳书城中心城创办的城市文化品牌活动。一方面，企业创办“深圳晚八点”活动，活力强、亮点多，公众认可度非常高；另一方面，政府对该活动进行资助，通过采购文化活动，为公众提供公共文化服务，由此形成政府、企业之间的“双赢”格局。“深圳晚八点”于2008年11月与第九届深圳读书月同时启动，定位为“深圳读书月的日常化探索”，将读书月的宗旨与理念贯穿于市民日常生活每一天，构建新型的以“阅读”为核心的开放都市晚间文化生活空间，让阅读成为城市晚间生活风尚，展现深圳市民别样的晚间文化生活风采。

“深圳晚八点”迄今已开展各类活动1500多场，直接欣赏、参与群众逾120万人次，“晚上到中心书城参加晚八点活动”已经成为许多深圳人的习惯。“深圳晚八点”不仅活动本身吸引了读者，并且通过日常化活动的浸润使读者养成了阅读的习惯。活动日常化使得更多的市民能真正分享公共文化建设成果，实现文化权利，从而提升市民对公共文化服务的满意度。这既是对深圳书城的肯定，也包括对政府的认可，又提升了书城的美誉度，也有利于服务型政府的构建。

（三）文化场馆委托管理运营

公共文化场馆是市民重要的公共文化休闲空间，更是衡量城市综合功能的重要载体。长期以来，公共文化场馆由政府出资建设，并由文化事业单位运营。文化事业单位以非营利性为根本标准，能够保证文化场馆的正常运作，为群众提供文化服务。但是，此举也存在诸多弊端。一是在文化场馆建成之后，为保证场馆的正常运营需要大量的资金投入，而文化事业单位没有营利之职，所有支出都由政府财政承担，加大了政府的财政负担。二是场馆管理运营需要大量专业性人员，培养专业员工的时间周期较长，往往需要面向社会广纳人才，而文化事业单位有着核定的编制数，在人才引进等方面存在一些限制，容易出现专业人才匮乏的局面。同时，一个新建场馆投入运营就增设一批吃财政饭的编制，“养人”增加了财政的负担。三是由于不直接面向市场，部分文化事业单位缺乏对市场的了解，服务方式、内容较为单一，所提供的服务较难满足群众对公共文化服务的需求。容易出现重硬件、轻软件，重建设、轻管理的问题，造成公共文化服务资源浪费。

公共文化场馆的运营需要探索新的模式。党的十八届三中全会指出：“要引入竞争机制，推动公共文化服务社会化发展。”企业国有资产委托运营，就是由政府或其国有资产管理部门通过订立委托运营合同，将企业国有资产委托给提供合法的财产抵押或担保的企业法人运营的一种资产管理方式。其目的在于盘活企业国有资产存量，并在此基础上实现国有资产的保值和增值。公共文化场馆委托企业运营，在提高运营效率的同时，又实现了场馆和文化资源活化，达到了社会效益最优化的目的，老百姓也能从中得到更好的服务。

1. 深圳湾体育中心

深圳政府以 BOT 方式将深圳湾体育中心整体交由华润集团投资、建设和运营，经营期满后移交政府。这种新型的政企合作模式，不仅节省了政府财力和人力的投入，更能保证如此浩大的建筑和设施在重大赛事结束之后，平战结合、自负盈亏、常用常新、始终保持勃勃生机与活力。深圳湾体育中心这座大运会开幕式主场馆也凭借这一独特的模式，打破了中国体育场馆运营不利的“魔咒”，商业运营不到一年的时间即实现盈利，在国内同类体育场馆中率先破“茧”而出。同时也成为市民休闲运动的场所，为市民提供文化运动休闲空间。

2. 南山文体中心

南山文体中心委托佳兆业文化体育（深圳）有限公司与深圳市聚橙网络技术有限公司联合运营。新建设的南山文体中心如果采取成立事业单位进行管理的方式，至少需要20—30名员工，政府每年至少要补贴500万元，财政支出大、管理效果也不见得好。佳兆业与聚橙网在南山文体中心运营招标中，报出1元价格中标，这意味着佳兆业与聚橙网放弃了政府补贴，通过经营南山文体中心的物业收入来补贴中心运作所需的各项开支。这将追求纯经济效益的企业变成产业事业综合体，通过多种方法推动文化场馆良好运营，由政府、第三方共同监管，保证为群众提供良好的文化体育服务，同时也让企业实现盈利，达到“双赢”。

3. 沙井艺术中心

深圳出版发行集团即将运营沙井艺术中心是公共文化空间综合项目，具有公益性的特点。深圳出版发行集团将以“政府主导、市场运作、整体运营、科学管理、持续发展”为管理运营思路，以实现社会公益、减少政府投入为目标，通过专业团队对整个沙井文化艺术中心实行市场化、集约化运作，创新经营，统一管理，科学考核，实现资源共享和效益最大化，使之发展成为文化底蕴丰厚、艺术气息浓郁的区域公共文化生活中心，这也解决了政府机关事业单位人员编制及供养负担。在政府的主导下进行运作，确保了其公共文化服务功能的实现。公司化管理，企业化运作则能提供多元的服务、直接面向群众，更好地服务于群众。

沙井文化艺术中心经营将不再沿用传统管理模式，而是将所有权和经营权分开，采用委托式经营模式，按照市场规律进行管理和运营。文化艺术中心在满足每年政府大型活动和公益性需求的前提下，由深圳出版发行集团旗下的深圳市书城文化投资控股有限公司成立专门的“经营公司”运营管理。一是使公共文化艺术设施效用得到最大限度的发挥。经营单位可以利用其在演出业务资源优势及院线平台优势，开展大型演出与场馆文化活动，以及承办优秀剧目的巡演等业务，实现多种经营。二是使文化产业无形资产的开发和利用得到最大限度的发挥。依托知名经营单位对文化产业的商业价值进行宣传和挖掘，可以将文化产业推向市场，进而带动其他行业发展。三是提高文化艺术中心使用效率，减少政府对场馆空置维修费用的补贴，还可分享委托单位带来的社会效益，发挥沙井区位和地域文化优势，打造深圳特色文化产品。

沙井文化艺术中心作为一个由政府主导，由运营公司实行市场运作、整体运营、政府适度补贴、自负盈亏的基层公共文化服务设施，在减轻政府财政及管理负担的同时，通过专业化管理、市场化运营等手段使文化服务更接地气、直面需求，切切实实为群众提供高水平、多品种、广覆盖的公共文化服务。

文化事业产业综合体的本质在于打破了传统政府作为公共文化服务单一供给者的局面，引入社会资源，充分发挥了市场的基本作用，从而满足了公众日益增长的文化生活需求。公共文化服务的供给不仅是检验政府以人为本和衡量社会公众享有文化权利的重要标尺，而且是我国公共服务型政府建设的重要内容。随着政府管理模式的转变，社会治理结构由一元向多元发展，建立政府主导、公众参与、市场竞争、多元共治的公共文化服务模式是现代公共文化服务体系建设应有之义。

（尹昌龙：博士，深圳市出版发行集团总经理；杨茜：深圳市出版发行集团工作人员）

公共图书馆法人治理结构研究

张　岩

法人治理结构是源于西方企业与公共机构的一种治理方式。近年来，为深化事业单位体制改革，国家有关部门组织研究与借鉴国外公共机构法人治理结构的经验，以政府主导、地方试点、制度跟进等方式在我国公益性事业单位中逐步推进以理事会等形式为主要架构的法人治理结构。并于2013年11月写入党的十八届三中全会《中共中央关于全面深化改革若干重大问题的决定》，要求“明确全国不同文化事业单位功能定位，建立法人治理结构”。随后，全国各级党委政府形成法人治理结构相关问题研究与实践的热潮。深圳图书馆作为深圳市编办与中编办先后指定的试点单位，在此工作上先行一步。本文试图结合法人治理结构理论与实践进行探讨，希望对此问题的研究有所裨益。

一　法人治理结构的内涵

“法人治理结构”（Corporate Governance）一词最早于20世纪70年代初由美国经济理论界提出，是基于公司所有权与控制权分离、为实现股东与利害相关者的利益而形成的一整套权力和利益分配与制衡的法律体系和制度规范。

企业中的法人治理结构，旨在将运营过程中的各类利益相关者纳入制度安排，通过实施所有权与经营权分离、委托—代理、分权制衡，实现决策层、执行层与监督层对企业进行共同治理。法人治理结构清晰界定了企业股东会、董事会、监事会与经理层之间的权力和义务关系。上海现代经济研究所所长费方域教授认为，“公司治理结构包括在高级管理阶层、股东、董事会和公司其他的有关利益人的相互作用中产生的具体问题。构成公司治理问题的核心是：谁从公司决策/高级管理层的行动中受益；谁应该从公司决策/高级管理层的行动中受益。当在‘是什么’和‘应该是什么’之间不一致时，一个公司的治理问题就会出现。”① 经济学家吴敬琏指出：“所谓公司治理结构，是指由所有者、董事会和高级执行人员即高级管理人员三者组成的一种组织结构。在这种结构中，上述三者之间形成一定的制衡关系。通过这一结构，所有者将自己的资产交由公司董事会托管；公司董事会是公司的最高决策机构，拥有对高级经理人员的聘用、奖惩及解雇权；高级经理人员受雇于董事会，组成在董事会领导下的执行机构，在董事会的授权范围内经营企业。”②

法人治理结构在企业领域经过多年的研究和探索，形成了包括合约理论、委托—代理理论、利益相关者理论和内部人控制理论等基本理论。合约理论认为，由于企业契约不能完全囊括所有事项，契约中事先不能规定的控制权即为剩余控制权，企业法人治理即为剩余控制权的行使提供合理性基础。委托—代理理论认为，企业所有者与经营者之间由于所有权与经营权分离形成委托—代理关系，当信息不完全对称的情况下，代理人从自身利益着眼可能做出损害所有者利益的行为，因而需要加强法人治理结构建设，规范和制约代理人行为。利益相关者理论认为，企业涉及诸多主体的利益，因而需要通过有效的治理机制体现各利益主体在治理结构中的代表性，将各方利益纳入治理目标，实现共同治理。内部人控制理论在利益相关者理论基础上发展而来，认为法人治理不能仅限于内部治理，需要引入外部利益主体参与企业治理，强调从外部对企业进行监督的必要性。

从现代管理学上，“治理”有别于统治、管制和管理。学者们给出了关于治理的六种内涵：“1. 作为最小国家的管理活动的治理，它指的是

① 费方域：《什么是公司治理?》，《上海财经研究》1996 年第 5 期。

② 吴敬琏：《现代公司与企业改革》，天津人民出版社 1994 年版，第 185 页。

国家削减公共开支，以最小的成本取得最大的效益。2. 作为公司管理的治理，它指的是指导、控制和监督企业运行的组织体制。3. 作为新公共管理的治理，它指的是将市场的激励机制和私人部门的管理手段引入政府的公共服务。4. 作为善治的治理，它指的是强调效率、法治、责任的公共服务体系。5. 作为社会—控制体系的治理，它指的是政府与民间、公共部门与私人部门之间的合作与互动。6. 作为自组织网络的治理，它指的是建立在信任与互利基础上的社会协调网络。”[①]

二　美英公共图书馆理事会制度

法人治理结构作为一种权力制衡机制被证明是一种解决企业所有权与经营权相分离及由此带来的委托—代理问题的有效制度安排，后来在西方国家中逐渐引入非营利组织和公立机构治理领域。公共图书馆理事会制度最早起源于欧美发达国家，并已形成比较完善的公共图书馆理事会制度，法律规定清晰，配套制度健全，对我国公共图书馆法人治理结构建设具有一定的借鉴意义。

（一）美国公共图书馆理事会制度

1848 年，美国马萨诸塞州议会通过了一项在波士顿市建立公共图书馆的法案，使之成为美国大城市依法设立的最早的公共图书馆。法案同时决定将图书馆事务交由专门成立的理事会管理，创造了一种富有现代管理理念的管理制度。[②] 当时的理事会由该州议院上院、下院议员各 1 名和市民代表 5 名组成，理事由两院全体议员选举，任期均为 5 年。市议会只保留任命馆长和决定其薪金的权力（后来这一权力也交给了图书馆理事会），其余权力全归理事会，包括监督图书馆的预算、制定图书馆规

---

① 俞可平：《治理和善治引论》，《马克思主义与现实》1999 年第 5 期。

② 参见 Boston Public Library, Founding Legislation, http://www.bpl.org/general/legislation.htm，2014 年 4 月 16 日。

章制度、选聘核心馆员等权力。[①] 目前，波士顿公共图书馆的理事会成员共有 9 名，1 名主席，1 名副主席和 7 名成员。[②]

美国俄亥俄州图书馆理事会制度也有着悠久的历史。现行的俄亥俄州图书馆理事会依据州众议院颁布的《俄亥俄修正法典》成立，理事会有 5 名理事成员，主席、副主席各 1 名，理事 3 名，任期均为 5 年，实行交迭更替，每年更换 1 名理事会成员。[③] 俄亥俄州图书馆理事会主要有以下职能：拨付与管理资金，设立与管理区域图书馆系统，管理俄亥俄公共图书馆信息网络系统，保存资源，确定片区图书馆的服务界限。[④]

纽约公共图书馆现为美国最大的公共图书馆系统，共有 88 个分馆和 4 个学术研究中心，并在总馆层面建立理事会，作为最高决策及监督机构，目前其理事会制度也已经发展比较成熟。[⑤] 纽约公共图书馆理事会包括 25—48 名表决理事（Voting Trustees）以及若干名名誉理事（Honorary Trustee）和终身理事（Life Trustee），理事的产生需要经过严格的筛选及任命机制，其具体数目由理事会通过投票方式决定。此外，理事会还设立了常务委员会（Standing Committee）与特殊委员会（Special Committee），负责监督管理层及各业务部门的具体工作，并为理事会决策提供专业建议。[⑥] 纽约公共图书馆理事会通过设置有效的决策监督机制，实现决策权、执行权和监督权相互分离，推动各方主体共同治理。

（二）英国公共图书馆理事会制度

大英图书馆是英国国家图书馆。1972 年，英国议会制定《大英图书馆法》，次年大英图书馆依法建立，并依法组建“大英图书馆理事会”，

---

① 蒋永福：《图书馆学通论》，黑龙江大学出版社 2009 年版，第 38—39 页。

② 参见 Boston Public Library，Board of Trustees Current Trustees，http：//www. bpl. org/general/trustees/trustees. htm，2014 年 4 月 16 日。

③ 冯佳：《美国俄亥俄州图书馆理事会制度》，《国家图书馆学刊》2014 年第 3 期。

④ 同上。

⑤ 罗珊珊：《纽约公共图书馆的法人治理结构》，《图书与情报》2014 年第 2 期。

⑥ 同上。

对图书馆实施法人治理。大英图书馆理事会由8—13名理事组成，理事由部长或女王任命，任期每届四年，可以连任两届。大英图书馆馆长也是理事会常务理事，行使图书馆管理权，通常还兼任财务主管负责资金事务的管控。大英图书馆理事会设立咨询委员会和专门委员会，引入外部专业人士参与理事会工作。英国议会和政府通过各种途径对大英图书馆的具体运行进行有效监管，通过理事任免、制度制定体现政府意志；通过财政拨款，调控图书馆发展；通过审计监察，规范图书馆行为；通过信息公开，促使图书馆运作透明。相关主体如若违反《大英图书馆法》，越权行事也将受到司法审查。[①]

1933年6月13日，伦敦图书馆首次颁布《皇家章程条例》（*The Royal Charter and Byelaws*），确立图书馆法人治理结构。伦敦图书馆实行会员制，会员大会是伦敦图书馆的最高权力机构，决定理事会人选、修订章程、审议年度工作报告和财务报表等。[②] 理事会是图书馆决策层，负责图书馆重要决策、制定图书馆相关政策。伦敦图书馆理事会由10—14名理事组成，理事由会员大会选举产生。休会期间，理事会职权由理事长代为行使。伦敦图书馆馆长由理事会委任，馆长有权挑选高级管理人员，执行理事会决议，处理图书馆行政事务。

（三）美、英两国图书馆理事会制度的主要特点

美国与英国是西方发达国家的典型代表，美、英两国图书馆理事会制度同样具有典型意义，对我国发展公共图书馆法人治理结构建设具有重要借鉴意义。综观美、英两国图书馆理事会制度，主要有以下特点：

1. 依法治理

美国与英国的图书馆理事会一般都依据法律建立，从而在源头上较为清晰地界定了政府与公共图书馆、公共图书馆理事会与管理层、公共图书馆与社会等方面的权利义务关系，为理事会制度的有效实施创造了

---

① 金武刚：《大英图书馆的法人治理结构》，《国家图书馆学刊》2014年第3期。

② 金武刚、钱家骏、肖梅林：《伦敦图书馆的法人治理结构》，《图书与情报》2014年第2期。

良好的基础条件。

2. 政府与公共图书馆保持“一臂之距”

政府对公共图书馆保留监管职能，但政府不具体干预公共图书馆事务，而是通过财政拨款、理事任命和审计监督等方式影响公共图书馆理事会和管理层的决策和行政。

3. 理事的社会基础比较成熟

理事作为一种社会公益职位，其社会价值得到广泛宣扬，理事的社会荣誉机制健全，人们有着较强的愿望参与社会事务治理，具有较高的履职热忱。

基于上述原因，美英两国图书馆理事会以坚实的法律授权为基础，与政府保持适当联系，热心公益事业，在促进图书馆与社会沟通方面，发挥了较好的作用。

三 我国公共图书馆法人治理结构建设进程

近年来，我国公共图书馆法人治理结构经历了政府主导、地方试点、制度跟进、推向全国的发展历程。政府通过一系列意见、政策，积极推动公共图书馆法人治理结构试点和理事会建设。各地在试点实践基础上，探索建立法人章程、理事会章程及相关制度，为政府进一步在全国范围推行提供参考。

（一）政府主导

我国公共图书馆法人治理结构的实践，是在国家关于事业单位改革研究基础上，有了一定的理论准备后从深圳试点开启的。中央政府始终高度关注事业单位改革，自2001年以来，先后组织多个课题组进行研究。经过几年的努力，逐渐形成了改革的总体构想和基本思路，即在事业单位进行分类改革基础上，借鉴国外公益机构法人治理结构的经验，在面向社会服务的公益性事业单位逐步建立以理事会等形式为主要架构的法人治理结构，从而达到创新事业单位体制机制的目标。为此，从深圳的试点文件到中央正式发布的指导意见等，一系列相关政策陆续出台，对公共图书馆或包含公共图书馆在内的公益性事业单位建立健全法人治理结构、组建理事会进行了部署和推动，使此工作近几年得以较为快速的推进。

2007 年 10 月，深圳市委办公厅、深圳市人民政府办公厅联合发布了《建立和完善事业单位法人治理结构实施意见》，将深圳图书馆列入首批适合组建理事会的事业单位名单，并在实施方案中明确“理事会对举办主体负责，其成员由政府部门代表、社会人士、行政执行人等组成，并以社会人士为主，采用选任制或委任制产生。”①

2011 年 3 月，《中共中央国务院关于分类推进事业单位改革的指导意见》颁布实施，明确提出“面向社会提供公益服务的事业单位，探索建立理事会、董事会、管委会等多种形式的治理结构，健全决策、执行和监督机制，提高运行效率，确保公益目标实现。”②

2011 年 7 月，国务院办公厅发布了《关于建立和完善事业单位法人治理结构的意见》，提出：“要把建立和完善以决策层及其领导下的管理层为主要构架的事业单位法人治理结构，作为转变政府职能、创新事业单位体制机制的重要内容和实现管办分离的重要途径。”③

2013 年 11 月，党的十八届三中全会正式通过《中共中央关于全面深化改革若干重大问题的决定》，提出要“明确不同文化事业单位功能定位，建立法人治理结构，完善绩效考核机制。推动公共图书馆、博物馆、文化馆、科技馆等组建理事会，吸纳有关方面代表、专业人士、各界群众参与管理”。④

在文化领域，自 2008 年以来文化部发布的一系列规范性文件、发展规划和实施纲要，如 2008 年 7 月《文化部关于进一步深化文化系统文化

---

① 深圳市委办公厅、深圳市人民政府办公厅《关于印发〈建立和完善事业单位法人治理结构实施意见〉的通知》，http://www.chinalawedu.com/news/1200/21752/21754/21766/21791/2007/11/li0397475347112117002310650-0.htm，2014 年 12 月 20 日。

② 《中共中央国务院关于分类推进事业单位改革的指导意见》，2011 年 3 月 23 日。

③ 《国务院办公厅关于印发分类推进事业单位改革配套文件的通知》，2011 年 7 月 24 日。

④ 《中共中央关于全面深化改革若干重大问题的决定》，2013 年 11 月 12 日。

体制改革的意见》、2012 年 5 月《文化部“十二五”时期文化改革发展规划》、2013 年 1 月《文化部“十二五”时期公共文化服务体系建设实施纲要》和《全国公共图书馆事业发展“十二五”规划》，均在不同程度上提出公益性文化事业单位要探索建立，或建立健全，或完善法人治理结构，且每次均提及图书馆。

（二）地方试点

1. 深圳图书馆试点

深圳图书馆是法人治理结构试点实践的早行者。2007 年 10 月，根据深圳市委办公厅、市政府办公厅《关于印发事业单位体制机制改革创新七项专项改革方案的通知》之《建立和完善事业单位法人治理结构实施意见》，深圳图书馆作为公共文化服务机构被深圳市编办列为首批适宜组建理事会的十家事业单位之一，之后又被列为中央编办与深圳市共抓的试点单位，开展建立和完善事业单位法人治理结构的试点工作。

2008 年，深圳图书馆先后拟定了《深圳图书馆理事会章程（草案）》及理事会决策失误追究制度、审计与绩效评估制度、年度报告制度和信息公开制度四个配套制度，并于 2009 年获深圳市事业单位改革办公室批复同意。在前期筹备基础上，2010 年 12 月，深圳图书馆举行理事会揭牌仪式，理事会召开第一次会议，审议通过了理事会章程及四个配套制度，标志着深圳图书馆理事会制度正式实施。

根据《深圳图书馆理事会章程》，深圳图书馆理事会的定位是议事和决策机构，负责确定深圳图书馆的发展战略和发展规划，行使重大事项议事权和决策权。理事会对深圳市文体旅游局负责。深圳图书馆理事会理事由政府部门代表、图书馆代表和社会人士代表三部分人员组成，共有 11 名理事，包括来自市文体旅游局的政府代表 2 名（其中分管副局长任理事长）；图书馆代表 2 名，一名为行政执行人，另一名为职工代表；来自社会科学界、文学艺术界、科技界、教育界、图书情报界和读者代表等社会人士共 7 名。

深圳图书馆理事会成立以来，关于法人治理结构的探索一直在持续进行，虽然目前仍有不少问题尚待解决，但也取得了阶段性成果。一是进行了政事分开的有益尝试，通过组建理事会，明确理事会在图书馆某些重大事项上的决策地位，行使重大事项议事权和决策权，在实践层面上对政事分开、管办分离进行了探索。二是初步建立了分权制衡的架构，形成理事会与管理层相互配合、相互制衡的关系，有利于保障公益服务的发展方向。三是促进了开放民主的治理取向，通过理事会平台引入政府、社会人士、读者代表等多元主体参与共同治理，加强图书馆与社会的广泛联系。四是推进形成多元规范的监管体系，逐渐建立起一种内外结合、多元化、制度化的监督约束机制，监管主体更加多元化，监管制度更加规范化。①

2. 全国公共图书馆试点

随着国家有关政策、文件的不断推动，据不完全统计，截至2014年年底，全国共有18家公共图书馆组建了理事会（见下表），开始试行法人治理结构；另有数家公共图书馆理事会将陆续成立。

公共图书馆理事会成立时间一览表

公共图书馆	理事会成立时间	公共图书馆	理事会成立时间
无锡市图书馆	2009年6月	上海图书馆上海科学技术情报研究所	2014年10月
深圳图书馆	2010年12月	合肥市图书馆	2014年10月
广州图书馆	2012年7月	呼伦贝尔市图书馆	2014年11月
深圳市宝安区图书馆	2013年7月	南京图书馆	2014年11月
贵州省图书馆	2013年8月	成都图书馆	2014年11月
成都市成华区图书馆	2013年12月	江西省新余市图书馆	2014年11月
浙江省温州市图书馆	2014年6月	广东省东莞图书馆	2014年11月
浙江省湖州市图书馆	2014年6月	浙江省义乌市图书馆	2014年12月
深圳市福田区公共图书馆	2014年7月	广东省顺德图书馆	2014年12月

资料来源：公开媒体报道及相关图书馆网站。

① 肖容梅：《深圳图书馆法人治理结构试点探索及思考》，《中国图书馆学报》2014年第3期。

由于深圳图书馆是在中编办、深圳市编办共抓指导下开展的公共图书馆法人治理结构试点单位，较早对理事会构成、运行机制、章程及配套制度等进行了探索，客观上为兄弟图书馆和其他文化事业单位提供了参考样本。综观全国公共图书馆试点实践情况，大体上基本参照了深图模式，2014 年以来，浙江温州市、深圳福田区在有些方面又略有调整，或进行了一些新的探索。

温州市图书馆采用公开招募的方式选聘社会理事，理事长由社会理事担任；主管部门理事具有“一票否决权”；并拟尝试建立图书馆基金会，设立监事会。

福田区成立了公共图书馆理事会，是全区、街道、社区三级公共图书馆服务体系的议事、决策和监督机构，具有国际化、规范化、社会化等特点，在全国率先对公共图书馆服务体系理事会制度进行了大胆尝试和有益探索。

（三）制度跟进

公共图书馆法人治理结构的制度主要包括公共图书馆章程或公共图书馆理事会章程、理事会的职能定位及相关规则、公共图书馆信息公开与年度报告制度、公共图书馆绩效评估与审计监督制度等。这些制度均是在试点过程中探索，逐步上升为制度予以实施和推广。

1. 法人章程或理事会章程

公共图书馆章程或公共图书馆理事会章程是公共图书馆推进法人治理的重要标志文件，是公共图书馆理事会制度内容的集中体现。章程一般应对公共图书馆的基本宗旨、理事会的构成及职责、理事的权利义务、理事长的职权、理事会会议规则、管理层的角色定位、公共图书馆信息披露制度以及章程修订程序等方面进行详细的规定。2008 年，深圳图书馆按照深圳市《建立和完善事业单位法人治理结构实施意见》，启动《深圳图书馆理事会章程》的起草工作，并于 2010 年年底召开第一次理事会会议时通过了该章程。[①] 2012 年，国家事业单位登记管理局发布《事业单位章程示范文本》，以适用于建立理事会的事业单位。[②] 无论是公共图书馆章程还是公共图书馆理事会章程，都是公共图书馆法人治理结构建设的重要制度文件，是公共图书馆开展法人治理的重要依据。

2. 理事会规则

理事会的宗旨是根据决策权力机构、管理执行机构、监督约束机构相互分离、相互制衡和精干高效的原则，建立以理事会为核心的事业单位法人治理结构，明确图书馆各个利益相关者的权利、义务与责任，使图书馆形成独立运作、自我发展、自我约束、自我管理的现代运行新模式，为社会提供优质高效的公共文化服务。理事会通过理事会章程和理事会会议行使决策与监督权力，支持管理层工作，但不直接参与图书馆管理。馆长及副馆长组成图书馆的管理层，执行理事会决议，接受理事会监督，为理事会工作提供便利和保障。按照国务院事业单位分类改革配套文件中关于“直接关系人民群众切身利益的事业单位，本单位以外人员担任的理事要占多数”[③] 这一要求，公共图书馆理事会应以外部理事占多数。理事行使提案权、建议权、监督权、罢免权和表决权等，并秉持诚信和勤勉精神，认真履行职责，谨慎决策。理事为不授薪的社会公益职位，不因参与理事会工作而获得经济利益。理事会规则同时还涉及理事会会议制度和所属专业委员会或咨询委员会的运行规则等问题。

3. 信息披露制度

公共图书馆法人治理结构建设要求执行规范的信息披露制度，包括年度报告制度和信息公开制度。公共图书馆年度报告内容应客观、真实、准确，严禁弄虚作假，并以公开透明的方式向社会发布公共服务信息，主要包括年度工作报告、年度服务数据统计资料、年度公共服务经费使

---

① 《深圳图书馆理事会章程》。

② 参见关于印发《事业单位章程示范文本》的通知（2012 年 5 月 24 日），http://www.gjsy.gov.cn/zcfg/bgswj/201305/t20130527_513.html，2014 年 12 月 20 日。

③ 《国务院办公厅〈关于印发分类推进事业单位改革配套文件〉的通知》，2011 年 7 月 24 日。

用情况以及图书馆章程规定的其他内容。信息公开制度旨在加强公共图书馆文献利用和读者服务的公开性、透明性，保障公众知情权，形成规范有效的社会监督机制。公共图书馆信息公开应做到及时、准确、真实，通过网站、新闻媒体等多种渠道发布各类信息。公共图书馆公开的信息主要包括图书馆章程、理事会章程、图书馆发展规划、图书馆年度报告、馆藏及读者服务信息以及理事会认为需要公开的其他信息。

4. 监督制度

公共图书馆监督制度在法人治理结构建设方面主要包括理事会决策失误追究制度和图书馆审计与绩效评估制度。理事会决策失误追究制度主要为确保理事会重大决策的科学性和准确性而建立，图书馆审计和绩效评估制度旨在提高公共文化服务社会效益并对公共图书馆进行有效监管。理事会违反法律法规和图书馆章程导致决策失误，致使遭受严重损失或造成严重社会后果的，参加决策的理事应承担相应的责任，但经证实在表决时曾表示异议并记录在案的，可免除责任。理事按程序进行决策所造成的决策失误予以免责。公共图书馆的审计包括年度财务审计、专项审计和行政执行人任职期满审计等，年度审计工作原则上每年一次。公共图书馆的绩效评估是指用定性和定量的方法，对图书馆的各项工作及其预定目标进行客观的评价。绩效评估应以社会价值取向和文化发展为依据，以图书馆的整体状况、各项工作指标为测评对象，以图书馆运行状态、工作水平和实际效果为评估内容，以管理能力和服务效益为测评重点，客观评价图书馆投入与产出的绩效状况。

四　我国公共图书馆法人治理结构建设的难点问题

建立法人治理结构、成立公共图书馆理事会是我国在事业单位分类改革基础上，自上而下推行的体制机制改革。从试点实践情况来看，当前公共图书馆推行法人治理结构尚存在几个具有共性的难点问题。

（一）如何处理好理事会与现有行政管理体制的关系

理事会制度起源于现代西方企业的治理方式，主要目的是解决在“小政府、大社会”的西方社会格局中，企业、公共机构多元投资主体与理事会之间的委托代理关系，是一种开放、民主的集体管理方式。理事会对公共图书馆事务行使管理权、决策权，需要公共图书馆的所有者与管理者彻底分离。

我国是个“大政府”的国家，虽然转变政府职能、“管办分离”的改革已推行多年，各级政府在减少审批事项，与各类行业组织脱钩等措施上有一定进展，但并未根本改观。目前，我国公共文化服务机构的投资、建设、管理主体仍是各级政府，政府对图书馆的建设、投资、运行及发展规划拥有发言权。成立理事会，并切实达到中央文件中理事会是“事业单位决策层的决策地位，把行政主管部门对事业单位的具体管理职责交给决策层”，实现“进一步激发事业单位活力”等目标，面临的首要问题就是如何将原有政府各相关职能部门的管理权限转移到理事会。

比如，公共图书馆作为各级文化行政主管部门下的二级法人单位，由文化行政主管部门实行综合管理。除此之外，其人事关系、编制、职称、工资、绩效等由人事行政主管部门审批管理，经费预算、执行、国有资产管理等由财政主管部门审批管理，其他专项工作由相关政府职能部门对口管理。理事会成立以后，如要切实发挥对图书馆的“决策”职能，涉及人、财、物、业务发展等各方面的重大事项，如何“把行政主管部门对事业单位的具体管理职责交给决策层”？同时，在现有多级行政、财政管理体制下，行政主管部门可依靠行政力量实行业务跨级指导与协调，转到理事会后，如何赋予其对行业发展与规划的权力？又比如，国务院“九个配套文件”中，《关于建立和完善事业单位法人治理结构的意见》在原则中特别强调了“坚持正确的政治方向和党管干部的原则，加强和改善党对事业单位的领导”。西方公共图书馆的馆长一般由理事会聘任，或由理事会提名、由上级主管部门任命。[①] 那么，理事会提名、聘任程序，与党管干部、现有干部考核、任命体系如何接轨？

（二）如何给予明确的法律保障和政策支撑

图书馆理事会制度产生后，被西方和亚洲许多国家和地区借鉴、效仿，成为公共图书馆管理的一项有效方式。但需要注意的是，国外的理事会制度不仅有着深厚的法律基础，而且功能并不统一，依法律设定的不同，既有决策型理事会，也有咨询型理事会。[②]

决策型理事会一般依立法或政策，对图书馆事务能行使决策权力。例如，美国波士顿公共图书馆理事会制定有理事会实施细则，并由马萨诸塞州议会颁布，具有法律效力；[③] 1892 年修订的英国公共图书馆法规定，"图书馆主管单位应授权于各市图书馆委员会"；[④] 2006 年，韩国在新修订的图书馆法中对理事会制度做出了明确规定，第 12 条规定，"为了制定、审议、调整图书馆政策的重要内容，在总统属下设置图书馆信息政策委员会"，这实际就是韩国设立国家级图书馆理事会的法律规定；第 24 条、第 30 条分别对设立地方图书馆理事会、一般性公立公共图书馆的理事会及其决策职能做出了规定。[⑤]

咨询型理事会一般依需要而设定，有的有立法或政策依据，也有的完全由图书馆管理部门自行设立。其成员一般由管理部门直接聘任，对图书馆事务不具有决策权力，其职责主要为图书馆管理部门和馆长提出改进工作的建议。

与国外图书馆及决策型理事会主要"依法而设"不同，我国的行政管理

---

① 蒋永福：《论公共图书馆法人治理结构》，《图书馆学研究》2011 年第 1 期。

② 蒋永福：《论图书馆理事会制度》，《图书馆》2011 年第 3 期。

③ 参见 Boston Public Library Act of Incorporation Board of Trustees，https：//www. bpl. org/general/trustees/act. htm，2014 年 4 月 16 日。

④ Pulic Libraries Act（1892）Amendment Bill. —（No. 25.），http：//hansard. millbank systems. com/lords/1893/may/12/third – reading，2014 年 4 月 16 日。

⑤ 李炳穆、太贤淑、段明莲：《韩国图书馆法》，《图书情报工作》2008 年第 6 期。

一般以部门规章、红头文件为主，有着文件先行、法律滞后的中国特色。至2012年年底，全国已有3000多家县级以上公共图书馆，但我国至今仍无一部《图书馆法》，基本靠行政职能实现对各级公共图书馆的建设与管理。缺乏法律保障，使公共图书馆从资金投入到发展规划、决策管理均从属于各级行政部门，公共图书馆的发展较大程度地取决于各级政府、领导的重视程度。从这一点上说，不少论者将我国部分公共图书馆活力不足的原因完全归结于"事业单位"内部机制、事业单位体制本身的问题，便有隔靴搔痒之嫌。与此相应，在缺乏法律保障、制度配套的前提下，寄望于成立理事会就能"激发事业单位活力"同样有较强的理想化色彩。

为解决法律依据不足的问题，近些年来，全国各地陆续有十多个省、市出台了地方性公共图书馆法规。但理事会制度在这些法规中也无明确规定。1997年发布的《深圳经济特区公共图书馆条例》，其第二章第五条规定市人民政府文化行政管理部门是公共图书馆事业的主管部门（以下简称市主管部门），履行编制公共图书馆发展规划、编制公共图书馆网络建设方案、制定有关公共图书馆管理的规定、组织公共图书馆发展规划和网络建设方案、对公共图书馆的工作进行监督等决策管理工作。第六条规定由市主管部门成立图书馆专家委员会（以下简称专家委员会）。市主管部门对公共图书馆发展规划、网络建设方案、馆舍建筑设计方案、业务规程、业务工作、管理等重大问题应征询专家委员会的意见。如果将"专家委员会"视为咨询型理事会，深圳现有的公共图书馆理事会可以在该条例中找到法律依据并发挥相应作用。但这样的目标与国务院文件和党的十八大精神中的理事会并不一致。推行决策型图书馆理事会，如何与现有公共图书馆法规衔接？从哪里找到法律依据？没有法律依据，如何保证理事会制度的落实和可持续发展？

当前推行理事会制度不仅缺乏法律保障，国家关于事业单位改革的配套文件还出现相互不衔接的情形。

比如，国务院"九个配套文件"中，《关于建立和完善事业单位法人治理结构的意见》要求："要把建立和完善以决策层及其领导下的管理层为主要构架的事业单位法人治理结构，作为转变政府职能、创新事业单位体制机制的重要内容和实现管办分离的重要途径。要明确事业单位决策层的决策地位，把行政主管部门对事业单位的具体管理职责交给决策层，进一步激发事业单位活力。”

在另一配套文件《关于深化事业单位工作人员收入分配制度改革的意见》中，不论是绩效工资，还是绩效评估，理事会的“决策地位”又都不见踪影了，“事业单位制定绩效工资分配办法要充分发扬民主，广泛征求职工意见，由单位领导班子集体研究后，报主管部门批准，并在本单位公开。事业单位主要领导的绩效工资由主管部门确定”；行业主管部门要结合本行业特点制定绩效考核指导意见，加强对事业单位内部考核的指导，引导事业单位不断提高社会公益服务水平……”那么事业单位制定绩效工资分配办法、绩效考核等重大事项，到底是征求职工意见、领导班子集体研究报主管部门批准，还是由理事会结合实际研究决策呢?

配套文件《关于创新事业单位机构编制管理的意见》中，要求“从事公益服务事业单位细分后，对公益一类事业单位继续实行机构编制审批制，完善管理制度，简化审批程序，切实管住管好”。在这里，政府的审批管理、“管住管好”与理事会的决策管理之间又是什么关系?

因此，即便在全国自上而下推行理事会制度的背景下，理事会制度依然需要强有力的相互配套、相互衔接的政策依据与支撑。

（三）理事会如何承接决策职能

中央文件和党的十八文件一发出，就在全国掀起了理事会制度探讨、学习、推行的热潮。那么理事会作为我国大多数地区的一个新生事物，即便把现有政府相关部门的决策职能全交给它，它能否堪当大任?

如前所述，西方图书馆理事会治理已有较长历史，是基于公共图书馆作为独立法定机构的前提，与其深厚的现代公共治理理念吻合，更有着相当的法定性、独立性、专门性、灵活性。[①] 而我国公共图书馆是行政

① 崔健、杨珊：《前海合作区借鉴境外法定机构管理模式研究》，《中国机构改革与管理》2011 年第 4 期。

管理的产物，图书馆独立性不强，与各级行政部门呈现出较强的附属关系。

《关于建立和完善事业单位法人治理结构的意见》规定，“现有理事会作为事业单位的决策和监督机构”；“负责本单位的发展规划、财务预决算、重大业务、章程拟订和修订等决策事项，按照有关规定履行人事管理方面的职责，并监督本单位的运行”。在人员构成上，“理事会一般由政府有关部门、举办单位、事业单位、服务对象和其他有关方面的代表组成”；“本单位以外人员担任的理事要占多数”；“代表政府部门或相关组织的理事一般由政府部门或相关组织委派，代表服务对象和其他利益相关方的理事原则上推选产生”；“要明确理事的权利义务，建立理事责任追究机制。也可探索单独设立监事会，负责监督事业单位财务和理事、管理层人员履行职责的情况”。

目前，我国现行试点地区理事会的理事长一般由文化主管部门的分管局领导担任。在现有行政管理体制下，分管局领导的工作应向局主要领导负责，由其任理事长的理事会自然也在局主要领导和局党组的领导之下。这样，理事会与行政主管部门之间便容易成为事实上的领导与被领导关系。与此同时，图书馆的管理者并非只有文化行政主管部门，人事、财政、发改委等相关职能部门均有着十分具体、严格的管理职能。如果将现有各部门的行政职能全部交给理事会，可操作性如何？与国家现有人事、财务等相关制度如何衔接？

理事会成员为不受薪的社会各届人士，由于代表需要有广泛性，部分理事对图书馆业务可能并不了解；我国公共图书馆为全额财政拨款，理事对图书馆也无经济上的投入。在此基础上对图书馆发展规划、财务预决算等事项做决策，并且还要建立“责任追究机制”，理事的责、权、利如何匹配？在当前社会条件下，不受薪的理事如何切实履职？决策机制如何保障？如果理事会切实承担“决策”职能，成为运行实体，会不会导致机构、人员的膨胀及新增经费投入？对理事会的监督机制又如何落实？

五 公共图书馆法人治理未来发展的思考

当前我国公共图书馆法人治理改革尚在起步阶段，从理论支撑、制度建设、实务推进等均处于探索过程中，相关配套研究、配套制度还不够健全，推进过程中还存在诸多不尽如人意的地方。西方国家理事会制度百余年的发展历程表明，一项社会制度的建立、完善和成熟是一个漫长的过程。因此，我们应充分认识公共图书馆法人治理结构建设的长期性，在借鉴先进国家和地区有益经验的基础上，不断完善法治环境，积极稳妥推进，才能切实达到改革初衷，最终实现依法治理。

（一）法人治理是个系统工程

我国公共图书馆领域推行法人治理结构，从深圳试点算起，至今仅有数年，而从2013年党的十八届三中全会明确提出公共图书馆要组建理事会，仅一年有余。2014年以来全国各地部分公共图书馆根据政策要求启动了法人治理改革探索和筹备工作，少数图书馆也成立了理事会，但仍处于雏形阶段，治理结构尚不健全，治理机制有待完善。我们需要对此工作存在的现实困境予以充分的重视。

政府职能的转变、事业单位的体制机制创新是个系统工程，不仅需要政府有力推动，更需政府出台综合配套改革措施予以支撑。在现有体制机制下，理事会制度单兵突进，可以取得阶段性成果，但距离我国推行此工作的根本目标尚远，公共图书馆法人治理结构建设将是一个长期的发展过程。

因此，在当下“依法治国”的背景下，西方的图书馆理事会制度虽好，但必须结合“中国特色”的水土，大力推进顶层制度建设，建立健全法律保障，明确权利来源，理顺运行机制，注重实际效果，唯其如此，体制机制的改革才有可能真正到位而不流于形式，从而使理事会这一在西方行之有效的制度对我国公共图书馆事业乃至公共机构的发展起到积极深远的影响。

（二）政府职能转变是实施前提

法人治理结构作为事业单位体制机制创新的重要手段，其基本前提是政府转变职能。政府需要在管理思维、管理方式和管理内容上，从直接管理转向间接管理，从微观管理转向宏观管理，从行政管理转向法治管理，从而使公共图书馆作为独立的事业法人，真正自主行使权利，灵活处理事务，不断提升公共服务水平，当然也要独立承担民事责任。政府职能的转变是公共图书馆法人化、理事会有效行使权力的前置性条件，法人治理结构的核心问题归根结底是政府与公共图书馆法人的关系问题以及政府部门、理事会、管理层的权责划分问题。

对此，如何借鉴先进经验，如日本国立大学法人化改革经验，清晰界定政府对公共图书馆的职能，制定明明白白的权责清单，形成权责对等的机制，再围绕清单进行每一环节的制度设计，按照现代公益事业发展要求形成新的制度体系，才能使法人治理结构真正有效建立起来。①

（三）理事效能发挥需深耕社会土壤

西方的理事会制度比较灵活多样，但理事会成员一般都有着较高的社会地位、威望和决策能力。比如，加利福尼亚州图书馆理事会 13 名成员中的 9 名须由州长直接任命，4 名由州议会任命。②

埃及亚力山大图书馆的理事长为埃及总统，理事会按照法令由埃及和非埃及的国际科技学术界人士组成，总数在 15—30 人，其中 5 人分别为埃及文教与科学研究部部长、外交部长、文化部部长、亚历山大市长和亚历山大大学校长；理事会对图书馆工作有决定权，负责制定其公共

① 肖容梅：《我国公共图书馆法人治理结构建设现状与分析》，《国家图书馆学刊》2014 年第 3 期。

② California Library Services Board Members, http://www.library.ca.gov/loc/board/index.html.

政策，管理和计划以及管理部门设置和资金调节。[①]

香港公共图书馆并未实行理事会制度，其公共图书馆咨询委员会主席也是香港的太平绅士、中科院院士梁智仁先生，具有较高的社会地位与威望[②]。

理事会的决策能力与理事会构成、产生方式有着十分密切的关系。理事会要行使其独立“决策”职能，由法律规定理事会成员构成与产生方式、理事社会荣誉机制的确立等，都是重要影响因素。有了基本的社会土壤，“不受薪”的社会理事才能产生履职的内在动力和外在条件。

（四）法人治理必须要法律保障

2014 年 10 月，党的十八届四中全会对全面推进依法治国做出重大部署，法治将成为治国理政的基本方式。政府需要依法行政，市场经济需要依法运行，公共图书馆推进法人治理结构需要坚实的法律基础作为保障，也是法人治理的应有之义。

如前所述，西方国家在公共图书馆理事会建设过程中普遍重视发挥法律的根本保障作用。当前，我国仍未正式出台《图书馆法》或《公共图书馆法》，在这一背景下，各地在推行公共图书馆法人治理结构建设进程中，可以暂时先积极寻求地方性法规或地方政府规章的支持，为公共图书馆法人治理改革的顺利推进创设良好的法治环境。

（张岩：博士，深圳市图书馆馆长）

---

① 亚历山大图书馆，http：//baike. baidu. com/link？url = ucsdJ3QiGEzn6rbH8mgPjvB85yHWStKfyrIHQ - BALX8HcIzhsFR - h_ Zw70iZKej8。

② 香港公共图书馆咨询委员会，http：//www. hkpl. gov. hk/tc_ chi/aboutus/aboutus_ habc/aboutus_ plac. html。

公共文化服务研究

深圳市公共文化服务2014年度报告

毛少莹　杨立青

2014年是我国改革发展的重要年份，一方面，经过持续30多年的快速增长，国民经济进入中高速的发展轨道，成为可见将来的新常态；另一方面，改革事业迎来一个新的勃发期，户籍、土地、城镇化、依法治国等一系列重大的制度改革获得新突破，制度创新所带来的改革红利成为引领中国未来的新动力，2014年因此也被称为“全面深化改革元年”。党的十八届三中全会关于全面深化改革、推进国家治理体系和治理能力现代化以及党的十八届四中全会关于依法治国的精神，在文化领域也得到集中的贯彻和体现。如何推进文化治理体系、实现文化治理能力现代化，也必将成为未来文化体制改革、现代公共文化服务体系建设及文化产业发展的重要议题。

对于深圳公共文化服务发展而言，经过十多年的大规模扩展，目前也已到了相对平稳的阶段。虽然每年都有一些增量，但总体上进入盘活已有存量、创新体制机制、提升服务水平的发展状态。需要说明的是，从2011年开始，我们就以年度报告的形式，进行深圳公共文化服务年度发展情况总结与未来发展趋势预判，今年是第四年了。从长远积累观察、跟踪相关问题变化等考虑，本文的写作将延续以往几篇报告的视角、维度，并努力形成相对固定的写作框架和统计数据。

一　2014年深圳市公共文化服务发展回顾

（一）公共文化设施建设

1. 设施布局的分散化和网络化

在大型文化设施的分布上，深圳始终存在着某种不均衡状态，即市级的大型文化设施如深圳图书馆、深圳音乐厅、深圳博物馆、中心书城、报业大厦、广电大厦、出版（海天）大厦、现代艺术馆等，无不集中在福田区，尤其是 CBD 周围，这一方面有利于形成类似于伦敦西区或纽约布鲁克林区的文化集聚效应，提升城市的文化形象；另一方面这种完全依托政府城市规划之手人为打造出来的文化集聚，却对公共服务的便利性和均等性并无助益，特别是文化中心区寸土寸金，已难以再有新的发展空间。由此在 2014 年我们可以看到城市文化地理新的变化，即大型文化设施从中心区向周边区域的转移，这成为透视深圳文化肌理的新角度。如囿于福田、罗湖等中心城区人口高度集中、土地空间有限，一些老的设施正谋划新的搬迁计划：作为深圳未来重点发展的次中心，龙华新区已吸引深圳图书馆调剂书库、深圳群众艺术馆新馆、深圳美术馆新馆落户，相关的规划建设工作正紧锣密鼓地进行。深圳艺术学校也已从福田区搬到南山区，学校新址主体工程 2014 年已顺利完工，项目用地面积 5 万平方米，总建筑面积 51129 平方米，包括音乐楼、舞蹈美术楼、综合教学楼、综合剧场及音乐厅等。

大型文化设施建设，除了市级在建设施，如当代艺术与城市规划展览馆建设正稳步推进、博物馆老馆维修改造前期工作进展顺利；2014 年的一大亮点是区级大型文化设施的兴建及投入使用。如南山区投入巨大财力加快区级重点文体设施建设，目前总投资 8 亿元、占地面积 3.96 万平方米的南山文体中心改造项目已投入使用；投资 2 亿多元、建筑面积 4.2 万平方米的南山博物馆也已封顶，预计 2015 年 2 月竣工；投资 3 亿多元的文化馆新馆年底将开工建设。在坪山新区，投资 10 亿元、规划建筑面积 15 万平方米的坪山中心区文化综合体项目已奠基，包含图书馆、书城、展览馆、美术馆、文化活动中心、剧院等。而由深圳出版发行集团 2014 年竞得的深圳书城龙岗城项目，用地面积 11241 平方米，建筑面积 2.5 万平方米，未来将与龙岗区公共艺术馆、青少年文化宫、科技馆构成区级三馆一城。

在中小型文化设施建设方面，国内最大的版画专业博物馆——中国版画博物馆在龙华观澜正式开馆；继龙华文化艺术中心建成后，观澜、大浪、民治文化艺术中心等文化重点设施建设正积极推进。南山区各街道文体中心建设列入规划、分期实施，其中面积4000平方米的桃源社区文化中心开始改建；西丽体育中心改造正进行项目前期工作。为创建国家公共文化服务体系建设示范区，福田区在两年内将投入8亿元打造“十大文化功能区”，包括主题文化馆功能区、图书馆阅读功能区、博物馆功能区、广场文化功能区、公园文化功能区、地铁文化功能区、现代戏剧文化功能区、公共艺术功能区、街道特色文化功能区和数字文化功能区。在宝安区，位于深圳（宝安）劳务工博物馆内的打工文学博物馆已筹备完成并对外开放，集中展示深圳地区打工文学成果，全面详细地记录了改革开放30多年来打工文学的面貌和发展脉络。

2. 设施投资主体的多元化

深圳近年投资主体多元化的发展趋势日趋明显。如上面提及的投资10亿元的坪山中心区文化综合体项目，参照当代艺术与城市规划展览馆的建设模式，由招商地产代建。位于深圳蛇口，占地面积2.6万平方米，总建筑面积4.5万平方米的中国首个大型设计博物馆——海上世界文化艺术中心正式破土动工，它是集美术馆、高端商业、小剧院、画廊、滨海多功能发布厅为一体的综合性建筑。该中心由招商局集团投资建设，并与英国V&A博物馆在创意设计、展示、研究收藏交流等领域进行深度合作，同时引入著名收藏家马未都创办的我国规模最大、分布最广、馆藏最多的民营博物馆——观复博物馆落户。

此外，2014年社会力量进入博物馆、美术馆、艺术馆等文化艺术领域取得新进展的例子还有：雅昌（深圳）艺术中心于2014年年底正式落成启用，该中心位于南山区，总建筑面积4.2万平方米，是融中国艺术品数据中心、艺术图书博物馆等为一体的综合性建筑。宝安区一雍紫砂博物馆、展览馆正式开馆，馆内展示有700余件紫砂藏品及数百块奇珍异石。位于深圳龙华、由艺之卉时尚集团创办的艺之卉新锐美术馆正式对外开放，它致力于展示当代最前沿和优秀的艺术和设计潮流。由香港《亚洲新闻周刊》杂志社与深圳星火一号文化传播有限公司联合创建的深圳一号美术馆，展厅面积3000平方米，具有展览、研究、教育、收藏、交流五大功能。全国首家以军装为主题的博物馆——华夏军装博物馆在大浪时尚创意城开馆，并正式免费对外开放。从多个视角、不同侧面展示宋代及其他时代陶瓷成就与特色的宋代陶瓷博物馆在龙岗区开馆。据统计，深圳2014年新增民办博物馆6家，使全市民办博物馆增至27家。

（二）公共文化产品与服务

1. 文化惠民工程

深入推进全民阅读。策划“‘4·23’世界读书日”系列活动，组织市民阅读座谈会、中华商务图书文化一百年展览等95项172场。成功举办第十五届深圳读书月，开展主题活动718项，读书月“高贵的坚持”使其品牌辐射力和影响力进一步扩大。筹备成立深圳阅读推广人协会，举办阅读推广人培训班。2014年全市范围新增20台自助图书馆，推出监控与统计分析平台，从2008年开始至今，深圳共有200多台自助图书馆服务点遍布全市街道、社区以及大型工业区，它们和全市212家公共图书馆实现了“统一服务”和通借通还，累计图书借还量已接近1000万册次，展现了作为“全球全民阅读典范城市”的文化活力。

持续开展系列群众文化活动。精心组织新春艺术关爱系列活动，深入开展公益文化进社区活动。周末剧场、美丽星期天、戏聚星期六、剧汇星期天等周末系列活动，丰富市民周末文化生活，深受市民欢迎。实施外来工文化服务工程，成功举办第十届外来青工文体节，将高雅艺术送到市民家门口。组织京剧合唱系列专场音乐会、戏曲名剧名家展演、戏曲讲演汇活动，策划举办“宝安戏曲娃文化”活动周，推动普及戏曲艺术。开展“南粤幸福周”系列活动71项，丰富基层群众的业余文化生活。

加强文化遗产保护和文博服务。大鹏所城二期保护工程正式开工，大万世居工程维修施工、茂盛世居整体保护工程前期工作进展顺利；推荐“咸头岭遗址”等4处不可移动文物为第六批市级文物保护单位；重新认定全市26项省级非遗项目保护单位，评选出18位市级非物质文化遗产项目代表性传承人。深圳博物馆成功举办第八届客家文化节，引进“洛杉矶郡艺术博物馆藏印度文物精品展”等10多个国内外精品文物展览，接待观众200多万人次。

广播影视服务不断完善。探索运用GPS系统加强对公益放映情况的监管，进一步完善公益电影服务。推进在龙岗、大鹏、盐田等区建设固定放映点，试行由观众选择电影节目及放映时间，更好满足群众需求。

2. 文化品牌、精品生产

成功举办文博会艺术节、第三届深圳合唱节、中国（深圳）童话节、深圳儿童戏剧节、第五届深圳粤剧周、第二届青少年粤剧粤曲大赛、第十五届深圳读书月等系列重大活动，影响力进一步扩大，深圳市民文化大讲堂入选全国“2014年终身学习活动品牌”。第三届国际钢琴协奏曲比赛、第四届深圳钢琴公开赛、第二届深圳钢琴音乐节在2014年集中成功举办，“钢琴之城”品牌建设不断取得新进展，国际影响力不断提升。第九届创意十二月系列活动设置135个项目，举办深圳国际水墨双年展、深圳创意设计新锐奖比赛等30个重点活动，引导和鼓励广大市民关注创意、参与创意、享受创意，深圳“设计之都”建设不断涌现新成果。

全年各文化艺术门类获国际奖项85个，国家级奖项128个。其中，深圳市委常委、宣传部长王京生继2013年获得由联合国教科文组织颁发的“孔子奖章”后，2014年因对文化可持续发展的研究和推动而获得联合国“全球可持续发展基金”的“人类文化可持续发展成就奖”。不断打磨的大型儒家主题交响乐《人文颂》成功赴国外和我国港台地区演出。《风起同仁堂》获第九届中国评剧艺术节“优秀剧目奖”和个人表演“优秀表演奖”，市群众艺术馆群星合唱团获第十六届中国老年合唱节最高奖。青年演员赵梓琳荣获中国曲艺最高奖——第八届中国曲艺牡丹奖新人奖，填补了深圳在该艺术奖项上的空白。张炜参加第八届柴可夫斯基国际青少年音乐比赛小提琴比赛获得第四名。歌曲《放飞梦想》，电视剧《有你才幸福》，电影《熊出没之夺宝熊兵》、《全民目击》，广播剧《疍家小渔村》共五部作品获得第十三届“五个一工程奖”，成为全国大赢家。陈诗哥童话作品《风居住的街道》获第九届全国优秀儿童文学奖20部（篇）“青年作者短篇佳作奖”。广播剧《信人》获中国广播剧研究会专家奖金奖。舞蹈《传人》、快板《好人的故事》，打击乐《城市节奏》、小品《打虎之后》获第十届中国艺术节群星奖。杂技《青春律动晃圈》、《牡丹柔术》夺得第十二届古巴国际夏季杂技节比赛金奖。

（三）体制机制创新

2014 年，深圳市文体旅游局出台了《深圳市文体旅游局全面深化改革实施方案（2014—2016 年）》，提出以公共文化服务协调机制、公共文化服务供给多元化和文化场馆法人治理机构这三大重点项目为抓手，再次吹响深圳文化体制改革的号角，推动公共文化服务的体制机制创新。

1. 服务体制机制的规范化

为进一步推动深圳的全民阅读，经过数月的起草、讨论，《深圳经济特区阅读促进条例（征求意见稿）》6 月 23 日起正式在深圳市法制办官方网站公示，公开征求意见。这部法律包括 10 个章节，61 个条款，其中不仅对阅读资源、阅读推广、阅读保障、未成年人及困难人群阅读、成立市区两级全民阅读委员会等做出相应规定，同时探索成立深圳市全民阅读基金。不仅以法治化来推动深圳全民阅读未来发展，使深圳成为因热爱阅读而受人尊重的城市；而且作为我国第一部地方阅读法，它也将对全国产生积极的影响。

为方便广大市民和来深游客更好地了解深圳的公共文化服务体系，享受丰富的精神文化生活，深圳市文体旅游局编印 3.2 万册《深圳市公共文化服务指引（2014）》，在市、区公共图书馆、文化馆、街道文化站、中心书城 U 站等地免费派发。为进一步扩大文化志愿者队伍，弘扬公民志愿精神，深圳市文体旅游局与团市委联合发布《深圳市文化志愿服务促进办法》（以下简称《办法》），这是深圳市就文化志愿服务出台的第一个部门规范性文件。《办法》明确了深圳文化志愿服务的目的、职责、人员条件及吸纳对象、招募方式、组织机构、服务内容、激励措施、管理要求等，进一步推动了文化志愿服务的制度化和规范化。

2. 服务体制机制的改革创新

党的十八届三中全会提出全面深化改革、推进国家治理体系和治理能力现代化的战略目标。公共文化服务领域要实现这一目标，重点是公共图书馆、博物馆、文化馆、科技馆等文化机构形成以理事会制度为核心的法人治理结构，这也是党的十八届三中全会部署的构建现代公共文化服务体系的重点任务之一。我国结合事业单位分类改革开展建立文化事业单位法人治理结构试点，深圳市先后于2011年和2014年在深圳图书馆、关山月美术馆建立了理事会制度。试点单位在建立立足现实、面向未来的理事会组织架构、运行机制等方面做出了有益探索。如在决策主体上，由主管部门变为理事会，实现自主管理；在决策方式上，由领导决策变为理事会决策，决策更加科学合理；在监督体系上，由以行政监督为主变为多渠道、多层次监督，增加了监督的透明度。[①] 按有关部门计划，市少儿图书馆、博物馆、群艺馆、美术馆四个单位也将于近期召开理事会成立大会。

2014年福田区进行了创新性探索。不仅正式成立了区公共图书馆理事会，而且深入推进文化事业项目理事会制度改革，制定《理事会章程》和四个配套制度以及理事会运行成效评价指标体系等制度。同时，福田区还创设了“文化议事会”制度，组建了“文化议员”队伍。“议员”由有政府工作背景的领导和专家、文化理论研究专家学者、文化营运专家人士和社区文化工作者三大类人员组成，各占总数的1/3。“议员”对福田区重大文化项目、重大决策进行事先调查研究、咨询论证和事后跟踪评估等相关工作。福田区文化议事会制度建立后，明确例会制度，常设办事机构专人办事，此外还将建立健全“议事会专家库”，作为推动福田未来文化发展的智囊机构和思想库。这一体制机制创新举措，将作为福田区国家公共文化服务体系建设示范区（项目）创建的重要内容。2014年南山区在推动公共文化服务供给多元化以及文化运营体制机制方面也作出了积极探索：佳兆业文化体育（深圳）有限公司与深圳市聚橙网络技术有限公司联合，以1元中标区域内体量最大的文化设施南山文体中心的运营权。这意味着，今后市民在南山文体中心享受的文化服务，将由专业的文化公司负责提供。而政府借助市场力量，实现运营成本最

① 刘琼：《文化创新，请看深圳》，《深圳商报》2014年12月30日第A14版。

小化与效率最大化，这是市场与政府的“双赢”举措。

深圳公共文化服务体制机制创新还体现在：大胆实施优秀民办专业表演团体原创作品展演计划，为优秀本土原创舞台作品搭建展示平台。同时通过政府采购和社会化运作等方式举办部分公益性活动，每年向社会公布文化项目，吸引和鼓励社会团体、企事业单位和民间文化团体参与承办。如在2014 年，市级文化部门共投入650.4 万元购买从2014 年4 月到2015 年3 月共4 个大项344 场次的公益文化活动，有力促进了深圳艺术团体的发展和公共文化服务的繁荣。

二　存在的问题、面临的机遇与挑战

回顾2014 年，深圳公共文化服务体系建设在取得可喜成绩的同时，也存在不少问题、面临诸多机遇与挑战。

（一）存在的主要问题

近十年来，无论在公共文化服务的理论研究还是实践探索领域，深圳一直都走在全国前列，2013 年福田区还荣获“国家公共文化服务体系示范区创建”资格。然而，相比于全国公共文化服务体系建设热潮的高涨，各地建设力度的加大，深圳公共文化服务体系建设与全国比较，从2013 年看，就显得有些滞后了，从2014 年看，这一情况仍然没有全面改观。主要表现为：

1. 仍未能建立必要的公共文化需求反馈机制，未开展公共文化服务满意度调查

需求决定供给，满足人民群众不断增长的公共文化服务需求，以保障其基本文化权益，是公共文化服务开展的逻辑起点和现实归宿。几年前，我们就提出了开展公共文化服务需求及满意度调查的建议。但迄今为止，除个别区对一些专项服务（如宝安区“文化春雨”行动）进行了需求及满意度调查或绩效评估外，全市的相关调查可以说是付之阙如。对市民需求不了解，政府公共文化服务的供给，就难免一厢情愿，供需

错位。深圳人口构成特殊，社会组织多元，随着深圳经济社会的快速发展，公众的多样化文化需求日益上升。如何提供符合深圳公众实际需求的公共文化产品与服务始终是值得关注的重要问题。就全国情况看，随着公共文化服务体系建设的深入开展，不少城市都在探索建立公共文化需求反馈机制，以便及时把握群众需求的增长与变化情况，更好地进行公共文化产品与服务的供给。相比之下，深圳无论就公共文化需求问题的系统研究，还是科学的需求反馈机制的建立，必要的公共文化服务满意度调查等都尚未开展，显得落后。

2. 制约公共文化服务管理水平和服务效能的体制机制障碍没有彻底破除，体制机制亟待改革创新

深圳文化管理体制改革虽在不断进行，2009 年就实行了“大部制”行政管理体制改革，2012 年市文体旅游局又调整内设处室，成立了“公共文化服务处”，开展事业单位岗位设置管理，开展公益性文化项目社会招标等。但总体上看，公共文化服务的主要机构如图书馆、文化馆等，仍沿用传统事业体制，不同程度地存在资源配置计划化、事业单位行政化、事业人才“干部化”等情况。资源配置计划化使得文化资源的配置不是按照社会需求，而是按行政计划与行政命令配置，效率低下。与此同时，事业单位的行政化导致事业单位“事出多门”，重复建设。事业人才的“干部化”则导致“大锅饭”、“铁饭碗”，能上不能下，能进不能出，缺乏激励机制。这些基本问题涉及深层次的管理体制与机制，制约着公共文化服务水平的提高和服务效能的提升。如何进一步深化文化体制改革，消除制约公共文化服务管理水平和服务效能提升的体制机制障碍，深圳应以既往的改革开放勇气，进行更具突破性的多方面创新，并为全国提供探索经验。

3. 公共文化服务“治理”模式有待进一步形成，治理能力有待进一步提高

我国整体经济社会发展已进入新的历史阶段，为进一步深化体制改革、建设服务型政府，党的十八届三中全会提出了构建国家治理体系、推动国家治理能力现代化的要求。为此，2014 年文化部提出了构建文化

治理体系、提升文化治理能力的工作目标，并于9月确定了10个省（市）作为试点地区。[①] 深圳虽在2011年就尝试建立市图书馆理事会制度，但本次未参与文化部试点申报，未获得国家试点资格。就目前已建立的市图书馆理事会来看，其实际治理能力和治理效果并不理想。而新成立的关山月美术馆理事会、福田文化理事会、福田区文化议事会等，展示了深圳积极响应中央号召的积极努力，但其治理能力与效果也还有待进一步观察。总之，尽管深圳早在2006年就提出了文化治理的概念[②]，并进行了文化机构理事会制度构建的尝试，但迄今尚未建立起相对完整的文化治理体系，文化治理能力尚有待提升。其中，很多问题值得深入研究，如公共文化服务机构理事会权责与传统文化事业单位、文化主管部门权责的关系等。作为公共文化服务"关键性制度安排"[③]、具有深圳特色的"文化治理"模式有待进一步形成。

4. 国家公共文化服务体系示范区"福田申报，深圳创建"的步伐仍需加快

自2010年12月文化部、财政部正式下发《关于开展国家公共文化服务体系示范区（项目）创建工作的通知》，启动了第一批示范区（项目）创建工作以来，在文化部主持下，已先后开展了两批国家公共文化服务体系示范区（项目）创建工作。深圳市福田区于2013年成功申报，获得第二批"国家公共文化服务体系示范区"创建资格。福田区申报时，以"福田申报、深圳创建"为口号，提出了在示范区创建中，不仅福田，整个深圳也将开展相关创建工作，带动全市公共文化服务整体水平全面跃升的设想，获得评委们的一致好评。时至今日，第二批示范区两年的创建周期已经过半，如何全面对照示范区要求，按照公益性、均等性、基本性、便利性的要求，全面推动深圳健全公共文化服务网络、合理调

① 参见文化部网站。

② 陈威主编：《公共文化服务体系研究》第四章，深圳报业集团出版社2006年版。

③ 毛少莹：《论公共文化服务的"共同治理"结构》，载《深圳文化蓝皮书（2008）》，中国社会科学出版社2008年版。

整公共文化产品与服务结构、均衡发展针对不同社会需求的公共文化服务，培育具有创新性、带动性、导向性、科学性的公共文化服务体系项目，为我国公共文化服务体系建设探索经验、提供示范，以便更好地实现申报时的初衷和承诺，深圳应当加快步伐。

5. 公共文化数字化发展水平相对落后，不适应移动互联网时代的发展需求①

近年来，随着科学技术的快速发展，尤其是移动互联网技术的飞速发展，传统电视机、电脑等信息设备，都向手机这一网络设备终端发展，打破了计算机上网一统天下的局面。4G时代的开启以及移动终端的凸显为移动互联网的发展注入巨大的能量，2014年移动互联网产业获得了前所未有的飞跃式发展。电子商务、电子政务、远程教育、网上娱乐、新媒体等技术日趋成熟，不断降低使用者对专业知识的要求和经济成本投入。移动互联网络服务体系迅速形成，革命性地改变着传统服务理念和手段，并正日益完善各类现代服务体系（如金融服务、电子商务服务等）。如何深刻认识并准确把握国内外文化信息化发展新变化，结合人民群众不断增长的精神文化需求，将信息技术等现代科技和传播手段全面应用于公共文化服务体系建设，推动公共文化数字化建设，将成为我国适应时代发展的必然要求和战略选择。2011年11月，文化部、财政部联合下发《关于进一步加强公共数字文化建设的指导意见》（文社文发〔2011〕54号）；2013年9月，工信部根据《2006—2020年国家信息化发展战略》再推出国家《信息化发展规划》（工信部规〔2013〕362号）。上述中央文件，把公共文化数字化、信息化工作放在重要战略位置，提出了新的发展要求。上海等城市积极响应，2011年所申报的《城市公共文化服务集成平台研究》入选“2011年国家文化科技提升计划”；2012年8月，上海市委宣传部与上海科学技术委员会联合发布了《上海推进文化和科技融合发展行动计划（2012—2015)》。根据该计划，到

① 在去年的报告中，我们就指出了这一问题，考虑2014年改进不大，而需求日显迫切，故此再提。

2015 年，上海预计将建成数字化网络化的公共文化服务体系，完成全市 580 万户下一代广播电视网建设，市、区两级图书馆和全市主要博物馆的数字化和网络化建设，以及全市 250 家社区文化活动中心的数字化改造；同时围绕电影、电视、舞台和公共文化服务网等文化消费主流项目，推出七大示范工程，包括互联网原创影视创作及传播、立体电视内容制播设备和系统等。① 与先进城市相比，深圳公共数字文化发展已经落后，与深圳高科技城市和国家信息化先进城市的地位不相符，亟待急起直追。

6. 未能充分利用绩效评估等管理工具，提高公共文化服务效能

近年来，随着绩效评估管理工具的引入和在政府等公共部门的应用，公共文化服务的绩效评估与管理成为重要发展趋势。北京、上海、浙江、山东等省市都先后开展了不同形式、不同范围的公共文化服务绩效评估工作。如上海已连续三年委托第三方专业机构（上海东方公共文化评估中心），开展全市社区文化中心的绩效评估工作。北京朝阳区早在 2012 年，就联合专业机构以“2 +5 指标评价及绩效考核体系”为标准，对全区 43 个街乡公共文化服务建设情况开展绩效测评。② 2014 年 9 月，东莞也正式出台了《东莞市公共文化服务绩效评估办法》③，推动公共文化服务绩效评估工作。深圳虽然早在 2006 年就率先在全国开始了公共文化服务绩效问题的研究，并先后承担国家相关课题研究，取得一定成果。但迄今为止，却迟迟未能开展公共文化服务绩效评估的实践应用，未能及时取得这一领域的领先经验，颇为遗憾。党的十八大报告提出了“提高公共文化服务效能”的总体要求，推动公共文化服务各行业各部门及时开展绩效评估工作，无疑是提升公共文化服务效能的有效途径，值得尽快尝试。

（二）机遇与挑战

2015 年是“十二五”规划的最后一年，也是国际国内形势发生重大

① 王磊：《上海 2015 年将建成数字化网络化公共文化服务体系》，《文汇报》2012 年 8 月 23 日。

② 华锴：《朝阳自测公共文化服务建设》，《北京日报》2012 年 10 月 12 日。

③ http：//zwgk. gd. gov. cn/007330010/201409/t20140926_ 548671. html.

变化的一年。正确研判和积极应对快速发展的形势对深圳带来的机遇与挑战，是能否全面实现深圳“十二五”文化发展规划预定目标，推动现代公共文化服务体系建设全面迈上新台阶的关键。

1. 深圳经济社会快速发展、人民群众文化需求急剧增长带来的机遇与挑战

2014年全国经济进入稳增长、调结构的新常态，部分城市甚至出现了经济指标下滑，但深圳经济仍然保持了持续增长的良好势头：全年GDP增长约10%，高于全国全省平均增速，提前一年完成1.5万亿元的“十二五”规划目标，地方一般公共预算收入达到2082亿元，同比增长20.3%。[①] 由于经济运行情况良好，深圳2014年仅常住人口就达到1062万，加上大量流动人口不断流入，深圳市总人口仍然呈现较快增长趋势，这带来了包括文化需求在内的公共需求急剧增长。总体来看，深圳的公共文化服务规模与深圳经济总量、城市人口规模等发展不相适应。就硬件设施数量、布局以及公共文化产品的种类、服务的范围等来看，尽管近年来发展很快，但仍显不足（受限于公共文化服务机构的数量和编制等限制，有的区大型公共文化设施盖好后却缺乏足够的人手管理）。尤其是广大流动人口多处于“半城市化”状态，难以像本地户籍居民那样享受到较为均等、充足的公共文化服务。如何不断提高公共文化服务的人口全覆盖，提升公共文化服务的公平性、均等性，仍然是深圳未来相当长时间应当着力面对的挑战。但这一需求大于供给的状况，也为深圳公共文化服务的创新发展带来了新的机遇。

2. 贯彻落实中央精神，发挥公共文化服务应有的价值导向和历史担当作用带来的机遇与挑战

2014年10月，习近平总书记在全国文艺工作座谈会上发表重要讲话，深刻阐述了文艺和文艺工作者的重大使命，高屋建瓴地回答了事关我国文艺繁荣发展的一系列重大问题。讲话对公共文化服务体系建设也具有很强的针对性和指导性。文化的核心是价值观，公共文化服务作为

---

① 参见《今年深圳GDP拟增长8.5%》，《深圳商报》2015年1月9日第3版。

一种特殊的社会性服务，其所提供的各种产品和服务内容，必然蕴含着一定的价值导向和审美理念。公共图书馆、文化馆、博物馆等，可谓全民共有的有形的精神家园和城市重要的文化空间，它们在休憩身心、塑造心灵、引领风尚、凝聚认同等方面，具有不可替代的重要作用。今天的中国，正重新走向世界舞台的中央，正为实现“两个一百年”目标和中华民族伟大复兴的中国梦而奋斗，习总书记的讲话精神既反映了中央高度的文化自觉，也对文化工作提出了新的要求——面对新的历史时期，文化工作应有新的历史担当和使命，应主动顺应时代进步的潮流，主动发挥文化在提升人文素质、引领社会风尚、推动科学发展方面的重要作用，实现在继承中华优秀文化传统基础上的文化现代化。深圳作为改革开放的“排头兵”、试验场，在20世纪80年代就曾以“深圳观念”辐射影响全国，推动着中国文化价值观的现代转型，也初步形成了深圳自身的文化优势。此后，经济起飞的深圳，又以优良的公共文化设施、快速崛起的文化创意产业引人注目。贯彻中央精神，公共文化服务不应仅仅满足于提供休闲娱乐、读读写写、唱唱跳跳，而如何在文化内容的选择、文化产品的提供等方面，围绕社会主义核心价值观的构建和中华文化的伟大复兴，不断提升服务水平和服务质量，这是深圳面临的又一机遇与挑战。

3. 推动公益性文化事业与文化产业融合发展带来的机遇与挑战

2014年文化领域最引人注目的现象之一，是国家文化产业政策空前密集出台。据统计，从1月22日李克强总理部署推进文化创意和设计服务与相关产业融合发展算起，国家先后发布了产业融合、文化金融、文化贸易等10个文件。[①] 特别是3月，发布了4个鼓励文化产业发展的国家级政策文

---

① 10个中央文件为：《关于推进文化创意和设计服务与相关产业融合发展的若干意见》、《关于印发〈藏羌彝文化产业走廊的总体规划〉的通知》、《关于加快发展对外文化贸易的意见》、《关于深入推进文化金融合作的意见》、《关于印发文化体制改革中经营性文化事业单位转制为企业和进一步支持文化企业发展两个规定的通知》、《关于大力支持小微文化企业发展的实施意见》、《关于推动特色文化产业发展的指导意见》、《关于知识产权支持小微企业发展的若干意见》、《关于继续实施文化体制改革中经营性文化事业单位转制为企业若干税收政策的通知》和《关于继续实施支持文化企业发展若干税收政策的通知》。

件。这一情况表明，在我国经济进入“新常态”的历史新时期，文化产业在促进经济结构调整和驱动创新发展中的重要作用正日益凸显，并越来越成为新的经济增长点，受到各级政府及广大企业的重视。长期以来，针对文化的不同属性，我国形成了公益性文化事业与经营性文化产业管理的二分格局。因此，我国现阶段公共文化服务体系建设的内容，也主要侧重于狭义的公共服务，即公众日常生活文化娱乐需求的公共文化服务，而那些针对文化产业发展的更具生产性公共服务性质的文化服务——如文化产业的公共信息平台、投融资平台等的服务，则没有纳入传统公共文化服务的范畴。事实上，文化事业与文化产业是交织融合的，公益性文化事业为文化产业的发展提供着重要的基础性作用，二者均是文化繁荣发展相辅相成、不可或缺的组成部分。面对我国文化产业发展黄金时代的来临，公共文化服务如何突破传统界限，更好地为文化产业的发展提供应有的服务，如何促进公益性文化事业与营利性文化产业的有机融合，无疑也是深圳面临的机遇与挑战。

4. 推动公共文化服务标准化与均等化、提升公共文化服务效能及公共文化服务重心下移带来的机遇与挑战

为贯彻落实党的十八届三中全会关于“构建现代公共文化服务体系”的要求，根据中央有关工作部署，2014年文化部将推动公共文化服务标准化、基层综合性文化服务中心建设和公共文化机构法人治理结构建立三项工作，作为现代公共文化服务体系建设的重要抓手。基本公共文化服务标准化，是推动基本公共文化服务均等化的重要措施，也是我国财政实力提升后，进一步提高全民文化福利的表现。基层综合性文化服务重心建设，体现了随着公共文化服务体系的基本建成，公共文化服务重心下移的时代要求。公共文化机构法人治理结构的建立，涉及传统行政管理权与事业单位自治权、公民参与权等的复杂博弈，是推动公共文化事务实现“善治”的关键性制度安排。显然，这三项工作在未来相当长一段时间，既是我国公共文化服务体系建设的工作重点，也是其中的难点。如何针对自身实际，构建适合深圳发展水平的地方公共文化服务标准体系，努力实现公共文化服务均等化；如何加强基层尤其是原特区外

地区、农村城市化社区、外来工聚居区、城中村等地区综合性文化服务中心建设，实现文化资源合理共享；如何推动公共文化事业单位理事会制度不流于形式，真正发挥“治理”作用，这些也是深圳面临的机遇与挑战。

三 未来推动深圳公共文化服务发展的政策建议

综上所述，未来推动深圳公共文化服务发展，应切实把握市民公共文化需求，切实领会中央有关方针政策，结合深圳经济社会发展形势和所存在的问题及面临的机遇与挑战，推动深圳公共文化服务重点发展与全面发展相结合，使深圳在提升公共文化服务水平的同时，为我国现代公共文化服务体系建设以及国家文化治理能力的现代化，提供深圳的探索经验和可能贡献。为此，我们特提出建议如下：

1. 探索建立公共文化需求反馈机制和绩效评估制度

探索建立公共文化需求动态反馈机制，科学测评公共文化需求增长状况，为公共文化产品与服务的生产和供给提供科学的决策依据。有鉴于此，我们多次呼吁开展全市性的公共文化服务需求调研。可喜的是，2013 年深圳市宣传文化事业发展专项基金开展的绩效评估工作，其中部分涉及深圳的文化需求调查。此外，深圳大学承担的国家社会科学基金重大项目“农民工文化需求与城市公共文化服务体系建设研究”，也开展了专门针对外来工的文化需求调查。建议市文化主管部门在上述调研成果的基础上（必要时进行补充调研），借助现代科技手段，探索建立公共文化需求动态反馈的长效机制，以便在公共文化政策的决策过程中，充分考虑公共文化需求的动态变化。此外，应在公共文化服务绩效评估理论研究的基础上，学习借鉴北京、上海等城市已开展的公共文化服务绩效评估实践经验，制定科学的评估指标，开展绩效评估试点工作。试点可选取重要文化服务机构（如图书馆或文化馆）或部分街道、社区文化站，也可选取已获得示范区创建资格的福田区部分文化服务机构，为深圳尽快全面开展公共文化服务绩效评估积累经验，逐步建立公共文化服务绩效评估制度，为公共文化服务综合效能的提升提供制度保障。

2. 探索建立健全有深圳特色的基本公共文化服务标准体系

2014年，随着我国经济社会发展进入“新常态”，包括文化工作在内的经济社会发展各领域，全面转向以提高发展质量和效益为中心，文化部提出了推进国家公共文化服务标准化建设的工作目标。计划以公共文化服务标准化试点工作为突破口，进一步深化文化管理体制改革，创新公共文化管理和服务方式，到2015年年底，围绕制定实施保障标准、技术标准和评价标准，在国家和试点地区两个层面，初步建立科学、规范、适用、易行的标准体系，形成一批适合不同地方特点的工作模式，推动全国公共文化服务标准化工作全面深入开展。深圳日前召开“深圳质量大会”，也提出率先构建大标准体系的设想，提出了标准建设的顶层制度设计。根据2015年市政府1号文发布实施的《关于打造深圳标准构建质量发展新优势的指导意见》以及《打造深圳标准构建质量发展新优势行动计划（2015—2020）》要求①，未来，深圳要着力提升文化发展标准水平，健全基本公共文化服务标准体系。要研究制定基本公共文化服务保障、管理和评价标准，建立健全普惠型、多样化、高质量的基本公共文化服务标准体系。提高基层公共文化设施覆盖率和服务效能，推动公共文化服务均等化。由于文化的特殊精神属性，文化服务标准的制定存在特殊的难度，深圳应发挥自己在公共文化服务研究领域的优势，结合福田区创建“国家公共文化服务体系示范区”工作，抓紧研究制定，争取及早出台有深圳特色的基本公共文化服务标准体系，为我国建立基本公共文化服务标准体系，推动公共文化服务均等化作贡献。

3. 探索公共文化服务机构理事会有效运作机制，切实提升文化治理水平

深化文化体制改革，建立文化事业单位法人治理结构，创新文化事业单位运行机制，是提升公共文化治理水平，建立现代公共文化服务体系的迫切要求。为此，文化部正组织全国开展文化事业单位法人治理结构试点。作为改革开放的试验场，深圳早在2011年就已在市图书馆成立

① 参见《深圳特区报》2015年1月4日第A7版。

理事会，尝试建立法人治理结构。2014年，又在关山月美术馆等单位建立了理事会制度，下一步还将在少儿图书馆、博物馆、美术馆、工人文化宫、青少年活动中心等单位建立理事会制度，探索实行法人治理。从目前深圳及其他城市公共文化服务机构理事会的运行情况来看，由于政府部门（发改、人事、财政、文化等部门）仍然依照传统体制，对事业单位的重大项目、人、财、物等行使实际的管理权（理事会成立前后没有任何改变），理事会事实上大多被局限于发挥咨询功能，并不能直接参与或影响决策，事实上并不是严格意义上的法人治理结构。据了解，在有的地方，理事会甚至有名无实，一年开不上两次会，形同虚设，流于形式，严重影响了理事参与公共文化事务治理的积极性。针对这种情况，政府如何进一步下放权力、事业单位如何进一步扩大自主管理权，创新运行机制，真正让理事会发挥应有的作用，真正建立起适应市场经济、适应不断发展的改革发展需求的法人治理结构，全国都还在探索。建议深圳在充分借鉴学习发达国家和地区公益性文化机构理事会制度的基础上，发挥自身优势，进行理事会制度有效运作机制的详细制度设计，以此为抓手，开展相关体制机制改革，确保理事会发挥应有的法人治理结构功能，真正推动文化决策的民主化、科学化，切实提升文化治理水平。

4. 因势利导，助推民间文化发展

随着市民物质生活水平的提升和文化素质的提高，深圳民间文化组织发展迅速，种类繁多，公众参与面广，文化活动日趋活跃。从2014年的情况看，一大类是民间公益性阅读组织，它们不仅举办一般意义上的小规模阅读活动，还策划举办了一系列具有公共文化性质的大活动，如“后院读书会”举办的“城市萤火虫”换书大会，吸引了600多名书友携书参与。[①] 再如“彩虹花公益小书房亲子阅读组织”[②]，全年举办各类

① 11月2日在深圳湾海德广场举行，活动获得了南山文体局的支持。参见 http://www.sznews.com/news/content/2014-11/10/content_10658518.htm。

② 创办于2011年，与各大图书馆、学校、社区、幼儿园等联合建立了20个分站，拥有义工560人。

亲子读书会、读书宝贝秀、家长沙龙、大型绘本文化节等各类活动300多场，还邀请老师到社区、学校举办亲子阅读推广讲座50场。除了活跃的民间阅读组织外，深圳民间文艺社团也十分活跃，据不完全统计，深圳共有民间文艺社团2000多家[①]，这些社团参与或组织举办各类文化活动，极大地活跃了深圳的公共文化生活。此外，雅昌艺术中心、越众影像资料馆、观复博物馆等各类民间博物馆的建成开放，更是显示了深圳民间旺盛的文化活力！政府是公共文化服务的重要主体，但非营利性组织（NPO）、非政府组织（NGO）等“第三部门”也是公共文化服务体系的重要主体。随着后工业社会的来临和文化创意时代的发展，文化创造、传播与服务的传统分工边界正在交织消融。针对深圳民间文化组织活跃的发展态势，建议政府抓住时机，因势利导，通过开放政府资源、加大政府购买力度，政府与民间合作等多种方式，助推民间文化发展。根据2011年11月广东省民政厅印发《关于广东省进一步培育发展和规范管理社会组织的方案》和深圳已开展的“公益性文化项目政府购买”实践，建议编制政府购买公共文化服务的详细目录；由民政、财政、文化等行政职能部门共同协商，进一步拓宽公共文化资金来源和市宣传文化事业发展专项基金的资助范围，适当降低资助门槛；设立社会文化组织奖励资金，奖励那些制度完善、自我发展能力强的社会文化组织。总之，建立机制，使得深圳尽快形成政府切实承担职责，社会文化组织、文化企业和个人可以公平参与竞争、承接运作的公共文化发展新局面，使深圳的文化生态更趋良好。

5. 制定出台深圳公共数字文化发展规划

深圳在公共数字文化，或者说公共文化的数字化领域，本有技术优势（如深圳图书馆较早开发的ILAS系统），深圳城市的整体信息化水平也处于全国前列。但目前深圳在公共数字文化发展方面略显落后。因此，今年我们再次建议：应充分认识推动公共文化服务与高科技尤其是信息技术融合的重要意义，让深圳的公共文化服务体系建设如同文化创意产

① http://sztqb.sznews.com/html/2011-10/15/content_1782348.htm.

业发展一样，插上科技的翅膀，使深圳在未来城市竞争中能以先进发达的公共文化服务保持领先。建议市文体旅游局会同市经济贸易和信息化委员会及市科技创新委员会，贯彻落实《2006—2020年国家信息化发展战略》和《关于进一步加强公共数字文化建设的指导意见》等中央文件，联合研究制定《深圳市公共数字文化发展规划》，发挥深圳高科技城市、信息化程度高等优势，整合政府与社会资源，推动深圳公共数字文化高速发展，确保深圳在信息时代新一轮的城市竞争中立于不败之地。

（毛少莹：深圳市特区文化研究中心学术总监、研究员；
杨立青：博士、深圳市特区文化研究中心副研究员）

深圳市公共文化标准服务的现状与提升策略

黄士芳

党的十八大确立了2020年全面建成小康社会的宏伟目标，其中指出要“实现文化软实力显著增强、人民生活水平全面提高”，要实现“文化产品更加丰富，公共文化服务体系基本建成”以及“基本公共服务均等化总体实现”。党的十八届三中全会作出全面深化改革的决定，其中“构建现代公共文化服务体系”列为推进文化体制机制创新的四大任务之一，提出“促进基本公共文化服务标准化、均等化”。党的十八届四中全会作出全面推进依法治国的决定，明确要求制定公共文化服务保障法，促进基本公共文化服务标准化、均等化。所以，促进基本公共文化服务的标准化、均等化，既是全面深化改革的内涵要求，也是依法治国的题中之义。为此，未来构建现代公共文化服务体系的工作中，“标准”、“均等”，将成为党委和政府推进公共文化服务工作的重点和核心。本文试图在全面把握深圳市公共文化标准服务现状的基础上，梳理分析其中存在的问题，为未来完善深圳市现代公共文化服务体系提供可操作性、前瞻性的政策建议。

一　深圳市公共文化标准服务的基本情况

自2003年确立实施文化立市战略以来，深圳市以建设文化强市为目标，以明确政府责任主体为中心，以实现市民文化权利、提升市民文化福利为重心，从制度设计上、从创新服务上、从品牌建设上以及技术应用上加快构建完善的公共文化服务体系，在推进公共文化标准服务上率先探索、大胆尝试，取得了丰硕的成效。

（一）明确文化民生福利指标

2007年年初，深圳市政府公布实施《深圳市民生净福利指标体系》。其中与文化相关的指标有三个：财政性科教文卫体支出占财政支出比例、财政性公共文化设施建设支出占财政支出比例和人均公共图书馆馆藏图书。按照原市文化局制订的实施文化民生净福利指标方案，2010年全市公共图书馆图书文献总藏量达到1800万册，常住人口人均图书达到2册。

（二）规划建设“图书馆之城”

“图书馆之城”建设目标是实现同城图书馆资源的共享利用、建立统一的技术服务平台，为市民提供统一的标准的公共服务。2005年制定《深圳市建设“图书馆之城”（2006—2010）五年规划》；2009年制定《深圳市“图书馆之城”统一技术平台建设方案》；2012年制定《深圳市建设“图书馆之城”（2011—2015）规划》及《深圳市公共图书馆总分馆体系建设指导意见》。根据这些规划意见，“图书馆之城”建设加快推进实施。2009年开通了“深圳文献港”。2012年全市公共图书馆统一服务平台完成合库工作，市、区图书馆及其分馆共172家公共图书馆及200台自助图书馆实现统一服务。2013年4月，又以“深圳文献港”为基础开通移动图书馆终端，市民可以通过手机、iPad等移动终端设备随时随地免费阅读和订阅各类数字资源。

（三）制订基层公共文体设施规划及建设标准

2012年8月，市文体旅游局制定《深圳市基层公共文体设施规划和建设标准指导意见》，《意见》提出的建设目标是：建设规划以街道、社区设施为骨干，重视大型厂区、大型居民住宅区等常住人口聚集功能区域公共文体服务需求，按照每十万人拥有一个街道级以上公共文体设施，每三万人拥有一个社区级以上公共文体设施，十分钟路程内拥有一个社区级以上公共文体设施的目标，规划基层公共文体设施建设。到2015年，全市基层文体设施总面积力争超过980万平方米，按常住人口1100万计算，人均面积超过0.89平方米。

（四）制定基层公共文化服务规定

2013年4月，市文体旅游局制定《深圳市基层公共文化服务规定》（以下简称《规定》），首次以政府规范性文件形式向社会公布基层公共文化服务的规范和标准。该《规定》对全市区级文化部门依托区、街道、社区公共文化服务机构向公众提供的基层公共文化设施和公益性文化产品、文化活动及相关文化服务的设施建设标准、服务标准、服务主体建设以及服务产品提供等进行了规范。该《规定》重申强调了《深圳市基层公共文体设施规划和建设标准指导意见》的相关要求，并有所提升。

（五）率先实施公共文化场馆免费开放

早在1986年12月，深圳图书馆开馆就实施免费向公众开放制度，所有人不需要任何证件都可以入馆看书。2003年深圳各级公共图书馆除复印等个别项目外全部取消收费项目。2006年3月1日，原市文化局在原本实施周五“免费开放日”和对特殊群体的免费或优惠服务的基础上，推出包括图书馆、博物馆、美术馆、群艺馆等市属公益性文化场馆的全面免费开放服务，深圳市级公益文化场馆服务正式进入“零门槛”时代。2008年，原市文化局下发《关于加强基层公共文化场馆管理的通知》（深文〔2008〕191号），对基层公益文化场馆的免费开放作了明确规定，免费开放延伸到各区属公共文化场馆。

二　深圳市公共文化标准服务存在的问题

对照国家建设现代公共文化服务体系的要求及市民公共文化服务基本需求，目前深圳市公共文化标准服务建设上还存在一些急需解决的问题。

（一）国家公共文化服务标准体系不完善造成作为地方的深圳市“无标可依”、“低标难依”

“无标可依”指目前国家层面的分类服务标准缺失。目前文化馆服务标准、博物馆服务标准、公共美术馆服务标准、社区文化活动室（中心）、文化广场服务标准、网络文化服务标准等标准仍然没有制订实施，造成事实上的地方推进分类公共文化服务的“无标可依”。

“低标难依”指的是国家的相关政策只给出基本的公共文化服务标准，保底性非常强，最基本的就是五项公共文化服务，即“看电视、听广播、读书看报、进行公共文化鉴赏、参加大众文化活动”。对于东部发达省市而言，应从经济社会发展水平以及人民群众更高的文化服务需求出发，确立更高的服务标准。所以这样的基本标准对于东部发达省市包括深圳市是不适合的，也就是“低标难依”。

（二）“一市两制”造成原特区内外公共文化服务建设和规划标准的不统一，这种实际形成的标准服务现状将长期影响特区一体化的进程

2010年，深圳经济特区扩展到全市，深圳进入大特区时代。此后全市全面推行特区一体化公共服务，至此，深圳各区以及老特区市民、新特区市民之间享受公共服务的标准将实现统一。但同时我们也看到，深圳建市以来，由于体制不一致造就的公共文化服务标准的不一致将长期影响特区文化发展。原特区内外之间，原特区内的老市民与原特区外的新市民之间，形成事实上的标准服务差距。

（三）标准服务实施进度不太一致，造成市级及区级统一标准服务难以实现，严重影响公共文化服务效能

从深圳市所实施的公共文化服务标准来说，最早实施统一规范服务的是图书馆服务。从2005年开始实施的“图书馆之城”建设规划明确了“图书馆之城”建设的具体标准及实施进度。但是，到目前为止，建立统一的覆盖全市公共图书馆（室）服务平台的目标仍然没有实现，市、区图书馆及其分馆只有172家公共图书馆及200台自助图书馆实现统一服务，还有467家公共图书馆没有加入统一标准服务，占全市公共图书馆的73%。

（四）公共文化服务机构事权不明确、不法定，导致现有的服务标准难以执行

目前，有关公共文化服务机构的分类服务标准虽然没有全面制定，文化馆、博物馆、公共美术馆的服务标准未正式发布实施，但是这三个馆的基本职能从国家层面已得到基本确定，而且形成自上而下的业务传统。然而在推进文化体制改革的过程中，这种职能的调整却深刻影响公共文化服务机构的职能行使以及优势发挥。如文化馆的职能改革。2009年，深圳深化行政体制改革，成立市文体旅游局，将原属市群众艺术馆的非物质文化遗产保护和传承职能划给市博物馆，市群众艺术馆不再负责非物质文化遗产的整理、展示与研究职能。这种职能调整有其积极的一面，可以更好地利用和展示非物质文化遗产，但其负面的效应也是很显然的。

（五）创新性公共文化服务项目仍在探索之中，离标准服务以及推广还有一定的距离

近年来深圳，市、区政府文化部门陆续推出一批公共文化服务创新项目，但从策划组织的流程以及实施的效果来看，项目的持续性、稳定性以及市民的满意度等，离标准服务还是有相当差距的。比如，龙岗区推出的“你点我送”进社区免费培训服务项目，调查结果表明外来建设者不满意和不太满意及不方便参加的占比达到内59.7%。还有“周末文化活动系列”、“高雅艺术活动系列”、“流动文化活动系列”、“网络文化活动系列”、“文化进校园活动系列”等创新服务项目目前都仍然处于尝试的推进中，没有形成规范化的标准服务运作。

三 深圳市公共文化标准服务存在问题的原因分析

分析深圳市公共文化标准服务存在问题的原因，可以归结为以下四个方面：

（一）“一市两制”体制的遗留影响

深圳建市以来在同一市区范围内实施的两种行政管理体制及其相关政策造就原特区和非特区的公共文化服务的两种标准，最终结果是两种不一致的服务。原特区内标准高，实际实现程度也高；原特区外标准相对低一些，实际实现程度自然较低，因而造成原特区内外公共文化服务的不均衡不均等发展。

（二）全面城市化的遗留影响

2003年，深圳推进全面城市化后，深圳全面进入城市文明时代。全面城市化对公共文化服务的影响主要在两个方面：一是农民的身份转换为市民后，对公共文化服务提出新的要求；二是由村民自治向社区自治发展，原有的村股份公司与“村改社”的社区实施脱离。现在的问题是这种转变的效果实施不明显，有的街道村股份公司改制为社区股份公司后，目前仍然没有与社区管理事务分开，造成政府推进公共文化服务的资源和措施难以在“村改社”社区实施。

（三）财政投入不足及结构不完善的影响

深圳一直实施分级财政运作，这种分级财政体制在公共文化服务上由于投入多少的不统一、投入方向的不一致和投入结构的不明确导致市、区之间以及各区之间的公共文化服务的均等不一。在市级层面上，市级财政对公共文化服务的投入主要集中市级公共文化设施建设、市级公共文化机构运作以及重大文化项目的策划组织上。在区级层面上，由于各区的财政能力的大小不一，对公共文化服务的投入相差也很大。其中，财政实力最强的是福田区、南山区，四大功能新区中除龙华新区的财政相对充足外，光明新区、坪山新区和大鹏新区的财政收入水平都相当有限，导致对公共文化服务投入的严重不足。

（四）现有公共文化服务机构的效能和活力不足

目前，深圳市公共文化服务机构的效能发挥以及活力仍然存在一些问题，直接造成服务产品的供给不足和服务范围的覆盖率不高。这些问题表现在；一是被动提供服务，仅限于规定的基本服务，而没有创新思路和举措。二是本位主义严重，资源共享意识不强，把服务项目和内容的策划视野局限于本单位，造成现有资源的浪费。三是开放意识不强，还没形成场馆空间对外开放机制。文化馆（站）、图书馆、美术馆、博物馆等都可以引进社会文化艺术组织进驻提供服务，但事实上都难以实现。四是由于没有建立完善的绩效评机制，现有的机构缺乏创新发展的活力。

四　加快提升深圳市公共文化标准服务的政策建议

针对上述公共文化标准服务存在的问题，笔者提出应制定和实施五个方面的策略大力促进公共文化的标准服务。

（一）落实国家要求推进制定公共文化服务地方标准

党的十八届三中全会把推进文化体制机制创新作为全面深化改革的重要内容，明确要求在深化改革中构建现代公共文化服务体系，促进基本公共文化服务标准化、均等化。根据全面深化改革的决定，文化部着力推动公共文化服务的标准化工作，以标准化的完善推动公共文化服务的均等。2014 年 7 月，文化部下发通知，启动公共文化服务标准化试点等工作，试点工作的主要任务包括：一是制定公共文化服务地方标准，包括基本公共文化服务保障标准建设、公共文化服务技术标准建设、公共文化服务评价标准建设三项标准。试点通知明确标准化试点工作从 2014 年 7 月开始启动到 2015 年年底基本结束，周期为一年半。另外，在国家层面，2015 年推出了《国家基本公共文化服务指导标准》。深圳市虽未申请仍为国家公共文化服务标准化试点单位，作为特区，国家早已赋予深圳改革开放和创新探索的使命，因而率先推进公共文化标准服务，应成为政府的应尽义务和必然职责。

（二）自觉运用法治思维和方式推进公共文化标准服务

公共文化标准服务工作不仅仅只是某个标准服务措施的制定落实，应从完善和发展中国特色社会主义制度、建设社会主义法治国家、推进国家治理体系和治理能力现代化的战略高度认识这一工作的重要性和迫切性。所以，建议通过推进公共文化标准服务这一深化文化体制改革的重要内容来提高文化治理能力，完善文化治理体系，促进文化法治建设，达到促进社会公正正义、增进人民福利、解放和发展文化生产力，解放和增强文化发展活力的目标，建立系统完备、科学规范、运行有效的现代公共文化标准服务体系。

关于在深圳推进公共文化标准服务的工作，建议要正确处理三个关系：一是正确处理公共文化服务标准化工作与提高深圳文化法治水平，促进深圳法治城市建设的关系；二是正确处理公共文化服务标准化工作与市民文化权利的关系；三是正确处理公共文化服务标准化与政府责任主体的关系。

（三）抓紧建立体现特区特色的公共文化标准服务体系，以法治化、制度化、规范化的公共文化标准服务推进实现公共文化服务的均等

建议深圳市要自觉坚持以改革的思维、以法治的思维来研制和推进公共文化服务的“深圳标准”，建立面向全市的公共文化服务总体标准及系列分类服务标准，做到“有法可依”、“有标可依”，以法治的、先进的、规范的、常态的、持续的、完备的“深圳标准”引领和促进深圳市的公共文化服务体系建设。

1. 启动《深圳经济特区公共文化服务保障法》的立法工作，以率先制定的公共文化服务保障法律制度引领和推动公共文化的标准服务

建议在推进公共文化服务的标准体系建设和实施上，率先运用法治

思维和方式，把《深圳经济特区公共文化服务保障法》列入2015年深圳市立法计划，全面启动相关调研和起草工作。

2. 启动深圳市公共文化标准服务体系的规划和研制工作

深圳市公共文化服务标准既要遵循国家的标准，同时又要体现特区特色，符合特区的实际情况和市民的文化权利。建议从基本公共文化标准服务研制出发，根据场馆阵地服务、虚拟空间服务、基层基础服务、群体重点服务等分类制定相关细化的标准，形成标准服务体系和实施规划步骤。

（1）研制《深圳市基本公共文化服务标准》。建议依照国家基本公共文化服务体系的五项基本文化权益标准，根据我市的现实情况和需求实际，结合未来社会变化和市民需求趋势，在深入调查论证的基础上提出并制定我市基本公共文化服务标准。这个标准的核心难题是如何明确基本公共文化服务的内容。因为深圳是经济特区，又是我国东部经济发达城市，所以，“基本公共文化服务”的内容内涵应该高于全国的基本的底线标准。

（2）全面梳理场馆阵地文化服务标准及落实程度，结合深圳实际情况，提出修改和完善现有服务标准的内容和计划，有些标准健全规划内容纳入文化发展“十三”规划。

其一，图书馆服务标准：对照《公共图书馆建设标准》、《公共图书馆服务标准》、《公共图书馆建设用地指标》、《图书馆建筑设计规范》、《公共电子阅览室管理信息系统功能规范》等公共图书馆（电子阅览室）标准规范，梳理总结目前标准实施的现状，分析其中的问题和面临的难题，提出完善标准服务的建议和制定深圳标准的计划方案。

其二，文化馆服务标准：对照《文化馆建设标准》、《文化馆建筑设计规范》，建议根据目前市文化馆职能调整的情况以及免费开放后区级文化馆职能变化的情况，重新核定文化馆的事权，在事权明确的前提下明确文化馆的服务标准。

其三，博物馆服务标准：对照《博物馆管理办法》、《博物馆建筑设计规范》、《全国博物馆评估办法（试行）》和《博物馆评估暂行标准》，梳理总结目前博物馆标准实施的现状，分析其中的问题和面临的难题，提出完善标准服务的建议和制定深圳标准的计划方案。完善深圳市民办博物馆管理办法，重点完善其设置和服务条件。由于国家的博物馆馆服务标准还没制定实施，深圳可以结合实际，研制体现地区特色的博物馆服务标准。

其四，美术馆服务标准：根据《全国重点美术馆评估标准》，建议制定统一的面向全市的公益性美术馆设置及服务标准，以标准指导、促进公益性美术馆的服务规范化，同时促进民间美术馆的建设和公益服务。由于国家的美术馆服务标准还没制定实施，深圳可以结合实际，研制体现地区特色的美术馆服务标准。

（3）建立健全虚拟空间文化服务系列标准。目前，我市的图书馆、博物馆已基本实现实体与虚拟相结合，下一步重点是推进文化馆、美术馆虚拟空间服务阵地建设。

（4）创新研制基层公共文化服务标准。可由市级文化部门指导区级文化部门推进研制。

其一，街道文化站服务标准。建议可根据党十八届三中全会提出的建设综合性文化服务中心的思路以及我市文化体育融合的现实，建议建设街道综合文体服务中心，已建成的街道文体中心运营按新研制的建设服务标准施行。

其二，社区文化活动室服务标准。建议根据深圳市社区管理创新的方向和要求，提出规范基本的服务以及经费保障内容，突出服务的常态化、贴近化、便利化。

其三，文化广场服务标准。目前，全国还没有推出文化广场的建设及服务标准。建议总结文化广场管理和服务的经验，推出规范有序的管理服务标准，使广场文化成为丰富群众文化生活，实现自我提升、营造和谐社会的重要载体和公共空间。

（5）研制重点群体公共文化服务标准。建议总结多年来我市推出的针对外来工文化服务和社区居民文化服务的经验，将已形成规律性、规范化、持续性的服务项目转换提升为标准化服务。

其一，研制《深圳市外来工文化服务标准》。建议在实施外来工文化服务工程项目的基础上，以保障外来工文化权利为核心，研制推进外来工平等享受文化服务的系列标准，包括固定服务、流动服务等。

其二，研制《深圳市社区居民公共文化服务标准》。建议重点关注社区居民的公共文化服务。可参照《上海市社区公共文化服务规定》的规定，结合深圳的实际，创新设计社区居民公共文化服务标准。

（6）研制推行公共文化服务绩效评估标准。通过设立评估标准，重点评估政府及公共文化服务机构、公共文化服务项目等完成实施情况，可以由主管部门评价、专家评价、公众评价、财务评价等方式进行综合评估。

（7）探索深圳特色的“试标创标”。探索提升我市公共文化服务的创新实践，在全国率先推出深圳特有的公共文化创新服务系列标准。比如：建议研制《深圳市公益文化培训服务标准》，将目前的免费文化培训项目完善提升，形成标准化的常态服务。又如：宝安区推出了提供时限服务的“文化钟点工”和特聘专业文化辅导员制度，由此形成宝安特色的文化人力资源的四个层次的专业专职的、专业兼职的、业余有限的、志愿服务的多层次的文化人力资源利用模式。建议可在总结提高的基础上制定上述创新服务标准。

3. 鼓励各区积极主动地根据辖区公共文化服务的需求和特点，创新研制适合本区公共文化服务的区属标准

福田区已列为广东省区级公共文化服务标准试点城区，该区又是创建全国公共文化服务体系示范区。福田区提出要研制实施《福田区十大文化功能区服务标准》，拟对建设中的图书馆阅读功能区、博物馆功能区、主题文化馆功能区、现代戏剧功能区、文化广场功能区等“十大功能区”的功能服务进行规范，明确服务标准。市级文化主管部门应给予鼓励和支持。

（四）建议公共文化机构年度报告制度

在研制和实施公益性美术馆、公共图书馆、文化馆、博物馆和街道

一级文体中心服务标准的基础上，建议上述机构每年编制服务年度报告，向社会公布本年度服务标准的执行情况，接受社会及媒体的公开监督。

（五）建议开展市民公共文化需求调查

将市民公共文化需求调查常态化，可委托专门调查研究机构每三年一次跟踪调查市民需求变化情况，在把握需求的基础上及时调整公共文化政策，并对服务标准的可行性、有效性进行检验。建议针对外来建设者集中的厂区和工业区开展专项需求调查。

（黄士芳：博士、深圳市特区文化研究中心主任）

新生代农民工文化权益保障的政府角色探析

杨立青

所谓“新生代农民工”，是指中国改革开放后出生的“80后”、“90”后户籍在农村但到城市务工的人员，其中既包括从小在农村长大进城务工的青年劳动力，也包括随打工父母在城市中长大的青年劳动人口。[①] 本文着眼于工业化、城市化进程中农民工文化权益问题的凸显，探讨政府在保障新生代农民工文化权益上的特殊责任与角色定位。

一　文化权益是公民的基本权益

顾名思义，权益即权利、利益的合称。所谓文化权益，既包括抽象层面的文化权利，也包括具体层面的文化利益。正如王列生所指出的，作为具有当代中国特色的一次语词创建，所谓“公民的基本文化权益”，是公民社会政治框架下现代政府的责任性命题，这个命题的实践张力在于，它对公民普适文化身份定位，既给予了定性化意义，同时又给予定量化的价值履约。在其边界内义项编序的“文化权益 = 文化权利（H）+ 文化利益（I） = 文化生活参与权 + 文化成果拥有权 + 文化方式选择权 + 文化利益分配权”中，文化利益分配乃是定量性极强的命题义项，其实际操作既涉及国家财富总量及其文化福利支出比例，也涉及区域财富均量及其文化利益落差，甚至还涉及个体财富支配量及其拥有的现实分

① 参见《深圳新生代农民工生存状况调查报告》（未刊稿），深圳大学劳动法和社会保障法研究所，2010年。

配条件（包括竞争性利益获取与非竞争性利益保障）。[①] 因此，对于公民文化权益问题，我们不妨从文化权利和文化利益两个方面予以论述。

作为公民基本人权的一种，文化权利是与“权利”的发展紧密相连的。英文“rights”是个复数的权利概念。在17—18世纪，人们谈到单数的“right”时，既指法律，又指正义及后来的部分权利内容。霍布斯之后，西方哲学观念就发生了很大变化：人从与上帝与自然的关系中脱离了出来，并回到了自己的身体本身。这样一个重新发现的自我开始对世界提出要求，即为“权利”。由此可见，现代的“rights”从一开始就带有某种要求、主张的含义，主张外部世界或他人对自己产生某种义务。此后，人们构造出一套关于权利的观念和制度体系。从性质上说，经济、社会和文化权利，与生命权、宗教信仰权和政治权利不在同一层面，后者属于根本性的权利，而前者则被看作发展权。[②]

“文化权利”概念首次获得书面的正式表述是在国际法意义上发生的，与联合国一系列人权公约密切相关。有学者指出，世界人权事业由第一代人权（公民权利和政治权利）向第二代人权（经济、社会和文化权利）和第三代人权（集体权利）发展。文化权利基本上可认为属于第二代人权的范畴，并在第三代人权的理念下得到丰富和发展。[③] 1945年通过的《联合国宪章》明确规定，联合国宗旨之一就是增进并鼓励对于全体人类之人权及基本自由之尊重。1946年，联合国设立人权委员会，此后人权概念正式进入国际法领域。1948年12月10日，联合国大会通过的《世界人权宣言》第27条规定：人人有权自由参加社会的文化生活、享受艺术，并分享科学及其产生的福利；人人对由于他所创造的任何科学、文学或美术作品而产生的精神的和物质的利益，有享受保护的权利。这是人类有史以来第一个提到文化权利的正式文件。[④] 此后，文化

---

① 王列生：《文化制度创新论稿》，中国电影出版社2011年版，第60页。

② 秋风、杨立青：《通过文化来构造市民共同体》，载《深圳十大观念》，深圳报业集团出版社2011年版。

③ 李步云主编：《人权法》，高等教育出版社2005年版，第1页。

④ 西摩尼迪斯：《文化权利：一种被忽视的人权》，《中国社会科学》1999年第4期。

权利在很多国际文书中得到关注，如《美洲人权与义务宣言》、《消除对妇女一切形式歧视公约》、《儿童权利公约》、《非洲人权与民族权宪章》等。①

而对于文化权利最为权威的表述，是1966年联合国大会通过的《经济、社会和文化权利国际公约》（以下简称《公约》）。其中第15条集中对文化权利提出了如下规定：（1）本公约缔约各国承认人人有权：（甲）参加文化生活；（乙）享受科技进步及其应用所产生的利益；（丙）对其本人的任何科学、文学或艺术作品所产生的精神上和物质上的利益，享受被保护之权利。（2）本公约缔约各国为充分实现这一权利而采取的步骤应包括保存、发展和传播科学和文化所必需的步骤。（3）本公约缔约国各国承担尊重进行科学研究会创造性活动所不可缺少的自由。（4）本公约缔约各国认识到鼓励和发展科学与文化方面的国际接触和合作的好处。②

作为权威国际组织的权威国际性条约，《公约》的通过和实施带动了全球范围对文化权利问题的普遍关注和重视，1997年年初已有135个国家批准或加入了该公约。很多国家将大量文化权利的内容以不同形式写入了宪法或具体的法律条文之中。如我国《宪法》规定，公民的基本权利包括：（1）平等权；（2）选举权和被选举权；（3）言论、出版、集会、游行、结社、示威自由；（4）人身自由；（5）宗教信仰自由；（6）文化教育权利；（7）社会经济权；（8）监督权和请求权；（9）特定主体权利。③ 我国政府于1997年10月27日签署了《人权公约》，并于2001年2月28日由第九届全国人大常委会第20次会议正式予以批准，2001年7月开始在我国生效。2003年6月27日，中国政府首次向联合国提交了公约履约报告。

---

① 艾德：《作为个人人权的文化权》，载《经济、社会和文化权利》，中国社会科学出版社2003年版，第330页。

② 联合国大会1966年12月16日第2200A（XXI）号文件：《经济、社会和文化权利国际公约》。

③ 参见《中华人民共和国宪法》。

在国内，有学者将公民文化权利归结为如下四个方面：一是享受文化成果的权利；二是参与文化活动的权利；三是开展文化创造的权利；四是文化创造成果得到保护的权利。① 显然，文化权利既与世界人权的发展相呼应，但也与特定民族文化传统的内在价值定式及某国的政治文明准入条件允诺密切相关。而在现实层面，文化权利则与文化利益问题有更直接的关联：与权利相比，“利益则有根本性的存在背离，无论是个体性的具体利益诉求还是社会性的关于利益问题的统筹谋划，都无不在形下界面展现出直观的计量模式、换算关系和确定刻度的公平性评价……日常社会之所以日常抑或世俗生活之所以能够维系其世俗，就在于利益存在的普遍真实性和利益关系的不可避免……在整个公共生活结构中，利益均等化及其更高的公平正义原则从来就是思考现实问题的出发点和落脚点”。②

由于利益关系在市场化社会中是最基本的政治关系、经济关系、法律关系，因而也就必然会反映到文化关系之中。对于公民的文化利益，首先涉及的是公民基本文化需求的保障、满足问题。这既是公民的文化权利，也是公民最为基本的文化利益或福利诉求。大致说来，“文化需求”大致归结为四个维度的需求：一是基本文化娱乐需求；二是经济性质或产业性质的文化需求；三是文化创造的需求；四是对建构价值观、文化身份认同、人生意义等所谓“终极关怀”方面的需求。③ 在此其中，与公民个体的文化权利直接关联的基本文化需求是参与文化生活的需求，包括享受文化成果、参与文化活动、文化自由创造等。由于这些文化需求是形而下的、具体的、可量化的，它因此也构成了公民实际的文化利益，从而与公民形而上的文化权利一起构成了硬币的两面。而文化权益作为公民的基本权益之一，其实现或满足的程度也构成了社会公正状况

① 艺衡等：《文化权利回溯与解读》，社会科学文献出版社 2005 年版，第 12 页。

② 王列生等：《国家公共文化服务体系论》，文化艺术出版社 2009 年版，第 81—82 页。

③ 毛少莹：《试论公共文化服务的需求基础》，载《2013 深圳文化蓝皮书》，中国社会科学出版社 2013 年版。

的一个重要的评价参照。

二 政府在保障公民文化权益上负有根本职责

那么面对公民的文化权利和文化利益诉求问题，政府在其中扮演了什么角色、肩负着什么样的公共职责？

从逻辑上说，公民文化权利和文化利益的实现与保障，首先与公民个人的努力和争取有关。比如公民通过接受文化教育和个人自身努力，提升参与社会资源分配与再分配能力，以求获取有利于个人生存与发展的地位。但这种个人努力所取得的成效，取决于某些社会条件的完备程度。这些社会条件是复杂的、历史的，既涉及社会经济一定发展水平，也涉及社会的政治文明程度，特别是与社会整体性的公平正义存在内在关联，它们均是人们免予“作为能力剥夺的贫困”的重要因素：“收入贫困和能力贫困尽管从概念上将贫困定义为能力不足而不是收入低下是非常重要的，二者之间仍然存在着必然的联系，因为收入是能力的非常重要的因素。而且，典型的、较强的引导生活的能力有助于增强一个人的能力使其更有生产力，并获得更高的收入，我们可以预期存在从能力提高到更强的获取收入本领的途径，而不仅仅存在另一条途径。这一种途径对于消除收入贫困特别重要。这不仅仅是因为，更好的基础教育和卫生保健直接提高了生活的质量；它们还提高了一个人获得收入的能力，使其免予收入贫困。越好的基础教育和卫生保健，潜在的穷人就越可能有较好的机会脱离贫困”。①

作为社会公共权力组织和权威性部门，政府的意义正在于确立基本的社会秩序、维护公平正义的社会环境、进行社会公共资源的配置、协调社会的内部矛盾等。由于社会个体在个人能力上的参差不齐，显然不是每个人都能够有效地使自己的权益免予受侵犯或伤害；而从社会保护

---

① 阿马蒂亚·森：《作为能力剥夺的贫困》，李春波译，载中国经济学教育科研网（http：//www.cenet.org.cn/article.asp？articleid=5333），访问日期：2014年10月5日。

的角度，政府从一开始就具有保护社会的职能，这一资源调节与社会保护职能，不仅构成了政府存在的合法性和合理性根源所在，也是公民基本权益得以实现的制度基础。在此意义上，包括基本文化需求在内的公民文化利益诉求，能否得到保障与满足，不仅与个人的努力相关，更与社会文化资源利益分配的制度安排和公共政策有着更深刻的关联，它成为社会公正状况的一个更重要的评价参照。

何为制度安排？戴维斯和诺斯从经济学角度给出了如下定义："制度安排，是支配经济单位之间可能合作与竞争方式的一种安排，制度安排……提供一种结构使其成员的合作获得一些在结构外不可能获得的追加收入，或提供一种能影响法律或产权变迁的机制，以改变个人（或团体）可以合法竞争的方式。"① 由于文化制度在内容上包括社会文化产品与服务的生产、管理与资源配置，因此，文化制度安排可以理解为一个国家或社会在特定的历史时期关于文化资源占有方式、配置方式的制度安排及其实施过程的系统化与规范化。

何为公共政策？哈罗德·拉斯韦尔和亚伯拉罕·卡普兰认为，公共政策是一项含有目标、价值与策略的大型计划。托马斯·戴伊则认为，公共政策是涉及大量人才和资源或关系到很多人的政府决定，凡是政府决定做的或不做的事情就是公共政策。在给公共政策所下的定义中，西方学者伊斯顿的定义产生了广泛而持久的影响：公共政策界是"对一个社会进行的权威性价值分配"，"一项政策的实质在于通过那项政策不让一部分人享有某些东西而允许另一部分人占有它们……一项政策包含着一系列分配价值的决定和行动"。②

显然，在保障和实现公民文化权益方面，无论是作为文化资源配置的制度安排，还是作为"权威性价值分配"公共政策工具的运用，都与政府的职能体系有着紧密的关系。换言之，由于文化权利是公民的基本

---

① 戴维斯、诺斯：《制度变迁的理论：概念与原因》，载陈昕主编《财产权利与制度变迁》，上海三联书店 1994 年版。

② 伊斯顿：《政治体系——政治学状况研究》，商务印书馆 1993 年版，第 123 页。

权利之一，政府在维护这一权利的实现上肩负着根本性的职责，这不仅是基于国际法意义对某国政府提出的基本要求，也是促进经济社会进步、推动人的全面发展的有效手段，因此也就必然要求政府职能系统对之作出积极、有效的回应，通过一定的制度安排和政策工具来履行这一职责义务。正如《公约》指出的，要确保文化权利的充分实现，各成员国应采取各种必需的措施。这些措施主要有：加大对文化事业的资金投入，促进文化发展和大众的文化参与；加大文化基础设施建设力度，确保文化服务的数量的增长与人们更便捷地接触文化；促进文化多样化与文化自由，促进文化认同；国家有义务尊重个人主张和发展她或他所喜欢的文化，包括语言、宗教、传统和习惯的权利；保护和展示文化遗产；立法保护艺术创造与表演自由，确保个人自由创作文化产品的权利，以及所有人自由地利用这些作品的权利；促进文化艺术领域的专业教育，等等；国家应提供人们享有的参与文化的权利的条件，包括建立或保留促进大众参与的设施以及采取措施保护、发展和传播文化；基于公平正义的原则，促进公共文化资源占有和配置方式的进一步优化等。

三　工业化、城市化与农民工文化权益问题的凸显

在世界各国现代化进程中，伴随工业化、城市化的兴起和发展，都曾经出现过各式各样的劳工问题，包括劳工阶层的就业、薪酬、住房、教育、医疗等难题及其中存在的压迫、剥夺等引起的社会冲突，至今依然困扰着各国政府。这可以说是一种世界性现象，不仅老牌的欧美发达国家如此，新兴的工业化国家、地区（如亚洲“四小龙”）亦然。就此而言，透视 20 世纪 80 年代以来中国大陆地区出现的“农民工”现象，假如放眼全球，就不具备特殊性，因为它从本质上同样属于工业化、城市化加速发展中的劳工问题。

尽管劳工问题具有世界普遍性，但考虑到改革开放以来特殊的经济、政治和社会语境，中国的农民工问题又具有其他国家与地区所不具备的“特殊性”。如在政治制度上，中国是个社会主义国家，工人阶级是领导

阶级，在计划经济时代，工人具有其他社会阶层所不可比拟的崇高社会地位；农民阶级作为工人阶级的联盟军，尽管与工人阶级存在身份、收入、福利差异和城乡、地区差别，但作为社会主义国家的主人，同样享有较高的政治地位。然而，随着改革开放后外资的引入、所有制形式的调整以及国家大包大揽福利模式的剥离，笼罩在工人身上的光环开始脱落。相应的，沿海地区“三资”企业的兴起和各地乡镇企业的繁荣所驱动的农民进城运动，历史性地形成了“农民工”这一特殊的社会群体。“随着20世纪90年代中期以来国有企业改革的深入，城市产业工人日益被农民工所取代，但国家体制对农民工的户籍歧视以及城市福利上的排斥，造成了农民工的高流动性，这样的‘企业工人’完全不是真正意义上的现代工人阶级，企业也普遍不愿意为雇佣关系不稳定的农民工提供在岗技能培训。缺乏庞大的、相对稳定且训练有素的技术工人队伍，决定了中国企业工艺水平和产业层次的低下。”①

这一群体最大的特殊性就在于，由于中国歧视性的城乡户籍制度的存在，他（她）们保留了农民的户籍身份，在城市从事产业工人的工作，却未能享有城市居民和工人所享有的相应社会福利，而且由于长期的城乡分割，农民工在区域流动和社会管理上也受到了有形无形的限制和歧视，即所谓的“缺福利、少自由、低人权”状况。因此，假如说中国改革开放后农民工问题的形成，经济上的改革发展（如多种所有制经济的出现、工业化的加速推进）构成了其中的核心动力，那么政治、社会制度层面的制约及其改革的滞后，则构成了我国农民工问题特殊性得以出现的社会历史根源。

我国对农民工问题的研究，大致始于20世纪八九十年代，21世纪以来，开始引起更大的关注，至今蔚为大观。纵观国内研究历史与现状，大多数研究将视线聚焦于农民工的劳动就业、社会保障、福利待遇等社会经济问题，其中也包括不少政治性的讨论，但作为其中另外一个重要问题即农民工的文化问题（如文化素质、文化权益、文化福利、身份认

---

① 岳健勇：《全球化导致了中国崛起吗》，《领导者》2014年第59期。

同)，虽然也已进入学界的视野和政府的议事日程，在总体上说还没引起足够的重视。尤其是对于“新生代”农民工，由于他们普遍出生于20世纪八九十年代，其知识背景、信息来源、权利（利益）诉求、生活期望以及对于世界的认识等均已迥异于出生于六七十年代的老一代农民工。这种代际性的深刻差异，最为具体地体现在其新的文化诉求上。

一方面，新生代农民工长期生活在城市，对城市生活有较高的期望，对城市文化生活有越来越强烈的日常需求，但个人的收入水平、闲暇时间及相应的消费能力，又不足以支撑这种文化需求的基本满足。另一方面，政府、企业和社会（如非政府、非营利组织）有向农民工提供公共文化服务的意愿和相应的行动，但由于总体的服务供给能力和相应服务机制的滞后，农民工又很难获得足够的文化服务。其结果就是新生代农民工精神文化生活的严重匮乏，不仅基本的文化权益得不到有效的保障，其文化福利也长期处于较低的水平上。可以说，文化权益的缺失、文化福利的匮乏、文化不平等的存在，既是农民工文化综合素质难以整体性提升的一大社会根源，也是他们对所在城市难以产生文化认同（“在而不属于”）、导致高度社会流动性、社会管理困扰乃至社会冲突的主要原因之一。因此，从政府职能及其文化职责的角度来研究新生代农民工的文化权益保障问题，就不仅在社会层面对农民工群体意义极其重大，而且在国家、政府层面对于农民工问题的最终解决（作为特定历史内涵的“农民工现象”的消失）也有着极其深远的影响。

农民工精神文化生活现状及其文化权益问题日益凸显，主要体现为如下三个方面：

第一，单调封闭的精神文化生活模式。因为农民工被夹在农民与城市居民之间，文化隔离现象严重，远离农村又不能融入城市，精神文化生活简单而匮乏，精神文化需求处在干渴状态。由于群体的工作、生活条件和资源获取能力的不同，进入城市的农民工在人际交往上并没有真正融入城市，他们仍然与原来的同乡、同事、同学来往，形成了一种独立于城市主流文化的亚文化生活模式，与城市主流文化相区别、相隔离，甚至相冲突。

第二，上网、看电视、打牌是农民工精神文化生活的最主要方式。大部分农民工工作和居住的地点往往是城市郊区，那里虽然租金便宜，但周围文化配套设施不全，所在企业的文化活动场所同样不足，农民工缺少参与城市文化活动的机会与渠道，手机上网、看电视与打牌是不得已的选择。

第三，单一文化生活导致心理问题严重。由于没有丰富的文化生活，没有亲情，身份边缘，孤独、抑郁、焦虑、被歧视感是多数农民工普遍存在的心理问题。①

四 政府在保障农民工文化权益上负有特殊责任

在现实中，与公民的政治、经济、社会权利相比，文化权利似乎并没有获得特别的重视。用挪威人权学家艾德的说法是，文化权利在人权家族里往往被当作一个"剩余范畴"来加以对待："在《国际人权法案》所包含的人权制度下，文化权利构成一个具体范畴，载于《世界人权宣言》第 27 条和《经济、社会和文化权利国际公约》第 15 条中。文化权位于这两个文书所列举的诸权利的末尾，且看起来几乎就是个剩余的范畴。文化权的无足轻重反映在人权理论和实践中：个人的文化权几乎得不到什么关注。"②

在某种意义上，对于农民工问题而言，由于人们往往将政治、经济和社会权利视为生存权，而将文化权利看作发展权，我们更关注的是其政治、经济和社会权益的保障状况，文化权益在相当长的时间里淡出人们的视野。相应的，在政府层面，面对日益凸显的农民工问题，政府将更多的精力和资源投向进城农民工经济和社会条件的改善方面，如深圳

---

① 丁成际：《新生代农民工精神文化生活现状分析及对策》，《毛泽东邓小平理论研究》2012 年第 6 期。

② 艾德：《作为个人人权的文化权》，载《经济、社会和文化的权利》，中国社会科学出版社 2003 年版，第 328 页。

市总工会2010年委托深圳大学完成的《新生代农民工生存状况调查报告》，列举了新生代农民工面临的主要问题是：工资待遇低，面临着生存困境；制度性歧视，形成发展困境；身份认同危机，未来无方向感；劳资关系失衡，没有话语权等，其中并没有将保障农民工文化权益问题作为关注的重要内容。

而从学界的研究成果来看，情形也同样如此。近年来，国内关于农民工公共文化服务问题的研究，虽然取得了一定成果，但在广度与深度上都有待于进一步拓展。梳理相关文献可以发现，2011年是农民工公共文化服务的分水岭。2011年，随着文化部等联合下发了《关于进一步加强农民工文化工作的建议》以及党的十七届六中全会提出“把农民工纳入城市公共文化服务体系”，党和国家更加重视农民工的文化权利问题，相关学者的视野也逐渐转向农民工与城市公共文化服务体系建设的研究中来，包括农民工公共文化服务的现状及其影响因素、农民工公共文化服务利益、均等化视角下政府主体如何发挥作用等方面。[①]

何以说政府在保障农民工文化权益上负有特殊责任？

首先，从国际上看，《经济、社会和文化权利国际公约》等多部国际法律文书均指出，对文化权利的保障具有普适性，不应对特殊群体采取区别对待。在此意义上，农民工群体虽有一定特殊性，但作为国家公民，与其他社会群体一样享有不可剥夺的、平等的文化权利。其中，《公约》规定政府应履行相应的三种基本层级的国家义务，即尊重、保护、实现的义务，如“与参加文化生活权相关的义务”就包括国家应尊重个人宣称并且发展其选择的文化取向的自由；国家须为个人免受第三者的侵犯提供保护；国家应提供便利且在可能时提供人们得以享有参与权的条件，如采取立法及其他措施，旨在使“个人参加她或他认为与自己相关的文化生活”，特别是提供关于可利用资金的信息。[②]

---

① 张艳红：《农民工与城市公共文化服务体系研究》，《经营管理者》2012年第8期。

② 艾德：《作为个人人权的文化权》，载《经济、社会和文化的权利》，中国社会科学出版社2003年版，第332—333页。

其次，从国内来看，一方面，《宪法》规定，公民具有诸多的文化权利，政府均应积极给予基本保障，而中国政府对《公约》的正式签署本身，也形同对实现公民文化权利的国家义务的国际性承诺；另一方面，我国是社会主义国家，在捍卫社会平等方面更应体现出比其他类型国家更强的社会义务和道德承担。从政府职能本身来看，“公共服务”从一开始就是政府的核心职能，正如罗杰·威廉斯所说，政府是表达社会意愿的具体机构，是为公众服务的联合体，目的纯粹在于增进人民的福利；洛克也认为，政府是一种责任，其目的是保证公民人身和财产的安全，也就是提供一种“社会救济服务”。[①] 显而易见，作为社会弱势群体，城市农民工基于其能力的低下和处境的艰难，政府在提供一般公共文化服务的同时，要从社会救济的职能出发，对这一特殊群体给予特别的关注，负起特殊的责任，不仅要积极主动地将其纳入城市公共文化服务体系，而且通过保障其文化权益，使其真正融入城市社会，成为城市建设和社会发展的积极力量。

最后，从地方城市政府来看，在我国快速发展的工业化、城市化进程中，农民工为输入地城市的经济社会发展做出了巨大的贡献和牺牲，理应平等享有城市的公共文化设施及服务，而城市政府则应自觉肩负起保障农民工文化权益的特殊责任，着眼于农民工文化权利的实现、文化福利的提高及其文化处境的改善，建立公共文化服务均等化的保障制度和长效机制，使农民工更好地为城市发展贡献力量。基于此，2011 年文化部等联合下发《关于进一步加强农民工文化工作的建议》，要求进一步加强政府在农民工文化工作中的主导作用，明确常住地政府是农民工文化服务的责任主体，在保障农民工享有和城市居民均等的基本公共文化服务的同时，充分尊重农民工群体特有的文化需求，尤其要重视新生代农民工的文化需求，提供有针对性的公共文化服务；地方各级政府要加强对农民工文化工作的统筹协调，打破条块分割，推动建立部门之间的协同机制，加快出台支持农民工文化工作的政策，制定农民工文化服务

---

① 乔耀章：《政府理论》，苏州大学出版社 2003 年版，第 10—11 页。

指导规范，有效整合和优化配置各方面的农民工文化服务资源，形成分工明确、统筹协调、优势互补、优质高效的农民工文化工作机制；形成以政府投入为主、社会力量积极参与的相对稳定的农民工文化经费保障机制，建立农民工文化专项经费，纳入各级政府财政预算，重点保障农民工专项公共文化服务、特定文化产品购买和专门政策引导等方面的支出，将农民工切实纳入城市公共文化服务体系。

五 保障农民工文化权益的政府角色定位及其意义

从政府职能角度看，其对公民基本权益的保障，显然是通过履行公共服务职能来实现的。相应的，公民的文化权益则需通过政府公共文化服务职能来加以保障，这既是确保公民文化权益的基本途径，也构成了政府在其中的基本角色定位。

所谓“公共文化服务”，是指由公共部门或准公共部门共同生产或提供的，以满足社会成员基本文化需要为目的，着眼于提高全体公众的文化素质和文化生活水平，既给公众提供基本的精神文化享受，也维持社会生存与发展所必需的文化环境与条件的公共产品的服务行为的总称。[①]而公共文化产品的根本特征是它的公共性，并主要体现在非排他性、一定的消费竞争性和外部收益性三个方面：第一，非排他性是指每个人都能使用该产品，也就是说，在一定范围内的某人消费文化产品并不排斥其他人对它的消费。第二，在公共文化产品供给能力有限的情况下，必然产生需求竞争，因而公共文化产品也具有一定的消费竞争性。第三，公共文化产品具有广泛的社会功能，因而又具有一定的外部收益性。[②]

正是由于公共文化产品和服务具有商品性、社会性和思想性合一的特点，对社会发展具有重要作用，政府等公共部门对之的介入就具有现实的必要性，主要体现在：第一，公共文化产品和服务主要是满足社会

① 陈威主编：《公共文化服务体系研究》之“引言”，深圳报业集团出版社 2006 年版。

② 赵立波主编：《公共事业管理》，山东人民出版社 2005 年版，第 243—245 页。

全体成员基本的文化需要，具有外部性，政府应该代表社会对收益支付必需的费用。第二，公共文化产品是一种精神产品，具有特定的思想观念和价值，因而任何一个国家的政府都会对本国的公共文化产品生产进行必要的引导和管理，以保证正确的国家主流文化导向。第三，准公共文化产品和服务具有双重属性，因而必须在尊重市场机制的前提下，充分发挥政府的引导和支撑作用，促进公共文化产品的社会效益与经济效益的结合和统一。第四，文化市场领域需要政府进行规范和管理，否则将损害我国文化事业的健康发展和公民文化权利的实现。①

由此可见，公共文化产品与服务的特殊性及其社会意义决定了要满足人民群众的文化需求，保障公民基本文化权益，必须建构一个“以政府为主导”的公共文化服务体系。这一体系主要是政策工具功能取向的，包括“投入与财政执行保障系统”、“规划与项目运行保障系统”、“人力资源保障系统”、“绩效评估与政策调节保障系统”等，没有这些相互配套系统的有力支撑，所谓“保障公民的基本文化权益”就会成为一句空话。② 具体来说，这一体系体现在政府职能上，则包括如下内容：第一，确定文化发展战略与目标，制定公共文化政策，为公共文化服务体系的完善提供科学的政策依据。第二，制定公共文化服务发展规划，确定在一定时期内公共文化服务的发展规模和所应有的水平。第三，建立由政府、非政府组织和个人共同参与生产的多元主体生产模式。第四，进行公共文化服务的财政投入，保障文化事业发展所需的资金要求。第五，建立公共文化服务的制度与规则，以更好地促进公共文化活动的开展。③

总之，维护和保障公民文化权益，是政府必须扮演、承担的社会角色和基本职责，并通过切实有效的制度安排、政策法规、资源配置来确保其实现。基于公共文化服务体系是以保障公民基本文化权益、满足基本文化需求为目的，以政府为主导，以公共财政为支撑，向社会提供公

① 李军鹏：《公共管理学》，首都经济贸易大学出版社2005年版，第329页。
② 王列生：《文化制度创新论稿》，中国电影出版社2011年版，第61页。
③ 毛少莹等：《公共文化服务概论》，北京师范大学出版社2014年版，第118—120页。

共文化设施、产品、服务的制度体系。因此可以说，公民文化权益是公共文化服务体系的理论基点和终极目标，公共文化服务体系则是保障公民文化权益的主要途径和实现方式。

而就新生代农民工来说，政府基于社会保护和公共服务的角色定位，将其纳入城市公共文化服务体系、切实保障其文化权益，具有非常重要的历史与现实意义，主要体现在以下几个方面：

首先，对农民工而言，基于这一群体的庞大规模，政府保障其文化权益，有利于我国国民素质与人力资源水平的整体性提升。据人社部统计，2013 年全国农民工总量达 2.69 亿人，约占全国总人口 13.6 亿人的 20%。据国家统计局数据，2009 年新生代农民工 30 岁以下各年龄组接受过高中及以上教育的比例均在 26% 以上，年龄在 21—25 岁的达到 31.1%，而 2008 年进行的第二次全国农业普查数据显示，在外出从业劳动力中，具有高中以上文化程度的仅占 10%。可以看到，新生代外出农民工受教育水平相对传统农民工有所提高，但总体上以初高中为主，其教育水平依然偏低，这是其经济、社会和文化资本存在欠缺、生存和发展受限的主要原因。因此，农民工作为我国改革开放和工业化、城镇化进程中涌现的一支超大型劳动大军，如何提高其继续教育水平及综合素质能力，也就成为中国在老龄化社会快速来临背景下集约化人口红利、挖掘新的人力资源优势的关键所在。而由于农民工长期工作、生活在城市，城市自然而然地成为其社会再教育的容器与平台，并接受了现代工业文明和城市文明的双重洗礼。在此意义上，将庞大的农民工群体纳入城市公共文化服务体系，切实保障其文化权益，将进一步增长其文化知识，扩展其文化视野，提高其文化素质与文化技能，从而整体上推动我国的人口素质和人力资源跃升到新的水平，极具国家战略意义。

其次，对城市而言，政府为农民工提供均等化、基本化的公共文化服务，保障其应有的文化权益，有利于改变城乡居民之间的不平等状况，推动农民工实现文化上的市民化，引导其有序融入城市，促进城市社会的更好发展。所谓基本公共服务均等化，是指政府要为社会成员提供基本的、与经济社会发展水平相适应的、能够体现公平正义原则的大致均等的公共产品和服务。调研结果显示，与传统农民工不同，新生代农民工关于城市的梦想已由生存型向发展型转变，物质已不再是其唯一的追求，其精神文化需求同样迫切，与城市户籍居民享有均等、平等的公共文化服务的诉求也日益强烈。因此，从农民工融入城市的角度看，文化上的平等融入是不可替代的桥梁与纽带之一："一方面，文化可以发挥潜移默化的影响力，使农民工接受现代文明、城市文明、城市生活习俗等方方面面的影响和熏陶，加快其思想、文化、习俗的城市化；另一方面，参与文化生活，可以在精神层面增强农民工对城市生活的认同感和归属感，激励他们自强不息、奋发进取，以自信、乐观的心态积极主动融入城市新生活；同时，通过将农民工纳入城市公共文化服务体系，还可以增强农民工在城市的主人翁意识和责任感，并能逐步改变城市居民对农民工的原有看法和成见，促进城市对农民工的接纳。在这个意义上讲，文化是农民工完全融入城市的重要桥梁，是其他任何手段都不可替代的重要纽带。"① 换言之，将农民工纳入城市公共文化服务体系，能够充分发挥文化的教育引导作用，搭建文化桥梁，破解城乡二元结构形成的心理沟壑，以文化融入促进社会融入，推动农民工在职业转化、地域转移、身份转换的同时，加快文化层面转变，不断提高知识文化素养，实现自身全面发展。通过文化融入加快城市市民化融入，最终化解城市社会的二元化及其带来的社会冲突，促进城市社会更好发展。

最后，对国家而言，政府切实保障农民工文化权益，有利于促进新型城镇化，推动我国社会的整体性进步。党的十八大报告作出了推动新型城镇化的战略决策，指出，"新型城镇化是我国现代化建设的历史任务"。所谓新型城镇化，是指坚持以人为本，以新型工业化为动力，以统筹兼顾为原则，推动城市现代化、城市集群化、城市生态化、农村城镇化，全面提升城镇化质量和水平，走科学发展、集约高效、功能完善、环境友好、社会和谐、个性鲜明、城乡一体、大中小城市和小城镇协调

① 滕丽娟：《农民工纳入城市公共文化服务体系意义初探》，《赤峰学院学报》2012 年第 12 期（上）。

发展的城镇化建设路子。[①] 由于城镇化的核心是农村人口向城镇的转移过程，并表现为城镇数目的增多和各城市内人口规模的不断扩大，从而也与改革开放以来农民工的发展脉络相一致。对于如何城镇化，虽可从户籍、土地、住房、财税、地方投融资等改革着手，但足够的就业和公共服务始终是新型城镇化的中心问题。所谓新型城镇化的“新”，就是要从过去片面注重追求城市规模扩大、空间扩张，转变为以提升城市文化、公共服务等内涵为中心，真正使新型城镇成为具有较高品质的适宜人居之所。因此，将农民工纳入城市公共文化服务体系，保障其文化权益，无疑将极大地推动我国新型城镇化进程，为其注入新的文化动力。同时，农民工在市民化进程中，随着文化综合素质的提高，其政治参与意识和公民权利意识将不断增强，其政治参与的主动性和政治参与方式也将发生显著变化，如新生代农民工就比传统农民工有着更强烈的平等意识和维权意识，追求平等享有公民的一切权利，认为不应和城市居民有所差别。将农民工纳入城市公共文化服务体系，使其共享城市文化服务和接受现代文明的熏陶，逐步提升农民工的文化素质，有助于提升农民工的自信心和政治参与意识与参与能力。随着农民工数量的增加，他们已成为我国最主要的产业工人，其作用不仅在城市化进程中不可替代，而且其政治参与将会加速中国民主政治的进程，推动中国政治文明建设，促进中国公民社会成长。[②]

（杨立青：博士、深圳市特区文化研究中心副研究员）

---

① 参见“百度百科”的“新型城镇化”词条。

② 滕丽娟：《农民工纳入城市公共文化服务体系意义初探》，《赤峰学院学报》2012 年第 12 期（上）。

“十大观念”与深圳城市形象定位

刘婉华

一 城市形象与深圳城市形象定位的现状

何谓城市形象？不同的学者有不同的理解。美国城市学家凯文·林奇（Kevin Lynch）认为，构成城市形象的物质形态元素有五种：道路、边界、区域、节点和标志物。[①] 而目前，大多数学者都已经认识到，城市形象不仅包括具体可感知的物质元素的组合，还应该包括透过这些形象特征所传达出的深层精神内涵，且后者在体现城市形象的文化意蕴方面起到积极的促进作用。城市形象是公众对一个城市的整体印象与综合评价，它是一个综合的概念，反映整个城市的特色和综合质量等级，是城市最具价值的无形资产。[②]

相较于西方而言，我国对城市形象的理论研究和实践探索起步都比较晚。目前，城市形象尤其是后发展中国家的城市形象，面临的最突出问题，是“千城一面”的问题，城市缺乏个性和特色，城市形象高度雷同越来越为人们所诟病。很多学者把城市形象趋同化现象归因为城市文化治理能力的缺失。在谈到如何在建筑设计中体现城市传统时，日本著名建筑师安藤忠雄认为有两种方式：一是对传统形式的继承；二是要体现非

① ［美］凯文·林奇：《城市意象》，方益萍、何晓军译，华夏出版社2001年版，第35页。

② 阮建中、冯邦彦：《澳门城市形象探析》，《特区经济》2007年第5期。

物质形态的精神内涵。这就要求在对传统的建筑形式进行延续的同时,兼顾深层精神文化的体现,使建筑反映出城市特有的文化意蕴。[①] 在2014年10月31日深圳大学举办的"城市治理深圳论坛——新理念与新实践:城市治理推动城市发展"上,李建盛教授也指出,目前城市现代化过程中面临的趋同性持续增长,现代化的扩张和历史文化名城的不断缩小等问题都可归因为文化危机,城市治理的根本问题就是文化问题。

深圳作为一个新兴城市,随着改革开放和经济特区建设而从边陲小镇发展起来的一个现代化大都市,在经济发展方面毫无疑问取得了举世瞩目的成就。但是,深圳的城市形象研究稍显薄弱,而实践中对城市形象的定位和塑造,也尚处于初级阶段,就如有学者所言,"(深圳)就像正处于青春期的'邻家男孩'一样,在其快速的成长发育过程中,总是试图不断地以各种方式展示自己的过人之处,张扬着成长的收获,以达到引起别人关注的目的。"[②] 总体而言,目前深圳城市形象的定位存在着以下特征:

(一)城市形象品牌不明确

国内外有许多成功的城市形象定位,如"时尚之都"巴黎、"音乐之都"维也纳、"购物天堂"中国香港、"浪漫之都"大连、"生活品质之城"杭州、"风筝之都"潍坊,等等,这些城市形象品牌鲜明,突出表现了城市的独特魅力和竞争力,给人们留下了深刻的印象。相比之下,深圳的城市形象品牌是什么?很难在人们的脑海里有明确的反应。

从纵向上看,深圳的城市形象定位随时代的变化有一个不断变化的历程。在特区创立和发展初期,其城市形象定位是"中国改革开放的窗口和试验田",反映了国家授予深圳经济特区特殊政策之"特";从20世

① 王豪:《城市形象概论》,湖南美术出版社2008年版,第43页。

② 张荣刚:《把你的名字写上世界地图——以深圳为例看新兴城市初级阶段品牌建设》,载文春英、李海容、刘新鑫主编《亚洲城市品牌战略与实践》,中国传媒大学出版社2012年版,第210页。

纪 90 年代中期开始，国内其他经济特区陆续崛起，标志着我国改革开放进入一个“特区不特”的普惠时代，深圳的政策优势失去了，深圳开始致力于产业和升级，此时深圳城市形象的定位是“高科技之城”；21 世纪初开始，深圳率先确立了“文化立市”的发展战略，大力发展文化产业，并形成了独特的经济特区文化和日趋完善的公共文化服务体系，此时深圳的城市形象定位是“两城一都一基地”（图书馆之城、钢琴之城、设计之都、动漫基地）；2007 年，深圳争得了第 26 届世界大学生运动会主办权，并于 2011 年成功地举办了大运会，向世界展现了深圳“不一样的精彩”，以此为契机，深圳推出了“大运之城”、“青春之城”、“志愿者之城”等形象定位。可见，深圳的城市形象定位处于不断变化之中。

从横向上看，深圳在各个发展时期都提出了各种城市形象定位，这些定位涉及政治、经济、文化、社会、环境、生态等各个领域，虽然每一种定位都从某些方面反映了深圳这座城市的某些特质，但却很难全面、准确地反映深圳这座城市的气质和秉性，未能在受众的脑海中形成清晰、明确的城市印象。而且由于定位多而庞杂，使人应接不暇，反而很难真正反映深圳这座城市的内涵和特质。

（二）城市形象推广缺乏整体性

在社会经济急速发展的历史时期，城市发展的目标、战略都在不断变革、调整之中，城市形象定位也随之不断变化，城市形象定位复杂、多样，缺乏系统性和连贯性，似乎是难以避免的缺陷。与此相应，在做城市形象推广的时候也缺乏整体性、有序性。

从官方到民间，都从自身出发自觉或不自觉地去解读和宣传这座城市，各行各业也从自身业务拓展的需要出发，从不同的角度去宣传和推广相应的城市形象（见表 1）。

从表 1 可见，深圳城市形象的定位及推广随意性很大。这种随意性、无序性导致深圳城市形象塑造缺乏明确目标，在形象推广策略和实施上缺乏统一规划，缺乏整体性、系统性和持续性，造成的结果就是城市形象模糊，影响城市知名度的提升。

表 1　深圳城市形象定位及推广分类一览

<table>
<tr><th>定位及推广类型</th><th colspan="2">具体定位和品牌推广</th></tr>
<tr><td>整体城市形象定位及推广</td><td colspan="2">争当科学发展的示范区、改革开放的先行区、自主创新的领先区、现代产业的集聚区、粤港澳合作的先导区、法治建设的模范区，强化全国经济中心城市和国家创新型城市地位，加快建设国际化城市和中国特色社会主义示范市（《深圳市综合配套改革总体方案》）
充分发挥创新资源集聚和体制机制灵活的优势，积极开展激励创新政策先行先试，努力建设成为创新驱动发展示范区、科技体制改革先行区、战略性新兴产业聚集区、开放创新引领区和创新创业生态区。（国务院批复深圳建设国家自主创新示范区的定位）</td></tr>
<tr><td rowspan="4">次级城市形象定位及推广</td><td>经济发展</td><td>1. 区域金融中心
2. 高科技之城
3. 效益深圳</td></tr>
<tr><td>社会政治</td><td>1. 文明城市
2. 关爱之城
3. 廉洁城市
4. 和谐深圳
5. 志愿者之城
6. 大运之城
7. 青春之城
8. 人才宜居城市</td></tr>
<tr><td>文化</td><td>1. 图书馆之城
2. 钢琴之城
4. 设计之都
3. 动漫基地
4. 博物馆之城
5. 文化深圳
6. 创造之城，时尚之都</td></tr>
<tr><td>自然环境</td><td>1. 花园城市
2. 绿色城市
3. 美丽都市</td></tr>
</table>

续表

定位及推广类型	具体定位和品牌推广	
次级城市形象定位及推广	城市功能	宜居城市
	旅游、休闲	1. 精彩深圳，时尚之都 2. 国际化滨海旅游城市
	深港合作	1. 深港大都会 2. 深港都市圈
	物流、交通	1. 港口之都 2. 公交城市

二 “十大观念”对深圳城市形象定位的启发

城市的魅力可以在不经意中形成，而城市形象则需要刻意去塑造。[①] 由于城市形象的塑造是一个全新的社会系统工程，从世界范围而言，都还是处于探索阶段，既缺乏成熟的理论指导，又缺乏丰富的实践经验，因此，学术界在研究城市形象的定位和塑造时，经常借鉴企业识别系统理论的原理，构建起城市理念识别系统、城市行为识别系统和城市视觉识别系统三个部分组成的相对完整的理论体系。在这个体系当中，城市理念识别系统的重要意义已经是学术界的共识。“如果把城市看作一种特殊商品，要想在未来激烈的城市竞争中取胜，一个城市首先必须提炼出与众不同的核心价值，必须给予人们一种独特的体验，切不可流于平凡，甚至庸俗。”[②]

城市的核心价值是一个城市的灵魂，寻找城市的核心价值，是城市形象定位的第一步。2010 年在深圳经济特区建立 30 周年之际，由深圳市

① 郑昭、李军波、刘波：《城市营销：理论回眸与前景展望》，《软科学》2005 年第 5 期。

② 孟建、何伟、张秉礼：《城市形象与软实力——宁波市形象战略研究》，复旦大学出版社 2008 年版，第 8—9 页。

民评选出的“深圳最有影响力十大观念”，对深圳这座城市的形象定位和塑造，无疑具有重要的启示意义。

首先，“十大观念”凝练了深圳这座城市的精神特质。如《深圳十大观念》序言所说：“‘十大观念’集中地反映了深圳人的精神奋斗史，是全体市民共同创造的精神财富。每一个观念的产生，都有着难忘的故事；每一个观念的入选，都是对深圳建设者的礼赞；每一个观念的定格，都铸造了这座城市的品格；每一个观念的传承，都带有全体市民的共同记忆。”[①] 观念一：“时间就是金钱，效率就是生命”；观念二：“空谈误国，实干兴邦”；观念三：“敢为天下先”；观念四：“改革创新是深圳的根，深圳的魂”；观念五：“鼓励创新，宽容失败”，这五条观念浓缩了深圳改革开放和经济特区建设30年奋斗历程所积淀下来的宝贵经验和精神财富；观念六：“让城市因热爱读书而受人尊重”；观念七：“实现市民文化权利”，反映了深圳这座城市从拼经济、拼管理到拼文化的“华丽转身”，从“文化立市”到“文化强市”的城市自觉、自省与自强历程；观念八：“送人玫瑰，手有余香”；观念九：“深圳，与世界没有距离”；观念十：“来了，就是深圳人”则是深圳作为一座典型移民城市，那种开放、包容、多元、亲和，人与人之间守望相助的广阔胸襟和非凡气度的真实写照。

其次，“十大观念”是深圳市民对深圳这座城市的印象共识。2010年8月，深圳报业集团启动“深圳最有影响力十大观念”评选活动。一座城市以“观念”为主题在市民中开展广泛的评选活动，这在我国乃至世界城市发展史中都是不多见的。而这次“深圳观念”的评选，经过两个多月的时间，经历三轮投票评选，“十大观念”最终出炉。第一轮推荐采取海选的形式，选出了103条候选观念；第二轮由社会科学界专家学者和资深媒体人组成评委会对103条观念条目进行认真、审慎的评选，投票选出了30条候选观念；第三轮评选采取网络评选和专家评委会评选各50%比例权重进行评选。令人惊讶的是，在第三轮终选阶段，网络评

① 王京生：《深圳十大观念》，深圳报业集团出版社2011年版，序。

选和专家评选的结果认同率极高，达到了9条，充分证明了最终尘埃落定的“深圳最有影响力十大观念”具有广泛的民意基础，正是深圳市民对这座城市的集体印象。

基于以上两点，我们可以认为，“十大观念”是深圳的城市核心价值。深圳城市形象的定位和塑造，应该把体现这些“观念”的城市形象因子整合起来，塑造出深圳城市形象的某些特定的品牌，呈现在公众面前，使其对城市产生清晰、明确的印象，由此激发公众对城市进行深入了解、深度感知、深度参与的欲望，从而引发对城市的心理认同。

三 从“十大观念”看深圳城市形象的定位

基于以上分析，笔者试图对“深圳最有影响力十大观念”进行分类，据此对深圳城市形象做出以下定位：

（一）锐意进取的“创新之城”

“十大观念”里，观念三“敢为天下先”；观念四“改革创新是深圳的根，深圳的魂”；观念六“鼓励创新，宽容失败”，指向的是深圳锐意改革、昂扬进取的创新精神。如果要举一个深圳与其他城市相比，独一无二的特质，最没有异议的就是勇于创新。邓小平同志曾经指出：“深圳的重要经验就是敢闯。”① 当年总设计师给深圳经济特区画“圈”的时候，授命深圳要“杀出一条血路来”。在中央不给钱、不给物，只给大胆闯、大胆试政策的情况下，深圳如何杀出重围，靠的就是敢闯敢试的创新精神。深圳勇闯不合时宜的政策法规“禁区”、前人未曾涉足的“盲区”、矛盾错综复杂令人望而却步的“难区”，提出了“时间就是金钱，效率就是生命”、“实干兴邦、空谈误国”、“崇尚创新、宽容失败”等振聋发聩的口号，引领全国改革开放潮流，激励特区人不断突破传统思想观念和计划经济体制束缚。那首脍炙人口的歌曲《春天的故事》描述深

① 《邓小平文选》第三卷，人民出版社1993年版，第372页。

圳经济特区"神话般地崛起座座城，奇迹般地聚起座座金山"，如果没有锐意进取的创新精神，深圳经济特区是谱写不出这些神话、这些奇迹的。实践已经证明，解放思想、敢闯敢试是深圳创造发展奇迹的一大法宝，"创新之城"理所当然应该成为深圳推向世界的第一张城市名片。

（二）开放多元的"国际都会"

"十大观念"里，观念八"送人玫瑰，手有余香"；观念九"深圳，与世界没有距离"；观念十"来了，就是深圳人"，指向的是深圳海纳百川、多元包容的开放胸怀。如果要在全国找出一个最不排外的城市，毫无疑问就是深圳。深圳有90%以上人口是来自外地移民。按照"移民社会是指那些外来人口占社会总人口的比重在50%以上，外来人口在社会生活的各个方面占主导地位的国家或地区"① 的标准，深圳可说是一个典型的移民社会，其主要特征是人口流动性大、社会开放、多元文化并存。无论是20世纪80年代的政策性移民还是20世纪90年代开始的自发性移民，这些"深圳人"来自全国各地，怀揣梦想在这片热土上打拼，或多或少经历过创业的艰辛，因此他们少有原生居民的优越感，而更多包容、理解、互助、亲和的待人处世态度。深圳是全国义工最多的城市，是志愿援助贫困地区义工和教师最多的城市，是义务献血最多的城市，这些数据都说明了深圳人宽以待人、守望相助的精神。当然，目前深圳人口构成中，国内其他地区的移民占绝大多数，而外国移民占的比重很小，说明深圳与严格意义上的"国际化城市"还有一定的距离。但是，深圳所具有的开放、多元、亲和的城市精神特质，还有深圳毗邻国际大都市——香港，是中西文化交汇的"窗口"这样的区位优势，使得"现代化国际化先进城市"的发展目标并非遥不可及，"国际都会"应该是深圳推向世界的又一张城市名片。

---

① 刘国红：《深圳移民文化：新市民文化的雏形》，《马克思主义与现实》2005年第3期。

（三）智慧文明的“文化深圳”

“十大观念”里，观念五“让城市因热爱读书而受人尊重”；观念七“实现市民文化权利”，指向的是深圳从拼经济、拼管理到拼文化的自觉转型，和以创新型、智慧型、力量型主流文化引领发展的城市品位。深圳，曾经只是我国南方边陲的一个小渔村，历史文化积淀薄弱、文化资源匮乏、文化人才稀缺，在大多数人印象中，她是一片“文化沙漠”。深圳乘改革开放东风创造辉煌经济成就的同时，文化建设也不甘落后。21世纪初，当国内其他城市还在热衷于搞各种经济开发区时，深圳率先确立“文化立市”战略，并出台一系列推动文化产业和文化事业发展的政策。目前，文化产业已成为深圳的支柱产业之一，形成了“文化＋科技”、“文化＋旅游”、“文化＋金融”的产业发展新模式，同时积极探索“文化＋休闲”的产业新业态。同时，深圳大力彰显市民的“文化权利”，广泛开展文化普惠，完善公共文化服务体系。图书馆、博物馆、纪念馆等公共文化设施建设走在全国前列，市属公益文化场馆均向市民免费开放，“读书月”、“市民文化大讲堂”、“社会科学普及周”等大型文化普及活动和“美丽星期天”、“戏聚星期六”等高雅艺术鉴赏活动，也面向市民免费或低价开放。可以说，“文化”已经成为深圳市民不可或缺的生活方式。深圳有两个鲜为人知的“第一”：人均购书量全国第一，户均拥有钢琴数量全国第一。2008年深圳被联合国教科文组织授予“设计之都”称号，2009年深圳荣获世界知识城市峰会颁授“杰出的发展中的知识城市”称号。这些数据、这些荣誉，不仅证明年轻的深圳业已建成一片郁郁葱葱的“文化绿洲”，而且表明她将会成为中华文化走向世界的重要窗口。因此，“文化深圳”理应成为深圳推向世界的第三张城市名片。

（四）高效廉洁的“法治城市”

在“十大观念”评选活动中，观念一“时间就是金钱，效率就是生命”；观念二“空谈误国，实干兴邦”，均以全票率先获选，而且前者在网络平台投票中的得票数高居榜首。它们指向的是深圳重效率、轻虚名，重实干、不空谈的务实精神和实用理性。深圳经济特区创办之初以贸易加工区为目标，在全国率先建立了较完善的市场化、外向型经济模式，因此深圳文化中带有浓厚的商业气息，秉承了岭南文化的重商意识及由此衍生的务实精神和实用理性。同时，深圳30年建设史也是移民的创业奋斗史。在白手起家的创业过程中，务实精神、实用理性已渗透到每一个深圳人的工作、生活乃至人际交往之中。而民间层面务实、高效的市民秉性和诚信、契约的商业精神，又极大地反射到政府层面，影响和督促着执政治理行为，推动着行政管理体制的改革探索。深圳在行政管理体制改革方面一直走在全国前列，率先完成大部门管理体制改革，率先探索创新公务员管理制度。2011年1月，深圳市政府工作报告明确提出"十二五"期间要由过去30年创造的"深圳速度"向以质取胜的"深圳质量"跨越；2011年7月，深圳市委、市政府公布《关于建设廉洁城市的决定》，使深圳成为全国首个设"廉洁城市"目标的城市。"廉洁"绝不限于政府或官员自身的自律行为，它浓缩了个体市民行为的诚信守法，社会整体运作的高效务实，体现的是整个城市的管理水准和文明程度。2013年12月3日，《深圳市加快建设一流法治城市工作实施方案》正式发布，为深圳法治城市建设绘就"路线图"。在这张路线图中，明确推进"着眼于提升依法执政水平，着力增强各级领导干部运用法治思维和法治方式推动改革发展的能力；着眼于维护法律权威，扎实推进法律法规实施；着眼于提升立法质量，加大力度推进立法创新；着眼于落实依法行政，加快推进法治政府建设；着眼于促进公正司法，进一步深化司法体制机制改革；着眼于提升法治文明，在全社会弘扬法治文化、提高市民法治素养"六项工作，指出要使法治成为全体市民的共同意识和自觉行动，成为深圳经济特区的鲜明特质和竞争优势。① "一流法治城市"目标的提出，体现了政府自觉将权力关进笼子的勇气和决心，进一步浓缩了务实、高效、廉洁的城市精神，明晰了城市治理的努力方向。因此，"法

① 《深圳法治城市建设2015达一流》，《领导决策信息》2013年第48期。

治城市”应该成为深圳推向世界的第四张城市名片。

诚然，城市形象因子是复杂多样的，以上四个定位，远未能涵括深圳城市形象的方方面面。但城市形象定位的目的是为了使社会大众感受到城市的核心价值，在心目中给城市一个独一无二的位置。因此，以“十大观念”为基础提炼出的以上四个定位，在一定程度上应该可以代表深圳的城市形象，可以作为深圳未来城市推广的品牌。

（刘婉华：博士、深圳市社会科学院副研究员）

文化科技融合在文化遗产保护中的运用

——以敦煌莫高窟数字化为例

陈振旺　瞿继伟

作为中华民族的重要历史遗留产物，文化遗产记载了中国多个民族的传统记忆和文化基因，它不仅体现着我们整个民族的智慧与精神，更是我们民族特有的文化形态和审美理想的具体反映，也是民族凝聚力的重要源泉。中国具有五千年的文明史，自 1987 年至 2014 年 6 月，中国先后被批准列入《世界遗产名录》的世界遗产已达 47 处。中国继续稳居世界遗产榜第二的位置，仅少于意大利。其中，自然遗产有 10 项，文化遗产有 33 项，双重遗产有 4 项。① 文化遗产的数量之大也使得文化遗产保护工作显得尤为紧迫与重要，如何保护文化遗产是当前我们文化遗产工作亟待解决的重要问题之一。

随着科技发展日新月异，文化与科技融合的趋势日渐显现，一些文化与科技融合的产物也应运而生，这给我们文化遗产保护工作带来了新的技术支持与发展契机。文化遗产数字化保护是一种新的方法和途径。它采用数字摄影、三维信息获取、虚拟现实、多媒体与网络等信息技术将与文化遗产相关的文字、图像、声音、视频及三维数据信息数字化，可以永久性地保存和使公众最大限度地、公平地享有文化遗产。正是基于此目的，联合国教科文组织（UNESCO）早从 1992 年就开始“世界的

① 参见《中国的世界遗产》，新华网（http://news.xinhuanet.com/ziliao/2006-05/09/content_4524764.htm）。

记忆”（Memory of the World）项目，在全球范围内切实助力文化遗产数字化进程的推进。此后，世界各国的文化遗产数字化进程不断发展。[①]

在这样的大趋势背景下，自1996年起，我国正式启动了国家数字图书馆工程，文化遗产的数字化进程也由此开始。截至目前，我国物质文化遗产领域的数字化研究已经步入正轨，但非物质文化遗产领域的数字化工作却才刚刚启动，许多科研机构和企事业单位进行了许多相关研究，也取得了很多有益的成果。其中，一种很好的解决方法就是构建非遗保护的数字化信息终端平台。构建非遗保护的数字化信息终端平台是在当今社会科技革命背景下，最为有效的科技手段。它可以在各种数位系统信息的构建下，采用多种手段传达给用户，还能够通过数字技术实现与非遗的互动和交流，使静态传统艺术在动态的虚拟场景中转换实现，在充满情趣的互动过程中感受各种文化遗产所表现出来的艺术震撼力。

在上述研究背景下，本文将结合文化科技融合时代背景，阐述文化科技融合在遗产保护中的重要意义，以敦煌莫高窟数字博物馆为例，探讨分析文化与科技融合在其中的具体运用，并从实践角度出发，尝试提出文化科技融合在文化遗产保护中的应用实践建议。

一　文化科技融合在文化遗产保护中的意义

在当今知识经济时代，文化科技融合呈现出加速推进的态势，文化产业技术研发与转化增强了产业装备水平和企业核心竞争力，并在文化创新各个环节显示出前所未有的勃勃生机。面对科技高速发展时代的严峻挑战，文化建设机遇稍纵即逝，深化文化科技融合在文化遗产保护中的运用，有利于促进文化科技融合及其对文化创新驱动的制度张力，让文化创新全面释放实现“中国梦”的强大正能量。

---

① 李伟、俞孔坚：《世界文化遗产保护的新动向——文化线路》，《城市问题》2005年第4期。

（一）文化科技融合有助于文化遗产的保护、开发和发展的平衡

文化科技融合是文化遗产旅游发展的内在需求。一方面，文化科技融合对文化遗产原生态的肆意改造具有削弱作用，在一定程度上对旅游开发与保护中文化资源的传承与利用的矛盾起到了缓解作用，它使文化遗产被资源的范围有所扩充，有利于从科技角度支撑文化旅游事业发展，增强文化资源的科技含量，从而使文化遗产的实物遗址保存得以实现，以此达到保护、传承、开发、利用文化遗产资源的目的。另一方面，数字技术的应用使文化遗产的概念内涵发生转变与扩展。物质与非物质文化遗产是当代对文化遗产的界定，虚拟现实技术所构建的对文化遗产的实体虚拟、动漫设计、虚拟漫游等高新技术所产生的供人们欣赏、学习、游乐等产品理应成为文化遗产的部分，使文化遗产的概念内涵得到扩展与延伸，历史文化遗产的定义得到延伸与价值重组。① 以敦煌莫高窟的数字化为例，它的应用首先是为了抢救敦煌石窟珍贵的文物信息，使之得以永久真实地保存，为敦煌学研究提供准确详细的信息资料，并可制作虚拟洞窟供游客欣赏参观，为缓解石窟开放的压力、保护壁画提供技术保障。同时，敦煌学数字化代表了数字化时代敦煌学发展的新趋势。

（二）文化科技融合打造文化遗产的“虚拟交互式体验”

数字化技术为文物保护、考古、古人类学的研究开辟了新的途径，针对文化遗产的保护需求，采用虚拟现实、图形图像处理等信息科学新技术，目的在于推动人类文化遗产保护的科学化、现代化进程。如此众多的文化遗产都是前人智慧的结晶，但随着岁月的流逝，不论我们怎么保护，它们还是会损坏。文化遗产通过数字采集、复原再现、展示传播等方法手段，使得历史得以数字化再现，文化得以信息化传承。敦煌文化遗产的数字化，就是将数字技术、信息技术运用于敦煌文化遗产，特

① 刘新阳：《数字技术解读历史陈列——新媒体技术在博物馆陈列展示中的应用》，《设计艺术研究》2012 年第 2 期。

别是敦煌石窟和敦煌遗书，建设一个数字版的敦煌，达到用数字形式保护敦煌文化遗产的目的。① 同时，在数字化壁画保护修复的研究所涉及的数字化技术与思维，促进现代化科技和古文化资源的碰撞交流，它的出现在一定程度上促成了新的学科研究方向的形成——信息科学与文物科学的交叉研究。数字化的文物保存、修复、开发技术和研究，推动文物研究与保护的方法、手段取得了新的突破，具有非常广泛的应用前景，使我国从文物保存大国向文物保护研究大国发展。

（三）文化科技融合是文化遗产"定制化营销"的实现手段

文化科技融合有利于文化遗产旅游资源的再充分利用，是实现"定制化营销"的重要手段与路径。定制化营销是指在大规模生产的基础上，将市场细分到极限，把每一位顾客视为一个潜在的细分市场，并根据每一位顾客的特定要求单独设计、生产产品并迅捷交货的营销方式。实现文化遗产的"定制化营销"也是推动文化遗产发展的必由之路。在文化科技融合的时代背景下，究竟如何在有限的保护条件之下，实现文化遗产的最大化传播呢？这就需要将文化科技融合的理念与技术应用于文化遗产的保护与旅游推广中，以游客的角度出发去定制一套既能满足游客需要，又能彰显文化遗产价值的营销之路。以敦煌莫高窟为例，之前游客只能在洞窟前先听讲解员简单介绍洞窟的基本情况，然后进洞看一两分钟，大部分时间都在排队等候，这对游客参观的积极性与欲望无疑是一个打击；敦煌莫高窟采用数字技术将原尺寸的敦煌壁画复制，并将其做成一个栩栩如生的动态图像，游客可以直观地感受到壁画所有的人物与场景，甚至可以与壁画进行互动，成功实现了"定制化营销"。

（四）文化科技融合有助于文化遗产信息管理系统（DMS）建设

信息管理是文化遗产管理与保护的一项重点任务，文化科技融合在

① 李昕：《论非物质文化遗产保护产业化运作的可能性》，《贵州民族研究》2008年第2期。

一定程度上推动了信息技术在文化遗产中的运用，推动了文化遗产信息管理系统的建设。正如上文所述，敦煌莫高窟的数字化应用就是一个很好的例子。20 多年以来，敦煌学数字化工作从无到有发展迅速，并且取得了丰硕的成果，数字资源不断涌现，理论探索多有创获。一方面，它采用数字技术，对敦煌石窟艺术的全部信息进行记录，同时进行石窟壁画的现状调查及相关保护工作；另一方面，它采用的数字无线传感器网络技术在洞窟实时监测和管理方面发挥了独特的作用，为莫高窟洞窟的开放管理水平提升提供了技术支持。此外，三维激光扫描的数字技术在洞窟考古测绘工作中的应用，也使得测量精度和准确性得到了提高。① 综上所述，敦煌莫高窟运用文化科技融合的方式，充分发挥数字技术在文化遗产保护的作用，构建的一套管理系统与数据库，有利于推动信息资源共享数字技术的实现，为敦煌石窟艺术充分展示扩展了空间。

二　文化科技融合在敦煌莫高窟数字化中的运用

（一）莫高窟数字化技术的研究概况

敦煌研究院对壁画数字化技术的研究始于 1993 年，目的是利用计算机数字化技术永久地、高保真地保存敦煌壁画彩塑资料。在敦煌壁画数字化作业中，实现高精度、色彩逼真的数字壁画采集、存储及处理，是数字敦煌的基础，也是所有数字壁画应用的基础，而且与虚拟漫游技术相结合，则不仅实现了洞窟的逼真重现，而且还可作用于引导浏览、查询详细的敦煌壁画资料，因此，这两项技术的结合，就能组成数字敦煌实现的核心。② 敦煌研究院通过十多年与国内外计算机数字化研究机构的合作，完成敦煌石窟 22 个典型洞窟的数字图像，基于 QuickTime VR 技术的虚拟漫游洞窟 42 个，形成了敦煌莫高窟数字展示中心。

① 游雪晴：《数字技术让莫高窟延年益寿》，《中华建设》2005 年第 1 期。

② 樊锦诗：《敦煌莫高窟的保护与管理》，《敦煌研究》2000 年第 1 期。

（二）莫高窟文物向数字化转化的原理

敦煌壁画数字化的技术原理是利用高精度数字相机分幅拍摄大幅面壁画，然后利用计算机技术拼接还原，从而达到大幅面壁画高精度数字化的目的。敦煌研究院和浙江大学从系统工程的角度，深入地总结了多年来在石窟壁画数字化采集工作中各个环节的经验和思考，特别是分析、归纳了摄影设备、辅助装备、操作程序等方面的基本要求和技术指标，是石窟壁画数字化采集的先决条件和基本保证。有关经验和操作规程对于敦煌石窟乃至我国的石窟、殿堂、墓葬等壁画数字化工程具有普遍的指导作用。

（三）敦煌壁画数字化技术的应用方法

壁画数字化成果的重要应用之一是数字化技术在游客管理中的应用。综合使用数字壁画图像制作虚拟洞窟游览、多媒体展播节目、多媒体展示等，为游客提供数字高科技服务。数字展示的重点是：将所获得的精选石窟的数字影像应用到媒体库中，从而使得人们能够自由、互动地探索拍摄下来的洞窟内容。这样一种互动的“浏览”，既能对石窟的内部景观进行三维立体观览，又能对壁画艺术品和雕塑品进行细致观察。石窟虚拟漫游不仅使游客更好地了解莫高窟的历史文化景观，而且使每位游客都可以通过“虚拟”媒体体验，对洞窟有更加直观的感受。在实体洞窟之外的虚拟洞窟系统作深入的展示将有效地减少游客在洞窟参观时滞留的时间，提高游客接待能力，从而有效地缓解洞窟保护和利用的矛盾，最终实现保护壁画的目的。

为此，科研团队采用多维虚拟技术对文物进行保护，传承和宣扬敦煌石窟的壁画艺术。敦煌壁画的数字化到底采用哪种方式效果最佳，是二维数字化？二维半数字化？还是三维数字化？敦煌研究院展开了研究，如何探索一条花费最少，效果最好的方式，如何加速完成敦煌壁画的数字化，是当前亟须解决的重要问题。

1. 科技文化融合的示例之一：敦煌壁画的两维数字化

壁画的两维数字化是由微软亚洲研究院的科研团队完成的，采用的主要方式是将图像用数码喷绘技术打印出来，制造成敦煌壁画，这种技术被称为“两维数字化”。[①] 该科研团队为敦煌莫高窟量身定制了十亿级像素的“飞天号”数字相机系统，它的机身像21寸电视机，最大的优势在于其软件的自动拼接功能和焦点合成技术，能够用一幅照片就能拍摄完成一个完整的中型佛龛。相对于以前，使用“飞天号”数字相机系统之后，只需几个小时就可以完成一个中型佛龛的采集工作，一张9平方米壁画的采集工作仅需十几分钟，而在过去这需要每位工作人员每天拍摄15张照片才能完成，这大大加快了敦煌石窟的数码拍摄进程。敦煌研究院采用这种技术修建了新的“敦煌壁画数字艺术馆”，观众可用足够的时间来参观和学习这些精美的敦煌壁画，而且百年以后看到的壁画效果和目前的效果完全一致。

2. 科技文化融合的示例之二：敦煌壁画的两维半数字化

壁画的两维半数字化是由上海印刷集团有限公司12人组成的科研团队完成的，采用的主要方式是先用高精度数码相机采集壁画图像，再把打印出来的成品裱贴到三维洞窟木模墙体和天棚上，模拟敦煌石窟内的场景，配上仿制的彩塑佛像，或立佛，或卧佛，能让观众身临其境，这种做法称为敦煌壁画的“两维半数字化”。[②]

3. 科技文化融合的示例之三：敦煌壁画的三维数字化

壁画的三维数字化主要是指采用3D数字化技术，将敦煌壁画以情景动画的形式展现出来。它可以再现敦煌壁画的风采，将壁画情景所展现的人物、动物等复原，模拟其自然应有的状态，给参观者一种身临其境的感觉。该项技术曾将敦煌壁画展现成动画，如“盛世和光——敦煌艺术大展”、“丝路放歌——情系奥运”等。其中以在台北市展览的“绘动敦煌”大展最为著名，它把《阿弥陀净土经变》制作成原尺寸3D动画。画中的舞者、乐师、神、佛与吉祥动物，会随着音乐有不同的表情动作呈

① 潘云鹤、鲁东明：《古代敦煌壁画的数字化保护与修复》，《系统仿真学报》2003年第3期。

② 夏生平、张元林：《数字时代：世界文化遗产地敦煌莫高窟遗产保护和信息资源组织与管理》，《数字图书馆论坛》2011年第9期。

现，将原本只是静态的敦煌石窟壁画，透过数码科技，让画中的人物“动”了起来，重现这幅初唐完成的《阿弥陀净土经变》原有的热闹风华。

除此之外，这次展览结合美国、大陆的跨国制作团队，运用好莱坞MOCAP（动作撷取）动作捕捉技术、浮空投影制作技术、全像术制作技术、红外线互动感应技术等，把原本静态的敦煌壁画故事内容，透过数字技术与音乐，将实际动态影像与特效结合。另外，也有以浮空投影技术结合真人拍摄与录制动作，呈现出飞天仙女的优雅美姿。而在展览的最后，也以光雕投影的技术，投射出一尊佛像。观众可以对着他许下心愿，佛像会立刻反应互动，传送祈福手印，趣味十足，真正地将文化科技融合做到了极致。

敦煌石窟规划筹建敦煌莫高窟游客服务中心，并已获得国家支持。根据规划，这个游客中心建成后，不仅可以将游客对文物造成的过多威胁降至最低，使洞窟得到有效保护，而且能充分扩展敦煌石窟艺术展示的场所和空间，实现世界文化遗产敦煌莫高窟“永久保存、永续利用”的目标。在具体规划设计中，该中心将建设主题电影演播厅、洞窟实景漫游厅、多媒体展示厅及相关配套设施。在这些配套设施中，洞窟实景漫游厅、电影演播厅将使用球幕电影，球幕电影通过收集材料、构建模型、贴成图形、后期渲染等流程来实现。① 它能使观众细致入微地观看洞窟建筑、彩塑和壁画，还能让观众获得丰富的敦煌历史文化和艺术知识。

三　敦煌莫高窟文化科技融合对中国文化遗产保护开发的启示

（一）文化遗产保护事业中文化科技融合的发展趋势

从敦煌莫高窟的数字化运用可以看出，在文化遗产保护事业中，文化科技融合必定向更加开放、更加科学、更加自主的方向发展，这对于

① 樊锦诗：《敦煌石窟保护与展示工作中的数字技术应用》，《敦煌研究》2009年第6期。

实施载体博物馆来说，在融合的宽度、长度和深度上必定会进一步拓展和深化。

1. 文化科技融合在文化遗产保护事业的宽度进一步拓展

一般意义上来讲，文化遗产保护事业文化科技融合的宽度主要是指文化科技融合在文化遗产保护事业中的实践领域。我国文化遗产保护事业（博物馆）中文化科技融合的领域还主要在藏品收集保护和藏品展览陈列方面，国内有一部分实力雄厚的大型博物馆已在文化科技融合的领域拓宽至博物馆建筑、文化创意产品开发等方面。文化科技融合的宽度在全国范围会进一步拓展。[①] 一方面，随着大众对博物馆城市公共文化空间身份的认可，在博物馆馆藏文物一体化设计的博物馆建筑中，文化科技融合进程会加速；另一方面，随着我国博物馆管理体制的改革，文化创意产品开发，作为最能彰显文化科技融合成果的博物馆文化创意产品，文化科技融合的步伐也会加快。

2. 文化科技融合在文化遗产保护事业的长度进一步延伸

相对于宽度，文化遗产保护事业中文化科技融合的长度是指文化科技融合在文化遗产保护事业中实践的某一领域中的多个文化科技项目，主要表现在陈列展览及其相关活动的多个项目和文化创意产品开发的各个品类。文化遗产保护事业中陈列展览以及相关活动项目，也是文化科技融合的主要领域。伴随博物馆陈列展览及相关文化传播活动的日益社区化、企业化、景点化，博物馆陈列展览相关活动会广泛应用新媒体技术、数字化技术，这将推动文化科技融合在具体项目中实现。

3. 文化科技融合在文化遗产保护事业的深度进一步提升

根据以往学者研究，文化创意与科技手段适应大众文化需求的优化过程被称为文化遗产保护事业中文化科技融合的深度。需要强调的是，在这个过程中，一方面，文化与科技是紧密相连的，但它们不能为了融合而融合，硬生生“凑合”在一起；另一方面，它们也不可以分别凭借

① 周全明：《文化科技融合视野下博物馆事业的发展路径及趋向》，《江汉大学学报》（社会科学版）2013 年第 3 期。

各自不同阶段所需随意地融合。在日常实践中，文化遗产保护事业中文化科技融合必须能够紧贴大众精神生活需求，兼顾文化资源的保护以及先进数字化技术的应用，形成富有创意的优化陈列展览及相关活动项目、文化创意产品开发项目等，这一切都要求科技手段与文化需求紧密结合，积极推动文化资源项目应用领域的开发与发掘，找准最佳结合点，真正实现文化科技有效融合。

4. 文化遗产保护事业中文化科技融合的国际交流合作将会更加广泛

虽然我们在文化科技融合方面已取得一定成就，但与西方发达国家的差距还是显而易见的。伴随科技的不断更新换代，文化科技融合在文化遗产保护事业中也必须要实现跨越式发展。如何实现跨越式发展？需要从两个方面做起：首先，文化科技融合必须要有政策鼓励与相关建设的推动。目前政府已经给予重视，重大文化科技攻关项目的推进印证了共识及行动已在大众范围内得以形成并不断发展。其次，文化与科技融合还必须要推进国际交流与合作，必须走出去与西方发达国家优秀博物馆展开合作交流，不断吸取其在文化科技融合方面有益的做法与策略，采用数字化技术、信息网络技术，真正实现突破地域限制，推动全球文化遗产保护资源的共享交流，形成全球范围内的文物高科技保护修复工作的推广。

5. 文化科技融合下博物馆将会出现多种新形态并存发展的态势

在文化遗产保护工作中，文化科技融合的深化与国际合作的推广，多元化、多形态将是文化科技融合在文化遗产保护事业中的新趋势。上文所述采用数字化技术的虚拟博物馆、运用高新技术的生态博物馆都是很好的实践典范。此外，大众对文化娱乐等自我发展需求也在不断增强，现代都市文化资源等基础设施日渐形成多元化，未来数字化技术的应用必将催生一批城市标志性的大型文化设施项目，如主题公园或展会场馆等。而且，在文化科技成果不断更新换代过程中，一些专注于文化创意的主题场馆也会应运而生，在文化遗产保护事业中也将发挥更大的支撑作用，推动文化科技融合进程的进一步加速。

（二）文化遗产传承的可持续保护新路径

在信息时代，数字化技术可为文化遗产的保护与旅游开发带来新的手段与形式，能够在文化遗产的发掘、保护、管理、营销、研究与展示等一系列环节中促进保护与遗产旅游的和谐共生。因此，本文通过探讨如何用现代科技手段保护和开发利用文化遗产，也希望为非物质文化遗产的传承与保护提供可供参考的路径。

1. 建立非物质文化遗产数字化保护与开发的技术体系

正如上文所述，在当今文化科技融合时代，传统的口头传说、民俗礼仪、传统表演艺术、传统手工业技艺等非物质文化遗产开始逐渐失去其传承与发展的文化根基，目前面临着前所未有的生存危机。① 因此，如何运用文化科技融合手段，全面将其应用于非物质文化遗产资源的采集、整理、传播及服务等多个领域，建立并健全适应当今文化科技融合时代的非物质文化遗产数字化的保护与开发的技术体系，已成为当今非物质文化遗产亟待解决的一个重要问题。

在这个文化与科技融合的技术体系中，科技是辅助手段，文化是其核心，如何使用先进的科技手段将文化绘声绘色地展现出来，是体系的重中之重，② 唯有掌握这种技术手段，搭建起技术体系平台，才能实现文化与科技紧密结合，最终实现非物质文化遗产数字化平台的搭建。

2. 构建数字化非遗保护平台

文化遗产的保护是文化遗产事业的重要任务之一，也是基础工作，做不好保护，更何谈发展。从敦煌莫高窟的数字化应用案例中可以看出，构建文化遗产的数字化保护平台是解决文化遗产保护工作的一大利器。它可以从信息化应用的视角探讨我国文化基因保护与传承的技术和手段，

---

① 周健悦：《敦煌壁画数字化的知识产权问题研究》，硕士学位论文，浙江大学，2012年。

② 刘刚、张俊、刁常宇：《敦煌莫高窟石窟三维数字化技术研究》，《敦煌研究》2005年第4期。

真正打破学科的界限，构建一个平台来共同探索文化科技融合在文化遗产保护中的运用，发掘能够用于非物质文化遗产保护的方式方法，寻找科技与艺术的结合点，将科技的理性与艺术的浪漫交融，将数位技术作为传承手段和思维方式，将其融汇运用于文化艺术中，真正实现科技与文化的创新融合。①

截至目前，我国非物质文化遗产数字化保护平台已经初步建立，政府引导效益较为明显。应对未来发展趋势，非物质文化遗产数字化保护工作仍需要在投入机制、法律保障、管理体系及保护体系等多方面措施进行加强。

3. 研发设计三维数字化技术等多种数位终端设备的应用平台

正如上文所述，多维数字化技术在现代非物质文化遗产的保护工作中发挥着举足轻重的作用。尤其是三维数字化技术，它的技术突破及广泛应用为非物质文化遗产的保护工作铺平了道路。在日常的例行保护工作中，科研团队可以利用先进的激光扫描技术建立各类文物的三维数字化模型，进而完成文化遗产的数字化记录及其永久保存、文化遗产的状态监测与分析、文物的非接触式虚拟修复以及文化遗产的虚拟展示等诸多功能。②

以建筑类的文物景观为例，合作研发设计多种数位终端的应用平台，可以帮助相关工作单位建立三维模型表现室外景观和建筑形象，这一套严谨的流程保证了团队复原能够最大限度地忠实于文物本身的历史原貌。正如由清华城市规划院数字城市研究所研发的“CityMaker”数位终端的应用平台一样，它是一款集三维仿真、GIS、互联网于一体的软件平台，它的应用可以在保护世界文化遗产方面起到不可或缺的作用。③ 因此，相关工作单位需要加大科研的投入，与先进的科研机构合作，共同建立基于网络的文物数字化虚拟复原平台，采用新技术、新方法、新形式、新平台进行

---

① 白天佑：《莫高窟壁画数字化可能性探析》，《长江大学学报》（社会科学版）2011 年第 11 期。

② 周明全、耿国华、武仲科：《文化遗产数字化保护技术及应用》，高等教育出版社 2011 年版。

③ 韩春平：《敦煌学数字化研究综述》，《敦煌学辑刊》2009 年第 4 期。

数字复原研究，为非物质文化遗产数字复原工作提供有利条件。[①]

4. 从文化遗产的特色出发，发掘并建立文化遗产的差异化竞争优势

每个文化遗产都有其自身的特色，如何在文化科技融合的引导下发挥其特色所长，充分发掘并建立其独特优势，是助力其未来发展的另一大路径。如上文所述敦煌莫高窟一样，莫高窟独特价值的呈现方式是需要在文化科技融合的技术基础上去探索并构建的。如以文化壁画为特色的遗产，就可以考虑将其生动化，把原本静态、单调的壁画，转变成一幅幅动态变化、丰富多彩的动画，并采用交互技术实现游客与文化遗产的互动，就能够把原有的特色利用现代科技将其价值最大化，带给游客极致的感官体验。[②] 在非物质文化遗产的保护工作实践中，博物馆或相关工作单位要从文化遗产的差异化特性出发，真正建立起文化遗产的差异化竞争优势。

5. 以文化教育传播为核心，增强互动体验，提升博物馆文化科技融合的整体水平

在当今文化科技融合时代，现代科学技术发展迅猛，声光电综合技术、数字技术、信息技术、人机互动技术、文物修复技术等，达到了前所未有的高度。技术的发展考验着博物馆的文化创意，如何根据文物的特点及观众的需求，选择适当的高精尖技术，做出富有创意的设计，使公众在极富创意的文化科技融合中尽情休闲，是文化遗产保护事业亟待解决的课题。[③] 而博物馆作为文化遗产保护的重要实施载体，文化教育的传递作用就显得尤为重要，一方面，通过传递文化价值，它可以增强参观游客与文物遗产之间的互动性，从而提升客户体验；[④] 另一方面，通过

---

① 谈国新、孙传明：《信息空间理论下的非物质文化遗产数字化保护与传播》，《西南民族大学学报》（人文社会科学版）2013 年第 6 期。

② 谭必勇、张莹：《中外非物质文化遗产数字化保护研究》，《图书与情报》2011 年第 4 期。

③ 翟红杰：《基于数字化理念与方法的建筑遗产保护策略研究》，硕士学位论文，华中科技大学，2006 年。

④ 郑巨欣：《文化遗产保护的数字化展示与传播》，学苑出版社 2011 年版。

采用文化教育传播手段，博物馆文化科技融合的整体水平也会大幅度得到提升。因此，大力推进文化科技融合，解决文化科技融合过程中的关键性技术难题，采用各种声光电技术、虚拟现实技术、人机互动技术、知识工程技术和新媒体技术为博物馆陈列展览及相关活动提供技术支持，从而增强互动体验，也是未来可借鉴的发展路径。

结语

早在1992年联合国教科文组织就开始发起文化遗产数字化保护，它的目的是便于永久性地保存和最大限度地为公众公平地享有文化遗产。发展至今，文化遗产的保护已成为当前世界各国共同关注的热门话题。然而，随着科技的进步，世界遗产的管理和保护方法也开始呈现多元化、多样化的态势，其中一个重要的方式就是遗产数字化保护，它使得世界遗产的保护和管理更加便捷。当今越来越多的机构与单位开始通过运用虚拟技术等先进技术，为观众提供全新观赏体验。虚拟现实是利用电脑模拟产生一个三维空间的虚拟世界，提供使用者关于视觉、听觉、触觉等感官的模拟，让使用者如同身临其境一般，可以及时、没有限制地观察三度空间内的事物。尤其是对于一些濒危的遗产，发展旅游或许会给它们造成或多或少的损害，但是如果采用虚拟技术对濒危遗产进行虚拟，可以使其能够给游者更直观的感受，同时也保护了遗产不被损坏。[①] 世界遗产的数字化进程需要各国共同努力才行，只有各个国家共同合作，相互交流数字化技术，我们的世界遗产才能被更好地保护和传扬。在信息时代和文化科技融合背景下，我们应倡导国际视野下的非物质文化遗产数字化保护工作，综合利用各类资源和技术手段，更为高效地推进文化遗产保护事业。

（陈振旺：深圳大学文化产业研究院副教授；瞿继伟：四川大学艺术学院）

① 郑巨欣：《文化遗产保护的数字化展示与传播》，学苑出版社2011年版。

文化产业发展研究

深圳市文化产业发展2014年度报告

刘洪霞　袁　园

一　深圳文化产业发展基本情况与年度要点

（一）基本情况

1. 总体情况

2014年深圳市文化创意产业增加值实现1560亿元，同比增长15%，占全市GDP的9.8%。文化创意产业作为深圳市战略性新兴产业的组成部分，对推动经济提质增效升级发展发挥了重要作用。

2. 分行业情况

（1）文化旅游业。科技驱动让深圳文化旅游业更“智慧”。华侨城并非简单地将科技手段与现有的产品和服务相叠加，而是基于集团强大的文化旅游平台，打造内涵丰富且具有前瞻性的华侨城智慧旅游系统，形成“文化+智慧+旅游”的全新模式，并且成功与市场接轨，取得了良好的市场效益。2014年，华侨城智慧旅游系统获国际殊荣。华侨城拥有20余项具有国际专业水准的高科技文化旅游产品，全面提升旅游项目的文化内涵和科技水平，极大增强游客的临场感、参与感和体验感。用科技手段“武装”文化旅游产品只是华侨城“文化+科技”战略的一小部分，真正让华侨城文旅科技公司与众不同的，是其打造了一个更具内涵和前瞻性的智慧旅游系统。正是凭借该系统，华侨城获得了由亚洲城市联盟授予的“亚洲智慧旅游企业示范单位”荣誉称号。华侨城智慧旅游终端与华侨城自主研发的高科技文化旅游项目一道，构建全新的华侨城智慧旅游系统，主题 APP 与主题项目相互支撑、相互促进，打通文化旅游产业链上下游关联节点和技术难点，形成“文化 + 智慧 + 旅游”的全新模式，为建设完全自有知识产权的智慧旅游型主题乐园奠定良好的技术基础与内容支撑。华侨城文旅科技不仅创想出“文化 + 智慧 + 旅游”的全新文化与科技融合模式，并且成功与市场接轨，为华侨城的发展注入更强的生命力和动力。目前，公司已成功完成成都、天津、北京、武汉、上海等地的欢乐谷连锁以及江苏常州淹城春秋乐园、浙江杭州宋城、安徽蚌埠鼓灯嘉年华等主题景区 20 余个大型高科技文化旅游项目的实施工作。

（2）影视演艺业。影视演艺业打造“文化 + 科技”的深圳质量。第十届文博会上，华强文化科技集团第五次跻身“中国文化企业 30 强”。在戛纳电影节，华强出品的《熊出没之夺宝熊兵》成为中国动漫电影展映的开幕片，并当场签下中东地区等多个订单。迄今，华强原创动漫已累计出口 15 万分钟。华强依托“文化 + 科技”，打造文化产业的深圳质量与深圳标准，展示深圳文化产业的新力量。《熊出没之夺宝熊兵》成为“文化 + 科技”缔造总票房 2.5 亿元的国际一流动漫大片，创下了国产动画电影票房的新纪录。把国产动画电影打造到国际一流的水准，华强文化科技依赖的是“文化 + 科技”的融合。“文化 + 科技”一直是华强的核心竞争力。华强正从三方面发力推动：产业结构的融合，艺术创意部门和技术部门紧密配合、协同作战；人才的融合，企业人才覆盖了 100 多个专业，既有创意、策划、美术、音乐、电影等艺术方面人才，也有自动控制、机械制造、计算机等科技人才，华强正加紧推进文化科技人才培养，组建多专业复合型人才队伍；产品的融合，华强的文化产品已融合到特种电影、数字动漫、影视产品、文化科技主题公园、主题演艺等多个文化产业领域，全部实现了文化与科技的融合。

以中国创意推动中华文化“走出去”。“美丽中国”项目正在成为华强一个新的增长点。文化科技主题公园是华强推动中国文化走出去的拳头产品，迄今已出口到伊朗、乌克兰等国。现在，华强正着力挖掘和传播中国传统文化，对原有主题公园进行升级换代，而升级的核心关键词，与“中国梦”有关。当前，很多非物质文化遗产正面临消失的危险，而传统爱国主义教育基地普遍遇冷，如何保护传承非遗，以高科技和精彩创意实现爱国主义教育寓教于乐，是华强一直在思考的问题。华强围绕“中国梦”、中国文化、市场需求，设计了“美丽中国文化产业示范园”项目，通过科技手段实现互动，让人们在参与体验中领略中华民族灿烂的历史文化、光辉的革命历程以及中华民族的美好未来。项目包括“华夏历史文明创新示范园”、“复兴之路爱国主义教育基地”、“明日中国主题园”三大园区，不仅有教育意义而且好看好玩。随着华强动漫产量与质量的提升，迄今华强原创动漫已累计出口15万分钟，覆盖至美国、意大利、俄罗斯等100多个国家和地区，部分作品还登录尼克、迪士尼儿童频道等国际主流媒体。《熊出没》动漫获评中宣部“五个一工程”优秀动画片奖、戛纳电视节“儿童评审团”大奖。《小虫虫有大智慧》、《笨熊笨事》获休斯顿国际电影节最高奖项“雷米奖”。《熊出没之夺宝熊兵》入围有世界动漫界“奥斯卡”之称的法国昂西国际动画电影节“昂西水晶最佳动画长片奖”，已与意大利等多个国家和地区达成引进意向，还将与60多个国家和地区接洽合作。

（3）新媒体及文化信息服务业。A8新媒体集团从数字音乐娱乐和移动互联网游戏发行着手，全面进军数字文化娱乐产业。A8持续以产品和运营为核心，围绕内容制作、渠道合作、市场推广、流量变现以及为消费者提供更好、更全面的娱乐服务来构建新型数字娱乐集团。A8新媒体集团从内容、渠道、产品等方面继续加强和夯实音乐业务，加快音乐平台的建设，广泛扩充音乐内容，积极开拓无线及移动互联网渠道业务，大力研发无线音乐应用产品并进行商业模式探索。同时，持续投资数字音乐领域内具有发展潜力的企业。随着音乐正版化的发展，音乐内容和版权经营成为构建音乐娱乐平台的重要基础。A8持续进行音乐内容的积累，积极拓展A8.com平台的发展和模式的创新。A8还与北京市文化创意产业基金共同发起设立音乐文化产业基金，以“汇集更多外部资源，A8作为投资主导方”的方式在内容、制作和版权经营方面发力。另外，作为国家音乐产业基地的 A8 音乐大厦已在深圳落成并启用，A8 将在大厦内建设 Live House、剧场以及数字文娱培育孵化器。2014 年是 A8 新媒体集团深化数字文化娱乐产业关键的一年。除了数字音乐娱乐，A8 新媒体集团通过近年来积累的运营经验及渠道资源，持续开展手机游戏发行业务。

A8 已逐步在音乐和游戏领域形成了竞争优势，未来将坚持以为用户提供价值为核心的理念，深化数字娱乐文化产业领域健康快速的发展，打造中国领先的新媒体集团。

（4）非物质文化遗产开发。深圳市首家非物质文化遗产企业贺贺文化艺术有限公司在上海股权托管交易中心成功挂牌上市，为全国首家非遗产业化上市企业。贺贺文化公司主营剪纸及其衍生产品，将剪纸元素延伸到服装、灯饰、家饰、电子产品、礼品、吉祥物、名人名画等产业与领域，开发了有剪纸元素的防辐射手机贴和剪纸画、开运门帘、婚房剪纸大礼包等数百种创意剪纸产品，实现非物质文化遗产工艺与国内外现代工艺的完美结合，并且率先在国内备案了剪纸和景泰蓝工艺画企业质量标准。目前注册有“贺贺”、“剪纸皇后”、“手痒痒”、“禧运世家”等商标品牌系列。挂牌上市主要目的是让人们关注传统剪纸文化，通过股权交易扩大融资力度，使贺贺文化进入快速发展阶段，促使剪纸文化产业发展壮大，同时吸引更多专业人才，探索适合非物质文化遗产发展的商业模式。

（5）高端印刷业。深圳雅昌集团将传统印刷产业升级转型，打造成高附加值的文化科技产业。在第 65 届美国印制大奖上，雅昌荣获 7 项班尼金奖，并蝉联全场大奖，也成为近五年来全球连续荣获班尼金奖总数最多的企业。美国印制大奖由美国印刷联合会主办，是全球印刷业历史最悠久、规模最庞大的书籍印刷设计评比，自 1950 年诞生之日起，已举办了 65 届，其最高荣誉班尼金奖，被喻为全球印刷界的“奥斯卡”，以曾经为美国印刷业技术带来革命性发展的发明家班杰明·富兰克林命名。2014 年，超过 2890 家来自全球的企业参与其中，最终评选出工艺最精湛、最富创造性与艺术感染力的书籍设计作品。雅昌文化集团从 2003—

2014年，连续十一年参加美国印制大奖的角逐，累计获得42座班尼金奖。

（6）高端工艺美术业。高端工艺美术产业是深圳市文化创意产业十大重点扶持领域之一。《深圳文化创意产业振兴发展规划（2011—2015）》要求，“依托工艺美术业产业化、高端化和‘走出去’在全国行业领先的优势，建设具有国际影响力的工艺美术产业基地。”

水贝珠宝入选首届“深圳质量百强企业”，成为“深圳质量”的优秀代表。“深圳质量百强企业”评选活动主要以经济运行指标、创新性指标、管理指标和品牌指标为标准，对于企业来说，只有重视后三项指标，才能最终实现可观的经济效益，达到“质量百强企业”的评选标准。在企业的发展过程中，水贝珠宝注重创新，于2004年创建水贝国际珠宝交易中心，首创珠宝行业平台经济运营模式，为中国珠宝业的发展开辟了全新的经营模式；其旗下的雅诺信·彩宝高度重视产品质量建设，多次荣获“广东省著名商标”、“深圳知名品牌”等荣誉称号；旗下的高端珠宝定制会所皇室珠宝会也获得“时尚中国2012CCTV彩宝首饰设计大赛”金、银、铜大奖等荣誉称号。在管理指标方面，水贝珠宝十分注重企业质量建设。作为深圳珠宝的龙头企业，水贝珠宝高度重视ISO9000的实施，并通过规范化的管理，提高产品质量和服务水平，为客户提供优质的珠宝首饰和完善的珠宝采购服务，使企业保持高速稳定的发展。良好的企业内部运营系统为水贝珠宝的发展提供了动力，使企业实现了客观的经济效益和社会效益，在推动珠宝行业发展的同时，也为深圳经济的发展做出了贡献。

三联水晶玉石文化村以创意带动产业，成为深圳高端工艺美术产业的生力军。三联水晶玉石文化村是深圳市翡翠玉石行业的龙头基地，是深圳最早的文化产业基地之一。据统计，目前三联已拥有近380家生产加工厂、260多家销售门店，行业协会发展至500多人，相关从业人员4000多人，已形成具有一定规模的集原料供应、作品设计、成品加工、运输销售“一条龙”的生产经营链。三联水晶玉石文化村主营产品中，翡翠占70%，从缅甸直接进口原石设计加工及销售；水晶占20%，从巴西、马达加斯加进口水晶原石设计加工及销售；各类黄金及宝石占10%，在三联加工销售。出自三联的缅甸玉石、巴西水晶作品在国内外市场上已获得了较高声誉。

（7）动漫游戏业。深圳首个展贸式国际动漫产品交易中心“漫博汇”是集展示、发布、交流、购物、休闲、娱乐为一体的大型动漫产品展贸基地。“漫博汇”拥有多个知名的国际、国内动漫品牌，包括 Hello Kitty、加菲猫、喜羊羊等，主要面对国内、东南亚采购商，并同时满足深圳过百万动漫迷的娱乐消费。为此，项目计划建设深圳市最大型的日本动漫产品旗舰店，规模超过1千平方米，很多新品首次在国内出现。

科技融合文化，深圳华强成为国内最大的动漫企业，华强调整发展战略，实现影视制作分包模式，即调整影视动画制作模式，着重对前期（剧本、创意、策划等）进行把控，而将后期的制作任务通过外包的形式，与国内其他制作机构展开合作。既是自身升级提升，也是推动行业合作发展。这不仅标志着华强在产业转型升级的道路上再进一步，也是华强作为文化企业龙头，率先在产业发展的转折点上进行转变。2014年，华强迈出重要一步，开启了创作模式的调整，即通过实行的影视动画制作外包，把控好项目前端的创意、创作后，将项目制作、加工等相对难度较低、劳动密集环节外包给行业内其他制作单位完成。这样既实现了企业对品牌的掌控，可以让企业更专注于核心业务，增强竞争力，又能合理利用外部资源，提高资源利用率，实现产业链迈向高端化。分包“特种电影”和“数字动漫”，华强此次创作结构调整中，实施外包的项目主要是2014年的新计划作品，外包量将达到数千分钟，涉及特种电影和数字动漫两大板块，这也是华强两大主营业务板块。

（二）2014年度要点

1. 致力打造深圳文化产业新业态

从2012年开始，为了鼓励新兴业态的发展，深圳市每年评选10家优秀新兴业态文化创意企业，目前，已达30家。依托深圳的高新科技，以网络信息服务业为代表的新兴业态近年在文化产业上占据主导位置。

在被评选的30家优秀新业态文化创意企业中，“文化+科技”新业态文化企业15家，占总数的50%，位居第一位，“文化+创意”新业态企业10家，占总数的33.3%，位居第二位，“文化+旅游”新业态企业3家，占总数的10%，其他2家，占总数的6.7%（文化内容、文化园区运营）。深圳文化产业新业态已经形成了以科学技术为主导，以创意为支撑，旅游与文化内容服务、文化园区运营共同发展的新业态格局。从事网络游戏设计的第七大道科技公司获评2013年深圳优秀新兴业态文化创意企业，它拥有一支平均年龄只有26岁的团队，多年来的不断创新，让该公司获得35个计算机软件著作权、163个美术作品著作权登记证书。深圳设计之都创意产业园和盐田创意港的运营方灵狮文化产业集团同样是创新文化业态的代表者。它发起和拥有9个以文化创意产业特别是工业设计为特色的产业园区，其中4个为国家级园区，管理和服务着860多家国内外知名创意设计企业，为国内目前最大的产业群，年总产值超过100亿元，针对“大数据时代”的到来，“灵狮模式”提出了基于互联网和云计算为支撑的“3.0协同创新”服务模式，将园区运营从园区内拓展到了“线上”的网络平台，为入园企业提供了全新的线上交易服务平台和载体，构成协同服务模式。但是，文化产业新业态是一个相对的概念，“新”相对“旧”而言，即每一个时代都有自己的新兴业态。从文化产业发生和发展的过程中，我们可以看到一些“新”的文化行业逐渐成熟并归之于“旧”产业阵营，而随着传播技术、传播介质和传播内容的不断更新，更“新”的文化业态依然层出不穷。文化产业新业态是一个动态的概念，它的内涵与外延都需要随着产业实践的不断丰富而逐步展开并不断建立和完善起来。

2. 深圳文化产业对外贸易发展迅速

（1）国家对外文化贸易基地成为深圳第四个国家级文化平台。深圳拥有了继文博会、深圳文交所、中国文化产业投资基金后的第四个国家级文化平台——深圳国家对外文化贸易基地（以下简称基地）。该基地的成立，使深圳成为北京、上海之后，我国第三个、华南地区唯一获得基地授牌的城市。在“平台+园区”的功能布局中，八个专业平台包括国际文化贸易展示交易平台、创意城市网络国际文化交流合作平台、国际版权交易平台、文化产业国际投融资平台、国际文化品牌宣传推广平台、国际文化贸易人才交流培训平台、粤港国际文化贸易合作平台、国家对外文化贸易理论研究和政策创新平台。同时，基地将重点建设深圳国家对外文化贸易基地运营综合服务平台，为基地八个文化贸易专业平台提供配套服务，并配合相关单位做好基地主体园区和基地配套园区规划、建设和运营工作，规划基地文化贸易专业平台体系，推动入驻基地企业与我国驻外机构及国外相关机构合作，为文化产品和文化服务进出口提供完善的文化贸易服务链平台体系支持。园区，包括主体园区和配套园区，规划以深圳创意信息港为基地主体园区，打造国家级、国际化、数字化文化进出口高端服务平台和境内外高端文化企业总部、贸易服务机构、境内外文化创意专业媒体集聚区，同时规划在前海湾保税港区建设基地配套园区——保税文化贸易园，重点发展国际文化会展、保税文化交易、文化进出口仓储物流、国际文化市场信息服务等业务。基地挂牌后，将利用国家优惠政策、国际贸易渠道和国际交流平台，打造与文化创意产业链高度融合的文化贸易服务链，创建在全球文化市场竞争中有独特引领能力和资源集聚能力的国际文化贸易创新试验区，推动中华优秀文化产品和文化服务“走出去”。

（2）深圳文化产业输出速度加快。深圳文化产业以更快的速度“走出去”。第十届文博会出口贸易额创历史新高。深圳文化企业加快以创新为驱动，推动文化与科技、金融的融合，加快“走出去”的步伐。华强文化科技集团首部动画电影《熊出没之夺宝熊兵》以2.5亿元总票房，树立国产动画电影票房新标杆。华强加快推动《熊出没》系列“走出去”，该系列已覆盖全球50多个国家和地区。华强加大国际化发展力度，采用国际化合作模式，加速推进国际化动画电影的合作、投资、发行，与国际知名动画制作机构等合作洽谈，并邀请欧美明星加盟助阵，打造具有国际影响的一流动漫。深圳雅图科技集团与英国国际策划与视觉协会EVCOM举行签约仪式，合约金额达1亿欧元，这是一次具有突破性的合作，深圳高端的科技产品代表中国走出国门，展示了中国企业的创新和技术实力，吸引了英国商界和媒体的关注。作为投影领域排名中国第一、全球第四的企业，雅图目前向全球十几家国际知名品牌及世界500强企业输出技术和核心部件。深圳珠宝企业TTF在巴黎中国文化中心举办“欢乐春节·中国风格”——马年生肖珠宝设计展及发布活动，这也是中法建交50周年系列活动之一。法国巴黎市政府邀请TTF在世界顶级珠宝品牌聚集地——巴黎旺多姆广场设立国际总部，并给予三年税收优惠。TTF成为中国率先走出去的珠宝品牌，从深圳水贝到巴黎旺多姆广场，TTF成功“走出去”、“站住脚”，折射出深圳文化产业的向外扩张力。业内人士认为，TTF落户巴黎也是深圳乃至中国珠宝产业走向国际的重要契机，能够让更多欧洲人认同和了解中国珠宝文化。2014年2月，灵狮集团组织20多家深圳知名设计企业，在慕尼黑宝马世界中心举行参加2014慕尼黑设计营商周“深圳设计日”系列活动，这是深圳创意设计行业首次在德国集中亮相。深圳文化产业输出速度加快还表现在优秀文化企业加快上市步伐：迅雷网络于2014年6月24日在美国纳斯达克上市；丝路数字视觉股份有限公司即将完成上市前辅导，证监会已正式受理申请材料。

3. 文博会已成文化体制机制创新载体

第十届文博会展会亮点成果主要有以下几个方面：

（1）交易凸显，成交空前活跃。第十届文博会文化项目和产品总成交额2324.99亿元（各展商上报成交额合计3044.65亿元，经第三方核实，剔除非文化产业部分，共实现文化项目和产品总成交额2324.99亿元），比上届增长39.64%。超亿元项目190个，比上届增加28个。合同成交是本届文博会最主要的交易方式，合同成交额1198.95亿元，占总成交额的51.57%；意向成交额1009.44亿元，占总成交额的43.42%；零售金额90.16亿元，占总成交额的3.88%；拍卖金额26.44亿元，占总成交额的1.13%。第一至第十届文博会累计总成交额超过1万亿元，达10475.37亿元。第十届文博会交易额爆发式增长一方面得益于中国文化产业的快速发展，另一方面是由于本届文博会采取多种措施强化交易功能，在展会的各个环节推出新举措，多管齐下推动参展商、采购商达成实质性交易，取得了显著成效。

（2）内容为王，项目质高品优。本届文博会参展比例与结构进一步优化，参展的龙头文化企业数量更多，影响力更大，主展馆龙头企业参展比例达到68%，其中包括华强文化科技、华侨城、万达等品牌企业和中国文化产业投资基金等国家级投融资服务平台。各展馆特色鲜明、精品遍布。如本届文博会首次增设了创意生活B馆，强化对创意设计与工业产品融合发展成果的展示和交易，汇集了洛可可、嘉兰图、浪尖等国内顶尖的工业设计企业，带来多项曾获得国际专业奖项的内容参展；美术馆改名为艺术品馆后，首次开辟了艺术衍生品推广板块，探索艺术品版权与市场结合的产业化发展新模式；工艺美术馆举办了“百名中国工艺美术大师作品联展”，展示了来自31个省、市、自治区的120位中国工艺美术大师的原创作品200余件；非物质文化遗产馆国家级非物质文化遗产项目和产品参展比例首次达到70%；影视动漫馆重点引入了业内的龙头企业展示全国新媒体影视动漫节的获奖内容，华强数码等业内龙头企业集体亮相。文博会期间，在主会场、分会场和深圳各区共举办了配套活动655项，比上一届增加68项，文化内涵更加丰富，品牌影响力广泛提升。

（3）产业融合，新业态成主力。文博会充分发挥了独有的综合性展会优势，为各类产业在以文化为核心的基础上融合发展创造了机遇，也越来越成为文化产业新业态的展示交易平台，“文化+金融”、“文化+旅游”、“文化+科技”、“文化+创意”等代表着文化产业未来发展方向的新业态项目在本届文博会上展现出勃勃生机，新业态内容占了本届文博会参展项目的70%，文化部举办了推进文化创意和设计服务与相关产业融合发展研讨会。在文化产业综合馆，文化部和中国文化产业基金分别设立了“文化+金融”展区和文化投资成果展区，集中展示了近年来文化与金融产业融合发展的成果；在创意设计生活B馆，文化部和财政部举办了全国青年创意设计优秀作品展，易尚展示股份有限公司带来的“全方位3D人体扫描仪”等“文化+科技”项目受到了海内外采购商的高度关注；文化旅游馆在去年首次设立后，2014展示内容更加丰富，如华侨城文化旅游科技公司的文化智慧主题游乐项目，融合了互联网、动漫游戏开发等科技手段的全新智慧旅游系统，为旅游注入全新的文化体验。本届文博会文化和科技融合型产业的成交额达1182.88亿元，占总成交额的50.88%，同比增长83.91%；文化与旅游相结合产业成交额达230.48亿元，占总成交额的9.91%，同比增长69.91%。

（4）出口向好，走出去创新高。文博会已经逐渐摸索出“以商带展，以展促商”的国际化发展之路，促进中华文化产品与服务走出去的功能进一步增强。本届文博会进一步拓宽了海外招商渠道，强化了海外代理商的作用，与中美商会、英国商会等16家境外机构达成了海外招商代理合作。“会展+旅游”的海外招商模式进一步成熟，“文博会之旅”的品牌得到了普遍认可，我国港澳台地区、东南亚地区、美加地区和欧洲地区都有众多采购商团队通过这一渠道参展。主展馆海外展区的面积进一步提高，占全馆面积的15.1%，吸引了俄罗斯艺术展团、立陶宛设计展团、智利展团等来自22个国家和地区45个海外机构参展。展会期间，共有来自95个国家和地区的17696名海外采购商参加文博会，创历届新高。文化产品出口交易额为161.38亿元，占总成交额的6.94%，同比增长30.33%，十届文博会文化出口交易额累计超过1000亿元。

4. 深圳文化产业投入产出比居全国之首

深圳大学文化产业研究院、深圳大学国家文化创新研究中心（筹）发布了2014年中国城市创意指数（CCCI）排行榜。深圳在文化产业投入产出比上高达39.29%，位居全国之首，上海的投入产出比为36.5%，排名第二；北京为29.64%，排名第三。在市场效率上，深圳领先一步，市场驱动，文化滋养，科技引导的文化产业发展的深圳道路正在逐步形成。

5. 创意产业园区（基地）发挥引领示范作用

深圳有54家市级文化创意产业园区（基地），覆盖文化创意产业9大行业及产学研培训等，在产业布局中发挥着重要的引导、促进和示范作用。在54家园区（基地）中，有创意设计类10家，文化软件类4家，动漫游戏类3家，新媒体及文化信息服务类9家，非物质文化遗产类3

家，高端工艺美术类16家，数字出版类3家，文化旅游类1家，高端印刷类2家，产业教学培训类3家。文化创意产业园区已成为深圳文化创意产业发展的重要主体和产业集聚、交流的重要平台，体现深圳质量、深圳标准，推动产业的发展。数据显示，2014年上半年全市文化创意产业实现增加值739.5亿元，同比增长14.3%，其增加值约占全市GDP的11%，占深圳六大战略性新兴产业增加值的28%，是深圳战略性新兴产业中体量最大、增速最快的产业之一。

6. 金融业支持文化产业的力度明显

“文化+金融”是文化产业发展的模式，但很长一段时间以来，文化产业“轻资产”的特性附生着其先天和现有金融体系的冲突：缺乏抵押物，结果难以估算，造成金融支持文化产业的力度明显不足。但是，经济社会发展的新趋势、人民精神文化生活需求的新变化对文化产业发展提出了新要求，全面深化改革为文化金融合作提供了新机遇。

深圳文交所——国家级文化产权交易和投融资综合服务平台围绕“文化对接资本、交易提升价值”的宗旨目标，深圳文交所运用资本的力量，促进文化产品、文化资源转化为文化资本，服务于全国文化产业发展，已实现交易总额达300多亿元。深圳文交所率先推出文化股权创新交易，通过创新交易业务，深圳文交所不断完善文化市场准入和退出机制，利用深化改革的契机，发挥市场对文化资源的配置作用。深圳文交所针对国内文化企业的特性，率先在全国推出文化（私募）股权挂牌交易业务，为国内VC/PE投资的文化企业股权提供挂牌交易的平台，从而实现权益退出，也为国内VC/PE投资的文化企业股权提供了多层次的退出渠道。文交所陆续推出四大类六个创新业务交易品种，运用金融手段，通过“创新竞价板”和“电子报价板”两个市场进行挂牌交易。目前，文化物权、股权、收益权和债权等数十个项目正在陆续上报“创新竞价板”和“电子报价板”，发行人挂牌意愿强烈。场内征集入库及挂牌的文化产业投融资项目15830个，成交项目超过300个，交易总额300多亿元，场内项目获得中国工商银行等金融机构800亿元授信额度；场内活跃的金融机构、投资机构和国际买家等机构会员超过600家，全年举办文化对接资本大型专场活动36场，已与近30个省、市、自治区和20多个行业协会先后签署了战略合作协议，并和中国电影集团、中国国际电视总公司等多家中央文化企业签署进场挂牌交易及投融资对接协议，与中央文资办对接近200家央企。

文化金融同盟成为除文交所之外的另一公共服务平台。文化金融同盟由深圳市文化体制改革和发展办公室、中国建设银行深圳市分行、深圳市文化创意企业、证券机构、创投机构等专业合作机构共同组成，它将整合市、区两级政府部门以及建设银行等机构的资源，充分利用商业银行、投资银行、基金公司、保险公司、租赁公司等渠道，为深圳市文化创意企业提供包括商业银行、投资银行、私人银行等公私一体化的综合金融服务。文化金融同盟为非营利性组织，不会向同盟成员收取会员费用。只要是深圳市文化创意企业，同时又与深圳建行有业务合作，就满足了加入同盟条件。深圳建行将整合建行资源，为文化创意企业提供知识产权暨艺术品质押贷款、新三板股权质押贷款、纳税贷、工资贷、高新贷、商会贷六大专属创新产品，企业还将优先享有建行协议3年300亿元文化产业信贷支持额度；此外，企业还将得到专属的特色服务，如文化创意产业中小企业贷款扶持计划，包括文化创意产业中小企业“孵化贷”项目和文化创意产业中小企业“成长贷”项目，深圳市文化创意产业创投基金合作等，并享受相关费用减免政策。此外，文化金融同盟还将为会员企业举办政策解读、企业走访、资讯共享、业务培训以及考察交流等活动。

7. 文化产业版权意识不断增强

版权意识在文化产业发展中的作用非常关键。深圳中外版权交易中心是版权市场新型的交易平台，该中心以互联网为基础、以文化为根本、以金融为杠杆、以版权交易为核心，力图整合国际创意资源，打造文化资产运营和文化资本运作的独立第四方平台。同时，深圳市中外版权交易中心也是世界版权联合会唯一指定的中国合作单位。世界版权联合会代表斯蒂芬认为，该中心将成为中国优秀作品版权走向世界的窗口、世界优秀作品进入中国的通道。深圳市中外版权交易中心的版权交易聚焦五大重点领域：影视音响版权、出版（含数字出版）版权、软件（含游戏动漫）版权、非物质文化遗产版权和艺术品等其他产业门类设计版权及版权衍生品的交易。开业典礼期间，交易中心与中国银行、中国台湾宏广集团、南国书画院、广州博艺文化产业研究院进行了战略合作签约。其中，中国银行为支持交易中心在文化金融领域业务的开展，提供了10亿元人民币的授信额度。近六个月的试运行期间，深圳市中外版权交易中心共办理国际、国家和省级版权证书21件，接受版权作品线上交易申请1200余件。中心主网站已经建设完成，线上版权登记、交易、展示平台完备。

8. 文化产业人才队伍不断壮大

人才队伍建设是文化产业发展的重要力量。深圳文化科技企业深圳易尚展示股份有限公司举行了院士工作站揭牌仪式，该公司与四位院士联合建立四个工作站，将在三维成像、3D扫描等领域开展深入的产学研合作。易尚公司与北京航空航天大学赵沁平院士联合建立虚拟现实院士工作站，与清华大学金国藩院士联合建立全息显示院士工作站，与天津大学叶声华院士联合建立光电测量院士工作站，与深圳大学牛憨笨院士联合建立三维成像院士工作站。近年来，易尚公司重点发展的3D扫描成像及数字化多媒体展示业务受到市场的重视，也为高校和研究机构搭建了科研的平台。2013年8月，易尚建立博士后工作站的申请获得了国家人力资源和社会保障部批准，其3D影像技术也获得了深圳市技术发明一等奖。易尚公司希望通过引进四位院士及其团队，培养具有较强自主创新能力的科技研发队伍，加快建立以企业为主体、市场为导向、产学研相结合的技术创新体系。

文创产业“双标一金”培训班在深圳开课。“双标一金”是指文化创意产业园区标准化、文博会分会场标准化建设和文化金融融合发展，该培训班由市文改办、市文体旅游局共同主办，并由深圳晚报、深圳国学院、建设银行深圳市分行具体承办和支持。深圳文化创意产业“双标一金”培训班召集全市150名文化创意产业园区（基地）、文博会分会场和文化企业的代表以及各区文化产业部门相关负责人参加了培训。培训班介绍，信息化、虚拟化、体验化、跨界化和国际化是文创产业未来的五大趋势，文化企业可采取创意引领、平台锻造、科技驱动、业态裂变、品牌提升、新媒提速、要素聚集、跨界融合、产业革新、交流频密这十个对策。

二 深圳文化产业发展存在的问题与思考

（一）深圳现有的文化创意产业优势类型领域过于集中，而政府资源配置也相对倾向于流向已经占据了市场地位的优势部门和强势企业，使得强者越强，弱者越弱

上面提到的华侨城、华强、雅昌、雅图、A8、水贝珠宝等企业是深圳文化产业的明星，多年来，提到深圳文化产业的亮点和成就势必与这些企业的表现息息相关。一方面，这些在各个产业门类中的佼佼者确实是深圳的骄傲，在全国乃至世界领域内代表着深圳文化产业发展的高度，具有同行业中的话事权，是支撑深圳文化产业GDP数据和产业增长数据的大头；另一方面，如果深圳文化产业年度报告中每年都是以这些固有企业的发展为指标和增长依据的话，我们则必须在骄傲的同时保持警醒和应有的危机意识。

从深圳经济发展的历史来看，现有的文化产业格局中占据优势地位的行业主要有两种：一种以资源密集为主要发展条件；另一种以科技创新为契机跨领域整合形成的文化产业“新业态”。

以中国“经济特区”立身的深圳在其起步的20世纪80年代主要以政策优势和来自全中国的廉价劳动力为支撑，吸引外来资本，主要是我国港澳台商来此投资建厂。如今在深圳文化产业中占有重要的一席之地乃至品牌地位的大芬油画村和三联水晶玉石文化村就分别是来自中国香港和中国台湾的商人瞄准时代契机利用政策给予的税收优惠和低廉劳动力在深圳投资创办的架上油画复制工坊和水晶玉石工艺品加工坊。经过十余年的发展和因应新时代要求的创新，这两处文化产品生产的集聚地都成为深圳具有代表性的文化产业园区。另外，奠定深圳作为“设计之都”基础

的庞大的平面设计、工业设计、珠宝设计、服装设计、室内设计、印刷等行业，在深圳的起步也是在特殊的时代背景下，由港澳台代表的外商带来的资本、技术、标准而获得了领先全国一步的产业基础和优势。

除了劳动力资源和政策优惠外，改革开放初期，尚为“小渔村”的特区还具有广袤的未开发土地和特殊的山海自然资源。作为央企的华侨城集团独具慧眼，利用文化作为开发工具，打造了世界之窗、民俗村、东部华侨城等一系列领先全国的主题公园，奠定了如今华侨城在文化旅游领域的优势地位。

经过十余年 GDP 两位数的高速增长之后，也正是在危机意识的激发下，深圳进行了产业结构的调整，积极为高科技产业的发展营造良好的政策条件。腾讯、华为、中兴等一大批高科技龙头企业在这个背景下迅速成长，正是以这个科技转型的产业环境为基础和氛围，华强科技、雅图、A8 的壮大和强盛成为科技创新在文化产业领域的绝佳回响。

从上述分析来看，深圳文化产业的基础来自历史形成的各种偶然性的行业优势，也就是说，在文化产业尚未像如今这般特别优待、受到重视之前，已经自发地依托各种条件打下了良好的基础。但是，就以上这些行业门类来看，都是资本、劳动力和技术依赖的，文化创意产业中代表“文化”和“创意”的核心创新力却未能体现。因而，关于深圳文化产业，漂亮增长的数字背后，“不能说的秘密”是出版、表演、影视创作、视觉艺术等领域长期的“积贫积弱”。一方面，固然是因为这些领域需要的核心创意人才难以在短时间内培育出来；另一方面，坦诚而论上述这几个领域的产出在短时间内也难以贡献亮眼的数字。有意无意，这几个门类在深圳文化产业的年报表现中长期被刻意忽视。

（二）对文化产业的观念意识虽然较全国其他城市具有起步性的领先优势，但相比于世界最具竞争力的城市来看，还存在差距

对文化产业的重视，深圳在全国一直走在前列。早在 2003 年就明确提出了“文化立市”的城市发展战略。2005 年，出台了《中共深圳市委深圳市人民政府关于大力发展文化产业的决定》，将文化产业定位为重要

支柱产业，并纳入“十一五”规划。在制定了《深圳市文化产业发展“十一五”规划（2006—2010）》、《深圳市文化产业发展规划纲要（2007—2020）》两大规划之后，为促进文化产业的切实发展，深圳市人大常委于2008年7月又通过了《深圳市文化产业促进条例》，进一步推动健全完善文化产业发展的促进和保障机制，加快文化产业发展步伐。

2011年，深圳市政府又出台了《深圳文化创意产业振兴发展规划（2011—2015）》，以及与之配套的《深圳市文化创意产业振兴政策》，将之前一直使用的“文化产业”改为“文化创意产业”的表述，明确了对处于文化产业价值链高端的前沿文化内容、创意成果和知识产权以及引领文化产业发展和文化消费潮流的新兴产业的重视和强调。

除此之外，《关于建设文化产业园区（基地）的实施意见》、《关于扶持动漫游戏产业发展的若干意见》、《深圳市文化产业发展专项资金管理暂行办法》、《深圳市鼓励“三旧”改造建设文化产业园区（基地）若干措施（试行）》、《深圳市重点文化企业认定和考核暂行办法》、《深圳市文化产业园区和基地认定管理办法（试行）》等系列政策相继出台。体现了深圳市政府对文化产业的促进是一个长期、不间断，有序、有体系，不断改进、完善的过程。

应该说，正是因为对文化产业在未来城市经济发展和城市竞争中的重要性有较早和较充分的意识，持续不断地出台鼓励政策和发展规划，所以才有了今天深圳文化产业在全国版图上所占有的重要地位。根据深圳大学文化产业研究院、深圳大学国家文化创新研究中心（筹）发布的2014中国城市创意指数（CCCI）排行榜排名，深圳在文化产业投入产出比上高达39.29%，位居全国之首，上海的投入产出比为36.5%，排名第二；北京为29.64%，排名第三。① 从此数据来看，在市场效率上，深圳领先一步。

尤其是在2011年，政府出台了《深圳文化创意产业振兴发展规划

① 《2014中国城市创意指数发布，广州深圳分列榜单第三第四》，《南方日报》2014年12月22日。

（2011—2015）》，以及与之配套的《深圳市文化创意产业振兴政策》，将国内普遍使用的“文化产业”表述转换成“文化创意产业”，更突出了对“创意”之核心价值的重视，体现了在“创造力”观念上与国际主流思潮的率先接轨。

但是，将文化乃至文化创意定义为一个产业，依然是在传统经济产业部门划分中进行的思维。将文化产业的认识提升到“文化创意产业”固然是一个进步和意识上的更新，但也没有跳脱出原有的产业经济的概念框架。况且，就全国文化产业发展的趋势来看，除了上海、北京之外，苏州、杭州、长沙、广州、青岛、成都、天津等城市的发展势头也颇为稳健并有超越性的突破意识，后来者居上的可能性也不是没有。另外，随着中国经济整体性的结构调整以及国家推出新型城镇化的发展策略，人口红利的时代宣布结束的同时，高企的一线城市生活成本与内地城镇不断高昂的发展势头也会更为深远地改写深圳的人口结构。

虽然“文化立市”的城市发展战略早在2003年就已提出，但是，文化、创意在今天的深圳，还局限在产业的范畴中，并没有很好地发挥它对一座城市发展的联动作用。自2008年获得联合国教科文组织“创意城市网络”颁发的“设计之都”的称号以来，深圳在某种程度上已经跻身于全球创意城市的关系网络中，拥有了更多的机会与世界上具有创意的城市互动以及相互学习和借鉴。但如何将文化创意产业的发展与一座创意城市的整体营造更为密切有机地结合起来，深圳在观念和思想上的准备还不足。

伴随中国经济在世界经济版图日趋重要的影响力，深圳应该以全球最具竞争力的城市为榜样和目标，在新的国内、国际竞争局势中重新盘点自己的优势与不足，进而重新确立自己的城市定位。

（三）对文化创意人才的培养和引进显示出了一定的主动意识，但仍然缺乏一个五年或十年的长远规划，致使能量分散，难以助力产业爆发性的产出和城市持续性的领先

2014年深圳由政府主导开设的“双标一金”培训班开班，其目标主

要是规范深圳现有的文化产业园区管理、深化文博会建设以及促进文化与金融的融合。对于现阶段产业的发展是必要的，但其作用仅限于对既有的、已经形成的文化创意产业格局进行进一步的完善。

作为一座移民城市，在大专院校数量有限的教育资源结构下，深圳的人才一种来源主要是依靠这座城市的吸引力从全国吸引具有创业精神、创造潜能的优秀大专院校毕业生来此就业、生活、定居，其中不乏重点名牌大学的硕博士或海外的留学生；另一种来源就是政府持专门的政策引进已经具有相当专业能力的人才，例如深圳于2010年10月推出的引进高技术人才的“孔雀计划”项目。纳入“孔雀计划”的海外高层次人才，可享受80万—150万元的奖励补贴，并享受居留和出入境、落户、子女入学、配偶就业、医疗保险等方面的待遇政策。对于引进的世界一流团队给予最高8000万元的专项资助，并在创业启动、项目研发、政策配套、成果转化等方面支持海外高层次人才创新创业。

就人才引进来看，应该说深圳是非常自觉和主动的。对于短期的发展成效而言，引进人才能够在几年间就起到立竿见影的效果；但是政府花高价引进人才并不能完全解决一个城市长远发展所需的人才问题。

据了解，2013年年底，福田区文化企业法人单位由2006年的3689家增加到11700多家。而全市文化创意企业约1.8万家，从业人员达24.61万人。随着产业发展，人才日益紧缺。据估计，目前深圳文化创意人才缺口达四五万人，其中中高端文化创意人才缺口达两三万人。

让问题更严峻的是，随着城市间竞争日益激烈，深圳已有的优秀文化人才还随时有被其他城市挖走的风险。2014年11月底，常州市在深圳举行2014年度文化人才引进暨文化产业项目推介会①，以非常丰厚的条件希望吸引深圳的文化产业人才前去就业。城市间“争抢”文化人才现象日趋白热化，也进一步暴露了文化人才紧缺的普遍问题。

文化创意产业从根本上说是一个智力密集型和创造力密集型的产业，也是一个跟人的情绪、美感、心灵产生相互作用的特殊经济门类。因而，

① 《文化创意人才将有衡量标准》，《南方都市报》2014年12月30日。

从事这个行业的劳动力，尤其是价值链上端的核心价值原创部分，没有办法用机器或简单的重复劳动来替代。

另外，根据佛罗里达（Florida）《创意阶级》所提供的研究显示，能留住创意人才的地区和企业并不完全与金钱或高薪有关。这类的人才相较于其他行业的人才又具有更多的特殊性。其中“创意氛围”极其重要，这也是为什么相较于深圳，北京和上海更受创意人才的追捧，成为他们更愿意选择的地方。“创意氛围”同时也是查尔斯·兰德利在研究创意城市时非常强调的部分，它需要一个城市的管理者从多个方面进行长期有效、有规划的经营。从这个意义来看，深圳市创意产业人才不足的问题，远远不是靠高薪或配套政策优惠就能解决的。这些具有创造力思维和全球视野的文化人才，引进不易，留住更难。而这也成为深圳文化创意产业能否在未来依然具有竞争活力的关键。

三 对深圳文化产业发展的展望与建议

（一）需要对深圳文化创意产业内部结构进行调整，在保持既有历史性优势的同时，加大对原创性文创门类的投入、培育和激励

根据前文对于深圳市文创行业发展历史的回溯，大家可以看到深圳市文化创意行业优势门类主要是资源密集型（华侨城文化旅游、大芬油画村、三联玉石水晶文化村）和科技密集型（华强、雅图、雅昌）的。近年来，深圳文创领域不断提出“文化＋金融”、“文化＋旅游”、“文化＋科技”、“文化＋创意”这类新概念，并以此作为文化创意产业发展的新业态、新模式以及代表未来的方向进行倡导和推广。这些概括性、简化性的提法可以看作一个非常有实效意义的策略。因为深圳短暂而特殊的建城历史，经济和效益是这座城市建立之时最原初的特质，这种特质为深圳创造了举世瞩目的高经济成长，却与“文化”成长所需条件背道而驰。文化，是需要土壤、阳光、水等诸多外在条件经过长久酝酿，才能涵养出来的“精神气质”、“上层建筑”。深圳深知自己缺乏这样的文

化涵养积淀，于是将其他已有的优势与“文化”进行嫁接，推崇“新业态”的创新和跨越，就成为一个因应当下发展需求的实效策略。

这种策略就目前来看，当然取得了一定的成效。原有的各类产业部门在加上“文化”元素后，既拓展了发展思路，又能在“文化产业”发展的大势下以文化产业的身份性质获得政府更多的支持和补助。某种程度上，确实能在既定的产业框架之内迅速实现效益。这也是为什么在深圳大学文化产业研究院发布的中国创意城市指数（CCCI）中，深圳的文化产业投入产出比高达39.29%，位居全国之首。①

但是，短时期富有效益的投入产出并不意味着长时期文化创意产业的竞争力。同样是根据CCCI的研究模型得出数据，深圳人均可支配收入排名全国第二，但在城镇居民教育文化娱乐服务消费支出占全部消费的比例这一项上，深圳仅排名第三十四；② 深圳的文化产业增加值排名第五，而文化产业增加值占GDP比重仅排名第九；③ 另外，深圳的文化事业投入总额排名第五，但文化事业投入占财政支出比重只排名第二十五。④ 这些多角度比较、全方面分析得出的数据在显露了某些带有危机性的信号：居民在文化产品上的消费意愿在全国仅排名第三十四，说明深圳的文化产业的产值依赖出口，主要是出口导向型的；文化产业增加值占GDP比重排名第九，就目前来看，文化产业并没有如愿成为深圳的战略性支柱产业，反而其他城市文化产业发展增速迅猛；而文化事业投入占财政支出比重仅排名全国第二十五，则更是从反面体现了全国20多个城市对文化事业的投入、对文化产业发展的重视超过了深圳。

由此看来，深圳文化产业仅在总量上在全国城市竞争中占有相对优势，而这些优势的形成也主要建基于深圳原有产业本身的结构性优势上。就中国的情况而论，各个城市的文化产业虽然都还处于初创期，但大家

---

① 《2014中国城市创意指数发布，广州深圳分列榜单第三第四》，《南方日报》2014年12月22日。

② 同上。

③ 同上。

④ 同上。

都认识到了文化产业的重要性和未来性，因此都不遗余力地加大对文化的投入，为文化产业发展制定各项政策，并纷纷取得了相应的成效。而深圳这种吃老本的发展，虽然很有效率，但也很容易在沾沾自喜中就失去了对文化产业未来布局的危机意识。就文化底子而论，新加坡和深圳一样，带有移民城市的薄弱性和混杂性，但是新加坡对文化的布局却真正体现了战略性。

从 1997 年开始，新加坡就大力宣传与推广文化创意产业，并且面向整个亚洲设立了“亚洲创新奖”，显示了新加坡以全亚洲版图为对象引领文创产业发展的雄心。

新加坡在创意产业发展过程当中，有三个不同的时期：第一，提出“文艺复兴城市”概念；第二，建设全球化设计中心；第三，建设全球媒体中心。这是三个不同的领域和三个不同的阶段。其目标分别是：“文艺复兴城市”是要把新加坡建造成一个艺术和文化方面具有高度创新性和兼具多项才能的国际化城市；“设计新加坡”计划，将新加坡建成一个在产品、概念和服务设计方面的全球文化和商业中心，使设计理念和创造性渗入工作、家庭和娱乐的各个方面；“媒体 21”计划，要将新加坡建成一个拥有繁荣的媒体生态系统、有强大的国际推广力的国际化媒体城，把新加坡作为国际化的媒体中心。

新加坡将它要发展的创意产业分三个部分：第一，文化艺术领域，涉及表演、视觉艺术、手工艺、图书馆；第二，设计，涉及广告、建筑、网络和软件、图表、工业产品、时装和内外装修；第三，媒体，包括数字媒体、广播、电视、电影，以及媒体印刷等。

那么，新加坡政府如何用政府的力量来全面推动创意产业的发展呢？他们认为，以下三个方面同样重要：一是创意的基础；二是创意的需求；三是创意的生产。

创意的基础，是在国民中培育创意能力，其实任何一个国家，当它的文化体系不健全，不能够有很好积累，很多创意是无法实现的，这些创意源自社会和文化。因此，新加坡非常重视这种创意能力的培育，并从小孩子就做起。和很多国家做法不同的是，很多国家是要把产业架构等很多东西进行刻意的规划，新加坡认为政府所能做得不是投在某个硬件，即必须建立一个园区来做，那只是一个形式之一，最重要的是教育人们能够有创意的意识，从小做起，通过这些人才的培养，使得所提供的硬件得以发挥和实施。

创意的需求，主要是通过很多社会活动，乃至于一些文化活动来进行涵养和创造。

创意的生产，在新加坡有一个纬一科技城（one - north），这个城市就是将多媒体产业集中在那里，政府给予优惠。只要是这个产业的企业就会有优惠的条件，降低这些创业成本，把他们的精力提高到创意的产生上。

经过几年的发展后，据统计，著作权产业的增值从1986年的8亿美元增加到了2000年的48亿美元，年均增长率达13.4%，而且作为同期总体经济的年均综合增长率为10.6%，相比创意产业当中，著作权产业已经超过了正常的经济总体发展。而且著作权产业所占GDP从1986年的2%提高到2000年的2.8%。

以此观之，新加坡对文化创意产业的发展规划是全方位的，尤其是对创意基础、创意需求极其重视，并耐得住性子进行苦心经营。虽然新加坡的传统产业优势也是制造业和服务业，但是当他们认准文化创意产业的重要性和发展目标后，并没有忽略对文化艺术领域的投资，并将表演、视觉艺术、手工艺等原创性的著作权产业放在他们创意产业分类中的首位。缺乏这些全方位的发展规划和对创意基础的涵养、创意需求的创造，恰恰是深圳目前文创产业发展遭遇“瓶颈”和危机之所在。以新加坡为鉴，深圳也迫切需要在保持既有文创产业优势的同时，加大对文化创意产业基础门类的投资，重视对民众创意需求的培养，真正激发这座城市民众对文化创意的兴趣和潜能，才能在未来激烈的产业竞争、城市竞争中拥有立于不败之地的优势。

（二）需要进一步深化对“文化立市”的理解，将文化创意产业的发展与创意城市建设联动起来

深圳早在2003年就策略性地提出“文化立市”的战略发展目标，其

理念应该说非常先进，就全国来看，在当时也非常具有超越性。五年后，深圳又荣获联合国教科文组织“创意城市网络”颁发的“设计之都”称号，由改革开放的中国“经济特区”顺利晋升为全球“创意城市”，实现了城市史上一次“华丽的蜕变”。

加入“创意城市网络”对于深圳来说是一次良好的契机，这意味着深圳在未来的全球城市竞争中拥有了新的定位和身份。更重要的是，文化创意产业的发展具备了可以依托的城市基础。在这个难得的历史机遇中，我们有必要再次深化对“文化立市”战略的理解，真正将创意产业的发展与创意城市建设这双重目标联动起来，从而在一个整体观的指导下，最大限度地优化资源配置，建造一个具有国际竞争力的文化创意之都。

深圳目前需要思考的，不是如何头痛医头，脚痛医脚地去孤立地刺激创意产业的发展，而应该着重投入营造适合创意发生和吸引创意人才定居的“创意氛围”。所谓“创意氛围”是查尔斯·兰德利在《创意城市》一书中提出的建构创意城市的核心概念——“它涵盖了必要的先决条件，足以激发源源不绝的创意点子与发明一切的‘软’‘硬’体设施。这类环境是实质的，是一个让关键多数企业家、知识分子、社运人士、艺术家、行政官员、政治掮客或学生等，得以置身其间运作的开放式国际环境，也是一个能面对面互动，激发新创意，并创造工艺品、产品、服务与机构等，继而使经济成功的地方。”①

由这段简单的引述可见，即便建设创意城市，其最终目标也是促进经济的成功。而此经济正是当下最为热门的创意经济。从这个角度来讲，我们不能孤立地去谈论何为创意产业？如何发展创意产业？因为当今世界最具竞争力的城市经济已经进入了创意经济的时代，“创意”不仅事关一个特别的产业，更是未来经济的主要特征。关于深圳的文化创意产业的发展必须站在这样的一个高度上来重新审视，并制定出真正能够让

---

① 查尔斯·兰德利：《创意城市》，杨幼兰译，马可波罗文化出版社 2008 年版，第 210 页。

“创意”深入到市民日常生活，深入到经济各相关部门方方面面的整体城市战略，才能够期待深圳未来在国际城市中的竞争力和生生不息的发展活力。

（三）一方面需要加大对世界优秀创意人才的引进；另一方面更要制定在本土扎实培养创意人才的具体方针

就世界范围来看，创意人才紧缺是一个普遍性的问题。与以往时代不同，从知识经济开始，及至今日的创意经济，其核心竞争力是人的质素。因而，在这个时代，人才的争夺与竞争将变得史无前例的激烈。从便利性来看，引进人才也许是最为直接和快捷的方式，但是，这种便捷也需要相应的配套条件支撑，因为值得专门引进的高端创意人才往往对创意氛围和创意人际网络的重视超过一次性物质奖励的诱惑；另外，创意人才的流动性也很大，或许他们很愿意尝试新鲜的城市体验而从一处移动到另一处，但如果这座城市没有持久的魅力，他们也有能力很快就从这里再移动到别处。

当然，我们对自己的城市要有信心，不断地在各个方面提升深圳作为创意城市的城市魅力，培养独具特色的创意氛围。去尽力吸引全国乃至世界各地的创意人才来此聚居、工作。这可以被看作解决人才问题的一条路径。但是，对于真正具有野心的城市来说，城市的发展不是一时一势的，因此面对创意经济的挑战，他们更看重在本土从小培养创意人才的重要性。

中国台湾“教育部”自2002年就公布了《创造力教育白皮书》，2002—2008年，即推动创造力教育中程计划，使得创造力培育逐渐成熟扩展至教育各阶层。政府循此基础，进一步加上了“未来想象”的概念。2011年，“教育部”顾问室（现已改组为信息及科技教育司）开始推动有关“未来想象与创意人才培育”的实践型计划，其中的造舰、启航、领航与续航计划，乃分别针对国民教育、高中职、大学院校和终身教育，将未来思考、想象力和创造力三大核心能力融入课程与教学、建构合适的校园环境、经营校内社群与小区团体，希冀能由儿童、青少年乃至于社会公民全面地提倡未来想象教育，为国家、社会持续开创新局。

他们认为，“未来想象与创意”能力或特质的人才，包含了三种不同的能力：未来思考、想象力以及创造力。未来思考是提供多元的取向或方法来探索未来社会在各种领域或层面的变化与转型；想象力即为个人将脑海中所浮现或感受到的超越现实的心象，加以重新整理并产生具有新颖性的概念，并可帮助人们看见未来，发想与开创未来世界才有的新事物；创造力是人类某些特质或能力的组合，如流畅力、变通力、独创力及精进力等，也是一种产生不寻常、新奇的概念或事物的历程。中国台湾“教育部”“未来想象与人才培育”计划，在中小学教育阶段，主要由“造舰计划”（负责幼教、小学及中学）及“启航计划”（负责高中职）两计划来推动。造舰计划自2011年9月起，邀请台北市、云林县与高雄市共25所中小学参与未来想象课程模块的导入与试验。2012年扩大开放申请案，迄今共19个县市133所小学及中学参与。这些参与学校推动课程融入的方式可区分为四种类型：学校本位课程、未来想象融入个别课程、艺术与人文领域结合未来想象及全校性未来想象营造。

自2002年的《创造力教育白皮书》起，经过十年的发展，首先，中国台湾的创造力教育已由少数精英学生之资优教育，逐渐落实推广到各个教育层面当中。在各校启动未来想象与创意人才培育的过程中，发现对于参与学校的学生、教师以及学校文化均产生了正面的催化与效应，学生由此感受到获得未来思考与实践的能力，并产生许多创意作品。其次，参与的教师们，多能提升自身对未来想象教育的积极态度，对于未来想象的三种核心能力与概念：未来思考、想象力与创造力，也能逐步掌握。最后，综观各校，也逐渐建构出服膺具未来想象教育模式的学校愿景。中国台湾的创意人才教育经由此十年的摸索，逐渐走出自己的独特路径，为未来的创意前景打下了扎实的根基。

创意人才的培育和养成和文化氛围一样，必须要有一个长时段的规划。深圳通过十余载的“读书月”活动，逐渐养成了目前的全民阅读氛围，亲手将昔日的“文化沙漠”变成了今日的“文化绿洲”，为创意城市的发展奠定了基础。面向未来，我们同样需要将创意人才的培育当作一个事关城市生死的战略性目标来重视，严阵以待，以此开启我们下一个十年文化建设和城市蜕变的新局。

（刘洪霞：深圳市特区文化研究中心副研究员、博士；
袁园：深圳市特区文化研究中心助理研究员）

中国文化产业转型升级的路径

——基于文化产业上市公司的案例研究

马春辉　黎　明　曾绿然　梁东麒

一　产业转型升级理论

（一）产业的含义

人类社会经历了三次大分工，第一次是原始公社的新石器时代，畜牧业从农业中分离出来；第二次是原始公社末期奴隶社会初期，手工业从农业中分离出来；第三次是奴隶社会末期，商业从农业手工业中分离出来。经过三次社会大分工，人类社会形成了农业、畜牧业、手工业和商业等产业部门。经过几千年的发展，到了资本主义社会，在三次大分工的基础上，工业从手工业部门独出来，成为一个大产业。纵观产业发展史，产业的发展，产业结构的演变是一个漫长的历史过程，产业结构理论中的产业却只有两百多年的历史。产业结构理论的思想渊源是英国古典政治经济学创始人配第①，社会分工的结果是出现了产业细分的现象。现代产业作为一个概念，介于宏观经济与微观经济之间，是属于中观经济的范畴。它既是国民经济的组成部分，又是同类企业的集合。产

① 参见汪斌《国际区域产业结构分析导论》，上海三联书店、上海人民出版社 2001 年版，第 6—43 页。

业作为一个经济单位，并不是孤立存在的。产业和产业之间存在极其复杂的直接或间接的经济联系，形成自变与应变之间的函数运动，使全部产业成为一个有机的系统。一个产业的存在，会成为其他产业出现和发展的条件，一个产业内部结构的变化会直接或间接引起其他产业的变化。

“结构”一词的含义是指某个整体的各个组成部分的搭配和排列状态。它较早地被应用于自然科学中。在经济领域，产业结构这个概念始于20世纪40年代。首先是对产业进行宏观分类。费希尔·克拉克提出三次产业分类方法，研究三产业之间相关变动的内在关联性。库茨涅兹利用三次产业分类方法，研究一个国家（地区）经济增长和结构转变的条件与结果。德国经济学家霍夫曼研究工业化进程中消费资料产业与资本资料产业之间的联系。对于产业结构分类方法还有从生产要素和产业生命周期进行分类。

产业结构分类有很多角度，对于产业结构的理解也有很多不同的理解。贝恩1959年出版了《产业组织》一书，他提出，产业结构是产业内企业间的关系。[①] 1966年他又出版了一本书，《产业结构的国际比较》，产业结构是指产业内部的企业结构。20世纪70年代，日本学者把产业结构定义为产业间的关系结构。国内学者认为，产业结构是指社会再生产过程中，国民经济各产业之间的生产技术经济联系和数量比例关系。[②] 产业结构包括产业分工、关联结构和组织结构。[③] 产业结构也可以从广义和狭义两个方面进行研究。广义的产业结构是指一定经济体系内产业组成结构、产业之间的关联、各产业与总体经济的联系和产业内部结构。狭义的产业结构仅指一定经济体系内产业的组成结构、产业之间的联系、各产业与总体经济的联系。[④] 从上述产业结构的理解，我们可以从两个角度来考察。

一是从“质”的角度动态地揭示产业间技术经济联系与联系方式不断发生变化的趋势，揭示经济发展过程的国民经济各部门中，起主导或

① J. S. Bain, *Industrial Organization*, New York, John Wiley, 1959, p. 12.

② 戴伯勋、沈宏达：《现代产业经济学》，经济管理出版社2001年版，第250页。

③ 石磊：《中国产业结构成因与转换》，复旦大学出版社1996年版，第3页。

④ 王俊豪等：《现代产业经济学》，浙江人民出版社2007年版，第158页。

支柱地位的产业部门的不断替代的规律及其相应的“结构”效益，从而形成狭义的产业结构理论。

二是从“量”的角度静态地研究和分析一定时期内产业间联系与联系方式的技术经济数量比例关系，即产业间“投入”与“产出”的量的比例关系，从而形成产业关联理论。

（二）产业升级与产业转移

产业由第一产业向第二产业转移，到达一定水平之后向第三产业转移，产业的生产要素结构沿着“劳动密集型→资本密集型→技术（知识）密集型”的路径发展，产业沿着低附加值产业向高附加值产业方向提升，产业从低度加工产业向高度加工产业演进。产业升级是产业高级化的概念，由低技术水平、低附加价值状态向高技术、高附加价值状态演变的过程，它不但包括产业产出总量的增长，而且包括产业结构的高度化。产业转移是产业受到外部冲击，由高成本地区向低成本地区转移。

厄恩斯特（Ernst）将产业升级方式划分为五种类型：（1）产业间升级：在产业层级中从低附加值产业（如轻工业）向高附加值产业（重工业和高技术产业）的移动。（2）要素间升级：在生产要素层级中从“禀赋资产”或“自然资本”（自然资源和非熟练劳动力）向“创造资产”，即物资资本、人力资本和社会资本移动。（3）需求升级：在消费层级中从必需品向便利品，然后是奢侈品移动。（4）功能升级：在价值链层级中，从销售、分配向最终的组装、测试，零部件制造、产品开发和系统整合移动。（5）链接上的升级：在前后链接的层级中，从有形的商品类生产投入到无形的、知识密集的支持性服务。第一种属于产业间内升级，后四种都属于产业内升级。①

（三）“产业升级”的内涵讨论

改革开放以来，我国实现了经济社会发展的历史性跨越，产业结构

---

① 王砚峰：《中国进入重化工业时代？——论题的提出与有关讨论》，http：//kyj. cass. cn/Article/710. html。

迅速改观并初步实现了工业化，得到了“世界工厂”的美誉，但这是建立在大量耗用原材料、能源及初级劳动力，并大量进口发达国家知识技术产权以及大量牺牲环保及生态资源成本之上的。我国制造业已经成为国民经济的主体，出口能力也大幅提高，但在国际分工中的价值获取非常低，在技术、品牌、营销、渠道等领域存在严重不足，仍是“高投入、高消耗、高污染、低效益、低产出”的发展方式居主导地位。

简单地跨行业结构调整——如从服装产业转变到电子产业——并不是真正的产业升级。法国、意大利等国的服装产业在品牌、设计、质量以及价值创造上领先全球，而我国沿海地区组装键盘、玩具等的电子行业，却并没有核心竞争力，也获得不了高额的回报。“中国出口之谜”问题的研讨也凸显了形势的严峻：中国出口商品结构的高度化已达到发达国家水平，但实际上却仍处落后地位。

上述形势已经足够影响我们关于“产业升级”就是产业结构调整的一贯认识，但却仍没有引起足够的重视。学者指出，“中国经济片面重型化有危险，中国的经济发展不应依靠高投入，而应主要依靠效率的提高”（吴敬琏，2004；林毅夫，2004）。[①] 目前，对于“产业升级”的内涵需要统一认识，即“提高国际分工中的价值获取”，而产业升级的基本对策就是向“研发（技术）”和“品牌（管理）”两端升级。

二 中国文化产业发展状况

我国文化产业起步晚，但发展快，文化产业已成为部分地方的主导产业。按照文化产业一般统计口径计算，2013 年，我国文化产业增加值约 21320 万亿元，约占 GDP 的 3.69%。

① 何爱国：《“新”工业化路在何方？——新世纪初中国的新工业化道路之争及检讨》，http：//edu. drcnet. com. cn/DRCNet. Common. Web/docview. aspx？SearchRecordID = 3153313&version。

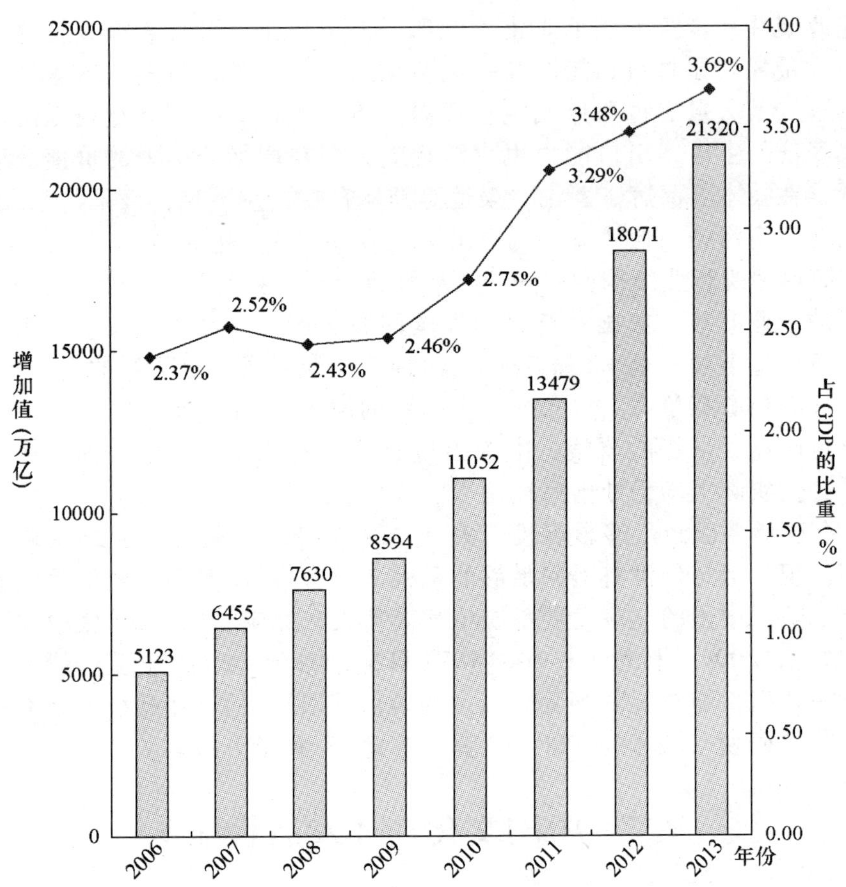

图1　2006—2013 年中国文化产业增加值及占 GDP 比重变化

资料来源：根据《光明日报》2014 年 12 月 18 日第 14 版资料描绘。

我国文化产业增加值占 GDP 的比重，虽然近年呈增长趋势，增长速度约每年增加 0.5 个百分点，到 2016 年我国文化产业增加值将占整个 GDP 的比重为 5% 左右，但这个比重与世界发达国家相比较还有较大差距。英国、日本、美国、韩国等文化产业发达的国家，文化产业增加值占 GDP 比重超过了 10%。文化产业快速发展为这些国家经济增长、就业、减少碳排放等方面作出了重要的贡献。如果从我国文化产业发展纵向比较，应当肯定我国文化产业发展已经有很大进步了。这种进步不仅表现在GDP中文化产业增加值比重提高，更重要的是已经形成了文化产业业态多样化，产业发展集群化，投资主体的多元化的格局。

“十二五”时期是我国文化产业发展的关键时期，政府从财政、税收、金融、土地使用等方面出台了一系列扶持文化产业发展的政策，给予了我国文化产业发展的全方位支持。在政策支持下，文化产业成了投资热点和新的经济增长点。全国形成了一批文化产业集群区和文化产业园区，北京、上海、广东、湖南等地成为我国文化产业发展的标杆。

三　文化上市公司发展与转型

我国文化产业类上市公司经历了从无到有、从少到多的发展历程。到2014年12月，我国上市公司A股沪深合计2592家，根据国家统计局2012年7月31日发布的《文化及相关产业分类（2012）》文件，规定的文化及相关产业是指为社会公众提供文化产品和文化相关产品的生产活动的集合。文化及相关产业的范围包括：（1）以文化为核心内容，为直接满足人们的精神需要而进行的创作、制造、传播、展示等文化产品（包括货物和服务）的生产活动。（2）为实现文化产品生产所必需的辅助生产活动。（3）作为文化产品实物载体或制作（使用、传播、展示）工具的文化用品的生产活动（包括制造和销售）。（4）为实现文化产品生产所需专用设备的生产活动（包括制造和销售）。[①] 我国2014年文化及相关产业A股上市公司400家（包括沪A、深A主板，创业板，中小板）占全部A股上市公司2582家的15.49%。这400家文化产业类上市公司涉及七大行业，文化传媒、工艺制造、旅游、通信、电子信息、造纸印刷、家电行业，如图2所示。其中属于核心类文化产业的公司有44家，这44家包括了主要文化产业，如媒体、广告、电影、游戏等。本文重点研究文化产业核心类行业中的这44家上市公司（见下页表）。

① http://www.stats.gov.cn/tjsj/tjbz/201207/t20120731_8672.html.

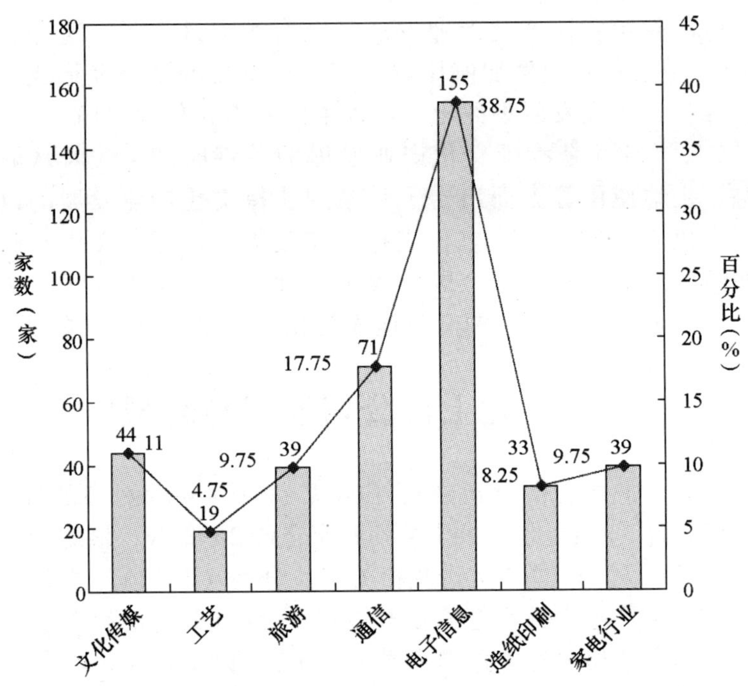

图2　中国2014年文化产业及相产业上市公司行业分布

资源来源：根据东方财富网站数据统计并制图（http：//www. eastmoney. com/）。

44家上市公司目录

代码	企业名称	代码	企业名称
600373	中文传媒	601098	中南传媒
600831	广电网络	300251	光线传媒
300104	乐视网	601999	出版传媒
300291	华录百纳	600757	长江传媒
601801	皖新传媒	601928	凤凰传媒
002238	天威视讯	002292	奥飞动漫
300071	华谊嘉信	600633	浙报传媒

续表

代码	企业名称	代码	企业名称
000917	电广传媒	000156	华数传媒
300133	华策影视	600088	中视传媒
002712	思美传媒	002400	省广股份
600551	时代出版	000673	当代东方
000793	华闻传媒	300264	佳创视讯
601929	吉视传媒	300392	腾信股份
600825	新华传媒	300027	华谊兄弟
000665	湖北广电	000719	大地传媒
002181	粤传媒	300058	蓝色光标
002605	姚记扑克	000681	视觉中国
600880	博瑞传媒	300336	新文化
002301	齐心集团	000504	*ST 传媒
300028	金亚科技	600037	歌华有线
002071	长城影视	600234	山水文化
300148	天舟文化	002633	申科股份

资料来源：东方财富网（http：//quote. eastmoney. com/center/list. html#28002486_ 0_ 2）。

44 家文化产业类上市公司，主要指标在 18 个行业中排名，都处于中等以上水平。每一股收益排第八位，每一股净资产排第十位，净资产收益率排第五位，平均净利润率排第七位。

我国文化产业类上市公司的发展与转型，一是通过国有企业和事业单位改制转化上市，这一类主要是以出版、传媒为重点。上市代码为 601999 出版传媒是典型案例。出版传媒系经辽宁省人民政府辽政〔2006〕74 号《辽宁省人民政府关于同意辽宁出版集团有限公司改制重组并赴香港联交所主板上市（H 股）的批复》和中华人民共和国新闻出版总署（新出图（2006）551 号）《关于同意辽宁出版集团有限公司改制重组赴香港联交所主板（H 股）上市有关事宜的批复》批准，由出版集团、广告中心作为发起人，以发起方式设立的股份有限公司。业务包括图书、报刊、音像、电子出版物编辑出版，出版物总批发、批发与分销、零售，印刷、复制，出版、发行、印刷物资购销，版权贸易和对外出版、发行、印刷贸易，互联网出版、发行，广告、会展、文化服务，境内外投资、资产管理与经营业务。[①] 二是民营企业通过达到上市条件，直接上市。这一类主要是文化产业中的新兴业态，如游戏、视听、互联网等。上市代码为 300104 乐视网，是一家以从事网络影视为主的民营媒体企业，2010 年 10 月实现了直接上市融资。业务范围包括互联网信息服务（含发布网络广告）；增值电信业务中的信息服务业务；制作、发行动画片、电视综艺、专题片；计算机系统服务等。[②] 三是通过借壳上市，促进产业升级转型。上市代码为 600373 中文传媒股份公司，原来是一家从事运输的交通类上市公司，信江集团作为主发起人，以其所属的上饶客车厂和上饶市线材厂的主要经营性净资产（包括上饶鸿裕客车有限公司 75% 的股权）经评估确认后作为主发起人出资，江西省投资公司、江西长运集团有限公司、江西铜业公司、常州绝缘材料总厂和常州市智通树脂厂分别以现金出资，六家发起人共同发起设立江西鑫新实业股份有限公司。2002 年 2 月，在上海证券交易所上市。江西出版集团为了实现文化产业多元化发展，打造文化产业全产业链；2010 年 12 月，完成重组江西鑫新实业股份有限公司，江西省出版集团公司控股、以主营业务整体借壳上市的多媒介全产业链的大型出版传媒公司。公司主营业务涵盖图书编辑出版、报刊传媒、印刷发行、现代物流、新媒体和互联网出版、影视剧生产、国际贸易、艺术品经营和文化综合体等业态。[③] 2013 年，

① http：//stockdata. stock. hexun. com/gszl/s601999. shtml.

② http：//stockdata. stock. hexun. com/gszl/s300104. shtml.

③ http：//stockdata. stock. hexun. com/gszl/s600373. shtml.

公司营业收入113.87亿元，同比增长13.83%；净资产61.47亿元，同比增长52.95%；总资产119.41亿元，同比增长42.07%。[①] 浙报传媒公司前身系上海电冰箱厂，1992年5月始进行股份制改组，同年6月首次公开发行，1994年4月1日上市交易。经过资产重组，演变成为浙报传媒，业务包括设计、制作、代理、发布国内各类广告，实业投资，新媒体技术开发，增值电信业务，经营进出口业务，工艺美术品、文化用品、办公用品的销售，企业管理咨询，会展服务。[②]

四　文化产业上市公司转型的启示

（一）深化改革是加快文化产业升级转型的制度基础

我国文化产业体制改革的深化，为文化产业发展提供了产业升级转型的制度基础。特别是"十一"规划和"十二五"规划出台了一系列的文化产业体制改革措施，推动了文化产业发展升级转型。2009年我国出台了《文化产业振兴规划》，标志着文化产业已上升为国家战略性产业，文化体制改革从此进入加速阶段，政策出台频率显著提高。2012年推出的"国家'十二五'时期文化改革发展规划纲要"，文化部发布《"十二五"时期文化产业倍增计划》，明确提出文化部门管理的文化产业增加值年均增速高于20%，五年至少翻一番的目标。2013年11月召开的十八届三中全会对文化体制改革发展的思路指出文化体制改革是全面深化改革的14项重要任务之一，再次凸显了文化体制改革和文化产业的重要地位[③]。2013年我国电影产业规模达到276.8亿元，同比增长31.62%，其中电影市场票房为217.7亿元，同比增长27%。国家广电总局数据显示，

---

① http：//www.600373.net/mainpages/aboutus.aspx？BaseColumn = BC101.

② http：//stockdata.stock.hexun.com/600633.shtml.

③ 《融合发展下改革与成长是不变的契机》，http：//yanbao.stock.hexun.com/dzhy542259.shtml。

2013 年全国共增加电影院 970 家，总数达到 4650 家，银幕数增加 5077 块，总数为 18195 块。我国数字银幕从 2007 年的 700 块增长至 2012 年的 1.2 万块，3D 数字银幕增加 9500 快，IMAX 银幕达 108 块。据 EBOT 艺恩日票房智库的相关数据，截至 2014 年 5 月 31 日，我国内地电影市场总票房超 107 亿，国产/进口影片的票房分布为 57 亿/50 亿，观影人次 3 亿，放映场次 1535 万场。1—5 月共上映电影 131 部，其中过亿影片 25 部，票房占比 82%。2014 年全年票房保持在 30% 的增速，总规模达到 283 亿左右[①]。2014 年 6 月，财政部、国家发改委、国土资源部、住建部、中国人民银行、国家税务总局、新闻出版广电总局七部门下发通知，发布了支持电影发展的若干经济政策。在政策支持下，我国电影产业将会有更大发展。

2014 年 7 月深改组第四次会议审议通过《关于推动传统媒体和新兴媒体融合发展的指导意见》，明确支持传统媒体和新媒体发展，着力打造一批具有竞争力的新型主流媒体，建成几家拥有强大实力的新型媒体集团，传统媒体迎来发展新机遇期。建立适应融合发展的组织结构、传播体系和管理体制：根据融合发展的需要，重组媒体内部组织结构，加强新兴媒体的力量，推动传统媒体和新兴媒体深度融合。转变用人机制、考核机制，加大新兴媒体人才的培养引进力度。预计未来传统媒体将会加强对新媒体的并购整合，同时引入新型的管理模式。建成拥有强大实力和传播力、公信力、影响力的新型媒体集团。[②] 未来我国文化产业体制改革的方向是要继续深化文化体制改革，加快完善文化管理体制和文化生产经营体制，建立健全现代文化市场体系，构建现代公共文化服务体系，提高文化开放水平，形成有利于创新创造的文化发展环境。要加快发展文化产业，着眼提高质量和效益，推进结构性战略调整，优化产业布局，提高规模化、集约化、专业化水平，推动文化产业成为国民经济支柱产业。在这些制度改革的引导下，我国文化产业进入了加速发展时

① 《七部委九大政策支持电影发展》，http：//yanbao. stock. hexun. com/dzhy511755. shtml。

② 《建设新型媒体集团可期》，http：//yanbao. stock. hexun. com/dzhy532064. shtml。

期。在文化体制改革指引下，我国文化产业上市公司规模扩张进入了一个新的历史时期。数据显示，2014 年以来，国内共有 42 家上市公司在影视行业发起并购，其中华策影视今年已启动 4 起并购计划，华谊兄弟启动 3 起，华数传媒、皇氏乳业、美盛文化、长城影视、中科云网、中南重工也已启动 2 起，其余公司启动了 1 起影视并购方案。①

（二）跨行业契约合作是推动文化产业升级重要路径

产业发展的边界受到两方面的限制。一是纵向。这个边界描绘了更接近最终使用者或者更远离最终使用者的活动。同一行业可能选择不同的纵向边界。二是横向。行业的横向边界是由规模和范围决定的。规模涉及生产效率，范围可以是不同产品系列。企业可以选择纵向或者横向边界，也可以是纵横结合的边界。企业在边界内可以选择直接投资，也可以以契约方式结成联盟。不管以哪种方式，都是分享产业的利润。

我国文化产业升级，契约合作是一种新形式，实现文化产业的跨行业合作发展。阿里与 SMG 达成战略合作，进军数据服务领域 SMG 已与阿里巴巴集团在商业与金融数据服务、财经资讯领域达成战略合作，双方将以 SMG 旗下第一财经为平台，借助各自在数据、资讯、技术、研究和市场推广方面的行业领先优势，携手进入数据服务领域。海尔、阿里巴巴、国美合推智能电视，主推电视网购。2014 年 11 月 26 日，海尔集团与阿里巴巴集团宣布联合推出海尔阿里电视系列，该电视采用阿里巴巴家庭数字娱乐服务，具有电视网购、云游戏、娱乐等特色。此外，海尔、阿里巴巴、国美还同时签署 O2O 协议，线上线下联合普及智能电视。这是业内第一个主推电视网购的智能电视，也是智能电视与电商跨界合作第一步。华谊兄弟宣布与阿里巴巴和腾讯战略合作。2014 年 11 月，华谊兄弟与阿里巴巴、腾讯战略合作。迪士尼战略合作文广集团，强强联合扩大娱乐联盟。②

---

① http：//finance. eastmoney. com/news/1354，20141208454296791. html.

② 《院线股上市将利好传媒板块发》，http：//yanbao. stock. hexun. com/dzhy559969. shtml。

（三）并购促进了产业转型和多元化发展

并购已成为全球经济发展重要因素。2014 年 1—6 月，全球并购交易总额达到 1.75 万亿美元，较上年同期增长 75%，为 2007 年以来最高水平。在亚太地区，并购总额为 3278 亿美元，增长 85%，为 1980 年汤森路透（Thomson Reuters）开始记录数据以来的最高值。在欧洲，并购交易强劲回归：2014 年 1—6 个月宣布的并购总额为 5090 亿美元，较 2013 年水平增长逾一倍。[①] 在西方，媒体集团的主要代表是默多克的新闻集团，而新闻集团之所以成为“集团”，缘由其横跨传统媒体、新媒体的全媒体布局。从我国目前的几家主要国资传媒集团的布局来看，离全媒体的影响力均有一定的差距。在国家鼓励发展大传媒集团的背景下，有望从政策、资金等多方面扶持国资传媒集团进行跨地区、跨行业的传媒并购，并最终诞生拥有强大实力和传播力、公信力、影响力的新型媒体集团巨头。[②] 这种巨型企业诞生需要大量的并购完成。搜索引擎百度、阿里巴巴、腾讯这三家互联网企业正大举收购几乎一切东西，从应用商店到旅游网站和虚拟打车服务。行业内与跨业的并购层出不穷。阿里巴巴（Alibaba）并购了中国互联网浏览器公司 UC 优视（UCWeb）。皖新传媒并购蓝狮子，探索新媒体转型之路。华谊兄弟联手阿里腾讯，打造国际化娱乐公司。蓝鼎国际携手云顶香港，布局济州娱乐场。百事通和东方明珠的合并是文广集团做大、做强媒体产业的举措。[③]

2014 年中国资本市场同时刮起一股影视并购风潮，影视行业正逐渐从业务层面竞争迈向资本层面竞争。长城影视集团成功巩固在第二家上市公司的控股地位，而同时收购 7 家公司，打通动漫全产业链正是长城影视集团在四川圣达的首次资本运作。长城影视收购两家广告运营公司，借壳江苏宏宝之后，长城影视集团再度买壳。2014 年 11 月，四川圣达推

① http：//www. ftchinese. com/story/001056985.

② 《国家级传媒战略路径显现》，http：//yanbao. stock. hexun. com/dzhy528933. shtml。

③ http：//finance. eastmoney. com/news/1354，20141208454296791. html.

出了重大重组及非公开发行预案，收购数家动漫产业公司股权；向长城影视文化企业集团有限公司（以下简称“长城影视集团”）、浙江富润、祥生实业、新湖中宝、上峰控股等十家特定投资者非公开发行股票，募集资本用于补充流动资金。长城影视公司计划在进一步加强精品电视剧业务的制作与发行的同时，开始涉足电影的投拍、制作与发行业务，加快通过提供“全内容”的视听消费，以巩固在国产影视行业的优势地位。长城影视的收购将公司原有的电视剧制作业务扩张至电视、电影广告代理业务，拓展了原有产业链。除长城影视、四川圣达外，集团控制的其他企业包括诸暨长城影视、新长城动漫、石家庄梦世界、杭州长城动漫、青苹果网络，并通过杭州长城动漫间接控制滁州创意园、美人鱼动漫。① 据统计，2014 年 1—10 月，我国文化传媒业已完成并购 651 起，涉及电影、电视剧、出版、广告等业态。传媒相关行业并购超过 200 起，跨界并购进入文化传媒产业 410 起，交易金额达到 2000 多亿元。②

（四）提升文化产业园区是形成升级的集群基础

1. 上市公司典型的文化产业园区

中国文化产业上市公司比较早涉及产业园区的是华侨城集团（000069）。在深圳华侨城本部有 50 万平方米的文化创意园，初步形成了演艺、动漫制作、电影、电视网络传媒、有关品牌消费品等产业。2011 年 8 月，增资收购深圳市远望落星山科技有限公司。收购落星山提升了公司在数码影视、多媒体交互、虚拟仿真等领域的行业地位，使公司拥有了数字娱乐技术平台，进一步完善了文化旅游产业链未来将充分发挥华侨城文化旅游科技公司的技术优势。2011 年 9 月，与日本环球影城签署谅解备忘录公告，涉及领域是主题公园衍生产业。这些都是利用产业园区实现产业升级。

张江高科（600895）建设张江文化产业园。上海张江集团联合上海

① http：//finance. eastmoney. com/news/1354，20141208454296791. html.

② 《光明日报》2014 年 12 月 4 日第 14 版。

文新报业集团共同组建“上海张江文化科技创意产业发展有限公司”，作为投资、管理、经营文化产业的平台。张江文化产业园区搭建了上海动漫研发公共服务平台、上海东方惠金投融资和担保服务平台、上海文化产权交易所、上海动漫产业促进会等功能平台，成立华人文化产业投资基金，张江文化产业园区的目标定位是力争成为融合科技、文化、时尚元素的国家级文化产业示范高地，成为国家级的高端科技型文化产品开发中心、专业化的文化产品和产业要素交易中心、领先型的文化产业体制和机制创新基地、国际级的文化企业总部和机构集聚中心。上市公司旗下的张江文化产业园区，2011 年评为“国家级文化产业示范园区”。张江模式通过科技研发、金融支持、创新服务的特色，实现了金融和贸易对文化产业发展的支持，并以科技优势、规模优势，通过项目和服务，帮助园区内企业市场开拓。张江文化产业园区正在开展与无锡、湘潭、雅安、西安等城市在文化产业园区产业规划、集成服务等多方面的合作，探索“张江模式”的输出。

冠城大通（600067）建设海西文化创意产业园。2010 年，公司与福州市永泰县政府正式签订了《海西文化创意产业园项目合同书》。与福州永泰县政府签订海西文化创意产业园项目。文化产业园区位于福州市永泰县葛岭镇赤壁村，面积预计约为 202 公顷（总面积的 2/3 用于创意产业项目建设，1/3 用于产业园生活配套商住用地，拟借助当地丰富的山水旅游资源环境及原脉地热温泉资源，将该产业园打造为集广电、出版、报业杂志传媒、网络动漫、传统手工艺品、高新技术产品研发及休闲度假娱乐为一体的综合性园区，总投资约为 32.5 亿元。

中弘股份（000979）投资美猴王主题公园。中弘公司 2011 年 5 月宣布在北京市怀柔区建设美猴王主题公园。该项目位于怀柔区红螺湖旅游区，项目规划总占地面积 5000 亩，规划建设用地约 1500 亩。主题公园建成后，将成为具有民族文化特色的集文化体验、游乐休闲、创意研发、交流展示于一体的高科技综合性旅游文化创意产业园。[①]

---

① http：//stock. jrj. com. cn/hotstock/2011/11/16170915859790. shtml.

2. 我国文化产业园区问题

文化产业园区的建设，是我国文化产业发展升级转型的重要手段。无论是上市公司运营的文化产业园还是政府主导运营的文化产业园，都不同程度上存在产业引入的问题。由于缺少产业的支撑，文化产业园区亏损面较大。产业引入困难主要原因是没有充分发挥市场的作用。1992年党的十四大确立建立社会主义市场经济体制的改革目标，党的十五大提出，“使市场在国家宏观调控下对资源配置起基础作用”。党的十六大提出“在更大程度上发挥市场在资源配置的基础性作用”。党的十七大提出，“从制度上更好地发挥市场在资源配置的基础性作用”。十八大提出，“在更大程度更广范围发挥市场在资源配置中的基础性作用”。党的十八大三中全会则更明确提出，“发挥市场在资源配置中的决定作用”。这说明中央在不断深入探索政府与市场的关系。把市场配置资源的基础性作用改为决定性作用，也证明了市场配置资源是最有效率的一种方式。但是，对于地方政府而言，往往难以界定政府与市场的边界，有时出现政府好心办错事的局面。大量文化产业园区亏损有相当部分园区是政府好心办错事所致。按市场配置资源，有些文化产业园区根本不能建设，政府利用手中的资源，利用政府权力配置资源，不能很好地与市场配合，园区的这种建设模式，没有考虑园区生产要素市场发展，文化产业市场竞争不充分，这就从源头上产生了文化产业园区亏损的基因。

文化产业园区建设也涉及各方面利益博弈，而博弈结果又不是一个最优的结果，也是产生文化产业园区运作亏损的原因。中国文化产业园区的建设和运作一般涉及政府、园区营运商和园区企业三个方面。这三个利益主体，在投资方式、预期收益和经营期限上都存在差异。政府对园区发展侧重短期内上规模、出效果；园区营运商侧重在于如何利用政府的优惠政策和土地资源，搞活园区内部和周边地区的房地产，提升物业的价值，从房租上获得最大效益；进入园区的文化企业侧重考虑园区的经营成本，培养市场，形成中长期效益。三个方面都在考虑如何实现自身利益的最大化，博弈结果却出现了三者利益最小化，最后出现了亏损。

文化产业园区缺少明确的产业定位。文化产业园区是一个外来产物，欧美发达国家由于工业化时代遗留了大量的建筑物，如何利用这些建筑物成为当地发展经济的引擎和推动城市复兴的资源，成为决策者深入思考的问题。后来人们找到了解决这个问题的答案，把这些陈旧的建筑物，改造成为创意产业园区，如美国旧金山多媒体峡谷仓库/工厂区、纽约的硅巷区、英国伦敦的哈克伦与豪斯顿，这些创意产业园区的定位都是以多媒体和软件创意为主体的文化产业园区，实现创意与科技融合，发展文化产业。而我国大部分文化产业园区大而杂，文化产品还是以制造为主，缺少创意，文化产业园区缺少明确的产业定位，选择文化主导产业没有考虑文化产业发展的人才、文化产业发展所必要的资源，特别是软资源，完全依靠外来植入的文化产业，需要有一个培养产业的过程。当前有相当文化产业园区的亏损就是这种情况造成的。

还有一些地方建设文化产业园区，仅仅是受到发展文化产业大形势影响，错误地理解只有建设文化产业园区才是发展文化产业，才能不落后于发展文化产业的时代。所以，很多地方文化产业园区建设起来了，旧厂房也改造成了文化产业园区，但是招商困难，营运成本高，文化产业园区成了地方政府的“鸡肋”，文化产业园区最终成了某些地方政府发展文化产业的符号。这种原因造成的亏损，我叫它符号亏损。

我国90%的文化产业园区亏损，也不能肯定我国文化产业园区就没有发展前景。我国文化产业园区发展潜在机会不少，这些机会来自我国居民对文化产品消费需求，各地已有文化产业园区的基础，国家产业升级的政策。人们对文化产品的消费需求日益增长，城乡居民的恩格尔系数都在40%以下，城镇居民文化娱乐支出不断上升，到2012年城镇居民年平均现金支出中，文化娱乐支出的比重达到了12.2%。随着城镇化水平进一步提升，我国居民文化娱乐消费总量将会大幅度增加，这构成了文化产业园区发展消费基础。我国沿海地区和中西一些文化产业发展较好的省市，已经培养了一批创意人才，正在形成创意阶层，各园区可以通过微观政策的调整，依靠市场配置资源，加快招商引资，文化产业园区可以得到较好较快的发展。深圳的大芬油画村，F518文化创意产业园区都是在发挥市场配置资源决定作用成功案例。我国各级政府正在大力推动中国经济结构转型和产业升级，节能减排，发展低能耗的产业是未来经济发展的主流。因此，从宏观上分析，我国文化产业园区发展，亏损只是暂时的，只要各文化产业园区坚持深化园区营运模式改革，坚持市场化营运取向，进行园区内部产业结构的调整，结合园区所在地区的文化产业发展的优质资源，选择适合园区发展的主导产业，形成文化产业园区发展的价值链，我国文化产业园区会发展得更好。

（马春辉，深圳大学传播学院副教授；黎明，深圳大学传播学院讲师；曾绿然，深圳大学传播学院在读研究生；梁东麟，中山日报报业集团）

以文化创意产业为抓手是创造“深圳质量”的重要战略决策

——统计解读深圳市903家文化创意重点企业调查情况

李俊文

为了深入系统地了解深圳市战略性新兴产业发展情况，为深圳市领导和有关部门提供决策依据，近期，深圳市统计局在前期对962家包括生物、新能源、新材料、互联网和新一代信息技术产业重点企业调查的基础上，又对文化创意产业重点企业进行了调查。为统一口径和便于比较，此次纳入调查的对象为文化创意重点企业，包括年主营业务收入2000万元及以上工业法人单位；或年主营业务收入2000万元及以上的批发业、年主营业务收入500万元及以上的零售业法人单位；或年营业收入超过1000万元（或从业人员大于50人）的服务业法人单位以及由市文体旅游局提供的59家重点企业。据此，符合以上条件的文化创意企业共有903家。

本着客观、公正的原则，参照全国高考累计总分的方法，我们对903家重点企业进行了计分排名，其主要依据是根据各企业2013年的财务报表，采取在地统计的办法，分别按照各家企业总资产（权重10%）、主营业务收入（权重10%）、增加值（权重40%）、增加值增速（权重10%）、纳税总额（权重20%）、纳税总额增速（权重5%）和职工期末人数（权重5%）这七项指标及其所占的权重，并设置各单项指标最高值为满分和标杆（理论上单家企业的最高分为1000分），同时对903家企业进行了得分计算和排名。据此，全市903家重点企业累计得分为5930.6分，其中最高分的是腾讯科技（深圳）有限公司（822.3分）。

调查结果综合表明：按不同标志分组，深圳市被调查的903家文化创意重点企业中，得分最高的是新媒体及文化信息服务业，南山区得分排名第一，不同指标值之间和不同企业之间的得分值差距较大；资产总额和主营业务收入双双突破2500亿元，企业职工人数以及纳税总额等主要指标已具较大规模，龙头企业地位突出；增加值总量及其增速较快发展；经济效益主要指标总体向好。文化创意产业成为深圳市有质量的稳定增长和可持续的全面发展的推进器、转型升级的生力军。

一　总体得分情况分组分析

（一）新媒体及文化信息服务业超过三成

从文化创意产业的类别看，排名第一的是新媒体及文化信息服务业，得分为1932.2分，占32.6%；排名第二的是高端工艺美术业，得分为1517.9分，占25.6%；排名第三的是创意设计业，得分为1036.5分，占17.5%；其余依次为高端印刷业800.6分，占13.5%；数字出版业197.4分，占3.3%；文化软件业193.3分，占3.3%；影视演艺业108.5分，占1.8%；动漫游戏业95.9分，占1.6%；文化旅游业48.2分，占0.8%（见表1和图1）。

表1　　重点企业分类得分情况

指标名称	得分	比重（%）
总分	5930.6	100.0
新媒体及文化信息服务业	1932.2	32.6
高端工艺美术业	1517.9	25.6
创意设计业	1036.5	17.5
高端印刷业	800.6	13.5

续表

指标名称	得分	比重（%）
数字出版业	197.4	3.3
文化软件业	193.3	3.3
影视演艺业	108.5	1.8
动漫游戏业	95.9	1.6
文化旅游业	48.2	0.8

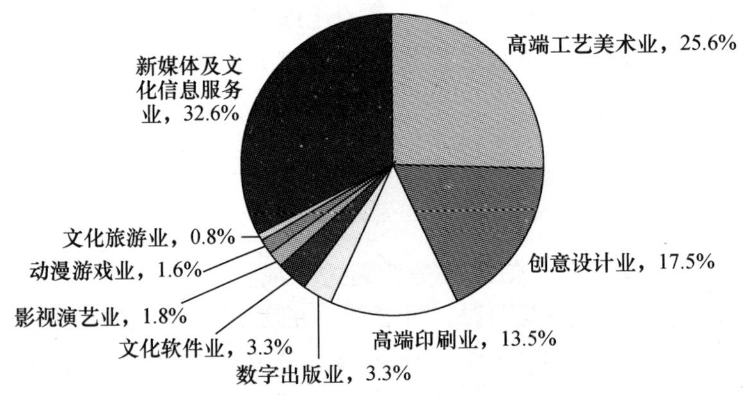

图1　重点企业分类得分构成

（二）服务业接近一半

从三大行业看，服务业（为便于比较，此处不包括商业，下同）排名第一，得2910.4分，占49.1%；工业排名第二，得2790.0分，占47.0%；商业排名第三，得230.2分，占3.9%（见表2和图2）。

表2　重点企业分行业得分情况

指标名称	得分	比重（%）
服务业（不含商业）	2910.4	49.1
工业	2790.0	47.0
商业	230.2	3.9

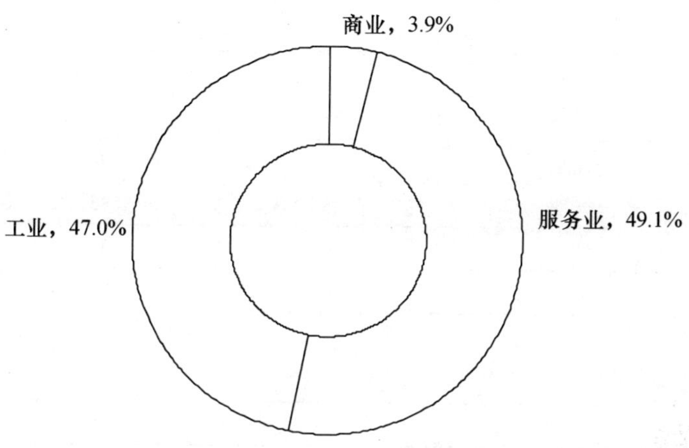

图 2　重点企业分行业得分构成

（三）南山区最高

从全市十个行政区来看，排名依次为南山区 1906.6 分，占 32.2%；罗湖区 1013.3 分，占 17.1%；福田区 996.4 分，占 16.8%；宝安区 670.0 分，占 11.3%；盐田区 588.4 分，占 9.9%；龙岗区 344.2 分，占 5.8%；龙华新区 262.1 分，占 4.4%；光明新区 83.1 分，占 1.4%；坪山新区 50.4 分，占 0.8%；大鹏新区 16.2 分，占 0.3%（见表 3 和图 3）。

表 3　重点企业分区域得分情况

指标名称	得分
南山	1906.6
罗湖	1013.3
福田	996.4
宝安	670.0
盐田	588.4

续表

指标名称	得分
龙岗	344.2
龙华	262.1
光明	83.1
坪山	50.4
大鹏	16.2

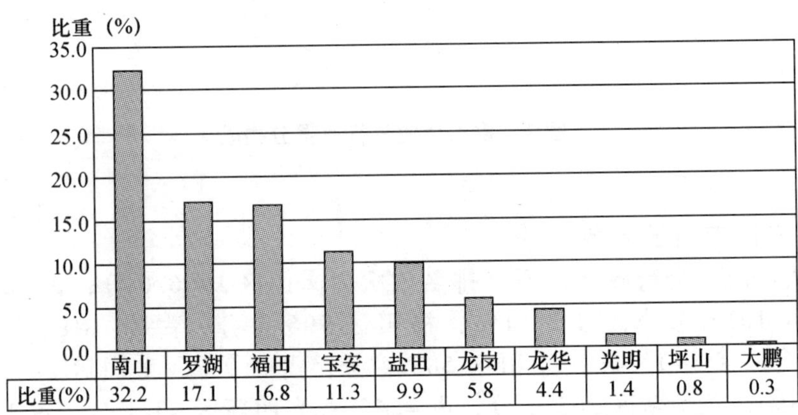

图3　重点企业分区域得分占比

（四）增加值和职工人数占四成以上

从七项指标得分情况看，增加值得分最高达1335.0分，占22.5%；依次为：职工人数1268.7分，占21.4%；主营业务收入1163.7分，占19.6%；纳税总额876.7分，占14.8%；资产总计808.1分，占13.6%；增加值增速415.3分，占7.0%；纳税总额增速63.1分，占1.1%（见图4）。

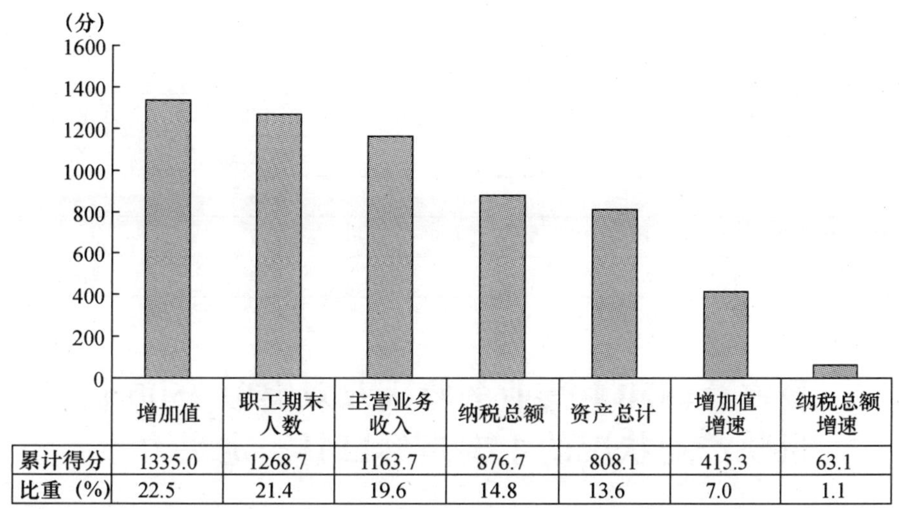

图4　文化创意重点企业指标分项得分情况和比重

（五）企业之间差别较大，且大部分集中在10—19.9分的区域

从单家企业得分情况来看，得分最高的是腾讯科技（深圳）有限公司822.3分，成为深圳市文化创意产业的标杆企业和全球知名企业。统计表明，单家企业的得分介于10—19.9分的有68家，计964.3分，分别占总计7.5%和16.3%，是最集中分布区域之一，这从另一个层面说明大部分企业得分情况与最高分企业相比，仍有较大的发展空间（见表4）。

表4　文化创意重点企业得分情况和占比情况表

指标名称	企业		得分	
	数量	占比（%）	分值	占比（%）
合计	903	100	5930.6	100
最高分	1	0.1	822.3	13.9
50分以上	12	1.3	1961.2	33.1

续表

指标名称	企业		得分	
	数量	占比（%）	分值	占比（%）
40—49.9 分	8	0.9	378.0	6.4
30—39.9 分	13	1.4	428.5	7.2
20—29.9 分	17	1.9	407.4	6.9
10—19.9 分	68	7.5	964.3	16.3

二 资产总额和主营业务收入双双突破2500亿元，反映产业状况的主要指标已具一定实力

据统计，2013年深圳市有文化创意重点企业903家，按不同类别分，其中最多的是创意设计业339家、服务业459家、福田区242家；拥有从业人员23.65万人，最多的是高端印刷业61054人、工业151103人、宝安区53480人；资产总额2582.01亿元，最大的是高端工艺美术业921.60亿元、工业1297.89亿元、南山区883.08亿元；主营业务收入2698.82亿元，最多的是高端工艺美术业1454.64亿元、工业1797.70亿元、罗湖区762.14亿元；增加值534.61亿元，最大的是新媒体及文化信息服务业247.53亿元、服务业356.90亿元、南山区265.37亿元；纳税总额96.56亿元，最多的是新媒体及文化信息服务业40.17亿元、服务业58.68亿元、南山区44.05亿元。可见，反映深圳市文化创意产业状况的主要指标已具相当规模（见表5）。

表5　　文化创意重点企业2013年主要指标情况　　单位：亿元

指标名称	企业数（家）	资产总计	主营业务收入	增加值	纳税总额	职工人数（人）
合计	903	2582.01	2698.82	534.61	96.56	236512
一、按类别分组						

续表

指标名称	企业数（家）	资产总计	主营业务收入	增加值	纳税总额	职工人数（人）
创意设计业	339	234.37	221.00	85.12	15.34	35467
文化软件业	37	84.63	67.35	16.99	1.97	8071
动漫游戏业	5	21.37	21.44	13.18	2.67	2235
新媒体及文化信息服务业	155	899.18	642.51	247.53	40.17	59780
数字出版业	25	92.81	55.94	26.59	2.25	11534
影视演艺业	20	65.56	36.30	11.54	2.50	3937
文化旅游业	7	14.74	7.55	5.72	0.99	2659
高端印刷业	149	247.75	192.08	68.57	11.72	61054
高端工艺美术业	166	921.60	1454.64	59.35	18.97	51775
二、按行业分组						
工业	420	1297.89	1797.70	157.06	34.40	151103
商业	24	100.33	143.95	20.65	3.48	10932
服务业（不含商业）	459	1183.79	757.16	356.90	58.68	74477
三、按行政区域分组						
罗湖	155	533.71	762.14	36.50	8.39	36449
福田	242	358.97	290.16	102.68	16.03	38276
南山	167	883.08	554.20	265.37	44.05	43769
宝安	135	240.97	224.13	52.82	7.93	53480
龙岗	83	117.75	132.76	25.01	5.27	25856
盐田	30	355.41	613.49	23.88	10.57	11421
光明	21	17.00	26.29	5.62	0.73	6935
坪山	10	15.43	12.63	5.76	0.96	2218
龙华	57	53.32	77.93	15.66	2.23	17286
大鹏	3	6.37	5.09	1.31	0.39	822

三 增加值总量突破500亿元，增速达17.9%

（一）新媒体、服务业及南山区的增加值位于各类别之首

2013年，903家重点企业的增加值为534.61亿元。从类别看，新媒体及文化信息服务业增加值排名第一，为247.53亿元，占46.3%；其余依次为：创意设计业85.12亿元，占15.9%；高端印刷业68.57亿元，占12.8%；高端工艺美术业59.35亿元，占11.1%；数字出版业26.59亿元，占4.9%；文化软件业16.99亿元，占3.2%；动漫游戏业13.18亿元，占2.5%；影视演艺业11.54亿元，占2.2%；文化旅游业5.72亿元，占1.1%（见图5）。

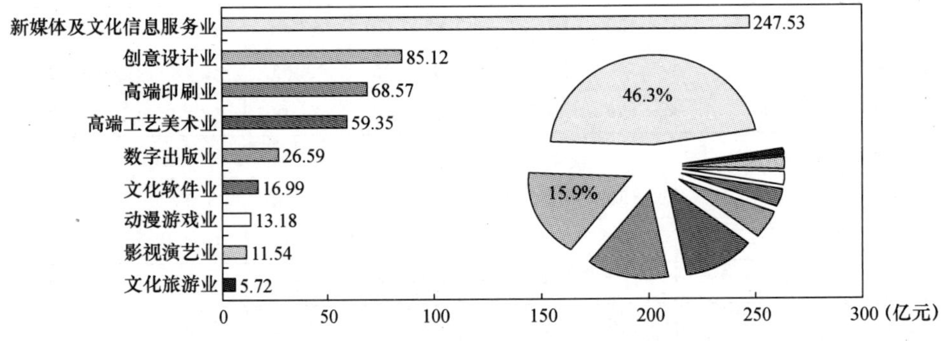

图5 文化创意重点企业增加值分类情况

从三大行业来看，服务业增加值最大，达356.90亿元，占66.7%；其余依次为工业157.06亿元，占29.4%；商业20.65亿元，占3.9%（见图6）。

从全市十个行政区来看，南山区增加值最大，达265.37亿元，占49.6%；其余依次为：福田区102.68亿元，占19.2%；宝安区52.82亿

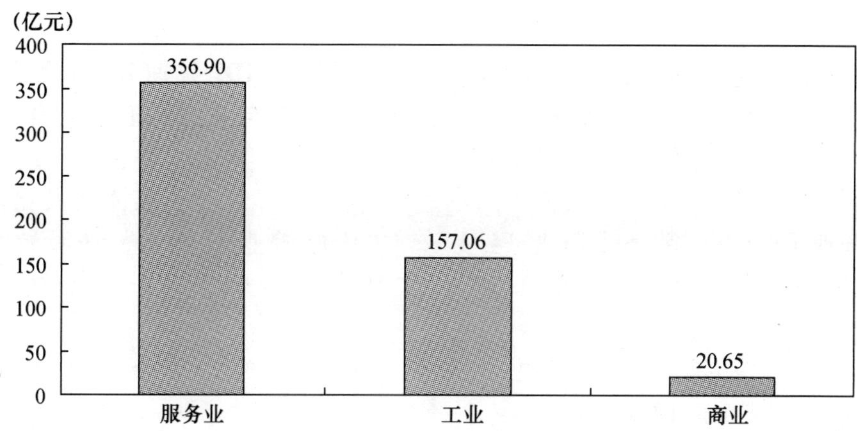

图6 文化创意重点企业增加值分行业情况

元，占9.9%；罗湖区36.50亿元，占6.8%；龙岗区25.01亿元，占4.7%；盐田区23.88亿元，占4.5%；龙华新区15.66亿元，占2.9%；坪山新区5.76亿元，占1.1%；光明新区5.62亿元，占1.1%；大鹏新区1.31亿元，占0.2%（见图7）。

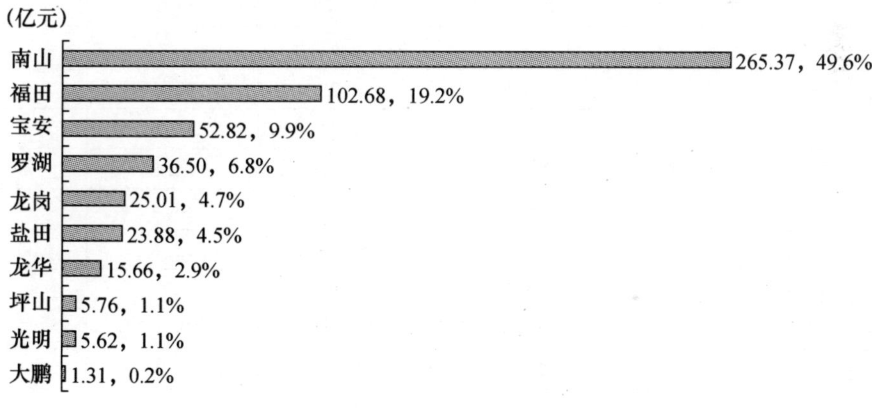

图7 重点企业增加值分区域情况

（二）增加值增速高达17.9%，快于同期全市GDP增速7.4个百分点

从增加值增长幅度看，903家企业2013年增加值比上年增长17.9%，快于同期全市GDP增速7.4个百分点。其中，增速最高为高端印刷业，达39.1%；其余依次为创意设计业33.2%，新媒体及文化信息服务业14.8%，数字出版业14.4%，文化旅游业12.6%，动漫游戏业9.6%，高端工艺美术业9.3%，文化软件业1.0%，影视演艺业-11.3%。

从三大行业看，商业增长最快，达26.3%，其余依次为工业19.0%，服务业17.0%。

从全市十个行政区看，龙岗区增长最快，达66.8%，其余依次为光明新区46.0%，龙华新区45.5%，罗湖区37.2%，福田区22.1%，宝安区17.0%，南山区16.2%，坪山新区5.9%，大鹏新区2.9%，盐田区-27.0%（见表6、图8和图9）。

表6　文化创意重点企业2012—2013年增加值情况　单位：亿元

指标名称	2013年	2012年	增速（%）	增速排名
合计	534.61	453.28	17.9	
一、按类别分组				
高端印刷业	68.57	49.29	39.1	1
创意设计业	85.12	63.91	33.2	2
新媒体及文化信息服务业	247.53	215.61	14.8	3
数字出版业	26.59	23.25	14.4	4
文化旅游业	5.72	5.08	12.6	5
动漫游戏业	13.18	12.03	9.6	6
高端工艺美术业	59.35	54.29	9.3	7
文化软件业	16.99	16.82	1.0	8
影视演艺业	11.54	13.01	-11.3	9
二、按行业分组				

续表

指标名称	2013 年	2012 年	增速（%）	增速排名
商业	20.65	16.35	26.3	1
工业	157.06	131.97	19.0	2
服务业（不含商业）	356.90	304.96	17.0	3
三、按行政区域分组				
龙岗	25.01	15.00	66.8	1
光明	5.62	3.85	46.0	2
龙华	15.66	10.76	45.5	3
罗湖	36.50	26.60	37.2	4
福田	102.68	84.11	22.1	5
宝安	52.82	45.14	17.0	6
南山	265.37	228.40	16.2	7
坪山	5.76	5.44	5.9	8
大鹏	1.31	1.28	2.9	9
盐田	23.88	32.70	-27.0	10

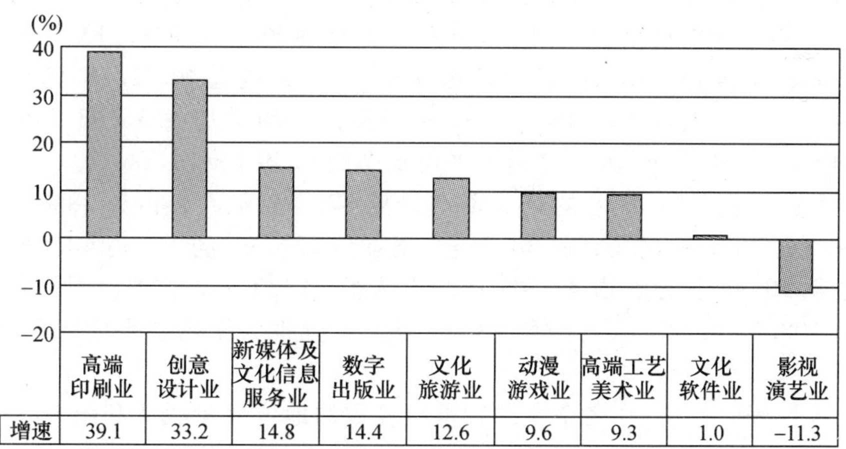

图 8 文化创意重点企业增加值增速分类（一）

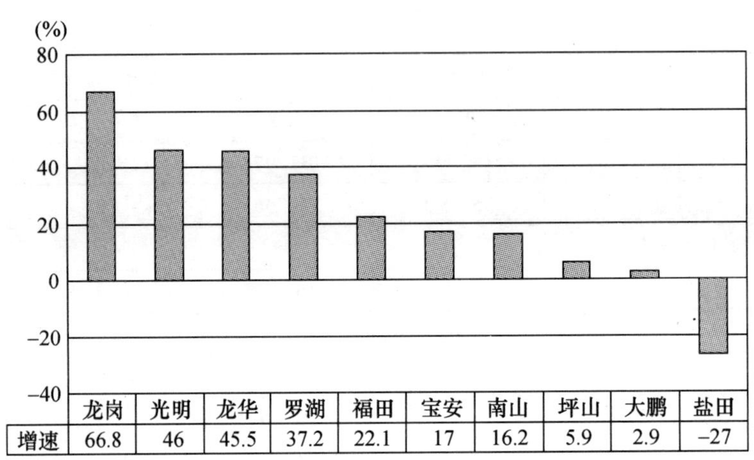

	龙岗	光明	龙华	罗湖	福田	宝安	南山	坪山	大鹏	盐田
增速	66.8	46	45.5	37.2	22.1	17	16.2	5.9	2.9	-27

图 9 文化创意重点企业增加值增速分类（二）

四 排名前十名企业龙头地位十分突出

2013 年，深圳市 903 家文化创意重点企业得分位于前 100 名的企业资产总额 1879.64 亿元，占 72.8%；主营业务收入 1941.13 亿元，占 71.9%；增加值 385.54 亿元，占 72.1%；纳税总额 72.78 亿元，占 75.4%；职工人数 107014 人，占 45.2%；人均增加值 36.03 万元/人，人均纳税 6.80 万元/人，分别为平均水平的 1.59 倍和 1.66 倍。

其中，位于前 10 名的企业资产总额 872.96 亿元，占 33.8%；主营业务收入 763.36 亿元，占 28.3%；增加值 236.97 亿元，占 44.3%；纳税总额 40.44 亿元，占 41.9%；职工人数 21932 人，占 9.3%；人均增加值 108.05 万元，人均纳税 18.44 万元，分别为平均水平的 4.78 倍和 4.52 倍。

统计表明，前 10 名企业占有举足轻重的地位（见表 7 和图 10）。

表 7　　文化创意重点企业 2013 年主要指标情况　　单位：亿元

指标名称		资产总计	主营业务收入	增加值	纳税总额	职工人数（人）	人均增加值（万元）	人均纳税（万元）
全市总计		2582.01	2698.82	534.61	96.56	236512	22.6	4.08
前 100 名企业	绝对值	1879.64	1941.13	385.54	72.78	107014	36.03	6.80
	比重（%）	72.8	71.9	72.1	75.4	45.2	—	—
前 10 名企业	绝对值	872.96	763.36	236.97	40.44	21932	108.05	18.44
	比重（%）	33.8	28.3	44.3	41.9	9.3	—	—

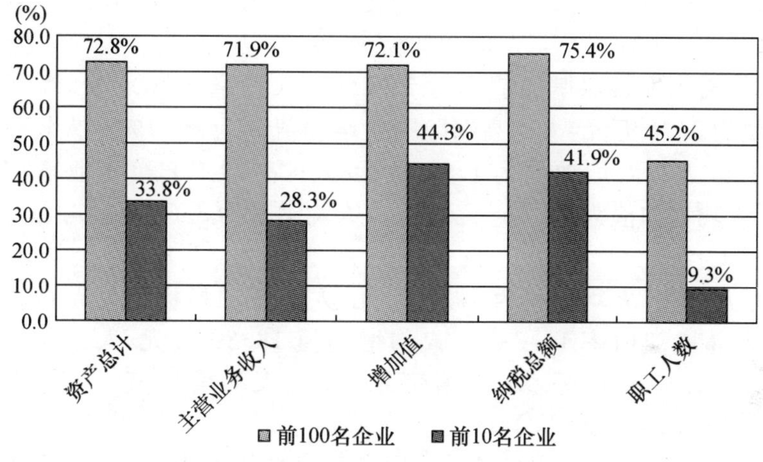

图 10　文化创意重点企业主要指标占比

其中，得分位于前 10 名的企业依次为：腾讯科技（深圳）有限公司 822.3 分、深圳市腾讯计算机系统有限公司 297.6 分、周大福珠宝金行（深圳）有限公司 245.2 分、飞越设计策划（深圳）有限公司 100.2 分、深圳市广播电影电视集团 70.5 分、深圳市高山水生态园林股份有限公司 65.9 分、深圳市世纪凯旋科技有限公司 62.2 分、深圳市邮政局 61.5 分、深圳市尚金缘珠宝实业有限公司 61.0 分、深圳报业集团 61.0 分。

五 主要经济指标效益总体向好

按文化创意产业类别划分，创意设计业增加值率为38.5%，人均增加值为24.00万元/人，人均纳税为4.33万元/人；文化软件业增加值率为25.2%，人均增加值为21.05万元/人，人均纳税为2.44万元/人；动漫游戏业增加值率为61.5%，人均增加值为58.99万元/人，人均纳税为11.93万元/人；新媒体及文化信息服务业增加值率为38.5%，人均增加值为41.41万元/人，人均纳税为6.72万元/人；数字出版社增加值率为47.5%，人均增加值为23.06万元/人，人均纳税为1.95万元/人；影视演艺业增加值率为31.8%，人均增加值为29.31万元/人，人均纳税为6.34万元/人；文化旅游业增加值率为75.8%，人均增加值为21.52万元/人，人均纳税为3.71万元/人；高端印刷业增加值率为35.7%，人均增加值为11.23万元/人，人均纳税为1.92万元/人；高端工艺美术业增加值率为4.1%，人均增加值为11.46万元/人，人均纳税为3.66万元/人。

按三大行业分布来看，服务业增加值率为47.1%，人均增加值为47.92万元/人，人均纳税为7.88万元/人，三项指标均居首位，其次分别是商业（增加值率14.3%、人均增加值18.89万元/人、人均纳税为3.18万元/人）和工业（增加值率8.7%、人均增加值10.39万元/人、人均纳税为2.28万元/人）。

按全市十个行政区分布来看，罗湖区增加值率为4.8%，人均增加值为10.01万元/人，人均纳税为2.30万元/人；福田区增加值率35.4%，人均增加值为26.83万元/人，人均纳税为4.19万元/人；南山区增加值率为47.9%，人均增加值为60.63万元/人，人均纳税为10.06万元/人；宝安区增加值率为23.6%，人均增加值为9.88万元/人，人均纳税为1.48万元/人；龙岗区增加值率为18.8%，人均增加值为9.67万元/人，人均纳税为2.04万元/人；盐田区增加值率为3.9%，人均增加值为20.91万元/人，人均纳税为9.25万元/人；光明新区增加值率为21.4%，人均增加值为8.11万元/人，人均纳税为1.06万元/人；坪山新区增加值率为45.6%，人均增加值为25.96万元/人，人均纳税为4.33万元/人；龙华新区增加值率为20.1%，人均增加值为9.06万元/人，人均纳税为1.29万元/人；大鹏新区增加值率为25.8%，人均增加值为15.96万元/人，人均纳税为4.78万元/人（详见表8和图11、图12和图13）。

表8　文化创意重点企业主要效益指标情况

指标名称	增加值率		人均增加值		人均纳税	
	%	名次	万元/人	名次	万元/人	名次
合计	19.8		22.60		4.08	
一、按类别分组						
创意设计业	38.5	5	24.00	4	4.33	4
文化软件业	25.2	8	21.05	7	2.44	7
动漫游戏业	61.5	2	58.99	1	11.93	1
新媒体及文化信息服务业	38.5	4	41.41	2	6.72	2
数字出版业	47.5	3	23.06	5	1.95	8
影视演艺业	31.8	7	29.31	3	6.34	3
文化旅游业	75.8	1	21.52	6	3.71	5
高端印刷业	35.7	6	11.23	9	1.92	9
高端工艺美术业	4.1	9	11.46	8	3.66	6
二、按行业分组						
工业	8.7	3	10.39	3	2.28	3
商业	14.3	2	18.89	2	3.18	2
服务业（不含商业）	47.1	1	47.92	1	7.88	1
三、按行政区域分组						
罗湖	4.8	9	10.01	6	2.30	6
福田	35.4	3	26.83	2	4.19	5
南山	47.9	1	60.63	1	10.06	1
宝安	23.6	5	9.88	7	1.48	8

续表

指标名称	增加值率		人均增加值		人均纳税	
	%	名次	万元/人	名次	万元/人	名次
龙岗	18.8	8	9.67	8	2.04	7
盐田	3.9	10	20.91	4	9.25	2
光明	21.4	6	8.11	10	1.06	10
坪山	45.6	2	25.96	3	4.33	4
龙华	20.1	7	9.06	9	1.29	9
大鹏	25.8	4	15.96	5	4.78	3

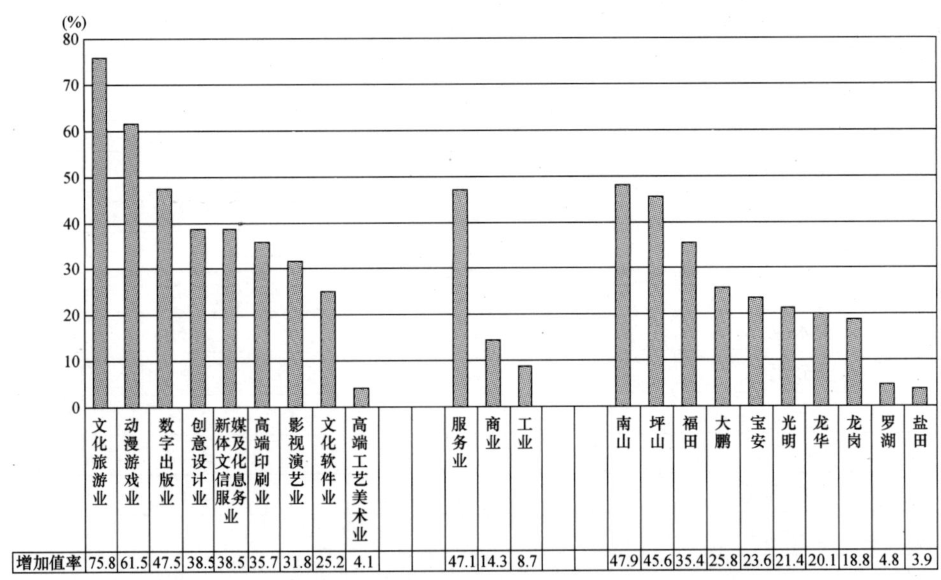

图 11 文化创意重点企业增加值率分类、分行业和分区情况

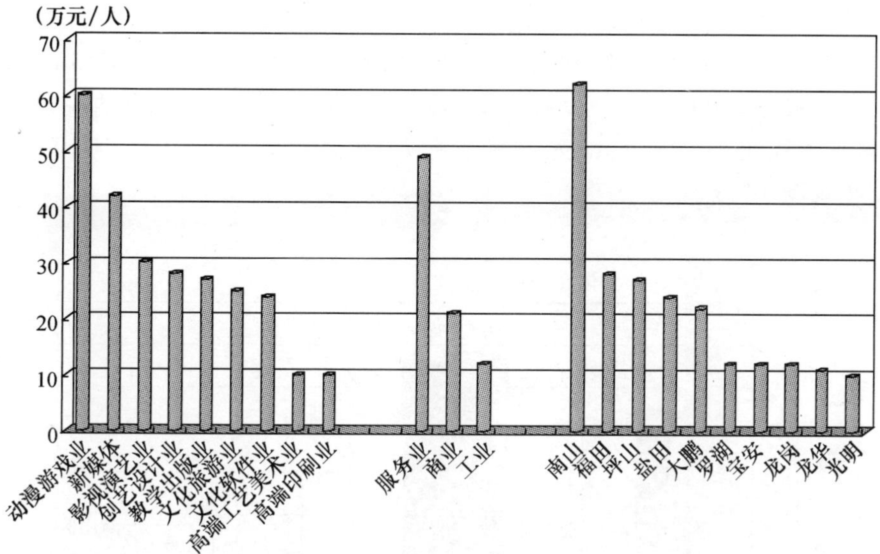

图 12　文化创意重点企业人均增加值分类、分行业和分区情况

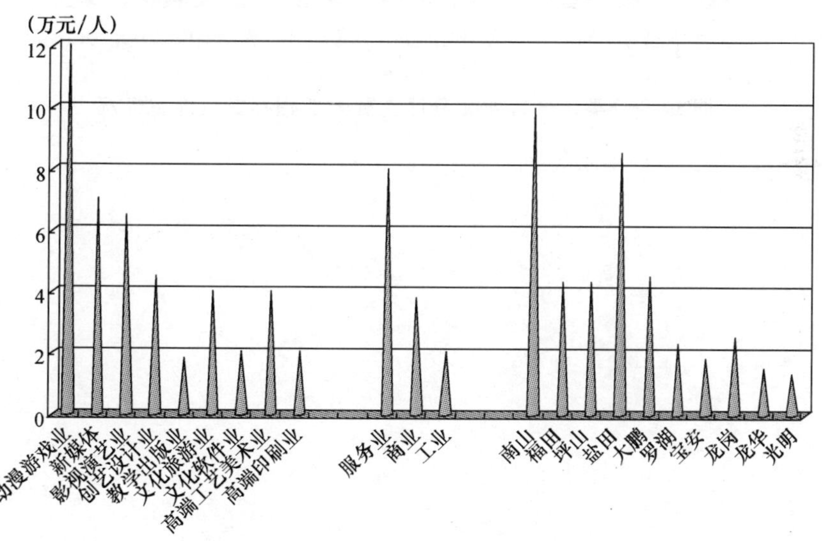

图 13　文化创意重点企业人均纳税分类、分行业和分区情况

可见，按不同的类别分，增加值率最高的为文化旅游业 75.8%、服务业 47.1%，南山区 47.9%；人均增加值最高的为动漫游戏业 58.99 万元/人、服务业 47.92 万元/人、南山区 60.63 万元/人；人均纳税最高的为动漫游戏业 11.93 万元/人、服务业 7.88 万元/人、南山区 10.06 万元/人（见图 14）。

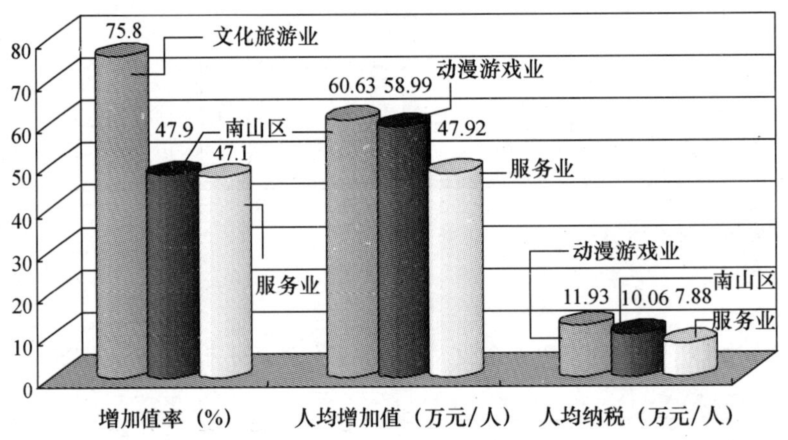

图 14　分类、分行业和分区主要效益指标龙头地位情况

（李俊文：深圳市统计局综合处处长）

深圳文化产业新业态发展的现状分析与应对思路

刘洪霞

文化产业新业态，是近年来随着经济和文化产业发展出现的新命题，党的十七大报告在“推动社会主义文化大发展大繁荣”的论述中，提出“运用高科技文化生产方式，培育新的文化业态”，因此出现了“文化产业新业态”这一概念。

目前，国内对这个概念的解释主要有以下几个方面：一是文化产业新业态是文化内容、资本和科技结合的产物，但关键还是在于内容；二是新业态是先进技术糅合了传统的文化艺术因子，当今文化资源的开发利用应建立在高新技术的载体平台上；三是新业态要有新的管理模式和体制，还有新的商业模式。

本文融合了这三个方面，在广义范围内探讨文化产业新业态。深圳市身处开放前沿、市场经济先行区，企业的市场反应敏锐、创造转型的能力强，具有文化产业新业态的创新和发展的先天条件。文化产业新业态企业已逐步成为深圳市文化产业的主体，文化与相关产业的高度融合发展创造了文化产业新的经济增长点，其支撑引领文化结构优化升级和快速发展的效果越来越明显。根据《深圳文化创意产业振兴发展政策》（深府〔2011〕175 号），深圳市文体旅游局在2012—2014 年中连续三年评出了优秀文化产业新业态企业 30 家，每年 10 家，本文以此为研究对象。文化产业新业态作为文化产品新的存在方式与生产经营形式，迅速改变着文化的既定格局和发展态势。因此，深入分析深圳市文化产业新业态的现状与特点，找出存在的问题，在此基础上把握文化产业的未来发展趋势，提出有建设性的建议与应对思路，是深圳市大力发展新的文化产业业态，推动文化繁荣发展，培育文化产业新的增长点的重要途径，是促进深圳市文化产业发展迫切需要解决的重大课题。

一 深圳文化产业新业态发展的现状与特点

（一）基本现状

经过多年的培育，深圳已经形成了门类齐全的文化新业态产业体系，这其中包括“文化＋科技”新业态、“文化＋创意”新业态、“文化＋旅游”新业态、“文化＋金融”新业态。

深圳把文化与科技紧密结合作为文化产业发展的基本路径予以推动。《深圳文化创意产业振兴发展规划》明确提出，在文化创意产业发展中要高度重视数字技术、网络技术和软件技术等现代信息技术手段的支撑和应用。2013 年，深圳市政府颁布了《关于促进文化与科技融合的若干措施》。在“文化＋科技”发展战略的指引下，深圳迅速涌现出一批以高新技术为依托、以数字内容为主体、以自主知识产权为核心的高成长型文化科技型企业。例如腾讯公司注重加强科研创新力量，不断在互联网信息和网络游戏等业务上推陈出新，成就显著，公司市值已进入全球互联网行业前三甲；A8 音乐集团一直以来专注于新媒体原创音乐，已成功在香港主板上市；华强文化科技的“环幕立体电影”系统及影片打入了包括美国、加拿大在内的40 多个国家。2005 年成立的深圳华视传媒通过自主创新，成功创设了中国乃至全球最大的户外数字移动电视广告联播网，已覆盖全国26 个经济发达的城市。

在深圳文化创意产业发展过程中，创意引领的作用明显，“文化＋创意”新业态特色十分突出，创意设计类企业迅猛发展，为文化创意产业的发展注入了新的活力，创意设计理念渗透到文化创意产业的生产、制作、传播、营销的全过程，极大地提升了产业的文化含量和文化附加值，凸显了“设计之都”、“创意城市”的产业特色和城市形象。深圳已成为中国的设计重镇和现代设计的先锋城市之一，工业设计、室内设计占全国较大市场份额，拥有实力较强的设计企业6000多家，专业设计师6万余人。以工业设计为例，深圳市工业设计占据全国逾50%的市场份额，2009年以来设计作品获全球知名设计奖项100多项，2012—2013年，深圳工业设计斩获国际IF设计大奖39项，获得红点奖32项，两大顶尖设计奖数目位居全国首位，在国际设计界掀起了一股“深圳旋风”。

深圳文化旅游引领国内潮流，文化主题公园成为文化旅游的主要支柱，华侨城集团连续三年蝉联主题公园亚洲第一，跻身全球八强。2011年，全市纳入统计的收费景点接待人数达2511.05万人次，以华侨城集团主题公园及景区为代表的文化旅游景点在接待旅客人数、销售额及经济效益等方面均居全市之首，接待旅游人数达1175.85万人次，占全市收费景区接待人数的46.83%。旅游与文化产业结合催生新的文化旅游业态。

深圳逐步建立了金融支持文化产业发展体系。2009年组建了“深圳文化产权交易所”，努力把深圳文交所建设成为服务全国文化产业发展的投融资平台；积极支持深圳文博会公司与中银国际、中央电视台等机构合作设立“中国文化产业投资基金”，首期募集资金60亿元。以文化产权交易所、文化产业投资基金为主导的“文化+金融”模式，不断创新对文化企业的金融支持方式，构建了文化产权交易、文化产业投融资、文化企业孵化的重要平台。同时，政府推动金融机构支持文化产业发展，推荐一批重点文化企业获得了银行的贷款和风险投资机构的投资，促进更多的风险资本、创业资本和社会资金进入文化产业领域，进一步畅通了文化产业交易与投融资渠道。

深圳市文化新业态企业具有成长性、创新性与示范性的特点。成长性是指企业近三年经济效益，包括主营收入、产品销售额、主营业务利润、纳税额等各项经济指标及其增长情况；创新性是指主导产品或服务的文化创意水平及其生产技术或营销手段的创新程度，拥有原创知识产权的产品或服务的数量及影响力等情况；示范性是指企业经营模式及主导产品对产业结构调整、转型升级和发展应用的推广价值，行业知名度以及影响力等。深圳文化新业态评比的优秀新业态企业均达到注册资金不低于1000万元，上年度主营业务收入不低于1000万元，年纳税额不低于100万元，近三年主营业务收入年增速不低于25%。深圳优秀文化产业新业态发展现状见下表。

深圳2012—2014年优秀新业态文化创意企业发展现状

	数量（家）	类型数量（家）				注册资金（万元）	营业收入（万元）	纳税额（万元）
		科技	创意	旅游	其他			
福田	11	3	6		2	53040.33	224032.08	16786.65
南山	16	11	3	2		103684.7	534594.12	56290.26
罗湖	1		1			5000	25916.5	
宝安								
龙岗								
盐田	1			1		70000	108136	17039
龙华	1	1				10000	50538.45	699.99
坪山								
光明								
大鹏								
前海								
总量	30	15	10	3	2	241725.03	943217.15	90815.9

从表中可以看出，文化产业新业态的空间分布是："文化+科技"类主要分布在南山区，"文化+创意"类主要分布在福田区，科技与创意占据了深圳的最主要的区域，这与城市经济、文化发展是相吻合的。

在被评选的30家优秀新业态文化创意企业中，"文化+科技"新业态文化企业15家，占总数的50%，位居第一，"文化+创意"新业态企业10家，占总数的33.3%，位居第二，"文化+旅游"新业态企业3家，占总数的10%，其他2家，占总数的6.7%（文化内容、文化园区运营）（见下页图）。

从图中可以看出，深圳文化产业新业态已经形成了以科学技术为主导，以创意为支撑，旅游与文化内容服务、文化园区运营共同发展的新业态格局。

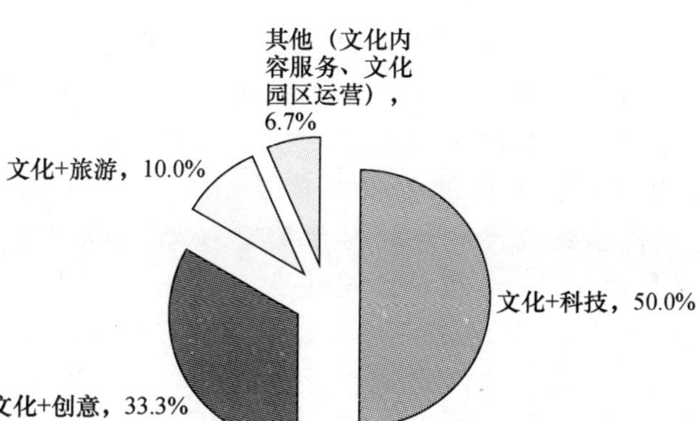

深圳 2012—2014 年优秀新业态文化创意企业类型

（二）发展特点

1. 深圳文化产业新业态以新技术模式为主导力量

文化与高科技的结合会创造文化领域的新业态，而且必将成为文化产业新的增长点。一些旧的文化业态和产业门类走向衰退，而以移动多媒体广播电视、网络游戏、数字出版等为代表的新兴文化产业正在兴起。李长春同志在 2006 年年初召开的《全国文化体制改革工作会议》上指出："要积极运用高新技术改造传统文化产业，运用电子出版、数字影视、网络传输等现代技术，催生新的文化业态。"深圳市文化产业企业运用新技术、数字技术和网络技术，催生了新的文化业态。在评选出的 30 家优秀文化产业新业态企业中，新技术为主的企业 15 家，占据了新业态企业总数的 50%，位居第一位。因此，目前看来，"文化 + 科技"仍然是文化产业新业态的主导模式。

文化产业新业态科技类的企业也分为不同的类型，在这 15 家企业中，以 3G 技术（第三代移动通信技术）为代表的手机无线上网内容服务业就是这一业态的强大成员，其衍生的"拇指文化"以炫目、便捷、亲民为主要特征，在文化消费市场所向披靡。掌上图书馆、手机媒体、移动视频、手机电视、手机上网、无线搜索、手机音乐、手机网游等新兴业态，均以 3G 技术为支撑，有效地缩短了受众的信息获取渠道，拓展了信息覆盖领域，从而获取了巨大的市场。例如，深圳市金环天朗信息技术服务有限公司，是国家级高新技术企业，它所开发的手机游戏蛙蛙斗地主、真人斗地主、酷蛙斗地主、多酷斗地主、美女麻将真人馆等利用了移动终端的便利，即智能手机的普及，从2011—2013年，营业收入、净利润、纳税总额增长率分别为586%、635.46%、1002.69%，从2012年下半年开始至2014年，公司进入高速增长。这种激增式发展，是移动互联网让传统PC互联网，进入衰退期，移动互联网成为全球信息产业新的增长点。移动互联网是未来社会的核心，呈现出个性化、碎片化、移动性、融合性、本地性的特征。2012年上半年，手机首次超越台式电脑成为第一大上网终端，据CNNIC最新报告，截至2014年6月，我国手机网民规模达5.27亿，手机上网（83.4%）比例首超传统PC上网比例（80.9%）。2014上半年，中国移动游戏市场继续保持高速增长，创造125.19亿元市场规模，不仅首次超过网页游戏市场规模，同时，其增长速度也成为中国网络游戏市场中的主要拉动力，较2013下半年环比增长41.6%，预计全年市场规模将超过250亿。

除了3G技术以外，3D技术也成为文化产业新业态中的主要力量。例如，易尚公司是国内品牌创意终端展示、低碳循环会展、3D扫描成像领域居领先地位的国家级高新技术企业，自主研发的3D扫描成像技术和虚拟现实技术在扫描速度和精度上领先国际水平，在航空航天、军事工业精密制造和检测、文物保护展示、医疗美容、服装定制、影视娱乐、科普教育等领域应用空间巨大。公司的低碳循环会展系统项目已被国家发改委认定为“节能重点工程、循环经济和资源重大示范项目”。易尚公司的三维扫描及展示技术已经开始在文物保护领域得到成功应用，自主研发的文物三维数字化及展示技术具有高精度、高逼真度和适用性强等优点，实现了文物数字保护、文物辅助研究和基于互联网的文物展示，对中华文化的保护和传承具有深远意义。此外，易尚公司的3D扫描和打印技术在互联网商品三维化、3D数字医疗美容、3D数字服饰和3D数字教育等领域的应用市场也已得到开发和推广，在航空航天、军事工业精密制造和检测、公共安全等领域的应用也在不断开拓中。

高科技文化旅游主题游乐项目与智慧旅游项目相结合，构建华侨城智慧旅游系统，形成“文化 + 智慧 + 旅游”产业模式的全方位线上线下全产业链模式，具备组建完全自主知识产权的智慧旅游型主题旅游景区的能力，打造科技版欢乐谷。

高科技文化旅游主题游乐项目，相比于传统大型游乐设施，拥有同样感官体验效果，更加可靠的安全性；影视内容的持续更新，利于不同景区的文化包装；可根据不同特种影视呈现技术，结合大型机械控制推出全新项目。综合运用特种影视、动感仿真、虚实结合、互动娱乐等高新科技手段，自主研发出全球首创的 360 度全景天地剧场、影视跳楼机、时光飞车、飞行影院、主题 Ride 为代表的 20 余项具有国际专业水准的高科技文化旅游产品。

新技术模式还包括以互联网技术发展为依托的网络文化产业、信息技术与文化产业相结合产生的数字内容产业等，这为艺术家全方位进行创作提供了新的平台，各种科技、艺术媒介和文化内容被整合到数字技术中，艺术家则据此创造出许多富有时代气息、效果独特的数字艺术产品。与数字创意相关的网络游戏、网络期刊、动漫、电脑特技、软件设计、影视作品、数字媒体、数字音乐、框架媒体等系列产业链的产值已超过传统文化产业的产值，成为文化产业中最有竞争力的部分。

2. 文化创意与创新是深圳文化产业新业态的重要支撑

在评选出的 30 家优秀文化产业新业态企业中，“文化 + 创意”新业态企业 10 家，占总数的 33.3%，位居第二，由此可见，文化创意与创新是深圳文化产业新业态的重要支撑。创意活动与文化生产紧密结合。文化产业借助各种以市场导向为基础的创意，更新产品和服务的设计，策划新的文化产品，开辟新的文化业态。高端印刷、动漫游戏、文化旅游、工艺美术、传媒出版、演艺娱乐等产业都因创意涌动而精彩纷呈。创意是技术、经济和文化等相互交融的产物，创意产品是新思想、新技术、新内容的物化形式。技术产业化和文化产业化交互发展的结果，产生了一批以高新技术为依托、以数字内容为主体、以自主知识产权为核心的新兴文化业态，有效地提升了文化产品的附加值，成为推动文化产业发展的主力军和重要支撑点。例如，深圳地铁传媒文化企业，2013 年采用互动技术，在地铁发布微电影，并植入手游，将时下最热门的互动游戏“节奏大师”推上地铁舞台，引得“节奏达人”们争相竞技。创意是文化产业发展的灵魂，新业态的产生与发展，创意在其中发挥了最为重要的作用。

3. 经营模式与商业模式的创新是深圳文化产业新业态的重要表现

企业的创新发展，不只是体现在技术创新上，还包括经营模式创新和商业模式创新，在此基础上形成新业态的构建和快速发展。传统的经营模式与商业模式是占地、建园、引项目，而新的经营模式与商业模式已经完全打破了这一传统模式。例如，普乐方公司不仅有强大的技术支撑，而且还找到了比较成熟的商业模式，将技术创新、商业模式创新、产业创新很好地融合在一起，形成了典型的综合创新模式。普乐方公司首创了中国主题公园项目，更加注重企业与消费者之间的互动，形成了走进城市综合体的商业模式，这一模式的特点是社区化、连锁化和移动互联网化。在这一模式中，企业与消费者之间的关系变得紧密，而传统的经营与商业模式则是企业与消费者存在与隔离的状态，普乐方的互动娱乐项目在城市中的 Mall 里面有大量增长，另外，虚拟线上公司结合智能体验硬件走向现实。

4. 深圳文化产业新业态在多样化的基础上实现深度融合

新业态的大量出现则是产业融合的表现特征。新兴文化业态是在原有业态自我扩张和融合其他产业的基础上形成的。随着科学技术的迅猛发展和广泛运用，文化与科技融合步伐越来越快，文化业态不断更新，且出现相互融合的态势。比如，动漫游戏、广播电视、出版业等与互联网融合、对接，衍生出网络游戏、网络视听、网络出版、网络动漫、网络文学等文化新业态；广电网与移动通讯网融合、对接，衍生出手机短信和彩信、手机广播电视、移动多媒体广播电视等文化新业态；数字出版和高端印刷使图书具有了视频、音频等功能，可以按需印刷，形成了新的出版业态，等等。文化与科技融合不仅体现在内容层面，还体现在服务层面、网络层面、终端层面、运营主体层面。例如，宜搜公司是中文移动搜索服务提供商，宜搜搜索客户端依托多年的移动搜索技术和丰富的垂直数据资源，提供全面个性化的搜索、新闻、影视、小说、应用、图片等互联网信息服务。宜搜已自主研发运营了网页、新闻、小说、客户端等系列产品。近年来，宜搜开拓进军移动游戏领域，以“合作开发＋独代”的模式发展业务，实现多元化发展。公司取得了巨大的成绩，成功地获得国际知名风险投资机构的多轮巨额风投。宜搜搜索客户端聚合了全网主要资源类型，包括新闻、视频、小说、应用、图片等内容。使得客户在复杂的网络世界中，轻松掌控全局。宜搜小说秉持“多·快·全·新”的产品理念，依赖深厚的技术积累和设计创新，借助多版本、全终端覆盖优势，总用户规模已超过数千万，成为移动阅读领导品牌。2013 年，宜搜与盛大文学等多家文学网站建立合作关系，进一步完善产品体系。例如，华侨城旅游业在需求持续扩张和技术进步的时代背景下，产业界限开始模糊，产业融合加快，促使旅游业与多个产业融合发展形成了多业共生、混业发展的模式，诞生了许多新型旅游复合型业态，如旅游演艺业、旅游地产、会展旅游、城市旅游综合体等。

5. 深圳文化产业新业态呈现集群化发展趋势

为适应日益激烈的世界文化市场竞争，新兴文化业态利用集群化所独有的专业化分工与互动协作能力，建立研发中心、生产中心、传播中心，加快各类生产要素的聚集，在这个基础上结成产业的协作、流通和服务网络，形成基地或园区，以最经济的方式使各类新型文化形态的发展形成整合，具有浓厚的创新氛围、生产力和竞争优势，不仅扩大了单位文化企业的力量，而且使整个文化产业产生巨大经济效应。例如，华侨城智慧旅游系统在园区当地建设文化旅游科技产业基地，向体验园项目以及数字动漫、数字电影、游戏软件、文化产品等相关文化产业提供概念、故事、造型、视觉、音乐等方面的创意设计与生产制作，形成以文化创意为核心，以动漫、影视、传媒产业为重点的文化产业群。华侨城智慧旅游系统是为各大景区量身定制的、国内一流的智慧旅游产品及服务，以建设景区的智慧旅游的深度开发为宗旨，融合智慧旅游的智慧体验、互动体验、文化体验为一体，以景区智慧旅游 APP 为核心内容，以高科技智慧旅游产品项目为展示手段，两者相辅相成，深度挖掘景区的文化内涵，极大地提升景区及游乐项目的互动体验，共同打造国际首创的智慧旅游综合项目。

二 存在问题

（一）某些政策的滞后性与粗放型跟不上新业态文化企业发展的步伐

新业态文化企业的市场活力很大，尤其是在科学技术快速发展的情况下，政府出台的某些政策有明显的滞后性，因此跟不上企业新业态发展的步伐，另外对待企业需要分层管理，在同一园区内，大企业需要的是环境，中型企业需要的是服务，而小企业则看中的是政策的扶持。不同的企业类型，政府需要细化政策，区别对待。

（二）新业态文化产业发展市场环境不理想，知识产权得不到有效保护

目前新业态快速发展，但是市场环境没有给予理想的发展环境，例如，市场方案抄袭、价格定位以及专业评定标准等相对混乱，相关政府部门牵头行业协会缺乏对其进行规范统一，保护知识产权是保障新业态文化产业发展的重要条件，政府需要出台合理的政策法规保护知识产权，创造出理想的市场环境。

（三）复合型人才的缺乏

新业态文化企业需要更多的技术人才与创意人才，因深圳生活成本相对偏高，人才流动性大，导致企业缺乏人才，政府应该扩大人才住房、安居房等的扶持力度，吸引人才在深圳留下来。另外，专业技术人才缺乏文化的创意，专业文化创意人才缺乏技术学科的背景，复合型人才的缺乏，也是阻碍文化产业新业态发展的问题。

三 应对思路

（一）定期认定文化产业新业态企业

文化产业新业态是一个相对的概念，“新”相对“旧”而言，即每一

个时代都有自己的新兴业态。从文化产业发生和发展的过程中，我们可以看到一些“新”的文化行业逐渐成熟并归之于“旧”产业阵营，而随着传播技术、传播介质和传播内容的不断更新，更“新”的文化业态依然层出不穷。目前，由于新技术、新创意以及市场等各种因素，深圳文化产业发展速度之快，变化之快，因此，需要定期认定文化产业新业态企业。前一年被认定的文化产业新业态企业，第二年未必符合新业态企业的标准，而前一年没有被认定的文化产业新业态企业，第二年也许符合新业态的标准。这就需要定期认定文化产业新业态企业。

（二）定期修订认定文化产业新业态企业的办法

企业由于与市场、科技、创意的紧密结合，是一个充满活力的集团，而政府有时候出台的政策会落后于企业的发展速度，这样会对企业的发展起不到帮助的作用，因此，深圳市政府需要积极了解企业，定期修订认定文化产业新业态企业的办法，为推动新业态企业的发展作出自己应有的贡献。

（三）要重视和支持企业经营模式和商业模式的创新

支持企业的集聚发展，加大服务企业力度，有针对性地帮助企业排忧解难，千方百计为国内外企业集聚深圳并向高端高技术发展提供便利条件。支持基于网络的数字化制造、内容服务和平台经济发展。要加大市场准入、运营服务等环节的政策和管理创新，特别要鼓励服务于企业创新活动、有市场需求的新业态发展，如研发服务、创业服务、增值服务等，努力为企业创新发展创造良好的政策环境、市场环境。

（四）政府鼓励复合型人才的培养与交流

今天的世界已经陷入创意泛滥和创意枯竭的双重矛盾之中，所有的创新都围绕改善与融合展开，因此应该培养多行业知识的专复合型人才，实现跨行业、跨区域融合，给不同国家、行业、特征的客户服务，了解他们的专长与思想，跨界创新，整合设计。深圳在文化科技融合方面走得早一些，而且不断有新的东西出现，将创意与技术结合。技术人的文化创意提高比较容易实现，但是，文化人、创意人的技术水平的提升有一定难度。因此，培养人才是关键，无论是大学对人才培养模式，还是企业对人才的培训、更新升级，都很重要。打造创业载体。吸引国内外知名优秀创意企业入驻文化创意产业集聚园区，通过打造一流创业平台，引进各类优秀创意人才。拓宽留才引智的渠道，创造人才流入的“洼地”。

（五）政府加强对宏观政策的落地与细化

政府的高度重视和政策的大力支持是发展文化新兴业态的必要条件。加大政策管理、扶持力度。进一步深化文化体制改革，大力培育合格的市场主体。加强知识产权保护和版权保护，健全、完善创意项目风险评估、交易、担保的法律规范。搭建对外开放和招商引资的有效平台。搭建发展平台。建立深圳文化新兴业态创意策划研究机构，集中科研机构和文化单位的优秀人才，进行重点项目的研究与创意策划。组织做好新兴文化业态开发的专项规划和重点项目的研究、论证。举办深圳新兴文化业态开发策划论坛及项目推介会，采取“论坛 + 项目推介 + 成果展示”的模式，推进项目的科学论证和招商引资、引智工作。强化风险控制。加强调查研究，科学制定区域文化产业发展纲要与规划，广泛采纳官、产、学及社会各界的意见和建议，使用数学、现场观察、案例分析、反复验证等手段，做好文化产业政策制定前期的可行性研究。建立试验性政策示范区，制定风险控制预案和政策安全保障体制。

（六）政府鼓励企业加大技术创新

依靠科技与文化的结合，手机动漫、电子书、网络游戏、文化旅游等新兴的文化业态，不断创造出新的消费群体、新的消费热点。加大技术研发投入，不断研发替代性或关联性的技术和产品，然后通过渗透扩散融合到其他产业之中。加大力度与企业、高校或研究院的合作。为了在竞争中谋求长期的竞争优势，企业将加强与高校合作，在合作中产生创新而实现相应程度的融合，而高校和研究院往往掌握了行业技术最新的动向及前沿技术，因此，公司也会不断和高校或研究院建立产学研合作关系。缩短研发周期，随着科技的发展，技术的更新加快，公司将以市场为导向，为了更好地适应市场，新产品技术研发周期缩短，抢占市场份额。加强知识产权保护工作的建设与实施。

（七）政府强化资金引导，鼓励金融创新

利用地方财政实力，由政府成立各项基金，完善项目评估体系和监督体系，扶持和奖励新业态项目，采用“前半程扶持，将项目送入市场经济轨道”的韩国模式，设立并利用好文化产业发展专项资金、文化产业投资引导资金、文化产业投资基金，为文化企业提供资金、技术、信息、交易、展示的平台。鼓励银行提供多种可供中小创意产业选择的金融产品，如版权质押贷款、创意贷款、集合信托等。支持鼓励演艺、动漫、网游等企业利用创业板上市或借壳上市，积极吸纳国际资金和社会资金，并探索以私募股权方式获取发展资金。充分发挥财政资金的杠杆作用，创新财政资金运用方式，采取资本金投入、税收优惠、财政贴息、风险补偿和信贷奖励的方式，引导金融资本和社会资本投入文化产业。

结语

新兴文化业态作为与传统文化产业相对的概念，主要是指基于技术要素的内容产业。它与传统文化产业最大的不同在于现代科学技术特别是现代信息技术的运用。推动新兴文化业态发展的动力主要来自两个方面：一是技术创新与进步；二是文化内容的创新与创意。文化新业态会为文化产业的发展创造巨大的产业规模、经济效益和发展潜力。发展新兴业态的文化产业，一定要努力克服资金缺乏、人才不足等弊端，力争通过技术创新，以现代信息技术提升文化产业，提高新兴业态的科技和信息含量，增强文化价值，提高核心竞争力。在现代科技影响下，当代文化产业结构面临深刻的调整，主要趋向是：新兴文化产业将引领文化产业潮流，部分传统的文化行业将逐步走向衰微，适应市场需求的文化

行业将继续保持活力，文化内容将成为文化产业核心竞争力。创意产业是传统文化产业发展的更高阶段，文化产业新业态是更高阶段的创新。创新的根本理念是通过“越界”促成不同行业、不同领域的重组、提升与合作。产业要创意化、高端化，以推动文化与经济融合发展。但是，文化产业新业态是一个相对的概念，“新”相对“旧”而言，即每一个时代都有自己的新兴业态。从文化产业发生和发展的过程中，我们可以看到一些“新”的文化行业逐渐成熟并归之于“旧”产业阵营，而随着传播技术、传播介质和传播内容的不断更新，更“新”的文化业态依然层出不穷。总之，文化产业新业态是一个动态的概念，它的内涵与外延都需要随着产业实践的不断丰富而逐步展开并不断建立和完善起来。

附表：

2012—2014年深圳市新兴业态文化创意企业一览

年份	单位名称	所属类别	实收注册资本（万元）	上年营业收入（万元）	上年纳税金额（万元）
2012	深圳亚太传媒股份有限公司	文化+创意	5000	15280	1866
	深圳市风火创意管理股份有限公司	文化+创意	6000	15324	2640
	深圳东部华侨城有限公司	文化+旅游	70000	108136	17039
	深圳华强文化科技集团股份有限公司	文化+科技	40000	143380.78	27162.41
	深圳雅昌彩色印刷有限公司	文化+科技	11000	35149	3045
	深圳市易尚展示股份有限公司	文化+科技	5268	29321.68	3651
	深圳冰川网络技术有限公司	文化+科技	1000	22716	2957
	深圳雅图数字视频技术有限公司	文化+科技	1643.96	40990.00	1058.68
	深圳市华动飞天网络技术开发有限公司	文化+科技	2868	16252.00	886.19
	腾讯公司	文化+科技			

续表

年份	单位名称	所属类别	实收注册资本（万元）	上年营业收入（万元）	上年纳税金额（万元）
2013	深圳华侨城文化旅游科技有限公司	文化＋旅游	2100	11612.45	1061.61
	深圳市迅雷网络技术有限公司	文化＋科技	3000	94767.3	5529.54
	深圳市宜搜科技发展有限公司	文化＋科技	5000	18458.62	837.84
	深圳第七大道科技有限公司	文化＋科技	1000	50006.08	5916.19
	深圳市柏星龙创意包装股份有限公司	文化＋创意	5000	25916.5	2618.3
	筑博设计股份有限公司	文化＋创意	7500	45724.5	4715.99
	深圳市中孚泰文化建筑建设股份有限公司	文化＋创意	5050	43232.4	1514.75
	深圳市研成创意设计有限公司	文化＋创意	4000	12035.35	302.22
	深圳市天华世纪传媒有限公司	其他新业态（文化内容服务）	8889	8403.25	678.71
	深圳市灵狮文化产业投资有限公司	其他新业态（文化内容服务）	1000	6170.16	297.73
2014	深圳市创梦天地科技有限公司	文化＋科技	1000	25179.89	761.85
	深圳市利亚德光电有限公司	文化＋科技	10000	50538.45	699.99
	深圳市梦网科技股份有限公司	文化＋科技	6000	42899.79	2277.5
	深圳市金环天朗信息技术服务有限公司	文化＋科技	1000	10693.23	484.9
	深圳市中青宝互动网络股份有限公司	文化＋科技	26000	14931.71	1264.15
	深圳丝路数字视觉股份有限公司	文化＋创意	8333.33	23390.34	1350.59
	深圳报业集团地铁传媒有限公司	文化＋创意	2000	22015.78	1086.92
	深圳奥雅景观与建筑规划设计有限公司	文化＋创意	1000	8301.79	1163.37
	深圳水晶石数字科技有限公司	文化＋创意	500	8911.14	340.81
	深圳市普乐方文化科技有限公司	文化＋旅游	572.74	4172.19	225.96

（刘洪霞：博士、深圳市特区文化研究中心副研究员）

分众并包：新媒体产业合作网络的发展变化

——以深圳地区为例

潘晓慧

以2010年作为划分新媒体产业合作网络发展变化的界限，缘自两个原因：一是由于新浪微博的崛起，从内容生产和社会传播的角度第一次将个人纳入新媒体产业链条中并且开始占据重要地位；二是智能终端的市场占有率开始全面领先，用户的即时在线形态开始形成。

一　2010年前的新媒体产业合作网络形态

（一）产业格局和政策

深圳作为中国较早出现新媒体产业繁荣业态的城市，其新媒体产业的发展经历了自主崛起和政府引导两个阶段。2009年12月，深圳市人民政府印发了《深圳互联网产业振兴发展政策》（以下简称《政策》），《政策》提出了设立总额35亿元产业资金，包括设立连续七年每年5亿元的互联网产业发展专项资金、初创企业入驻政府投资的互联网产业用房头两年免房租等一系列优惠、扶持政策。《政策》提出，自2009年起，连续七年，每年投入5亿元，设立互联网产业发展专项资金，通过联席会议制度，集中使用、联合会审，提高资金使用效率。专项资金重点资助互联网产业核心技术攻关与应用示范，创新基础能力建设，产业链关键环节培育、引进与相关技术改造，互联网企业商业模式创新与品牌培育，以及市场拓展、电子商务发展等。

综观新媒体产业结构，总的来说，一条完整的新媒体产业链应包括内容提供商、软件及技术提供商、网络运营商、平台提供商、终端提供商、受众、监测机构。内容提供商指内容的提供者和制作者，新媒体的内容主要源于三部分，即专业的媒体机构、企业、个人，而企业和个人层面的内容提供主要是依据技术的发展和普及为实现基础。软件及技术提供商主要负责产业链中的业务、资费、管理等环节所涉及的软件和技术。网络运营商拥有骨干和核心网络资源，通过建立虚拟网络来进行运营服务，为平台提供商提供网络支持，网络运营商有包括无线网络运营商、固网运营商、数字广播运营商等。平台提供商是指为网络分享、交易等服务提供网络空间。终端提供商是新媒体传输的最终环节，是新媒体传给受众的实现工具，包括电脑、电视、手机等。受众指的是具体的用户，而检测机构主要是指网络广告等的传播效果追踪和监督。以图例表示（见下图）。

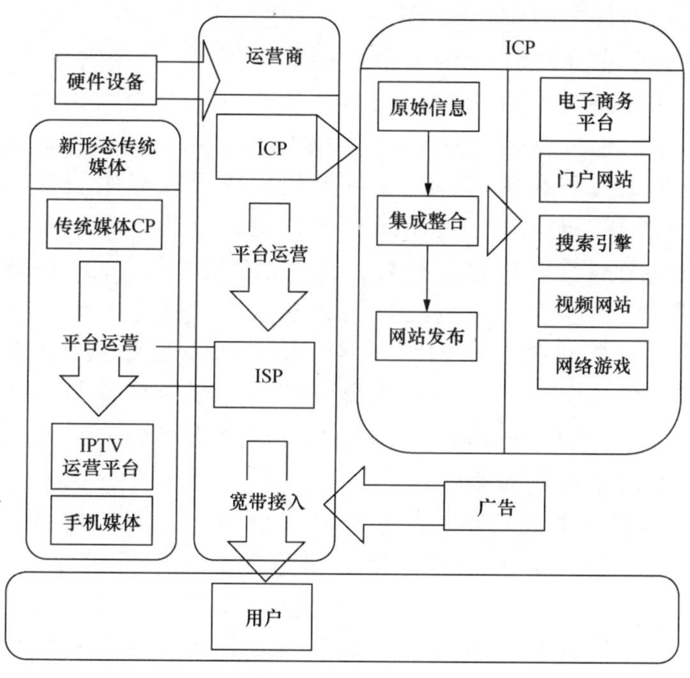

2010 年前的新媒体产业合作网络关系

（二）产业图中各主体要素的基本情况

新媒体并不像报纸、电视等传统媒体一样有固定的范围，它是一个变动的相对概念，曾经的“新媒体”电视和广播在21世纪的今天早已成为我们眼中的传统媒体，他们现在不但被发展中的新媒体所挑战，其自身也都在探寻新媒体化的发展道路。学者如宫承波等对新媒体产业的界定比较科学，即分为两个类型，分别是“新兴媒体”和“新型媒体”。新兴媒体以网络媒体、手机媒体和互动性电视媒体为代表；新型媒体则是指户外新媒体、楼宇电视等，其传播形态并未发生彻底改变，信息质量却大大增强的媒体。也有学者把新媒体定义为多媒体，指的是可以把文字、声音、图像、图表形式进行数字化的组合以及人机互动的过程。除了互动的媒介特点之外，新媒体还使用户拥有了更好的用户体验，甚至改变了他们的传播地位，赋予他们内容生产者的权力。

新媒体的产业价值链条中的互联网部分可以被形容成为这样的状况：由内容提供商提供大量原始信息或者经过初步加工的原始信息，信息提供者可以是个人也可以是专业ICP，大量的信息由应用服务商或内容集成商进行信息加工处理和集成，形成各类频道内容或应用服务所有内容和应用进入互联网门户网站，或在线平台应用服务通过门户网站或平台统一出口，直接与消费者接触。另外，我国的互联网媒体产业链各环节存在相当程度的功能重合。在网络媒体的核心产业链中，处于中心地位的网络运营商承担网络搭建、网络服务、运营以及后端接入服务等职能；互联网内容提供、应用开发与系统集成等则主要由各种类型的服务提供商来承担，甚至有的服务提供商本身就是内容提供商；平台商也往往由服务提供商和网络运营商兼任。

另外，IPTV和手机媒体是前面提到的新媒体形态的传统媒体的具体业务体现。他们事实上也经过一条由硬件技术—内容提供商—服务提供商—网络接入—用户的产业链，只是他们的媒介形态与前述的互联网媒体截然不同，故在此加以区分。在这条产业链中，CP和SP的分工和职责不如ICP和ISP那般明确，存在着双方都试图总揽整个产业价值链条的意图，使得情况变得较为复杂。接下来，将详尽地描述整个产业链的结构和其中关键的行动者。

（三）产业图中各主体要素之间的关系、合作情况及合作网络

1. 电子商务平台

商务应用持续“领跑”网络，成为我国互联网经济发展最快的主力军。2010 年 1 月 19 日，NNIC《第 27 次中国互联网络发展状况统计报告》显示，网络购物用户年增长 48.6%，是用户增长最快的应用，而网上支付和网上银行也以 45.8% 和 48.2% 的年增长率，远远超过其他类网络应用，我国更多的经济活动正在加速步入互联网时代。

从 C2C 上，电子商务平台是不能直接将其转化为利润的，需要靠其他方法获取，如广告、支付平台等。但是，B2C 则可以通过收取提成或收取入驻费等方式盈利。目前，淘宝网和拍拍网都主打免费路线，这里的免费指的是 C2C 免费。随着承诺的三年免费期过后，跑马圈地抢占市场的阶段也就过去了。

雅昌艺术网是一个专业门户网站形态的电子商务案例。雅昌艺术网是雅昌公司的下属企业，提供艺术品的信息交流服务，包括拍卖信息发布、画家艺术品信息收藏、艺术品交易平台等。雅昌艺术网的建立来自雅昌的国内唯一的彩印技术和业务。雅昌一直与一些从事艺术品交易和生产的个人和组织包括艺术家和拍卖公司等保持商业上的合作，从而积累了一些客户资源。将这些客户资源带到雅昌艺术网里，为他们提供广告和推广的业务，再加上雅昌的专业技术服务，如画家艺术品高清扫描建库的服务等。这样，雅昌不但具备传统的线下盈利能力，还具备了线上艺术品信息平台的广告效应，获得利润。雅昌的收入中，70% 来自广告，另外 30% 来自专业服务，如艺术家信息库和活动拍摄制作等。

雅昌艺术网的交艺网就是依靠雅昌艺术网的庞大用户群体而建立起来的，一直到 2014 年，雅昌艺术网都不对交艺网进行严格的控制，放任其作为一个自由 C2C 市场而存在，雅昌艺术网只作为信息沟通的平台而不获取利润，但是 2014 年 8 月改版后，会推出一个新的 B2C 性质的艺术

品交易平台，那时就可以通过交艺网盈利了。

深圳的电子商务产业集群主要是以罗湖区的互联网产业园区为主，该园区拥有300多家各种类型的电子商务企业。因为业务关系以及园区的政策扶植关系，园区内的企业之间有着非常紧密的互动和沟通关系合作，这些合作关系以非交易性关系和交易性的合作关系交替存在着，他们的合作关系涉及企业对企业、企业对政府、企业对个人、个人对个人的层面。以佐卡伊珠宝为例，他们首先是与园区内的同行企业保持着信息和市场行情的沟通，并且他们与园区内一家进行礼品投放的中礼网进行了合作，进行产品的推广；在供货销售方面，佐卡伊珠宝还和园区内的一些进行运营大型电子商务平台的公司保持着合作。同时，它也需要自由的有影响力的网络写手来帮助其开拓市场。

由此可见，电子商务部分所涉及的合作既有本土性又有跨区域性，主要取决于集群以及产业环境，而目前深圳电子商务产业所涉及的受产业环境影响的合作联盟主要还是在一线的国内城市，如北京、上海和广州。

2. 门户网站

由于深圳的门户网站不是很多，而重点新闻网站，如深圳新闻网，和本地的传统媒体等的合作居多。而腾讯网的总部已经迁移至北京，对深圳的影响远不及最初阶段。其他专业类的门户网站，如雅昌艺术网、深圳团购网、中国家具网等都在业务上覆盖全国各地的一线、二线城市，尤其是他们的线上、线下的合作会大量地涉及区域性的合作。但是到目前为止，还没有以规模形式涉及港澳台以及海外的业务。

3. 搜索引擎

在深圳的搜索引擎方面，领头的还是腾讯公司旗下的搜索门户网站SOSO，致力于从搜索角度挖掘互联网在用户生活中的应用和对用户生活的改善。虽然SOSO曾经在起步阶段与谷歌的搜索技术合作，但是，现在它已经应有自己的技术了。腾讯目前在多个领域上推广搜搜（SOSO），甚至在问问和搜搜上推出积分换Q币或紫钻之类的奖励，也有搜搜团购、搜搜新闻等，其内容涉及全国。

4. 视频网站

在版权竞争方面，由于网络版权的价格非常高昂，动辄一集的价格达到四五十万元，由于这样的成本问题，一家视频网站试图将热播大剧的独家播放权都揽下是不可能的，于是很多视频网站都采取与其他视频网站合作，分销播放权的方式来降低成本。

大量的播放权分销导致了视频内容的同质化，于是走自制内容的道路在所难免。自制内容涉及视频内容制作的水平和相关资源的整合，视频网站在这一环节上需要和专业的影视公司合作才能生产出有价值的内容产品。腾讯凭借其资金实力，收购华谊兄弟 4.6% 的股权，进军影视产业。

5. 网络游戏

与电子商务类应用规模和模式的快速增长，网络娱乐进入相对平稳的发展期。2010 年 1 月 19 日 CNIC《第 27 次中国互联网络发展状况统计报告》显示，2010 年大部分娱乐类应用渗透率均已下滑，网络音乐、网络游戏和网络视频的用户渗透率分别下降 4.2%、2.4% 和 0.4%，用户规模增幅相对较小。而深圳较早进入网游产业，几乎与全球同步。而其中腾讯游戏、中游游戏、基地游戏、远航科技等棋牌类游戏，是深圳本土的曾经最聚集人气的四大网络游戏品牌。深圳的“网络游戏产业已经发展逐步进入整合期，部分企业骨干规模迅速壮大。”深圳网络游戏产业极具特色，网络游戏及相关产品的年销售额已近 2 亿元，约占全国 10%，而运营收入占比还远高于这一比例。深圳网络游戏产业的主要特色是企业数量不多但凝聚力强、资本雄厚、技术先进、商业意识浓。目前，深圳主要的网络游戏开发及运营商，包括腾讯、网域、宝德网络、光宇天成、锐易数码、亚米多、金山华络、金智塔、中青宝等企业。深圳网络游戏领域发展出一批团队凝聚力高、资本雄厚、技术先进、颇具商业意识的网游开发商和运营商。这些公司对整个产业形成巨大的支撑作用。以网络即时通信的龙头腾讯实力最强，该公司在国内网络游戏市场竞争中优势明显，2013 年其营业收入达 4.8 亿元，其中游戏运营收入 5200 万元。网域是另一家网上“玩家”极为熟悉的企业。该公司开发的棋牌软件，成功用于全国第三大棋牌游戏门户“中国游戏中心”，其注册用户超过1亿元，同时在线人数超过30万。此外，网域还开发了华夏Online等大型网络游戏。此外，宝德网络、亚米多等公司，在大型3D游戏、游戏机平台开发等领域，发展势头强劲。

网络游戏就整个产业链来说，上游有游戏开发软件，中游有运营商，下游是代理商。网游企业在研发时必须与文化创意紧密结合，特别是与动漫、影视制作相结合。随着产业链的拓展和延伸，与网络游戏紧密相关的衍生产品极具市场潜力，如饰物及玩具生产等。目前，已有深圳企业开始加大对衍生产品的开发和利用。

随着网络游戏不断大众化，其功能将不断拓展，并向综合化媒体方向发展。网络游戏将通过高科技创造互动娱乐平台，与IPTV结合成为家庭娱乐中心，以游戏为突破口，承载电影、电视、音乐、动漫、广告、信息等传播。深圳在这方面已基本形成较完整的产业链，包括网络游戏开发商、运营商、IPTV制造企业和运营企业等。

网络游戏的典型行销渠道是通路商、网吧、区域运营商、电信运营商。网络游戏产业的竞争压力主要来自资产的专用性、公司及产品的同质性、需求的冲击、供给者力量、购买者力量、替代品、潜在进入者、进入壁垒等。

游戏运营商的网络游戏来源主要是自行开发和购买代理。购买游戏代理权就是一个项目合作。腾讯目前最热门的网络游戏是《地下城与勇士》，这款游戏的代理权是2007年腾讯通过与国内数家运营商竞争从韩国公司Neople得到的。腾讯与代理商的合作还包括和美国riot公司的《英雄联盟》等。通常游戏运营商在引进外国游戏时会先考察该游戏在外国市场的表现，选择比较成熟的网络游戏进行代理可以降低在国内市场出现失败的风险。

游戏运营商之间进行合作往往是共同推广或运营某一款网络游戏，如腾讯与巨人网络合作运营了《绿色征途》游戏，是借助腾讯的用户平台来推广这一游戏。而腾讯会和美国的Zynga公司合作，推出了中国版的Cityville来对抗国内的开心城市。Zynga是依附于美国最大的社交网络Facebook 上的游戏提供者，他的网页游戏采取免费模式提供道具收费。Zynga 的收入已经超过了 10 亿美元。

腾讯与很多硬件厂商也保持着合作关系，腾讯通过他们的游戏来为硬件厂商做宣传平台，他们的合作对象包括英特尔、华硕等主机设备厂商，还有北通这样的游戏外设厂商。他们的合作一般都建立在具体的游戏上，比如与英特尔的合作就在英雄联盟上，与北通的合作就在《地下城与勇士》上。另外，腾讯还在于 Razor 公司进行 SwitchBlade 概念机的合作项目。

网络游戏推广平台一般是指网络游戏的门户网站，国内比较出名的是 17173. com、178. com、131. com 等。他们会迎合新游戏的推出或是游戏的内容更新，开展一些与游戏相关的活动和专题报道，比如腾讯的“英雄联盟不删档测试激活码放号行动”就在与腾讯合作的十余家网络游戏门户一同推出。一方面游戏运营商可以借助他们来推广自己的游戏，另一方面门户网站也需要同大型游戏“攀上关系”来提高网站自身的影响力。

二　2010 年后的新媒体产业合作网络形态变化

移动互联网的崛起是 2010 年后新媒体产业合作网络形态发生变化的核心要素。移动互联网在这一时期扮演的重要角色与传统新媒体在 2003 年前后扮演的角色有惊人的一致性：颠覆者。虽然早在 2010 年之前，移动互联网技术已经出现，如地理信息定位与手机导航之间的连接，但其井喷式的发展却是在 2010 年前后出现的，因此，我们把 2010 年之后的新媒体合作网络的新变化归于移动互联网时代的来临。

最为显著的形态变化就是合作网络由之前的线性网络关系变为伞状式裂变关系，之前还带有传统垄断资源特色的共生网络形态进一步简化为技术、服务、用户三者之间的分众并包关系，如下页图所示。

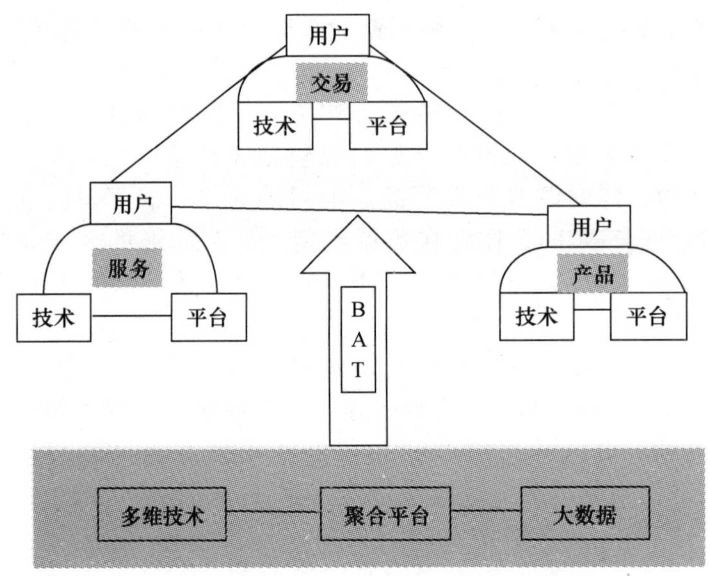

2010 年后的新媒体合作网络形态示意

（一）为何是伞状形态

首先，因为移动互联网技术的革新使得每个智能终端使用者个体都成为集传播者、服务者和生产者于一体的存在，每个人都有了独立完成网络合作的可能。

其次，因为移动互联网带给网络合作个体连接一切的可能性，每一个独立个体都可以相互连接，同时又共同与更大的平台服务运营商和技术服务提供商进行连接，未来更大的可能是伞状的形态会变成蜂窝形态，即无处不连接。

（二）新形态下集成平台的变化

集成平台是对像运营商、广电系统、BAT 等大的服务提供商和内容制造商的统一描述，他们在 2010 年前的新媒体产业网络共生系统中占据主导控制的地位，而在 2010 年后的网络共生系统中成为聚合服务提供者，更多隐向幕后，但是其控制地位并未因此而削减。综观来看，他们主要提供以下服务，让伞状用户分众成为内容者、使用者和传播者。

1. 手机视频

当地广电提供内容，并由电信运营商提供渠道，这基本上是这一类媒体的主要合作模式，但是也有其他情况的存在，将在后面提到。

深圳广电与深圳电信和联通方面的合作关系尚不清楚，但是，深圳电信和深圳联通的3G视频业务中都提到深圳电视台与他们的合作关系。

另外，深圳电信与优酷于2013年年底进行合作，深圳电信获得了优酷的原创频道内容使用权，丰富了自身的节目资源。

广东移动与融创天下合作推出的“万花筒业务”是手机用户看电视的另一个选择。2007年8月，融创天下与广东移动联合打造“万花筒”业务，为移动多媒体门户全球之冠。融创天下的核心技术是他们的视频压缩与传输技术，使非3G的用户也可以通过这个业务浏览清晰的网络视频，万花筒的视频资源主要来自于央视国际。在这里，产业的结构也很清晰：融创天下搭建平台，央视国际提供内容资源，广东移动提供渠道和带宽资源。

另外，天威视讯和深圳移动、同洲电子在2014年3月进行了“甩信”的业务合作，打造三网融合的一种新应用形态。甩信业务实际上是将Wi－Fi接收设备与电视相结合，从而实现手机与电视机的信息交互，达到将信息从手机“甩”到电视里的效果。目前还未正式上市。

2. 手机游戏

根据最新发布的数据显示，2011年第一季度中国手机网络游戏用户数量突破2300万，达到了2332万，环比增长15.05%；2011年第一季度手机网络游戏市场规模2.55亿，环比增长18.41%；中国互联网络信息中心（CNNIC）在京发布的《第27次中国互联网络发展状况统计报告》数据显示，截至2010年12月底，我国手机网民规模达3.03亿！可以预见的是手机网游发展潜力之大。《报告》显示，截至2010年12月底，我国网民规模达到4.57亿，手机网民规模达3.03亿，依然是拉动中国总体网民规模攀升的主要动力，手机游戏的核心用户正在形成，用户开始逐渐把手机当成比较核心的游戏设备来玩，这个趋势也伴随着智能涉及的份额提高，还有价格下降，以及被教育的程度也在发展。手机游戏的产业结构主要是生产产品和提供服务平台。移动互联网和传统互联网用户的融合，这个融合对手机游戏软件也会产生很大的影响，因为手机游戏大概在有手机开始就已经有手机游戏行业了，当时有一些团队在帮助中国，日本的、韩国的手机厂商提供一些游戏，已经开始在做了，现在到了3G时代，更多用户进入这一块的消费市场。

手机游戏产业链包括手机游戏开发商CP、游戏运营商SP、移动运营商、手机游戏用户、手机设备制造商。深圳在2005年就有五六家企业涉足手机游戏产业，规模仅次于北京、上海、成都。据中国信息产业部的统计，目前在中国手机游戏市场大的SP占据了80%—90%的份额。数字鱼公司能占7%—9%，加上腾讯、龙音数码公司、空中丝路公司等公司，深圳在全国的市场份额约在20%。

手机游戏是一项以“内容为王”的新产业，它也被称为“休闲经济”或“体验经济”，依靠内容的创新来吸引消费者。目前，手机游戏的市场认知度已达到15%—17%，离引爆流行的20%临界点并不远。其间，手机游戏的技术装备也到了一定阶段，搭载平台及宣传推广体系均已成熟。

现在手机游戏行业已经推出MMMORPG（基于手机平台的多人同时在线角色扮演类游戏）的新游戏模式，这是SP们一种全新的盈利方式。手机游戏是一个“内容为王”的产业。与深圳其他公司通过游戏比赛等活动进行游戏的推广和促销的方式不同，数字欲更注重手机游戏本身内容带给消费者的吸引力。他们将自己的营销方式称为“内容营销”，或者是“娱乐营销”，在手机游戏的内容上做文章。

3. IPTV

IPTV推进的关键在于三网融合的推进。深圳是全国三网融合的试点城市，在三网融合上发展的步伐还算迅速。新媒体电视需要广电方面拿出节目内容资源与电信的宽带接入相结合，这两者不进行合作是无法将新媒体电视普及开来的。

从2009年5月开始，电信就推出了基于宽带上网硬件的IPTV业务，但是，由于电信并没有获得广电在节目方面的支持，而是和上海文广进行对接获取节目内容资源，在本地化方面不具备接近性，所以，在节目内容方面并不具备优势。IPTV 在深圳的发展理想状况是广电的内容与电信的入网对接合作来完成，目前的状况离这一目标越来越近了。深圳电信与深圳广电集团已经达成一致，在 2014 年 8 月实现 IPTV 商业运营。

4. 移动电视

在 2009 年之前，移动电视市场在深圳是以广电的 CMMB 为主。但是，CMMB 的盈利状况一直不佳。到 2009 年，广电集团与深圳移动合作，提供“移动通信 + 宽带接入 + 无线上网 + 数字视”的全业务方案，合作建设基础网络设施，基于 TD－SCDMA 网络开展多媒体手机报、视频增值业务等数字媒体业务，发展深圳移动多媒体广播 CMMB 和建设多媒体新闻报料平台，开展无线数据业务和宽带业务等多项合作。

三 结论：分众并包——新媒体产业网络共生的未来趋向

移动互联网的崛起使得连接一切变成可能，智能终端的聚合分发功能让用户得以成为新媒体产业共生网络中的独立个体参与者，而大企业和大平台之间的兼并战争使得其更多的精力隐于幕后进行技术和平台的控制，因此，分众并包的形态得以形成并主导了未来的网络共生趋向。

（一）分：从大而全到小而美

新媒体产业链条中的大企业和大平台正在将自身的业务分发出去，只保留最为核心的部分。比如，BAT 三家在经历了 2013 年和 2014 年的组织机构改革后，将之前大而全思维下产生的很多项目和团队逐步剥离，而将更多的精力投向自身的核心优势领域，分别牢牢把持住流量、支付和服务三大移动互联网时代的关键入口。

（二）众：用户完成在共生网络中的独立转型

用户在共生链条中的独立转型是新媒体产业网络共生现阶段最重要

的变化。在移动互联网场景下，用户借助无线互联技术和智能集成终端（手机、穿戴设备、PAD 等）可以与共生网络中的任何节点进行连接，自身也可以在内容生产者、产品制造者、信息传播者、服务提供者和营销发起者之间无缝切换。

用户与用户之间的连接是新媒体产业共生网络未来发展的重要基础。众的概念使得碎片化在前端消费者市场占据主导地位，也直接影响到“并”的概念在中后端企业级平台市场愈演愈烈。

（三）并：大鱼、小鱼和虾米的共生之路

2013 年和 2014 年可谓是中国新媒体产业市场迄今最为火爆的两年，平均每天都会有 10 起并购案例正在进行或者已经完成。并购和控股成为主导近两年新媒体产业共生网络的重要主题。其中，阿里全资收购高德，并购 UC；腾讯入股京东、大众点评和平安；百度收购 91 助手等动辄几亿美元或十几亿美元的交易让整个产业链条都随之发生了巨大的变化。

并购和控股对于在 2013 年不约而同选择“分”战略的 BAT 巨头和小米、京东、苏宁等二线梯队的新媒体企业来讲，是一赢三的必要手段。

（四）包：新媒体产业共生网络链条的润滑剂

移动互联网不仅对用户和企业产生了巨大的影响，同样也对处于链条中间的服务中介商和外包方进行了重新“洗牌”。整个中介“服务”行业的格局因为移动互联网技术的发展而产生了巨大的变化，在这一轮洗牌中及时顺应技术和市场变化的服务商得以壮大，更多的则是慢慢消亡。比较典型的对比是微商服务平台的崛起和传统广告服务商的衰退。

此外，对于边缘业务和非核心延伸业务，处于新媒体产业共生网络控制地位大企业和大平台也越来越愿意将业务外包给第三方服务提供者，采用接口置换用户的策略巩固自身的平台地位。

（潘晓慧：深圳大学传播学院副教授）

深圳文化产业人才培养现状及发展对策研究

谭属春

一　深圳文化产业人才队伍的基本情况分析

（一）深圳文化产业人才队伍建设的成绩及其原因

近年来，随着深圳文化产业的飞速发展，深圳市委市政府加大了文化产业人才引进和培养的力度，在人才培养、引进、选用、激励等方面不断探索制度创新，壮大深圳文化产业人才队伍，聚集了一批优秀的文化产业人才，逐步形成了一定的人才优势。以设计人才为例，到2011年深圳已有数千家设计公司，6万多从业人员，云集了全国一批最优秀的设计师。十多年来，深圳设计师几乎获得过世界所有顶级设计赛事和国际展览奖项。①

究其原因，主要有如下几个方面：

1. 文化产业的快速发展，为文化产业人才的聚集和发展提供了机会和舞台

深圳文化产业发展的第一个特点就是起步早，发展快。早在1999年，深圳就在国内率先提出“文化立市”的口号，2004年提出建设“高品位文化城市”的目标，2005年确立了将文化产业作为继金融业、高新

---

① 易运文：《深圳着力构筑文化产业人才高地》，《光明日报》2011年10月19日第013版。

技术产业和现代物流业之后的第四大支柱产业的发展战略，2010 年提出建设“文化强市”新目标，2011 年提出将文化创意产业定位为重点和优先发展的战略新兴产业。在市委市政府的主导和推动下，深圳文化产业从无到有、从弱到强，逐步形成了较完备的产业发展体系和自身特色，文化产业产值一直保持着快速增长的态势。“十一五”期间，深圳文化产业增加值平均增长 10.78%，2012 年深圳文化产业实现增加值 1150 亿元，同比增长 25%，占全市 GDP 的 9%。2013 年深圳文化创意产业增加值达 1357 亿元，增长 18%，占全市 GDP 比重超过 9%。[①] 2014 年文化创意产业增加值预计达 1550 多亿元，同比增长 15%。[②] 文化创意产业的快速发展产生了巨大的文化创意产业人才需求，吸引了大批文化创意产业人才来深圳创业和发展。

深圳文化创意产业发展的第二个特点是发展模式独特。近年来，深圳充分发挥高科技城市、金融中心城市、海滨旅游城市和设计之都的特色，深度挖掘、整合、联动相关产业资源，形成了“文化 + 科技”、“文化 + 金融”、“文化 + 旅游”、“文化 + 创意”的产业发展模式，不仅提升了深圳文化创意产业的水平和竞争力，也为各行业和产业人才的交流与融合创造了条件，壮大了文化产业人才队伍，提升了文化产业人才的水平。

深圳文化创意产业发展的第三个特点就是集聚效应明显。近年来，深圳文化创意产业坚持走集群化、集约化发展道路。在政府的引领和推动下，深圳文化创意产业采用行业集聚、区域集群、空间集中等发展策略，建立了田面“设计之都”创意产业园、华侨城 OCT – LOFT 创意产业园等 40 多个具有一定规模和影响力的文化产业园区和基地。其中，经国家有关部门认定的文化产业园区和基地有 10 个，包括国家级文化产业示范基地 8 个（华侨城集团、大芬油画村、雅昌企业集团、腾讯、深圳古玩城、华强文化科技、永丰源、南岭文化创意园，其中，华侨城集团还

---

① 苏妮：《文化体制改革激发文化创造活力》，《南方日报》2014 年 11 月 5 日第 BT13 版。

② 参见深圳市统计局 2014 年有关统计数据分析。

被文化部评为国家级文化产业示范园区）；国家原创音乐基地 1 个（梅沙原创音乐前沿基地）；国家动漫画产业基地 1 个（深圳怡景国家动漫画产业基地）。[①] 这种集聚不仅是产业的集聚，发挥产业集群对整个文化创意产业的辐射带动作用，而且也是文化产业人才的集聚，每一个文化产业集群都是一个重要的文化产业人才的聚集地。如深圳大芬油画村由 20 世纪 90 年代初的几家零散的画铺，发展成今天的拥有 40 多家油画经营公司和 800 多家画廊组成的油画产业基地，也就成了深圳一个重要的油画艺术家及油画经营人才的集聚地。据初步统计，目前该村拥有创作能力的艺术家就达数百人之多，其中市级美术家协会会员以上的原创艺术家就有 60 多人。[②]

2. 深圳独特的地缘优势

深圳是我国改革开放的窗口和“排头兵”，毗邻港澳，国际化程度高，中外交流频繁，中西文化首先在这里交流碰撞；深圳又是一座新兴的移民城市，全国各地乃至世界各地的人才来到深圳发展的同时，把各地的文化和传统也带到了深圳，使深圳成为一个多元文化汇集之地；更加上深圳地处祖国南陲，景色优美，气候宜人。这样一种地理优势，不仅有利于吸引全国各地优秀的文化创意人才，而且也有利于文化创意人才开阔视野，解放思想，紧跟世界文化创意潮流，有利于他们的成长成才。

3. 深圳市委市政府的政策支持与激励

深圳市委市政府高度重视文化产业人才队伍建设，着力构筑文化产业人才高地。近年来，先后制定和出台了《深圳市文化产业发展“十一五”规划》（2006—2010）、《深圳文化产业促进条例》、《关于加快文化产业发展若干规定》、《深圳文化产业发展规划纲要》（2007—2020）、《关于促进创意设计业发展的若干意见》、《深圳文化创意产业振兴发展

① 宋莹：《苏州、深圳文化产业发展比较分析》，《苏州市统计局数据分析》2012 年第 54 期。

② 夏和顺：《着力构筑文化产业人才高地》，《深圳商报》2011 年 10 月 15 日 A3 版。

规划》、《深圳文化创意产业振兴发展政策》等一系列政策措施。每一个文件都提出要完善文化创意产业人才引进和培养的政策和措施，构建文化产业人才高地。比如，《深圳文化产业发展规划纲要》中提出要“摸清文化产业人才供求缺口现状”、“注重引进高层次人才”、“建立健全人才评估体系和激励机制”、“加快紧缺人才培养步伐”、“吸引本地年轻人积极投身文化产业”、“建立完善符合国际惯例的人才流动、引进、培养、使用和服务机制”。《深圳文化创意产业振兴发展规划》中也提出要“坚持培养和引进相结合，落实《关于加强高层次专业人才队伍建设的意见》等全市性人才政策，积极创造有利于培养、吸引、汇聚全球创意创新人才的政策环境和人文环境”。这些政策的出台，为深圳文化产业人才队伍建设创造了良好的政策环境。

4. 深圳高等学校的主动配合与培养

对于深圳市委、市政府“文化立市”、“文化强市”和大力发展文化创意产业的战略部署，深圳有关高校保持了高度的敏锐性，积极主动培养文化创意产业人才。比如，深圳大学积极顺应深圳文化产业的发展和“设计之都”的建设，对文化产业相关学科一直比较重视。在全国综合性大学中，深圳大学有关文化产业方面的专业是比较健全的，涉及艺术、设计、新闻、传播、广告、影视、演艺、建筑、旅游等本科专业十几个，较全面地覆盖了文化产业核心层的主要门类。2009 年，深圳大学又成立文化产业研究院，紧密结合深圳建设“文化强市”、大力发展文化创意产业的战略规划，坚持“深化文化产业研究，服务地方经济发展，构建学术交流平台”的宗旨，坚持“共有、共建、共享”的理念，在学术研究、决策咨询、社会服务、国际交流、项目开发、校企合作等方面取得了一系列成果，成为深圳重要的文化创意科研创新和人才培养的平台。2005 年深圳提出要建设“动漫之都”，深圳职业技术学院就积极响应，于当年 4 月创办动画学院，经过十余年的建设，现在已成为拥有影视动画、多媒体设计与制作、影视制作、游戏设计与制作四个专业，全日制在校生 1200 余人，在国内颇具影响的动漫与数字创意人才培养基地。

（二）深圳文化产业人才队伍建设存在的问题

1. 深圳文化产业人才数量仍然不足，结构不合理

据最近有关媒体报道，到2013年年底，全市文化创意企业约1.8万家，从业人员达24.61万人。随着产业发展，人才日益紧缺。据估计，目前深圳文化创意人才缺口达四五万人，其中高端文化创意人才缺口达两三万人。① 更为严峻的是，深圳文化产业人才结构极不合理。从专业结构来看，深圳文化产业从业人员中，行政类、艺术类、文化休闲娱乐服务类人员所占数量比较大，而文化产业经营管理、文化内容创意、文化产业高技能人才严重缺乏。从人才层次来看，学历层次偏低，大都是专科及以下学历层次的人才，本科以上层次的文化产业人才所占比例不高，尤其是“既能动手干，又能用脑想”的复合型高端技能人才和大师级的领军人物严重缺乏。以交互多媒体设计人才为例，到2012年，深圳市交互多媒体领域的从业人员大约为5000人，其中高端技能人才仅占10%。

2. 深圳文化产业人才政策优势逐渐丧失，人才吸引力逐渐下降

随着近年来全国各省市对发展文化产业的逐步重视及吸引优秀文化产业人才优惠政策的陆续出台，深圳市现有的人才政策和激励措施已经明显不足。加上深圳生活成本高，高等教育比较落后，移民城市缺乏归属感和安全感等因素，深圳文化产业人才政策优势已经不复存在，对优秀文化产业人才的吸引力明显减弱。

3. 文化产业人才队伍建设缺乏整体规划

文化产业人才队伍建设要适应文化产业发展需要，就必须根据文化产业发展规划和战略，由全市进行整体规划和设计。北京、天津、安徽、河北、湖南等省开始由政府出面，对本省市文化产业人才队伍建设的现状进行摸底调研，在此基础上着手进行文化产业人才队伍建设的规划。然而，深圳市虽然出台了不少关于文化产业的发展规划和加强高层次人

① 张小玲：《文化创意人才将有衡量标准》，《南方都市报》2014年12月30日第AII14版。

才队伍建设的意见，但在文化产业人才队伍建设方面基本上还处于产业带动的自发阶段。迄今为止，还没有对深圳文化产业人才队伍现状进行全面系统的调研与分析，还没有一部有关深圳文化产业人才队伍建设的整体规划，也没有出台一部专门针对文化产业人才队伍建设的政策文件和激励措施。在这方面，深圳已经落后于部分兄弟省市，这对深圳文化产业人才队伍建设和文化产业发展是明显不利的。

二 深圳文化产业人才培养现状分析

（一）深圳文化产业人才培养的基本途径

1. 本地高校培养

本地高等学校培养是文化产业人才培养的主要途径，一方面本地高校培养不仅是文化产业人才的重要来源，尤其是文化产业生产和管理第一线的技术人才和管理人才，主要应该靠本地高校培养；另一方面，地方高校也有义务和责任为地方文化产业的发展提供人才和技术的支撑。在这一点上，应该说，深圳本地高校还是非常积极主动的。目前，深圳高校中几乎所有高校都设置了与文化产业有关的专业，其中深圳大学、暨南大学深圳旅游学院、清华大学深圳研究生院、北京大学深圳研究生院培养本科及以上学历层次的文化产业相关人才，每年毕业生600余人。深圳职业技术学院、深圳信息职业技术学院、深圳技师学院、深圳新安职业技术学院目前主要培养专科层次的文化产业人才，每年毕业生3000余人。此外，还有深圳广播电视大学及深圳各高校的成人学历教育，每年也培养不少有关文化产业的成人学历教育学生。深圳大学和深圳职业技术学院还设立文化产业研究机构和有关文化产业的公共技术服务平台，成为文化产业研究与技术创新的重要生力军。

2. 各种职业培训机构的培训

近年来，深圳市委市政府除出台有关文化产业人才引进政策，支持本地高校培养文化产业人才外，也非常注意鼓励和引导深圳各类职业培训机构，参与文化产业人才培养，组织举办各种与文化产业有关的人才培训班和职业技能培训班。如《深圳市人民政府关于促进创意设计发展的若干意见》就提出，要“注重创意设计人才教育培训。支持行业协会、龙头企业利用行业、企业资源，加强与国内外著名设计专业院校的交流合作，建立创意设计高校教育实训基地”。“聘请国内外知名设计师，每年不定期持续开展‘创意设计大师班’活动”，“支持创意设计劳动技能培训机构发展，建立创意设计社会培训网络”。《深圳市文化产业促进条例》中也规定，“鼓励和支持高等院校、科研机构、职业培训机构和文化企业建立具有规模化、专业化、市场化、国际化的文化产业教学、科研和培训基地”。《深圳文化产业发展规划纲要》则提出，要“推进人才培训的国际交流合作，建立境外培训基地，定期选派一批与文化产业发展直接相关的公务员、研究人员和企业经营管理人员到文化产业发达国家和地区学习培训”。“鼓励各级各类科研院所和社会培训机构发展各个层次、各种类型的文化产业职业教育。”“重点吸引一批跨国公司、国内外著名培训组织来深圳建立培训机构。”“稳步推进职业资格证书制度和培训、考核市场化，加强培训项目、培训证书和培训机构的管理，提高在职人员的业务水平。”在市政府政策鼓励下，除市政府及相关职能部门组织的人才培训外，各种类型的文化产业人才培训中心也非常活跃。不少知名文化企业如华强科技、腾讯、华侨城集团也都设立有自己的人才培训中心。可以说各类培训机构开展的文化产业人才培训已经成为深圳文化产业人才培养的又一重要渠道。

3. 行业、企业培养

不断发展壮大的深圳文化产业的行业、企业，不仅是深圳文化产业人才的集聚地，也是文化产业人才培养与成长的摇篮。实践出真知，实践长才干，一个真正的文化产业人才的培养与成长，离不开文化企业生产与经营实践的锻炼。深圳文化产业的有关行业协会和知名文化企业都非常重视人才的培养与培训，除了在生产与工作实践中锻炼与培养外，还建有专门的培训中心，通过邀请行业内国内外著名专家培训、开展新技术新知识培训、送到国内外著名高校学习进修等途径，不断提高员工的技术水平和业务能力，紧跟文化产业发展潮流。如深圳华强文化科技集团内部员工培训就有新员工培训（包括入职培训和岗位技能培训）、针对各级管理人员的管理培训、专业培训（包括技术培训、产品培训、岗位技能培训）、脱产培训（包括出国中、短期考察训练和委托培养）等种类，成为华强文化科技集团人才培养的重要途径。

（二）深圳文化产业人才培养的主要成绩和特点

1. 文化产业人才培养起步早，专业覆盖面较广

深圳作为一个新兴移民城市，高等教育起步晚，其发展也滞后于深圳经济社会的发展。但是，深圳文化产业在国内来讲起步早、发展快。深圳文化产业快速发展对文化产业人才的迫切需求，倒逼深圳高等院校开设文化产业相关专业。因此，深圳文化产业人才培养在国内相对来说起步早，专业覆盖面也较齐全。1983 年建校的深圳大学从 1985 年开始就设立与文化产业相关的专业，后来发展成为艺术学院与传播学院。1993 年建校招生的深圳职业技术学院最先开设的两个专业就是环境艺术设计、服装设计与制作这两个与文化创意、设计有关的专业。经过多年经营与发展，这两所高校的艺术设计学院都已经确立了各自在国内艺术设计教育领域的地位，成为深圳艺术设计人才的重要培养基地。目前，深圳大学已经拥有艺术、设计、新闻、传播、广告、影视、演艺、动漫、建筑、旅游等 10 余个与文化产业有关的专业，从事相关工作的教师 200 余人。深圳职业技术学院拥有艺术与设计、媒体传播、动画、人文 4 个专门培养文化产业人才的二级学院，开设环境艺术设计、服装设计、工业设计、首饰设计、视觉传达设计、印刷图文信息处理、印刷技术、包装技术、出版与发行、电子出版技术、影视动画、多媒体设计与制作、影视制作、游戏设计与制作、音乐表演和文化事业管理 16 个专业。此外，经济、管理、外语、建环、计算机、化生等学院也都设有一些与文化产业有关的专业。深圳信息职业技术学院拥有电视节目制作、电脑艺术设计、计算机多媒体技术、动漫设计与制作和游戏软件 5 个与文化产业有关的专业。深圳技师学院设有动画、会展、游戏、广告、摄影、工

业设计、珠宝技术与管理、钟表技术与管理、图文处理和现代印刷技术10个文化产业专业。从上述院校开设的专业我们可以看出，深圳高校有关文化产业的专业覆盖面是比较广的，基本上覆盖了文化产业涉及的相关专业。

2. 初步形成了多元、立体化的文化产业人才培养体系

伴随着深圳文化产业的发展与壮大，深圳文化产业的人才培养也从无到有、从弱到强，逐步形成了一个多元、立体化的文化产业人才培养体系。这主要体现在，从培养主体来说形成了以高校培养为主，社会培训机构为辅，政府政策引导，行业企业积极参与的立体化文化人才培养网络；从人才培养层次来说，专科、本科、硕士、博士各层次人才培养齐全；从人才培养类型来说，全日制普通学历教育、成人学历教育、职业培训和各种短期职业培训并举，初步构建了文化产业人才终身教育体系。

3. 行业、企业发挥了极其重要的作用，产教融合比较深入

深圳文化产业有关的行业企业不仅重视生产与经营，对人才培养也十分重视。如深圳华强文化科技集团就高度重视人才培养。一方面通过与高校共建实训基地、参与专业与课程建设、承担学生毕业实训指导、合作开展技术研发与人员培训等途径，积极参与深圳大学、深圳职业技术学院等高校动漫、影视制作、游戏等专业人才培养工作。另一方面，通过实战模拟、案例研讨、互动教学、岗位轮换、见习实践、团队分享、内部讲师等途径，为集团各级各类人员提供丰富的、个性化的培训和学习机会，不断提高员工各专业领域的知识、技能和素质。因此，深圳每一个大型的文化企业或国家、省级文化产业基地，本身就是一个大型的文化产业人才培养的平台。也正因为如此，深圳文化产业人才培养在校企合作、产教融合和校企协同育人方面，相对内地高校也是比较深入和成功的，充分地发挥了校企双方各自的育人优势。

4. 政府高度重视，人才培养支持力度大

深圳市委、市政府对文化产业人才培养高度重视，为文化产业人才培养提供了强大的经费投入和政策支持，发挥了很好的引导、激励和协

调作用。主要表现在：一是为高校文化产业人才培养提供充足的经费投入，在艺术创意类专业生均拨款、学费标准、实训设备投入等方面，都优于其他专业。二是制定一系列鼓励高校开设文化产业相关专业和社会各界参与文化产业人才培训的政策和激励措施，为文化产业人才培养提供强大的政策支持。三是通过举办文博会、各种文化产业展览和文化演出，指导文化产业相关行业协会工作等途径，搭建文化产业人才培养校企合作平台，促进校企协同育人和人才培养质量的提高。

（三）深圳文化产业人才培养存在的问题

尽管深圳文化产业人才培养工作取得了很大的成绩，处于全国领先地位，但也仍然存在不少问题。主要表现在以下几个方面：

1. 人才培养的层次有待提升

深圳虽然已经形成专科、本科、硕士、博士等学历层次齐全的文化产业人才培养体系，但本科以上层次毕业生只有专科层次毕业生的1/5，结构比例很不合理，本科以上层次人才培养明显不足，尤其是缺乏一所培养本科以上层次文化产业应用型人才的高等院校。“文化 + 科技”、“文化 + 金融”、“文化 + 旅游”是深圳文化产业发展的基本模式和重要特色，也是深圳文化产业发展的生命力所在。这就需要大批高素质的复合型人才作支撑。这样的人才靠三年制的专科层次培养是远远不够的，必须加大本科以上文化产业人才培养力度。

2. 人才培养模式改革有待深化

尽管深圳在文化产业人才培养模式改革方面相对来说是比较深入的，但与深圳文化产业发展和文化企业对人才素质的要求相比，仍然有很大的提升空间。主要表现在：一是深圳文化产业人才培养各方仍然各自为政，缺乏有效的衔接与协同。如高校人才培养与企业员工培训如何有效衔接？本科与专科层次人才培养如何有效衔接？学校教育体系与终身教育体系如何有效衔接？等等，都没有得到很好的解决，不仅造成很大浪费，而且严重影响人才培养质量。二是产教融合不深入，人才培养特色不鲜明。文化产业人才培养与普通学科型、学术型人才培养方式不同，必须高度重视学生实际操作能力和创新创意能力的培养，必须走校企合作、产教融合的培养道路。深圳高校文化产业人才培养虽然已经注意到这点，开始注意与企业合作来培养人才，但仍然没有完全摆脱传统学科型人才培养模式，对学生的实践能力和创新创意能力培养仍然重视不够，与企业的合作仍然流于形式，产教深度融合不够。目前深圳企业对高校文化产业人才培养的参与，主要集中在硬件支持与学生校外实训支持上，在文化产业相关专业人才培养标准和人才培养方案的制定，课程设置与课程内容体系改革，教学方法与考核方式改革、专业文化建设等软件和内涵建设上明显参与不足。三是文化产业人才培养与社会需求脱节现象仍然存在，造成一方面对实际工作中需要的职业能力训练与操作重视不够，参与市场实践的能力还不强；另一方面对学生的文化素质与职业素养的教育欠缺，与文化产业发展对人才素质的需求还有相当的距离。

3. 文化内容创意人才培养严重短缺

创新创意是文化产业发展的核心和灵魂。创新创意最重要的是内容上的创新创意，而深圳到目前为止，还没有内容创意方面的专业，对学生内容创意能力的培养也明显不足。究其原因，一是对内容创意人才培养重视不够，把人才培养主要精力都放在形式创新、技术创新与技能训练上。二是内容创意人才培养难度大，对教师自身的创意能力与教学水平要求很高，深圳这方面教师比较缺乏，水平也不高。各高校都不愿意设置文化内容创意专业，导致内容创意人才培养严重短缺。

4. 高校文化产业人才培养定位不准，特色不鲜明

据调查，深圳地方高校对深圳文化产业人才需求还是比较敏感的，大部分高校都开设了文化产业专业，而且起步也比较早。但是，深圳高校文化产业人才培养特色仍不鲜明，与社会需求脱节现象仍然非常严重。主要表现在：一是专业特色不鲜明，专业设置重复严重。几所高校专业都集中在艺术设计、动画、多媒体制作等专业，而文化产业经营管理、艺术管理、文化营销、文化创意等专业欠缺，尤其是缺乏与深圳文化产业发展模式相适应的“文化＋科技”、“金融＋文化”、“旅游＋文化”、“创意＋文化”等复合型专业。二是各个高校、各个层次的专业人才培养

目标与规格不明确、不清晰，导致高校文化产业人才培养没有特色。这既有政府尤其是教育行政管理部门对高校人才培养统得过死，高校办学自主权没有真正落实的原因；也有高校自身对文化企业的人才素质与能力的要求认识不到位的原因。三是各高校在文化产业人才培养模式与教育教学方法上雷同，缺乏自己的特色。四是文化产业人才培养国际化程度不高，与深圳建设国际化城市的目标不符，与深圳文化产业走出去发展战略对文化产业人才素质的要求不相适应。

5. 师资队伍水平有待提高

高水平的教师是确保文化产业人才培养质量的关键。近年来，深圳各高校在加强文化创意专业人才培养队伍建设方面取得了较大的成绩，但与文化创意专业人才培养的要求相比，无论是学历层次、专业水平，还是创新创意能力、教学能力都有待进一步提升。究其原因：一是文化创意类专业，尤其是像动漫、艺术设计、多媒体设计、游戏等专业，全国高校的博士点很少或完全没有，影响教师学历层次的提升。二是高校教师待遇仍然偏低，高水平的文化创意与艺术设计人才都流向了企业，更加上深圳近年来生活成本过高，引进人才政策吸引力减弱，高校很难招到一流文化创意人才充实到教师队伍中。三是深圳高等教育层次比例失调，培养本科以上文化产业人才的高校太少，给一流文化创意专业教师提供的平台太低，也严重影响深圳文化创意专业教师队伍建设的水平。

三　加强深圳文化产业人才培养的对策

（一）加强调研，统筹规划，提高人才培养的针对性

尽管深圳出台的一系列促进文化产业发展的条例、规划等政策文件中都谈到文化产业人才队伍的培养问题，也提出了一些引进和培养文化产业人才的政策措施，但大多是在宏观层面粗线条式的战略方针式指导，缺乏具体部署和措施，使其缺乏可操作性。深圳市也曾出台不少引进和培养高层次人才队伍的政策和措施，这些措施也适用于文化产业人才引

进和培养，但毕竟不是专门针对文化产业人才的，在人才标准、待遇、申报程序等方面不一定适合文化产业人才，缺乏针对性。因此，到目前为止，深圳文化产业人才培养基本上还处于一种各自为政的自发状态，缺乏长远、系统、全面的统筹规划。在目前文化产业人才在全国普遍紧缺、人才竞争日趋激烈的情况下，如果再不改变目前这种各自为政的自发、盲目状态，抓紧制定深圳文化产业人才培养的中长期规划和专门针对文化产业人才培养的政策、措施，深圳就会在新一轮文化产业人才竞争中失败，严重影响深圳文化产业的发展和“文化强市”战略目标的实现。具体来说，一是要加强调研，摸清深圳文化产业人才队伍的现状。了解现状是规划未来的前提。目前，全国许多省市已经对本省市文化产业人才队伍的现状进行了详细的调研，有的省市也已开始做这方面的工作，而深圳至今没有对本市文化产业人才队伍现状进行系统、全面的调查摸底。这样的调研涉及面广、工作量大，政策性强，必须要由政府有关部门出面才能顺利完成。因此，当前首先要做的就是由政府相关部门出面，组织队伍对深圳文化产业人才队伍现状进行全面的调查研究，包括深圳文化产业人才队伍的总量、人才队伍的结构比例（包括学历、职称、年龄、性别等）、人才队伍的行业分布情况、文化产业人才的需求情况、文化产业人才培养情况（招生专业、人数、途径等）、文化产业人才政策实施情况等。在此基础上，建立文化产业人才队伍建设和需求情况的动态跟踪机制，及时掌握深圳文化产业人才队伍的发展变化。值得庆幸的是，深圳市委、市政府2014年重大调研课题“深圳文化创意产业人才队伍建设专题调研”已正式启动，我们期待这一调研成果能为制定深圳文化产业中长期人才发展规划及有关政策措施，提供可靠的依据。二是在充分调研的基础上，针对深圳文化产业发展的现状及发展规划，制定深圳文化产业人才发展的中长期规划和扶持文化产业人才发展的政策措施。明确深圳文化产业人才发展目标，加强对文化产业紧缺人才和高层次人才的培养力度，建立文化产业人才培养与社会需求对接的培养机制，提高文化产业人才培养的针对性和实效性。

（二）优化人才培养结构，提高人才培养层次

结构决定优劣。结构不合理是深圳文化产业人才培养存在的主要问题之一，严重影响深圳文化产业人才队伍建设和文化产业的发展壮大。因此，在对深圳文化产业人才队伍需求状况进行调研的基础上，根据深圳文化产业发展现状和未来发展的战略规划，优化人才培养的结构，是当前深圳文化产业人才培养必须解决的重大问题。具体来说，一是要优化文化人才培养的专业结构。要根据深圳文化产业发展的需要，重新调整深圳高校文化产业人才培养的专业布局，通过合并、调整、新设等途径，形成各高校在与文化产业有关的专业设置上错位发展、各有侧重、特色鲜明的局面；同时，建立专业调动的动态跟踪机制，不断优化专业结构。二是要优化文化人才培养的层次结构。深圳文化产业人才培养总体来说层次太低，与深圳文化产业发展对人才的需求及学生自身发展的愿望很不适应。据2013年麦可思数据公司调查显示，全国示范性高职院校2013届毕业生毕业半年内的离职率高达41%，造成“高离职率”现象的原因是“学历层次低，不适应产业转型升级的需要等”。[①] 而深圳高职院校的毕业生及与文化产业相关的专业毕业生中，这种情况更为严重。据深圳人才市场统计，近五年来，深圳企业对本科毕业生的需求上升了60%，对专科层次人才的需求则下降了13%。因此，应该尽快调整深圳高等教育的层次结构，重点发展本科以上层次的高等教育。目前，应以深圳职业技术学院为主体，建设一所培养本科以上层次应用型人才的深圳应用科技大学，并把与文化产业有关的专业作为重点建设的专业。此外，鉴于深圳至今没有一所专门的艺术类高校，应该以深圳艺术学校为基础，整合其他艺术类人才培养资源，设立深圳艺术学院，提高深圳艺术类人才培养层次。

---

① 麦可思数据公司：《深圳职业技术学院社会需求与培养质量2014年度报告解读》。

（三）完善深圳文化产业人才培养体系

初步形成培养主体多元、社会参与广泛的文化产业人才培养体系，是深圳文化产业人才培养的一大成绩和特色。但也还存在不少问题。如本科以上层次人才培养太少，终身教育体系尚未完全形成，产教融合还不够深入、社会力量参与文化产业人才培养的积极性还没有充分发挥，文化产业人才培养的体制机制还不健全等，离建立多元化、立体化、多层次、终身化的文化产业人才培养体系的目标还有较大的差距，还需要进一步完善。具体来说，一是要继续发挥党政部门在文化产业人才培养中的引导作用。党政有关部门要加强对文化产业人才培养工作的指导，制定文化产业人才培养的规划和相关政策，加大对文化产业人才培养的投入，加强对高校和社会办学机构的引导、支持和扶持，建立与文化产业发展战略目标相适应、远中近期培养相协调、各层次人才培养与培训相结合的培养机制，重点培养各类领军人物、拔尖人才和复合型人才。二是高校和社会培训机构要发挥文化产业人才培养的主渠道作用。优化专业结构，提升培养层次，创新培养方式，改革教学方法，提高人才培养质量，为深圳文化产业发展提供强大的人才和技术支撑。三是要通过政策引导和鼓励、制度约束、利益驱动等途径，充分调动行业、企业参与文化产业人才培养的积极性和主动性，形成校企合作、产教深度融合的协同育人格局。四是要适应深圳文化产业发展和文化企业的需求，搭建公益性的人才培训平台，积极面向社会组织形式多样的培训，通过聘请国内外文化产业专家学者授课，重点开展法律法规、产业政策、经营管理、国内外文化产业发展动态、职业技能和技术应用等方面的学习和研究，弥补学校和其他社会培训机构的不足。五是要加大文化产业人才培训力度，构建文化产业人才终身教育培训体系。我们正处于一个终身学习的时代，而文化产业是一个新兴产业，同时又是一个文化与科技紧密结合的产业。科学技术的飞速发展和人们对文化需求的不断变化，使终身学习对文化产业工作者尤为重要。为此，要建立专门的培训制度，使文化企业对员工在职或脱产等多种形式的培训常态化规范化。要充分调动政府、高等学校、社会培训机构、学术团体、行业企业的积极性，建立健全各类文化产业人才的终身教育培训网络体系。要加大对文化产业人才培训的经费投入。从而形成适应深圳文化产业人员终身学习需要的培训机制和培训体系。

（四）深化高校文化产业人才培养模式改革

高校是文化产业人才培养的主阵地。一般而言，“创意、创新、创造”是衡量文化产业人才的核心判断标准。[①] 如何培养初学者的“三创”能力是高校文化产业人才培养最为核心的问题，也是迄今为止还没有很好解决的难点问题。为此，必须紧紧围绕学生“三创”能力的培养，深化高校文化产业人才培养模式改革。一是要完善专业人才培养方案和课程体系，真正按文化产业相关专业对应岗位的需求来设置课程和人才培养方案。二是要深化实践教学改革。实践教学不仅是训练学生实践操作能力的必要途径，而且也是培养学生创新思维并激发其创意灵感的重要手段。然而，目前高校的实践教学大都停留在一般的技能训练上，与文化产业实际生产和运作现状严重脱节，不能有效激发学生实际创作的意识和能力。因此，必须改革实践教学，加大综合性训练的力度，让学生在文化产业真实的实训环境中，解决文化企业生产、管理和运作过程中的真实问题；或者让学生实际参与真实的生产和创作实践，来培养和激发学生的“三创”能力。三是改革教育教学方法。文化产业的核心竞争力来自于专业人才的创意能力，因此，培养学生的个人创意能力和个性特长对于文化产业人才培养非常重要。这就要求教师必须改革教学方法，做到因材施教，充分了解每位学生的兴趣特长并根据每位学生的个性和兴趣特长，广泛采用启发式教学、案例教学、讨论式教学、情景教学等多种教学方法，激发学生的创造性思维，培养学生的个人创意能力。四是要进一步深化校企合作、产教融合。针对文化产业专业实践性强的特点，通过制度建设、政策激励、加强监管等途径，实现校企之间的深度

① 孟华：《中美文化产业人才培养机制的比较研究》，《经济师》2014 年第 7 期。

融合，让行业企业参与高校文化产业人才培养的全过程，以培养学生适应文化企业发展的专业素养和综合职业能力。

（五）努力提高人才培养的国际化水平

熟悉国际惯例和规则、擅长媒介市场运作、具有战略思维的外向型经营人才短缺，是我国文化产业人才队伍建设中存在的普遍问题，也是制约我国文化产业走向世界、向外发展的重要“瓶颈”之一。深圳作为一个地处东南沿海、毗邻港澳的国际化大都市，走国际化道路已经成为深圳文化产业发展的重要战略。而要实现文化产业的国际化发展战略，不仅需要熟悉国际惯例和规则的外向型经营人才，而且需要大批能博采世界各国优秀文化的文化创意人才。因此，深圳文化产业人才培养必须坚持走国际化发展道理，加强与国外一流高校在师生交流、人才培养、学术交流等方面的交流与合作，引进国外文化产业发达的国家和地区先进的教育理念、课程和教材，聘请国外专家充实教师队伍，与国外高校开展合作办学，定期选派教师赴国外一流高校进修学习，积极招收国外留学生和港澳台学生，不断提高文化产业人才培养的国际化水平。

（六）加强文化创意普及及教育

创新与创意是文化产业的核心竞争力。而文化产业人才文化创意与创新能力的培养，必须有文化创意普及教育做基础，这是近年来国外文化产业发达国家文化产业人才培养的一条重要经验。近几年来，中国台湾借鉴外来的经验，也非常重视文化创意的普及教育。中国台湾的基础教育日益重视文化创意教育，逐渐将文化创意教育理念导入基础教育体系之中。许多基础教育工作者已经认识到文化创意教育的重要性，一方面，基础教育导入文化创意理念，可为中国台湾未来文化产业发展提供扎实的根基；另一方面，创意教育理念的导入也为基础教育提供了活力。① 中国台湾的高等院校也十分重视文化创意的普及教育，把文化创意

① 魏然：《台湾文化产业人才培养体系初探》，《台湾研究》（教育）2010 年第 3 期。

教育纳入大学通识教育之中。如“创意设计暨艺术教育”已经成为台湾东海大学通识教育的核心内容之一。国外和中国台湾加强文化创意普及教育的成功经验值得深圳借鉴。从基础教育开始，就开展文化创意的普及教育，要把文化创意教育纳入大学的文化素质教育中，还可以在社会上开办各种形式的文化创意课程培训班。在全社会都树立和形成文化创意的理念和意识，不仅有利于文化创意专业人才的培养，也有利于促进深圳文化产业创意创新能力的提高。

（谭属春：深圳职业技术学院文化育人办公室主任）

行业与区域研究

深圳工业设计行业发展报告

封昌红

深圳作为全国第一个获得联合国教科文组织授予"设计之都"称号的城市，工业设计占全国60%以上的比重，全市拥有各类工业设计机构近6000家，其中工业设计专业公司500余家，各类设计工作室、方案公司和设计策划机构近1500家；在钟表、珠宝、家居、服装等优势产业，以及安防、汽车、电子通信和新材料、新能源、新一代信息技术等高新技术和新兴战略产业领域企业内设设计部门近4000个；全行业在职工业设计师及从业人员超过10万人。据统计，2013年，深圳工业设计产值达42亿元（仅含专业设计企业设计产值），同比增长35.4%，创造经济价值逾千亿元。

当前，"中国制造"拼数量、拼规模、拼价格，终于占据"世界工厂"一席之地，而随着"民富国强、民族复兴"的"中国梦"的点燃，我们知道，廉价代工与制造终将成为历史，只有拼技术、拼设计，才是中国经济的未来。中国工业设计将以怎样的姿态亮出中国的"国家名片"，用"中国创造"的特色产品支撑起最具有国际竞争力的民族形象，是中国工业设计所面临的巨大挑战。

一　深圳工业设计行业分析

深圳和国际发达国家的设计之间的差距，这不是一个人、一个公司能够解决的，它需要设计师、企业、院校、政府和社会民众的齐力参与。因为社会对设计的认识不足，设计的发展特别需要政府对行业的引导和支持、企业大量的资金和设备的投入、设计专业人才的培养、院校教学模式的创新、社会大环境气氛的营造、全民素质的提升等。

（一）人力资本

人力资本是指有技能和知识的劳动力，又称人力资源或专才。人力的动态又代表在设计业之内或融入其中的知识和理念。设计师为经济体内的不同雇主（或企业）发展和应用设计师本身的技能。他们是创造和创新的动力，把设计从一个业界应用到另一个业界。当设计师能够传授知识时企业才会受益。也就是说，大量高质素的设计人员有利于设计业的发展，而大量拥有技能、业务管理和企业家精神的人对一个经济体来说是十分重要。本报告主要探讨人力资本几个重要的方面：人才供应是影响劳动力市场的一个关键因素：培训/教育程度是不容忽视的，即使设计师已达大专程度或专业水平，他们的质素也同样重要。所以，关键在于培训，对设计人员而言终身学习是重要的，无论这些培训是正式的或非正式的。

设计：

（1）打造全新的供应链模式，联合更具创意、更专业的个人或团队进行联合创业，在产品设计、标准化量产、降低成本、市场渠道等方面进行创新和升级，并加以资金辅助。实现给予商品价格超过实际行情一倍以上的价值、性价比加一，给予消费者物超所值的商品，同时强调合作方风险共担、利润共享。

（2）在行业内有相应的职称鉴定，评级人才的方法。

（3）培育一个良好的行业产业链的生态环境，拓宽思路，培育出一批以设计为主导的大型跨国公司。

（4）人才难求。高素质、优秀的设计人才将是发展最大的“瓶颈”。

（5）打造设计雇用军设计服务模式，做专一特定行业的设计解决方案和资源整合。

（6）举办设计培训活动及行业之间交流论坛，提高设计师自身设计水平和素质，相互学习，取长补短，共同进步和发展。

（7）管理模式的变革，设计人才的缺乏。

（8）建立合理的激励机制、营造设计大资讯平台。

表 1 深圳工业设计从业人数

年份	2013	2012	2011
总人数（万）	14.3	11.5	10.2
增长比例（%）	24	13	8
本科人数（万）	11.8	9	7.8
所占总人数比例（%）	83	78	76
专科及以下	2.3	2.4	2.3
所占总人数比例（%）	16	21.2	23.7
外籍	0.2	0.1	0.1
所占总人数比例（%）	1	0.8	0.7

表 2 深圳设计师年龄分布

年龄分布	25 岁以下	25—35 岁	35—45 岁	45 以上
人数（万）	3.9	8.3	1.6	0.5
所占比例（%）	27	58	11	4

表 3 深圳设计师年收益分布

收益分布	5 万以下	5 万—10 万	10 万—20 万	20 万以上
人数（万）	3.1	7.3	3.3	0.6
所占比例（%）	22	51	23	4

表 4 深圳设计师流动率

流动幅度	无流失率	10% 以下	10%—20%	20%—30%	30%—40%	40% 以上
所占比例（%）	3.33	7.78	48.89	21.11	13.33	5.56

数据解读：

（1）2013 年深圳设计师总人数比 2011 年增长近一半。

（2）至 2013 年，深圳设计师本科及以上所占人数已达 11.8 万人，所占比例高达 83%。

（3）2013 年，深圳外籍设计师已超过 3000 人。

（4）25—35 岁设计师为主体人群，所占比例占据总人数的一半以上。

（5）公司无设计师无流动率的比例仅为 3.33%，人才的严重流失是目前最主要的问题。

（9）设计部门对于“走出去”需求，希望多跟国际设计机构、设计大师交流碰撞思维，也希望协会能够多引入这方面的资源，提供这样的平台给我们。

（二）市场需求

在全球化经济浪潮席卷各行各业的今天，深圳的手机、电子、家具、服装、珠宝等核心产业也面临着无限的机遇和挑战，设计已经成为其转变经济发展方式和优化产业布局的重要手段和战略工具。设计业受多种因素影响，所以简单地用其中几种因素来判断设计业在特定一年的兴衰，显然是不够现实的。但是，这个指数框架却仍能显示出基本经济条件对设计业的长远影响。

表 5　深圳市工业设计产值（仅含专业设计企业设计产值）

年份	2013	2012	2011
产值（亿元）	42	31	25
增长率（%）	35.4	25.8	18

表 6　深圳市工业设计公司

年份	2013	2012	2011
设计公司（家）	622	538	463

表 7　深圳市各类设计机构

年份	2013	2012	2011
设计公司（家）	6891	6224	5870

表 8　深圳市工业设计公司年收益分布

年收益	300 万元以下	300 万—500 万元	500 万—1000 万元	1000 万—2000 万元	2000 万元以上
所占比例（%）	32.22	21.11	15.56	14.44	16.67

表 9　　深圳市工业设计公司收费模式分布

收费类型	项目收费	时间收费	提成收费	版权收费	专利权收费	项目 + 提成
所占比例（%）	22	25	8	5	2	38

表 10　　深圳市工业设计公司设计类别分布

设计类别	产品设计	外观设计	品牌设计	设计咨询	造型设计	结构设计	模具设计	其他
所占比例（%）	75.56	53.33	45.56	42.22	35.56	26.67	16.67	6.67

表 11　　深圳市工业设计公司企业性质分布

收费模式	设计	品牌	设计 + 品牌	设计产业链其他环节	其他
所占比例（%）	25	12	46	12	5

表 12　　深圳市工业设计公司国内外订单分布

地区	大陆	港澳台	亚洲	欧洲	北美	南美	非洲
所占比例（%）	59	5	8	15	12	0.8	0.2

这些设计业不同分支的企业开支总额构成工商界的设计投资。这些投资的价值相当高，反映出设计业就业和设计服务需求的前景。由于上述指针没有可用的数据支持，我们建议对下一阶段的设计指标作独立研究，以评估设计投资在工商界的经济影响。进一步说，在进行评估研究时，可比较同一行业分支公司内不同规模的设计投资，以确定是否对设计投入较高的企业，在营业收入和年度营业额上，表现会比投入较少的公司优胜。

设计面面观：

（1）传统生产企业将对工业设计付出更多关注和人力物力，但在工业设计理念的发展上，追赶国际先进思想，仍有较长的路要走，首先要解决的就是消费者愿意花多少钱在设计上，市场的接受度决定工业设计的前景。

（2）对工业设计行业及制造业来说基本处于投机转投资的阶段，因为原来市场的畸形发展导致原来很多企业都是以投机为主、赚钱为王，随着市场经济的发展，现在很多企业开始脚踏实地地做产品、做设计，所以未来几年会是原创产品相对爆发的阶段。

（3）工业设计近几年越来越受重视，终端产品的人性化让更多地了解到设计的重要性，越来越多的设计始于现实状况的发展。

（4）“绿色设计”带来了新的契机，未来的设计既要满足人们的需求又要能节能环保。

（5）随着经济的发展，消费者的眼光从过去功能的关注转变到产品的个性化和产品舒适感的体验。

（6）以功能为出发点，用户体验为着力点，设计健康环保而有个性的产品是当下行业的发展趋势。

（7）按照市场竞争、规模经济、专业分工、产业配套的原则，提高产业集中度，形成以产业链为纽带，骨干企业为龙头，大中小企业协作配套，产业链上下游企业共同发展的产业组织结构。

（三）行业氛围

拥有杰出设计文化的伟大城市，根植于肥沃的社会文化土壤。纽约、伦敦、东京及首尔均毫无例外地被誉为设计城市，因为这些城市拥有很繁荣的设计产业。更重要的是，因为一个充满活力的环境包含了不同的价值观、自由文化，人们可以用一种充满活力而持续的方式互动交流，产生新的想法和创意，从而营造出有利于设计文化繁荣的气氛。这些设计城市的无形资产是难以衡量的，其社会文化生态太丰富而不能将其过于简单化。有了这种认识，该框架并不试图提出一个综合反映社会和文化环境的地图，但它着重于研究一套可显示某些层面生态环境的指针。

表 13　深圳市工业设计公司员工设计培训次数　单位：%

项目形式	内部培训	专业进修	活动考察	高峰论坛	主题会议	设计工作坊
一年一次	3	18	26	16	20	10
一年二次	15	15	13	26	38	12
一年多次	82	3	5	58	42	78

表 14　近年深圳市获得奖项

奖项	2014 年	2013 年	2012 年
iF 奖	38	25	14
红点奖	28	24	20

表 15　深圳设计师兴趣爱好

活动	展览	设计沙龙	工作坊	设计考察	走进企业	获奖
所占比例（%）	77	82	88	36	42	92

表 16　深圳设计师业余爱好

活动	社交活动	体育运动	看电影	KTV	酒吧	电脑游戏
所占比例（%）	46	32	73	62	82	91

设计面面观：

（1）以设计创新不仅可以带给企业新的生命力，而且也可以更好地改变人们的生活方式，让现代产品有一定的文化情感内涵，并且中国将会很快由制造型转化为创造型的生产模式。

（2）积极地推行品牌战略、运用领先的国际化管理模式和完善的服务体系。

（3）希望各界更多地关注到这个行业，希望政府多组织相关的活动推广工业设计的发展，在融资过程中希望能有无息贷款之类以资助企业的开拓发展。

（4）能多关注到小型设计公司，给予一定的办公环境或是其他方面的政策支持，能让小型公司有一个良性发展的设计环境。

（5）移动互联是工业设计的一次革命，工业设计整体行业也将迎来一次变革。

（6）设计众包，设计师品牌产品销售。

（7）专利授权、年度合作计划以及技术入股的方式进行全方面发展，旨在提高公司的设计和市场竞争力。

(8) 向卓越的设计发展、提供平台化的设计创新服务、做原创设计的小众化产品。

(9) 建立差异化创新经营模式，建立良好的公共服务平台。

(10) 以产品设计为基础，品牌建设为中心，为客户提供产品周边配套服务。

(11) 企业对自身的形象宣传越发注重，私人定制成为今后的发展趋势，行业竞争激烈稳定性不够，企业自我保护意识不强。

(12) 随着客户对产品要求的提高，定制式家具已经市场化，人性化的设计理念来适应不同人群的需求，提升品牌影响力也是当下的目标。

(13) 随着产品直销的发展方向，企业的产品整合力需要越来越强大，行业也将继续细分。

(四) 知识产权与整体营商环境

2014 年 1 月 22 日，李克强总理主持国务院常务会议，会议确定了发展文化创意和设计服务与相关产业的首要任务是：“加强创意、设计知识产权保护，健全激励机制，推进产学研用结合，活跃知识产权交易，为保护和鼓励创新、更好实现创意和设计成果价值营造良好环境。”

我们希望提出设计行业之两大发展环境——知识产权和整体营商环境。一般来说，健全的产业环境能促进任何产业稳步发展。知识产权在设计行业中十分重要，因为知识产权属于可量化产出。商标、外观设计、专利皆属设计过程中的一环。本范畴中，有助于有效运用或执行知识产权的各要素和配套服务（如知识产权法律专才），亦纳入考虑。另外，营商条件如经商便利程度、开业所需时间、企业开业成本等，皆为营运效率的要素，不但有利于在设计界创业，亦有利于整个行业。

参照《深圳市 2013 年知识产权发展状况白皮书》，深圳市深入实施知识产权战略纲要，全面推进国家知识产权示范城市和商标示范城市建设，知识产权工作取得了新的成绩。2013 年，深圳市专利、商标、版权各项数据继续在全国处于领先地位。

第一，专利申请和授权量继续增长。2013 年，深圳国内专利申请量突破 8 万件，达 80657 件，同比增长 10.29%；其中，国内发明专利申请量 32208 件，同比增长 3.65%。国内专利授权量 49756 件，同比增长 2.25%；其中，发明专利授权量 10987 件，同比下降 15.9%，占授权总量的 22.08%，居全国大中城市第二位。截至 2013 年年底，深圳市累计专利申请 479399 件，累计专利授权 259422 件。累计国内有效发明专利 62293 件，居全国大中城市第二位。每万人国内三种专利年申请 75.88 件，同比增长 9.45%。《专利合作条约》（The Patent Cooperation Treaty，PCT）国际专利申请 10049 件，同比增长 25.24%，占国内企业和个人申请总量的 48.10%（不含国外申请），连续十年居全国大中城市第一位。

第二，商标申请和注册量取得新突破。2013 年，深圳市新获认定中国驰名商标 15 件，累计驰名商标 118 件；商标申请 86950 件，同比增长 28.08%；核准注册商标 39527 件，同比增长 6.64%；累计有效注册商标 237790 件，居全国大中城市第四位；境外商标年申请 2692 件，同比增长 57.80%。

第三，软件著作权登记量稳步上升。2013 年，深圳市软件著作权登记量为 14934 件，同比增长 20.69%，占全国登记总量的 9.09%，居全国大中城市第四位。

二　深圳工业设计近年来的发展成果

深圳经济特区在 30 多年的建设中，经历了从“中国加工”到“中国制造”的历程，接下来的目标是“中国创造”。深圳设计业的发展壮大，崛起于工业化、市场化的繁荣，中国设计业领军人物和最具影响力的设计师云集鹏城，使深圳拥有全国最优秀的设计企业，涵盖平面设计、工业设计、建筑设计、网络设计、动漫设计等 10 多个领域，成为中国的设计重镇和现代设计的核心城市之一。如今，国际知名企业和国际大师的入驻，让深圳这座“设计之都”得以迅速发展，他们创造了“文化 + 科技”、“文化 + 旅游”、“文化 + 金融”的产业发展模式。

（一）推动率先出台行业专项政策，持续保持“排头兵”优势

六年来，深圳市工业设计行业协会凝聚行业力量，坚持不懈为创新驱动注入新活力的工业设计呐喊，呼吁将工业设计作为传统产业转型升级和转变经济发展方式的加速器和重要抓手，建议出台促进工业设计行业发展的专项政策。连续三年在市政协会上围绕工业设计促进转型升级建言献策，获得市领导的高度关注和重视，王荣书记签批督办，许勤市长亲自主持召开促进工业设计行业发展座谈会。2012 年 12 月，市政府正式出台了《关于加快工业设计业发展的若干措施》政策和每年一亿元专项资金支持和推动行业发展。

（二）聚集行业资源，搭建“高精尖”平台

成立了国内第一家由社会资本投资的本土工业设计研究机构——红冠工业设计研究院，并在两院院士、原人大常委会副委员长、原中国科学院院长路甬祥的倡导和推动下与深圳先进技术研究院共同成立深圳创新设计研究院，将成为中国创新驱动的新载体。联合腾讯、华为、中兴等知名企业成立了全国首个体验设计专委会；发起成立国内首个工业设计产业创新联盟并孵化出一系列创新成果及项目，帮助奥尼、瑞辉、港利通等 30 余家企业成功转型。协会正在建设行业公共服务平台，该平台由工业设计技术体系、工业设计资源体系和工业设计管理体系构成，计划引进和建设国际最前沿的 MC 材料数据库，抢占工业设计发展的制高点，继续引领中国行业发展，赶超国际一流设计水平。

（三）“弯道超车”赢得国际喝彩，为中国设计赢得尊严

在深圳实施“引进来，走出去”发展战略中，工业设计成为响亮的国际交流语言，在全球设计的中心舞台掀起一股“深圳旋风”，在诸多领域实现“弯道超车”，开创一个又一个中国设计的世界第一，为中国设计赢得了尊严。

六年来，深圳工业设计国际化发展成效显著，在市委宣传部、市经

贸信息委、市文体旅游局及宝安区政府的大力支持下，已经连续六年成功举办中国（深圳）国际工业设计节，深圳设计先后与中国香港、中国台湾、新加坡、芬兰、瑞典、丹麦、德国等设计发达地区或国家签署了设计战略合作协议，为深圳设计提升水平和走出国门搭建了高端国际化平台。设计节已经成为创意12月最高端国际化的明星活动，设计节累计举办论坛、研讨会、对接会及工作坊等国际化活动300余场，吸引海外参会设计大师及海外嘉宾超过5000人，通过设计节让越来越多的海外人士走进深圳，并爱上了这座城市。

在市经贸信息委的支持和指导下，深圳设计“走出去”成效显著。协会五年来组织各类国际展览、海外工作坊及对接会100余场，不仅促成了深圳设计与发达设计城市间的友好交流和合作，在市外办的大力支持和指点下，“设计”也成了深圳与其他友好城市合作的新内容。已连续四年成功举办深港文化创意论坛，深港两地交互举办模式获得香港文化创意界的高度认可和广泛赞誉，为实现国务院提出深港联手打造国际文化创意中心目标搭建了载体。参与承办2010联合国创意城市网络大会深圳设计之都精品展及新科技·新媒体与设计工作坊等国际性大型活动；组团参加德国、意大利、美国、印度等国际知名设计展及活动，尤其是2011年组展设计界最高规格的伦敦100%设计展，开启了中国参展零的突破。2013年5月，协会凭借其国际影响力将享誉全球的德国IF设计大奖获奖作品展引入并落户深圳，与IF德国汉诺威、汉堡展厅实现同步更新，为深圳设计获得国际认可搭建了高端平台。协会还设立了深港设计中心，在瑞典设立了中瑞设计中心；即将设立中芬设计中心、中德设计中心等，为深圳设计搭建国际化发展平台。

（四）承办首届大展，打造全球设计展的“航空母舰”

2013年11月30日至12月3日，由工信部支持，深圳市政府主办，协会承办的第一届中国（深圳）国际工业设计大展在深圳会展中心9号馆成功举办，被业界誉为“规模最大、国际化程度最高、影响力最广、专业性最强”的设计展会。在短短两个半月的筹备组织下，1.5万平方米的展馆一共聚集了176家知名设计企业和机构参展，集体展示全球25个国家和地区5000多件挑战设计理念的作品。意大利、丹麦、美国、法国、芬兰、瑞典、韩国、加拿大八大国家组团参展，海外知名设计企业107家，占展馆面积65%。台湾、香港、深圳、杭州、北京等城市和地区69家国内知名企业和设计机构参展，占展馆面积的35%。本届展会的展览规模、展商品质、现场服务、专业化水平以及国际化程度均得到社会各界的认可，达到了预期效果。工信化部总工程师朱宏任高度评价此次展会，认为这是迄今为止他所看到过的全国各大城市设计活动和展览中最具有高端国际化的，充分彰显了深圳工业设计在全国的引领作用和独特价值。

三　深圳工业设计的发展途径

充分发挥深圳创新和综合配套优势，实施“3+6”发展策略，“3”即以高端化、国际化、品牌化为发展导向和目标，“6”即以一展一奖一节一园一院一基金为抓手，以国际化视野，互联网思维，构建“大设计”生态链系统，以“智能硬件”推动产业转型升级，打造国际设计中心城市。

（一）“3”化：以高端化、国际化、品牌化为发展目标

在继续推动深圳原有工业设计优势领域发展外，我们还将着力在航天航空、军工民用、智能可穿戴等高端领域发力，以不断创新的与时俱进理念，令行业持续保持领先地位。

继续实施设计“引进来，走出去”国际化发展战略。一方面要更大规模地引进国际设计品牌、先进技术、高端管理和设计人才；另一方面广泛地与知名企业和设计机构合作，加大设计产品出口，布局海外研发、设计、生产、推广机构。通过协会的各类活动，加强与德国、意大利、美国、法国、丹麦、芬兰、瑞典、韩国、加拿大等设计强国的合作。

深圳设计品牌化建设离不开深圳设计风格的营造，我们将掀起“设计振兴品牌”热潮，积极推动深圳设计行业标准化和品牌化发展，推动深圳率先在产品上标识 Design by Shenzhen，推广深圳标准，打造深圳质

量、塑造国际品牌，成为深圳国际化城市建设的新载体和新名片。

（二）“6”个抓手：一展一奖一节一园一院一基金

1. 以设计展为核心，让深圳设计发出国际化强音

以中国（深圳）国际工业设计大展、中国设计大展、深港设计双年展、英国伦敦百分百设计展、意大利米兰设计展、美国 CES 消费电子展等高端国际展示平台，通过聚集全球设计创新资源，展现国际化前沿趋势，推进深圳设计与美国、德国、英国、意大利、丹麦、芬兰等设计强国的交流与合作，进一步扩大深圳设计的国际影响力。

2. 以设计奖为标杆，打造深圳设计国际化品牌

以深圳设计青年才俊红树奖、德国红点、德国 IF 奖、美国 IDEA 奖、日本 G – MARK 奖为标杆，打造深圳设计国际化品牌。借助获奖作品，全方位、多角度、立体化推广和宣传深圳工业设计品牌，表彰杰出设计师，培养深圳本土优秀设计师，巩固深圳工业设计在全国的引领地位，提升深圳工业设计国际化水平。

3. 以设计节为平台，营造国际化设计氛围

以中国（深圳）国际工业设计节、英国伦敦设计节、德国慕尼黑设计周、美国纽约设计周、意大利佛罗伦萨设计周、香港设计营商周为平台，营造国际化设计氛围。借助设计节聚集国际设计大师，打造自主创新和产业升级的综合创新生态体系，成为国家级、国际化工业设计聚集基地，全国乃至国际知名的设计人群聚集中心。

4. 以设计园为载体，吸引国际知名机构入驻

以中芬设计园、深港设计中心、宝安创意设计中心、坂田创客空间、光明国际设计中心为载体，吸引各地知名设计机构与国际设计大师入驻，共建国际化公共交流平台。采用“中外合作 + 政府支持 + 企业投资 + 专业运营”的商业模式；聚集全球顶尖设计资源，积极培育本土的国际化设计团队和创新企业，成为国家级、国际化工业设计示范中心。

5. 以研究院为支撑，培养国际化顶尖设计人才

以深圳市创新设计研究院、深圳市工业设计特色学院为支撑，培养

国际化顶尖设计人才。联合英国皇家艺术学院、美国帕森斯设计学院、美国罗切斯特理工学院、日本庆应义塾大学媒体设计研究生院、中国科学院深圳先进技术研究院、湖南大学设计艺术学院等院校，为深圳设计提供顶尖设计人才，解决现有设计机构和企业人才匮乏之难，让中国设计人才实现真正意义上的与国际接轨。

6. 以设计基金为支撑，搭建国际众筹服务平台

深圳工业设计基金以“扶持设计人才成长，推动设计产业发展”为宗旨，通过资助、奖励设计行业优秀人才和做出重要贡献的专业机构，以参与推进国家创新驱动发展战略和“国家设计创新战略”为己任，调动社会各界力量，打造集募资、投资、孵化、运营“一站式”众筹服务平台，打造中国的 Kickstarter，培育设计师创新创业团队，推广设计师原创品牌，培育中国设计的 IDEO 和 FROG。

四　关于深圳工业设计的发展与建议

（一）搭建“高端人才”互动平台，培养行业领军人才

行业协会有质量的发展离不开高端管理人才。建议政府职能部门搭建高端人才沟通、交流和学习的线上线下平台，以研讨会、分享会等多种互动形式展开协会间的交流学习，资源共享，共赢发展。

（二）实施“购买服务”模式，下放部分政府职能

建议将政府相关职能下放给有影响力的行业协会，以政府购买专业服务的形式实现，如行业专项政策的推广、落实和实施等；建议财委认可购买服务并预留相关预算，以更国际化、专业化的发展模式推动行业有序有质量地健康发展。

（三）推行“协会外交”模式，提升城市国际影响力

综观全球国际化先进城市，行业协会都是其经济、社会、文化发展

重要的推动力，尤其在发达国家具有举足轻重的作用，是国际外交及解决贸易争端的重要载体。建议重视和重点支持国际化的行业协会做大做强，让具有国际影响力的行业协会参与到深圳国际化先进城市的建设当中并成为中坚力量。建议广泛利用国际化的行业协会资源，推行“协会外交”，充分发挥行业协会的国际影响力，利用民间力量助推深圳与国际间友好城市的建立，加快推进深圳国际化先进城市建设。

（四）借鉴“日韩运作”模式，推动行业协会国际化发展

国外行业协会模式可分英美模式、德法模式和日韩模式，英美两国行业协会均采用“市场主导型”，以企业为主导；德法两国行业协会均采用“统一立法型”。行业协会是公立公益组织，具有政府公共管理机构性质；日韩两国行业协会均采用“政府引导型”。建议借鉴“日韩”行业协会运作模式，推动行业协会高端国际化发展。

（五）推动“工业设计”立法，加强产品知识产权保护

充分利用深圳有立法权优势，率先在全国推动工业设计立法，通过对工业设计知识产权保护，规范行业有序健康发展，吸引国际知名设计机构与国际设计大师落户深圳。加强工业设计知识产权保护，健全激励机制，推进产学研用结合，活跃知识产权交易，提供更好的创意和设计成果交易营造良好环境。

（六）运用“智能技术”，率先推行可穿戴设备执法

聚集行业资源，利用深圳智能硬件综合配套和工业设计优势，采用“硬件＋研发方案＋工业设计＋APP应用软件＋大数据＋移动互联网可穿戴”的生态链系统，借助深圳互联网优势，推动可穿戴等智能产品用于执法等社会管理中，为全国提供示范和样板，让互联网思维下的新技术助力推动深圳“三化一平台”发展战略。

（封昌红：深圳市工业设计行业协会执行副会长兼秘书长）

深圳新兴工艺美术的发展模式、地位及作用

喻连生　高　凌

深圳工艺美术由名不见经传的小行当成长为全国工艺美术大市，经历了四个发展阶段。

第一，起步阶段：1971—1978 年。1971 年，宝安县工艺品进出口公司成立，主要出口草编制品。1975 年，宝安县开始生产胶花，港商将做好的胶花半成品送来，组装好后运回香港出口，这便是深圳“加工贸易”的雏形。到 1978 年，宝安工艺美术制品业已有珍珠、胶花、假发、草编制品等几家加工生产企业，出口额 120 万美元。起步阶段初显企业类型、产销方式和市场定位。

第二，形成产业规模：1979—1991 年。1979 年深圳建市，次年全国人大常委会批准设立深圳经济特区。在政策、区位、资源优势的吸引下，港台厂商陆续将生产线和工厂越来越多地迁到深圳，同时，内地工艺美术生产企业纷纷南下深圳寻找商机。1983 年 7 月，轻工部工艺美术总公司创办了深圳艺华公司。自 1985 年 8 月开始，艺华公司组织全国 18 个省市的 21 家名优工艺美术厂家在特区联营，将内地初级产品在深圳经过深加工出口，带动了全国各地大批工艺美术生产企业到深圳设立“窗口”、办事处、批发点、分销站，开办公司、工厂。1989 年，深圳市工艺美术行业协会成立。1991 年年底，已有人造花卉、圣诞用品、金属工艺品、珠宝首饰等类企业 820 家，行业总产值 69 亿元。这一阶段，产业主导产品和行业规模初步形成。

第三，大发展阶段：1992—2002 年。1992 年，邓小平南方谈话后，台商大规模来深圳投资，内地企业也争相来深圳设厂，利用深圳的优势

扩大出口。一两年内，有近600家香港、台湾企业迁到深圳。行业发展所需的资金、人才、设备、技术快速集聚升级，促使行业企业规模、产品门类、加工工艺、行业产值有了跨越式的提升和发展。2002年年底，深圳工艺美术行业企业已达1660家，行业产值151.1亿元，其中出口11.2亿美元。

第四，转型与协调发展阶段：2003年至今。深圳工艺美术行业基于“三来一补”加工贸易和以民营小微企业为主体，在经历一二十年的快速大规模发展后，自主知识产权、产业结构、产业规划引导等方面的问题日益突出。同时受国内外经济景气状况、贸易壁垒、突发事件（如“非典”等）影响，行业整体发展增速减缓。行业、企业后续发展的路径，逐步由制造转向创造，由速度转向效益，由跳跃转向持续，由低端转向高端。

深圳新兴工艺美术是适应当代社会物质文化生产与需求，新开发的和在传统工艺美术品种、技艺基础上，运用现代设计理念和先进生产方式，形成产业化、高端化、国际化的产销模式，具有集聚、融合、延伸等业态特征的造型艺术。其主要门类有：金属工艺、艺术陶瓷、贵金属珠宝首饰、工艺雕塑、电子工艺品、电脑机绣、硬木家具、装饰工艺品、模型与玩具、琉璃水晶与树脂工艺品、服饰、纪念工艺品、工艺画、工艺包装及其他工艺品。

经过30多年的跨越式发展，深圳新兴工艺美术成为门类齐全、产业配套、管理现代，产业贡献、创新能力、综合竞争力居全国行业领先地位的新兴产业。

一 深圳新兴工艺美术的地位

（一）国际领先水平

陶瓷花纸网印技术三次蝉联国际网印及制像协会金像奖，无铅无镉技术达到美国加州标准，激光成像美术瓷技术为世界首创。

仿真车模制作工艺，8次荣获国际高级车模大奖。

铂金、黄金首饰产销规模居世界首位，宝福珠宝公司被国际铂金协会评为“全球铂金首饰生产领军企业”、中国商业联合会授予宝福珠宝“中国铂金第一家”、授予百泰公司“中国黄金制造第一家”。

圣诞节日饰品占美欧圣诞饰品市场70%份额。

（二）国际先进水平

铜雕艺术获法国艺术家协会沙龙特别大奖；动物标本工艺获世界标本冠军赛二等奖；陶瓷艺术获国际陶艺大会“和谐奖”银奖；深圳文博会，深圳礼品、家居用品展均获全球展览协会 UFI 认证；贵金属珠宝首饰制作运用镀膜电金、中空纳米电铸、无焊接技术等世界最先进的技术。

（三）全国领先水平

2013 年全市行业主营业务收入 910 亿元，占全国行业主营业务收入的 12%，其中出口 60.5 亿美元，占全国行业出口额的 19%，均居全国省市同业首位。

有中国驰名商标 26 件，为全国同业之最；全国红木家具 10 大品牌，深圳占 6 席；世界品牌实验室 2013 年评估深圳周大生珠宝品牌价值 122.26 亿元，为内地同业第一品牌。

有国家级文化产业示范基地 4 家，国家文化出口重点企业 5 家重点项目 2 家，居全国省市同业首位。

率先于 20 世纪八九十年代普遍在行业企业引进 ISO 9001 国际质量管理体系认证、ISO 14001 环境管理体系认证和 CBIT 28001 职业健康安全管理体系认证。

率先在工艺美术业推广手板技术、平面抛光工艺、CAD 计算机辅助设计、注塑成形工艺、激光雕刻工艺、3D 快速建模，等等。

首创磁条金卡、姓氏礼品、奇石微书、彩色蜡染、幽默印石、甲骨文文化礼品、大型立体皮雕、纳米堆釉瓷画、景泰蓝工艺画。

发明琉璃烧铸金工艺、树脂水电镀技术、热缩菲林感光技术、黄金首饰幻彩金、玲珑金工艺、镜面空心珠宝饰品加工工艺、电脑刺绣新工艺……

全国第一家剪纸公司挂牌上市（深圳“贺贺文化”2014 年 8 月在上海挂牌上市）。

拍摄全国第一部红木艺术电视系列片《盛世红木》（“深发”投资，2013 年 12 月 25 日央视首播）。

敲响中国工艺美术大师作品专场拍卖第一槌（2013 年 5 月深圳文博会）。

建立国内首家中国旗袍馆、拓荒牛艺术品馆、中国铂金历史文化馆、琉璃庄园。

创建国内首个油画产业国家级示范基地（2004 年）和首个陶瓷产业国家级示范基地（2010 年）。

二 深圳新兴工艺美术实施产业化、高端化、国际化的依据与路径

（一）产业化的依据与路径

深圳新兴工艺美术选择和实施产业化发展，一是依据其先行市场化，加工贸易形成规模，四大支柱产业崛起而形成了巨大的市场需求，由港商台商及外商引入的先进技术装备与现代企业管理等方面的优势条件。二是依据工艺美术业在当代面临的矛盾与挑战，在处理文化与经济、艺术与产业、手工与机械、作坊与现代企业等方面矛盾关系中，突破陈旧观念、体制、制度的束缚，优先将工艺美术品作为产品、商品、产业来发展。

1. 用机械化、自动化、智能化技术取代手工生产和半机械化生产

如普遍运用手板技术、铸造技术、CAD 计算机辅助设计、电脑机绣、电脑精雕、激光成像、3D 建模等，从而大幅提高生产加工的速度、品质和效率。

2. 形成配套完整的产业链

经过 30 多年的发展，深圳工艺美术业已经形成原材料与配件供给、

研发设计、生产加工、专业市场、出口基地、展览、培训、传媒等完整的产业链。截至2013年年底，行业企业5110家，从业人员33万人，出口基地4个（人造植物、陶瓷工艺品、工艺画、珠宝），专业市场15家，专业展会每年8届，培训机构4家，行业媒体7家。深圳工艺美术产业链，既具有完整性，还具有领先性，其中产业配套服务、加工工艺、出口基地、专业市场、专业展览均处于国内领先地位。

3. 因势利导，形成集聚优势、配套服务、强强合作的产业集聚区和示范园区

依据生产流程、产业配套、环境条件、供需关系，深圳于20世纪八九十年代自发形成了盐田金银珠宝首饰产销、布吉圣诞饰品生产、大芬油画产销、福田电子礼品产销、八卦岭金属水晶琉璃树脂工艺品生产、宝安电脑机绣生产、观澜红木家具生产等集聚区。随着集聚区规模形成、优势凸显以及发展中面临的困惑，政府、行业组织及时关注和介入集聚区发展。深圳市委市政府先后出台支持特色工业园区和文化产业园区（基地）建设的政策；给予园区优秀人才、项目、工程专项资助；成立专门机构，协调指导园区规划建设。行业协会也建立了为园区基地提供信息、展销、研发、培训公共服务的平台。到2013年，深圳市工艺美术行业已组建并经认定的国家、省、市级文化产业园区（基地）24家（被多级认定的只有1家），涵盖家居饰品、珠宝首饰、陶瓷、红木、工艺画、收藏、丝绸、雕塑、专业市场、教培十大类别，产供销及服务法人单位4500余家，经营面积122万平方米，年度主营业务收入490亿元，占全市行业主营业务收入53%。园区（基地）建设、合作、入驻及产品产销，关联到全国34个省市区及世界90多个国家。园区（基地）集聚优势、实行优强合作、显现出产业配套、技术与人才孵化、共享资源、共担风险、合力打造品牌、提升园区成果辐射力等综合功能。成为新兴工艺美术产业发展的引擎和“风向标”。

4. 产品开发经营突破产业、门类、学科、地域界线，提升日用化、大众化、多样化水平

工艺美术与家装产业结合，形成新的家庭艺术、环境艺术、装置艺

术门类和消费市场；工艺美术与服装业结合，形成服饰和艺术服装门类及市场；工艺美术与电器业结合，变日用电器为工艺品电器；工艺美术与钟表业结合，变时刻表为收藏表、纪念表；工艺美术与社会传媒结合，促进大众审美能力和文化消费水平双向提升。深圳工艺美术强优企业与内蒙煤企、太原钢企、广州展会等结合，形成新的强优联合集团。工艺美术与“三网”结合，加速产业转型换档。

（二）高端化发展的依据与路径

基于“三来一补”加工贸易的产业，经过一二十年速度的追赶和规模的扩张，尤其是外地“克隆”的众多小微加工厂蜂拥而起、无序竞争，将加工业逼近临界点，即产销趋于同质化低端化，导致生产重复和市场饱和，引起人财物资源浪费、紧缺和转移。而全球经济一体化，国外先进制造业和新兴产业又不断挤占“贴牌生产”者的利润、资源，压缩其生存空间。如仿真圣诞树加工生产，2003 年一个货柜有 4 万—6 万元的利润，到 2006 年利润就不到 2 万元。加工制作类的工艺美术企业转型，产业优化，发展模式更新已无可回避。

1. 企业由制造转向创造

自 20 世纪 90 年代起，一批在深圳外资企业打工的技术、管理、销售骨干，完成了资金、技术、管理经验的“原始积累”后，开始创业，自创品牌和开发新产品。到 2013 年，深圳具有自主知识产权的企业 4020 家，占全市行业企业的 78%，年度开发新产品达 100 款以上的企业 563 家，获国家专利 4760 件。

（1）技术创新。一是设计理念创新：进行跨学科、跨门类的构思与设计，如将宫廷艺术与现代工艺结合；二是将皇家福器引向民间，将挂饰设计与旅游、汽车、宗教、家居、钟表等行业产品结合，在陶瓷、电子、首饰、家居饰品等品类产品设计中，引入环保低碳设计、人性化、个性化设计。

设计技术创新：先行运用电脑设计软件 3DSMAX、MAYA、RHINO 进行创作设计，比内地同行领先 5—7 年。

生产技术创新：将三维CAD/CAM技术精雕电脑技术运用于模具和产品加工。用研磨抛光技术取代布轮旋转抛光。用网点成像蚀刻工艺取代丝印手工腐蚀工艺。用激光雕刻取代手工雕刻。用磁控溅射镀膜技术取代传统的电镀技术，废品率由30%—50%下降到5%以内……

（2）生产工艺创新。20世纪90年代率先把铅锡精密铸造工艺、精雕工艺、仿型技术等引进工艺品行业，形成了以美景、宏利达、万科为龙头的中国金属工艺品生产与出口基地。

首创树脂水电镀工艺并获成功。将水晶切割工艺与金属制造工艺相结合并产业化。

传承革新古法琉璃工艺和创新模具压铸工艺，组建国内最大的琉璃生产基地。

在金银首饰加工中，创新镜面空心加工工艺、镂空多层制造工艺，以及幻彩金、玲珑金工艺。

自行研制无色透明乳浊陶瓷颜料、调墨油、防爆封面油及金膏，再现珐琅彩瓷的典型工艺。

（3）材料应用创新。由单一材质运用转向复合材质运用，运用合金材料，将金属材料与水晶、琉璃、景泰蓝、玉石、陶瓷等结合运用，并不断向新的材料领域拓展，研制开发水性环保表面装饰材料、现代手印泥，将纳米堆釉材料用于瓷板画。

2. 产业从做大转向做优

一是在产业结构调整上实行优胜劣汰。根据深圳市政府“腾笼换鸟”扶持优势产业，淘汰低端产业的相关政策，采取自行淘汰和强制淘汰的举措，近几年来，陆续关停了500多家高耗低能、污染严重、生产技术装备落后的企业。同时，从海外和内地吸纳了一批掌握新技术新思维的高层人才充实到陶瓷、珠宝首饰等总部经济集团企业，在课题费用、房贴、学习考察等方面由财政和单位给予支助。

二是加强与中国艺术研究院、苏州刺绣研究所等20多个院所及清华美院、中央美院、广州美院等50多所高校的交流合作。与其建立产学研基地，聘请专家学者担任企业技术、品牌总监；与院所开展技术攻关和项目合作；将院所科研成果、专利技术经授权后转化为生产要素资源和产品商品；我市行业企业有80多名专业人员和负责人受聘担任院所及高校校外导师、客座教授，以开阔眼界思路，提高综合素质。

三是优强联合，整合转化优势资源。与百名国大师签约合作，打造升级版博览交易会；与本市十大设计行业定期交流互动，整体提升行业设计水平；与新媒体和主流网站合作，形成新的产销运营模式。

3. 由企业标准、行业标准提升到国家标准、国际标准

深圳工艺美术企业在设计、制造、工艺、材料、工具、设备上不断创新和攻关。金银珠宝首饰、陶瓷，金属工艺、红木、家具饰品生产中接连刷新纪录，创造新标准，应邀参与省市和全国行业标准制定。有多个品类标准达到和超过现行国家标准和国际标准，经权威部门认可的达100余项。

4. 前沿专业理论探讨与实践

结合展会主办，先后开展了有全国各地专家学者企业家参与的工艺美术文化回归、工艺美术发展契机与战略转折、中国台湾、中国香港和深圳工艺美术合作与发展、工艺美术持续高端发展、工艺美术评鉴标准、工艺美术资源重组与模式优化、工艺美术文化创意与资源转换等专题研讨。研讨成果有的被政府采纳，列入发展规划和产业政策，有的被北京、四川、福建、山东、中国台湾同行借鉴交流。近年来，由本市工艺美术大师、专家、教授、艺术总监等出版的专著达26部，有的被列入学校教学读物和企业培训教材。

（三）国际化的依据与路径

在经济全球化的背景下，深圳作为先行对外开放的城市，又毗邻港台，有优先借鉴学习外向型经济的便利条件。而深圳工艺美术的许多企业起步于由港台投资的加工贸易企业，本来就是“两头在外”。中国加入世界贸易组织，熟悉和遵守国际规则、标准，寻求中西文化的融合方式，是中国企业和产业谋求全球发展的必备条件。

（1）首先在企业管理上与国际接轨。在20世纪八九十年代，率先在

企业普遍推行 ISO 9001 国际质量管理体系、ISO 14000 环境管理体系、GBIT 28001 职业健康安全管理体系认证。

（2）选准优势出口项目。适应美国用户对环保、样式、价格方面的要求，将价廉物美环保的仿真圣诞树及饰品作为出口美国的项目。适应欧洲用户对产品设计及健康标准要求，将图案精美、器形高雅、无铅无镉的高档瓷器作为出口欧洲国家的项目。根据日本婚丧节庆用电报表情达意的习俗，选择刺绣电报卡作为出口日本的项目，等等。

（3）借力成熟的外销网点和展会，开拓海外市场。每年组织企业参加香港国际礼品家庭用品展、德国法兰克福礼品办公用品展、美国拉斯韦加斯日用品及礼品展等。另外，由协会组织企业在韩国春川主办“中国工艺美术精品展”，在马来西亚槟城、吉隆坡主办文博会海外分会场。随政府组团参加俄罗斯中国国家展。深圳“中丝园”在英国伦敦主办“中国丝绸文化暨刺绣艺术展”……

（4）邀请国际友人、客商到中国参展参观交流。深圳文博会每届邀请 90 多个国家数万名政府官员、专业买家、专家学者到深圳参展、观展、交流。深圳礼品家庭用品展每届也邀请 50 多个国家的专业买家参观参展交易。

（5）建立与相关国际机构的长效互动机制。本行业与香港贸发局、联合国教科文组织创意城市网络、美国美中商务中心、英国设计策展组织、韩国中国文化中心、马来西亚光华日报社、世界黄金协会、国际网印及制像协会、德国法兰克福礼品展、美国芝加哥国际家庭用品展、澳大利亚墨尔本国际消费品展等建立了联系与互动。有效开展了展销、文化与技艺交流、学术与专业研讨、评比鉴赏、品牌推广等方面的活动。

（6）积极参与国际竞争评比活动。如国际车模、雕塑、网印、首饰、标本等大赛活动，并取得佳绩。

（7）认真应对国际贸易中的贸易歧视和非关税壁垒。先后应对土耳其、欧盟、巴西针对中国陶瓷的反倾销案，深圳通明瓷业公司代表中方积极应诉，依法力争，最终取得和解，避免了损失。

三　深圳新兴工艺美术发展模式的协调服务体系

深圳新兴工艺美术发展模式的推行，涉及企业、行业、社会和国内国际，需要行业、企业、政府、社会共同关注、支持、推动。

（一）深圳市委、市政府协调机构

（1）深圳市设计之都推广办公室。市委专设协调指导设计之都建设和设计行业重要事项与活动的机构。工艺美术业参与联合国教科文组织城市网络活动，以及跨行业的交流共建，由其纳入总体安排。

（2）深圳市文体旅游局文化产业处。市政府专设负责全市文化产业规划指导和协调服务机构。工艺美术中长期发展规划、相关政策制定实施、专项资金申报审核，由其纳入日程安排。

（二）深圳市创意文化中心

设计之都品牌运营执行机构，与联合国教科文组织对接，承担全市创意文化基础工作规划建设与协调。机构设在深圳报业集团，由集团领导任中心主任。工艺美术参与全市创意文化产业共建、互相交流以及对外交流活动，由其具体组织。

（三）行业公共服务平台

深圳工艺美术行业公共服务平台（简称服务平台），自2003年以来，由行业协会、政府部门、企业、院所整合资源共同组建。是为深圳工艺美术行业提供信息、展销、产业园区基地建设、研究开发等公共服务，并获得政府、权威机构和行业普遍认可的公共服务平台。

1. 服务项目、路径及效益

（1）展销平台。创办于2004年11月的中国（深圳）国际文化产业博览交易会中国工艺美术精品展，在各级政府、社团、行业、企业、院所的通力合作下，其资源、模式和区位的独特优势得以显著发挥，现已升格为由国家文化部、商务部、新闻出版广电总局、中国国际贸促会和广东省人民政府与深圳市人民政府（简称“四部两府”）共同主办，并已取得国际展览联盟（UFI）认证的国家级、国际化、综合性的文化产业盛会。

前九届文博会工艺美术展实现交易额182.99亿元，参观总人数441万人，专业观众67.3万人（其中境外专业观众71100余人）。参展商来自全国34个省市区，各工艺美术大省在本馆所占展位份额：广东45%、福建10%、江苏7%、浙江4%、江西3%，湖南、上海、北京、安徽各占3%，西北6省区2%、西南4省市2%、华中2省2%、港澳台2%，其他地区11%（见图1）。参展展品每届11大类3万多个品种，主要展品所占展位比例：现代工艺17%、工艺家具14%、刺绣12%、工艺陶瓷12%、雕塑10%、工艺画10%、金属工艺5%、珠宝7%、民间工艺6%、其他7%（见图2）。

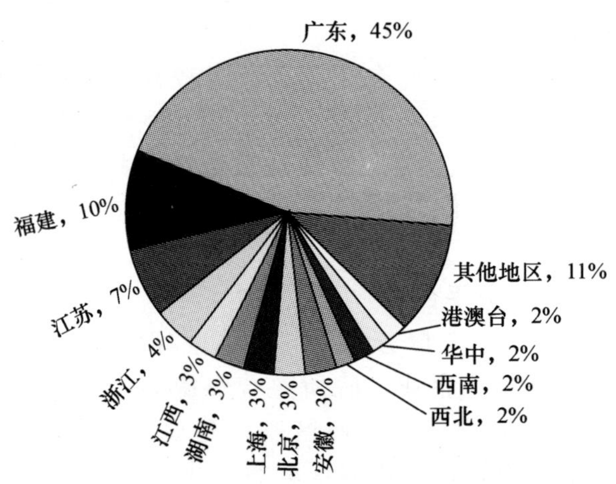

图1 各地在工艺美术馆所占展位份额

本展会突出的优势体现在三个方面：一是整合资源；二是创新模式；三是引领产业。

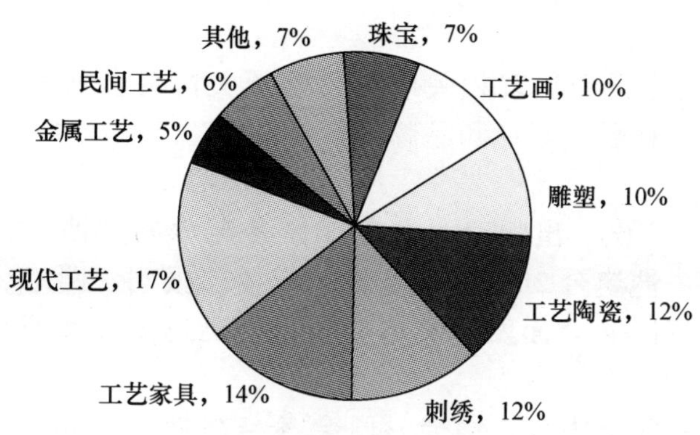

图 2 工艺美术馆主要展品所占展位比例

第一，整合政府、社会、产业及海外资源，提供优化高效的展销平台服务。

文博会工艺美术展通过整合政府、社会、产业及海外资源，为工艺美术及大文化产业提供了优化高效的展示、交易、合作与品牌提升平台。

政府资源：

——“四部两府”共同参与主办文博会，将展会升格为国家级层面，十分有利于组织动员各省市组团参展。2013 年文博会工艺美术展有 31 个省市区的 520 家企业参展。

——国家商务部和中国国际贸促会为文博会走向海外提供指导、信息、联络和交易途径，促使本展海外专业买家和观众由第一届的 25 人增加至第九届的 6100 余人。

——文博会已纳入国家和省市文化产业发展规划重点项目，给予政策性的重点扶持。

——自 2006 年以来，先后有中央及部省市领导李长春、刘云山、刘延东、刘奇葆、张德江、汪洋、胡春华、李铁映、陈至立、李从军、孙家正、蔡武、柳斌杰、万季飞、蔡赴朝、蔡名照、孙志军、黄华华、朱小丹、黄丽满、李鸿忠、刘玉浦、王荣、许勤等亲临本展，通过视察、调研、高层论坛及现场会，指导解决文化产业方向性、战略性、普遍性的问题。

——政府已出台和兑现相关政策，给予文博会参展商和工艺美术大师作品参展经费补贴、减免和品牌宣传补贴。

社会资源：

——报业、广电、出版三大主流媒体参与承办文博会，调动和集聚了中央、省市、港澳台200多家电视、广播、报刊、网络、广告传媒集中报道文博会盛况和全面发布文博会资讯，迅速提升文博会的知名度和美誉度。

——各相关行业协会、学会、商会参与组展，承办论坛、评审、品牌推广、联络联谊等活动，充分发挥纽带、桥梁作用，丰富和促进了各项交流交易活动的开展。广东省工艺美术协会是文博会工艺美术展的指导单位，牵头评审、论坛相关活动的开展和广东省的招展招商。深圳市工艺美术协会是本展的承办单位，具体承担外省市和深圳的招展招商及各项配套活动的协调。先后有中国工艺美术协会、中国工艺美术学会、北京、上海、福建、江苏、浙江等26个省市区的工艺美术协会、学会参与组展和相关活动。

——中央美院、清华大学美术学院、西安美院、广州美院、南京艺术学院、景德镇陶瓷学院、中国艺术研究院、故宫博物院、苏州刺绣研究所等一大批高校和研究机构参与文博会，将教学科研的最新成果与企业产销对接，推进了产学研的紧密结合。

产业资源：

——来自全国34个省市区的数千家工艺美术产供销企业。

——来自企业集团、政府、专业市场、商务机构数以万计的国内采购商和来自各国数以万计的海外买家。

——每年从全国各地汇集的11大类数万种工艺美术展品，其中80%为新品。

——200余名中国工艺美术大师和1000余名省、市大师的代表作品及数以千计的国宝珍品。

——工艺美术及相关产业的投融资合作项目每届700项左右。

海外资源：

——世界5大洲95个国家的文化与商务机构、采购商、投资商参展参观。

——自2005年以来，韩国春川南怡岛株式会社、马来西亚光华日报社、马来西亚绿野集团、美国美中商务中心、法国工艺品促进协会先后与文博会工艺美术展主承办方开展互访、共同办展、项目投资、媒体推广等方面的合作交流。

——艺展中心、水贝珠宝交易中心、黄贝岭古玩城、大芬油画村等分会场已形成了海外及我国港澳台地区供销网络。艺展中心的陶瓷、刺绣、人造植物，大芬村的油画均在北美、欧洲、东南亚30多个国家建有销售网点，年均销售25亿美元。水贝珠宝、黄贝岭收藏品通过参与中国香港、中国台湾专业展走向各国市场和开展国际交流。

第二，创新模式以实现新的目标。文博会工艺美术精品展不仅整合各个方面的优势资源，搭建规范高效的展销平台，而且不断创新展会模式，以促成实现新的目标。

——主会场带动分会场：在会展中心文博会主会场的牵引带动下，到第九届文博会时，工艺美术类的分会场已发展到20个，占全市分会场近1/2，即深圳文化创意园、工艺美术集聚区、水贝珠宝、深圳古玩城、深职院创意中心、南海意库、宝安珠宝中心、大芬油画村、宝安艺术城、文博宫、坂田手造街、观澜红木产业园、观澜版画基地、国瓷永丰源、127陈设艺术产业园、通明实业产业园、坪山雕塑产业园、南岭丝绸文化创意园、三联水晶玉石村、龙园观赏石基地、宝福珠宝产业园。主会场与分会场形成了强势的产业链接，为全国工艺美术产供销企业提供高规格多层次的联动空间与交易平台，并举办了100多项评比、论坛、拍卖、展演、观摩、庆典、新闻发布活动，通过这些活动，将产品、技术、信息、服务向全国各地及海外输出。

——“1＋N”办展模式：按照《中国（深圳）国际文化产业博览交易会发展规划（2010—2020）》要求，文博会要重点提高展览内容的专业化水平，探索“1＋N”办展模式，形成既有大型的综合性展会，又有常年开展的若干个专业展会的格局。根据文博会各专业展馆的成长情况，从8大专业展馆中挑选市场化运作程度较高、展品组织可操作性较强、海外采购商订单量较多的展馆，自2010年下半年开始推出“中国（深圳）国际文化产业博览交易会系列专业展”，2011年更名为“中国（深圳）国际文化产业博览交易会冬季工艺美术精品展”。由文博会组委会办公室、中国工艺美术学会主办，深圳报业集团、文博会公司承办，深圳市工艺美术协会协办。展会按照“国际化、市场化、专业化、精品化、规范化”的办展要求，打造中国工艺美术行业第一展。

——工艺美术与美术、动漫、新闻出版、音像、演出等文化产业联动：工艺美术与各文化产业展同时同馆举办，能有效实现资源共享、优势互补和跨行合作。并以设计联盟、网站链接、联席会议、共建海外窗口、投融资项目合作、相互入会等方式使之持之以恒。

工艺美术业也因此被政府先后纳入文化产业重点领域和国民经济与社会发展规划，最近又被政府纳入重点扶持的十大创意设计产业之列。

——请进来与走出去：为扩大国际招商招展，文博会先后在英国伦敦、日本东京、马来西亚吉隆坡、法国巴黎、德国纽伦堡、美国纽约、俄罗斯、波兰、匈牙利及东南亚四国举办文博会推介会，并通过中国驻外机构，邀请了90多个国家的文化机构和展团参加文博会。文博会也相继在韩国首尔、马来西亚槟城、吉隆坡、美国纽约设立了以工艺美术精品展为主项的分会场，启动了海外文化交流与交易的直通车。

——开展与各地文化产业展会的交流合作：本展与沈阳、成都、北京、西安、武汉、昆明、厦门、莆田、大连、杭州、徐州等地的文化产业展会在招展招商和业务交流上建立了长期合作交流。

文博会工艺美术精品展办展模式的创新，促进了文化与科技结合、知识产权向产业转化、内销与外销互促以及产业融合与链接。

第三，引领产业发展。

——中国工艺美术文化创意奖评审：本项评审由文博会组委会、国家文化部产业司、广东省文化厅（广东省文化产业促进会）支持主办，广东省工艺美术协会和深圳市工艺美术行业协会承办，旨在检阅推广各地工艺美术最新成就，引导促进新产品、新技术、新工艺的研发和人才成长。自2006年启动，已成功主办7届。获奖作品在文化创意、设计、工艺、材料、推广等方面都有不同程度的创新与突破，集中反映了产业的前沿发展状况。受到政府、行业、参评者及媒体的高度关注与大力支持。国家文化部产业司、广东省文化厅及深圳市政府领导参加颁奖典礼。

——工艺美术发展论坛：由深圳市工艺美术协会和广东省工艺美术协会共同主办，已成功举办8届，主旨是研究探讨行业发展的战略策略和阶段性的新课题，为决策者、经理人提供前沿理性思考与观念碰撞交流。参加演讲的嘉宾有中国艺术研究院、中央美院、清华美院等院所专家、学者，中国工艺美术协会、学会、香港科学艺术交流中心等社团负责人，中国工艺美术大师、省市工艺美术大师、品牌企业家。与会人员主要为产学研代表。论坛成果部分被政府制定产业规划、院校教学、企业行业决策所采纳。

——“中国文化产业英才”推荐评选：由文博会中国文化产业人才交流会主办，是文博会会同人力资源机构和行业社团共同打造的人才发现、评鉴、推介平台，目的是创造条件，让文化产业领军人物人尽其才。经协会推荐和主办单位评选，工艺美术行业先后有15位行业领军人物、省工艺美术大师、高级工艺美术师被授予“中国文化产业英才”荣誉称号。

——“优秀组织奖”及“优秀展示奖”评选：由文博会组委会主办。“优秀组织奖”颁发给为组展作出贡献的部、省、市政府部门及行业组织。深圳市工艺美术协会已连续八年荣获文博会“优秀组织奖”。“优秀展示奖”颁给展示效果显著的参展者。2013年本展有28家获得“优秀展示奖”。

上述活动持续而规范地开展，受到各方支持响应，全方位促进了全行业专业化、品牌化、高端化、跨越式的发展。

（2）信息服务平台。信息服务平台主要由协会主办的《深圳工艺美术》会刊、《深圳工艺美术网》、《国之宝艺术网》和相关的行业、企业专刊、网站联动链接而构成。

①《深圳工艺美术》会刊。《深圳工艺美术》自2003年10月创刊（双月刊，彩印，100—164页），在全行业及各界的支持下，至2013年12月已出刊56期，发行22万册。本刊以发布交流行业信息，反映和研讨行业热点、难点、亮点议题，宣传推广行业企业品牌为主旨。通过《专题报道》、《决策参考》、《行业动态》、《艺苑论坛》、《时世语丝》、《前沿窗口》、《人物（封二）》等主要栏目，已发布交流重要动态信息4000余条，推广新产品、新技术、新工艺2700多项，推介行业精英人物176人，推介行业品牌企业、院所、场馆1220家。围绕创意产业背景下工艺美术业发展面临的模式选择、资源整合、文化创新等课题，交流探索了产业化、高端化、优势集聚、品牌打造、资源转换、标准更新等发展路径与策略，引起了企业、行业决策层的关注与共鸣。本刊与《中国工艺美术》、《上海工艺美术》、《台湾工艺》、《广东工艺美术》、《浙江工艺美术》、《中华手工》（重庆）等22家行业期刊，《百泰视界》、《清祺书》、《励展华博》、《中丝园》等35家企业期刊，《时刻》、《中国家居饰品》、《销售与市场》等60家相关行业期刊保持了互动交流。为会员及深圳业内企业、政府部门、各省市同业协会、部分国大师、省大师、院校专家学者和来深参展者送刊21万册。

10年来，协会自筹数百万元，持续投入人力、物力、精心办下这份行业专刊，在全行业信息交流、理论探讨、成果推广等方面发挥了重要作用。通过编通往来，我们经常了解到专家、同行、企业家对本刊的反馈信息与厚望。

根据读者意见，我们删减和新增了相关栏目，对产品品牌专版宣传，也进行了专业规范的设计。

②《深圳工艺美术网》。《深圳工艺美术网》（www. artcraft. com. cn）于2004年正式上线，是深圳市工艺美术协会主办的行业门户网站。建站的目的是吸纳互联网丰富的人才、经验、信息等资源，提供宣传、搜索、交流平台，帮助行业企业及时获取更多商机和决策参考。十年来，《深圳工艺美术网》在网站架构和资讯服务上不懈努力，通过与相关行业、政府部门、企业的32家网站链接，成为便捷高效的信息服务平台。

主要栏目：

企业推介：分竖向滚动文字和横向滚动图片推介品牌企业。

企业数据库：已建立12个门类的115家工艺美术企业的资讯。

文博会专栏：实现了参展组展的网上办公。

资讯系统：分行业动态、领军人物、行业要闻、会员信息、在线咨询、交易市场、展会信息、工美艺苑等子栏目。

评审专栏：配合深圳市工艺美术等5个专业技术资格职称评审工作。

基本栏目：如实用信息查询、协会简介、联系方式、政策法规、精品展示等栏目。已友情链接了32家网站：深圳市发展和改革委员会、深圳政府在线、深圳市科技工贸和信息化委员会、深圳市民政局、深圳市市场监督管理局、深圳市人力资源和社会保障局、深圳海关、深圳市文体旅游局、中国工艺美术网、广东省工艺美术协会、肇庆工艺美术网、深圳珠宝网、人大深圳研究院、深圳工业网、文博会官网、宝安艺术城、宇博展览、南丰国际会展中心、深圳文产办、中国会展网、中国展览网、中国会展信息网、E展网、展团网、127陈设艺术产业园、深圳华箔行、深商E天下、第一网贷、博尔创意、深圳新闻网、天一坊、翡翠物语。

《深圳工艺美术网》2013年12月31日网站日浏览次数（PV）最高为16918次/日，日最高客访量7181人。

③《国之宝艺术网》。《国之宝艺术网》（www. guozb. com）是由深圳市工艺美术协会和国大师艺术品投资公司主办，专为推介中国工艺美术大师作品、技艺、风范设立的网站，为全国首家。于2013年5月10日正式上线，经过两年多的探索、改进、优化，目前已与113名中国工艺美术大师签约并登发推广信息。

主要栏目：

新闻栏目：分“大师动态”、“工美资讯”栏目。

视频栏目：推介中国工艺美术大师及其作品、技艺、风范。

深圳市工美文化创意研究院高级研究员栏目：为专家信息库。

百名大师联展作品专栏：为参加联展的作品宣传专栏。

在线展厅：为展示与拍卖专栏。

基本栏目：公司介绍、横幅广告、友情链接（深圳政府在线、深圳市文产办、深圳新闻网、文博会官网、深商E天下、深圳工业网深圳珠宝网、深圳工艺美术网、实景地图、宽带测速、安全工具、分类信息查询）及子商城系统（待启用）。

截至2013年12月31日，《国之宝艺术网》日浏览次数（PV）为14490次，客访量为5333人。

（3）产业园区基地服务平台。到2013年年底，深圳工艺美术行业有各级政府授牌认定的文化产业园区基地34家（24个单位），其中，国家级4家、省级10家、市级20家。这些产业园区基地集聚优强企业和优势资源，初步形成了运营特色和成功模式，是深圳乃至全国工艺美术产业发展的领跑者。但是，由于发展时间不长，缺乏宏观的全面规划和布局，也还存在示范功能的发挥和持续发展等方面的问题，需要行业协会与政府相关部门、园区基地相互配合，为园区（基地）建设提供引导、协调服务。

①协助制定和落实政府对产业园区扶持资助的相关政策，并将其纳入政府制定的发展规划。先后协助政府制定和落实《关于建设文化产业园区（基地）的实施意见》、《关于印发〈深圳市文化产业园区和基地认定管理办法（试行）〉的通知》、《深圳市文化发展“十二五”规划》等。

②整合政府、社会、行业、企业及海外资源，将其转化为产业园区基地发展的人、财、物保障。一是协助具备条件的单位向政府部门申报认定产业园区基地，协会近几年协助6家单位成功申报广东省传统工艺美术保护发展基地。二是协助产业园区基地申报专项资金资助。通过办培训班和随时提供咨询帮助11家产业园区获得资金扶持。三是优先安排园区基地符合条件的专业人员申报专业技术资格职称和工艺美术大师评审认定。

③为园区基地提供信息、展会、研发平台服务。在行业专刊、网站为其作专题专版宣传，在展会为其提供优惠优区展位，在园区基地设立相应的研发中心。

④为园区基地重大项目合作牵线搭桥。帮助文博宫，坂田手造街、笋岗工艺城等在建园初期引进优秀商户资源和高层人才。协助成熟园区基地艺展中心、水贝珠宝、古玩城开展评鉴、论坛、专题展示等活动。

⑤支持协调园区基地开展结构调整和特色项目建设。如协助笋岗工艺城打造“深圳礼品”品牌、艺展中心打造“家居饰品第一市场”、楼尚倡导“一角禅生活方式”、中丝园推行“蚕文化”。

⑥针对产业园区面临的文化性与商业性、总部与企业、物业规划与园区规划、产业主项与产业链接等方面的新课题，协会向市宣传、文化部门书面提出了加强产业园区协调指导的政策建议。

附表：深圳市工艺美术行业文化产业园区基地

序号	授牌部门	授牌名称	单位	时间
1	国家文化部	国家文化产业示范基地	深圳大芬油画村	2004 年 11 月
2	国家文化部	国家文化产业示范基地	深圳古玩城	2008 年 9 月
3	国家文化部	国家文化产业示范基地	深圳市永丰源实业有限公司	2010 年 11 月
4	国家文化部	国家文化产业示范基地	深圳市同源南岭文化创意园有限公司	2010 年 11 月
5	广东省文化厅	广东省文化创意产业园区	深圳市文化创意园	2008 年 1 月
6	广东省文化厅	广东省重点文化（创意）产业园区和基地	观澜版画原创产业基地	2012 年 9 月
7	广东省文化厅	广东省重点文化（创意）产业园区和基地	大芬油画村	2012 年 9 月
8	广东省文化厅	广东省重点文化（创意）产业园区和基地	南岭·中国丝绸文化产业创意园	2012 年 9 月
9	广东省经信委	广东省传统工艺美术产业保护和发展基地	深圳市百泰珠宝首饰有限公司	2011 年 12 月
10	广东省经信委	广东省传统工艺美术产业保护和发展基地	深圳市同源南岭文化创意园有限公司	2011 年 12 月
11	广东省经信委	广东省传统工艺美术产业保护和发展基地	深圳市宜雅红木家具艺术品有限公司	2011 年 12 月

续表

序号	授牌部门	授牌名称	单位	时间
12	广东省经信委	广东省传统工艺美术产业展示基地	斯达高瓷艺发展（深圳）有限公司	2011年12月
13	广东省经信委	广东省传统工艺美术产业展示基地	深圳古玩城文物监管物品有限公司	2011年12月
14	广东省经信委	广东省传统工艺美术产业展示基地	深圳市藏乐阁文化发展有限公司	2011年12月
15	市委宣传部 市文改办 市文体旅游局	深圳市文化+旅游示范基地 深圳市文化产业园区和基地	深圳文化创意产业园	2010年5月
16	市委宣传部 市文改办 市文体旅游局	深圳市文化+旅游示范基地 深圳市文化产业园区和基地	笋岗工艺城	2010年5月
17	市委宣传部 市文改办 市文体旅游局	深圳市文化+旅游示范基地 深圳市文化产业园区和基地	深圳古玩城	2010年5月
18	市委宣传部 市文改办 市文体旅游局	深圳市文化+旅游示范基地 深圳市文化产业园区和基地	满京华艺展中心	2010年5月
19	市委宣传部 市文改办 市文体旅游局	深圳市文化+旅游示范基地 深圳市文化产业园区和基地	深圳水贝珠宝项链街区	2010年5月
20	市委宣传部 市文改办 市文体旅游局	深圳市文化+旅游示范基地 深圳市文化产业园区和基地	中国·观澜版画原创产业基地	2010年5月
21	市委宣传部 市文改办 市文体旅游局	深圳市文化+旅游示范基地 深圳市文化产业园区和基地	永丰源观澜瓷谷	2010年5月

续表

序号	授牌部门	授牌名称	单位	时间
22	市委宣传部 市文改办 市文体旅游局	深圳市文化+旅游示范基地 深圳市文化产业园区和基地	深圳市宝福李朗珠宝文化创意产业园	2010年5月
23	市委宣传部 市文改办 市文体旅游局	深圳市文化+旅游示范基地 深圳市文化产业园区和基地	中国丝绸文化产业创意园	2010年5月
24	市委宣传部 市文改办 市文体旅游局	深圳市文化+旅游示范基地 深圳市文化产业园区和基地	深圳陶瓷文化产业园	2010年5月
25	市委宣传部 市文改办 市文体旅游局	深圳市文化+旅游示范基地 深圳市文化产业园区和基地	大芬油画村	2010年5月
26	市委宣传部 市文改办 市文体旅游局	深圳市文化+旅游示范基地 深圳市文化产业园区和基地	三联水晶玉石文化村	2010年5月
27	市委宣传部 市文改办 市文体旅游局	深圳市文化+旅游示范基地	深圳龙园观赏石基地	2010年5月
28	市委宣传部 市文改办 市文体旅游局	深圳市文化+旅游示范基地 深圳市文化产业园区和基地	深圳市楼尚文化创意产业园	2010年5月
29	市文体旅游局	深圳市文化产业园区和基地	深圳127陈设艺术产业园	2010年5月
30	市文体旅游局	深圳市文化产业园区和基地	深圳西部国际珠宝城	2010年5月
31	市文体旅游局	深圳市文化产业园区和基地	宝安艺术城	2010年5月
32	市文体旅游局	深圳市文化产业园区和基地	深圳市文博宫	2010年5月
33	市文体旅游局	深圳市文化产业园区和基地	深圳市坪山雕塑文化产业园	2010年5月
34	市文体旅游局	深圳市文化产业园区和基地	深圳职业技术学院	2010年5月

（4）行业研发平台。以 2012 年 5 月成立的深圳市工美文化创意研究院为主体，集结中国工艺美术大师 110 名，广东省工艺美术大师 12 名，市工艺美术大师 36 名和优强企业 42 家，组成 29 间大师工作室和 19 家研发中心，承担行业发展战略、策略、规划研究；工艺美术文化与技艺的领衔创新；重大项目论证与协调；优秀成果评鉴与推广；高层人才服务平台的构建；产业园区基地总体规划等课题研究。

2013 年研发平台开展的主要工作项目：

①参与承办"首届百名中国工艺美术大师作品联展"；

②参与承办"工艺美术高端艺术品评鉴推广研讨会"；

③制定颁行《行业研发中心认定申报办法》、《工艺美术大师工作室认定申报办法》，并为首批大师工作室和研发中心授牌；

④参与国家文化工程《中国工艺美术全集》深圳篇立项申报和编撰培训；

⑤参与首届深圳市工艺美术大师《评审办法》起草审定和评委会组建、评审受理、大师授牌等工作。

四　深圳新兴工艺美术发展模式的特征及引导促进作用

深圳新兴工艺美术发展模式（简称深圳模式），是在全国改革开放前沿和移民城市的深圳形成和实施，它具有以下特征：

（1）深圳模式首先受益于改革开放；

（2）深圳模式是深圳和全国来深圳的同行共同创建的；

（3）深圳模式的成果对全国同行具有反馈作用，共建厂站、基地，共同组展参展，保持信息、情况交流沟通，均取得"双赢"实效；

（4）深圳模式用前沿全方位的行业实践回答了当今工艺美术业如何应对面临的矛盾、困惑、挑战，保持持续发展。

深圳模式的精髓就是：转化资源 + 提升实力，集成智慧 + 独立探索，一个目标 + 多条路径。

深圳模式在企业做大做强、产业转型升级以及构建新型业态等方面，具有借鉴、引领、促进作用。

参考文献

1. 《深圳年鉴》（2006—2013），深圳市史志办公室出版。

2. 《全国工艺美术行业普查报告书》，北京工艺美术出版社 2009 年版。

3. 《中国工艺美术行业通讯》2013 年第 1—12 期。

4. 《深圳工艺美术》第 1—60 期。

（喻连生：深圳市工艺美术协会常务副秘书长；
高凌：深圳市工艺美术协会《深圳工艺美术》杂志副主编）

龙岗区文化产业的历程、特色及未来展望

庄向阳

地处深圳经济特区原“关外”的龙岗区，在改革开放的大潮中随风起舞，短短30年的时间里，遍植热带作物的原野上迅速建起了令人瞩目的工业区。由于不在深圳的核心区域，龙岗不仅公共文化、教育、医疗等领域的配套落后于“关内”的福田、南山、罗湖等区，在文化产业的发展上也没有先天优势。

然而，2004年大芬油画村凭借其独特而极具启示意义的路径和经验，成为首届深圳文博会的唯一分会场，成为深圳文化产业的象征之一。大芬油画村的成功，让龙岗人看到了文化产业的神奇力量。正是由于有了“大芬效应”，直接触发了龙岗区对文化产业的重视和热情，在文化产业的发展上不断加速，用10年的时间走出了自己的文化产业之路。2014年，是大芬油画村荣获“国家文化产业示范基地”殊荣和成为文博会首个分会场的第十个年头，在2014年举行的第十届深圳文博会上，龙岗区共有11个分会场11个参办园区入选，占分会场总数的20%，在数多量上连续五年位列全市各区之首。11个分会场中包含了高端工艺美术、高端印刷、创意设计等几大集群，业态渐趋丰富。在过去的20多年时间里，正是龙岗区文化产业从单一到多元，从星散到集群，并呈现出加速发展态势，形成了初具特色的发展模式。

一　回顾：龙岗区文化产业的发展历程

龙岗区文化产业迄今所取得的成绩当然不是一蹴而就的短时事件，

而是一个不断发展的过程。这个过程可以根据不同的描述方法划分为不同的阶段，本文拟将其分为三个阶段。

（一）自生阶段（20 世纪 80 年代至 2004 年 10 月）

1989 年，香港画商黄江来到龙岗区布吉镇大芬村，见到的是芦苇丛生、鸡鸭成群的景象。就是从这里出发，大芬村开启了全世界最大的油画艺术品交易市场的腾飞之路。这幅场景宛如一个象征，它不仅是黄江事业的新起点，也是大芬油画村的起点，更是龙岗区文化产业的起点。

20 世纪 80 年代，深圳的文化产业是从印刷业、音像出版业、文化旅游业、动漫业开始起步的。就龙岗区而言，起步阶段首先得到发展的是印刷业和工艺美术两个行业。龙岗最有代表性的印刷企业是力嘉集团。1986 年，香港力嘉纸品公司在横岗投资的印刷包装企业建成投产，该公司由马伟武先生 1970 年在香港创立，来深圳赶上了改革开放的潮流，经营红火，1989 年建成力嘉纸品工业大厦并正式启用，1994 年发展成为力嘉国际集团。全国印刷百强企业，如今有 8 家在龙岗区，它们多半是 20 世纪 80 年代后半期至 90 年代前半期来到龙岗区域的，比如天时印刷公司是 20 世纪 80 年代末，当纳利旭日印刷有限公司进驻的时间是 1993 年。

当年的深圳以及龙岗，之所以能成为投资的热土，除了政策的优势，再就是拥有低廉的人工和土地成本。1989 年，黄江选在大芬村设立画室，一个直接原因就是房租远低于当年的深圳中心区域罗湖区，从大芬村到关口的距离也较近。当时黄江的生意已经初具规模，订单很多，经常是上千张画，要求交货的时间往往只有一个多月。人手紧张，时常需要从东莞、广州、福建等地临时招人。如果将画室设在“关内”，需要为不断扩充的人手办理边防证，每人要多花五六十元，费钱费时。把画室设在大芬村，既得深圳经济特区政策、机会之利，又享有“关外”土地、人力之优势，可谓是一个上佳的选择。

1993 年，又一个具有标志性意义的事件是，台湾水晶玉石商人吴正麟、许武城在深圳经过多次实地考察后，把落脚点选在了布吉三联村

(2004年9月改为三联社区)。当时，三联村占地面积3.3平方公里，人口3.2万人，但户籍人口1100人，其中原住民仅700人。由于环境差，即便房价低，外来投资者还是很少，三联村人均年收入不到2000元。两位台湾商人率先来到三联村，并带来了100多名学徒，建起了水晶玉石加工作坊。在他们的带动下，其他水晶玉石商家纷纷来到三联村从事水晶玉石生意。就这样，三联村形成了从原料供应到成品加工、批发零售等较为完整的水晶玉石产业链。

就这样，从印刷业开始，到油画复制，再到水晶玉石加工，不经意之间，勾画了龙岗文化产业草图的最初几笔。当年，人们的主流词汇中还没有"文化产业"一词，所有这些举动都是自生自发的经济行为。但当早期的投入能带来实实在在的经济回报，当地方政府意识到油画的复制也可以换来可观的外汇收入，就会用心地做出种种努力促进文化产业的发展。在2000年前后，区、镇两级政府开始对大芬油画村进行环境改造，对油画市场进行规范和引导，有意将大芬油画村作为独特的文化产业品牌进行打造。2002年，大芬还组织黄江、吴瑞球等多位画室负责人前往南非、土耳其等国家参观、推销油画，大芬油画村在海外名声渐起。

(二)"大芬效应"发酵阶段(2004年11月至2008年4月)

不光对于大芬村，即使对于整个龙岗区的文化产业而言，2004年都是具有重要意义的年份。

2004年11月17日，首届文博会大芬村分会场开幕，大芬油画村成为首届文博会唯一的分会场。同月19日，大芬油画村被国家文化部命名为"国家文化产业示范基地"。12月5日，中央电视台经济频道"对话"栏目播出"大芬传奇"专题节目。接踵而至的认可和关注，构成了众所瞩目的"大芬现象"，也使大芬油画村站到了新的发展起点上。

1992年以前，龙岗区域属原宝安县管辖。1993年1月1日，龙岗区挂牌成立。从20世纪80年代起的20多年里，龙岗区一意发展工业拉动经济增长，但还无暇顾及产业协调发展、人居环境建设，对文化产业的重视度远远不够。对于龙岗区文化产业而言，"大芬现象"更具有多重的启发性意义。它使人们切身感受到，除了工业能够创造财富和价值外，文化也能创造价值，而后者与时代的大潮更合拍。尽管大芬村此前的成功几乎都是在自发中实现的，但是政府部门由此意识到，自身也还可以做得更多、做得更好。

2006 年，龙岗区成立了促进文化产业发展领导小组。2008 年 5 月，龙岗区文化产业发展办公室成立并开始运转，开通了龙岗文化产业信息网，实现了全区文化产业规划、文化产业相关政策等信息网上公开，各项文化产业项目实现网上申报。龙岗区先后在大芬、三联、龙园等产业园区建立了专门的文化产业服务、管理机构，并推动成立了大芬美术产业协会、三联水晶玉石文化协会、龙岗观赏石协会等行业协会，推进行业自律机制建设，发挥行业协会的沟通桥梁作用。

以三联水晶玉石文化村为例。到 2004 年，三联社区自发形成的水晶玉石加工经营场所 130 多家。受消防和环保审批等因素的影响，庞大的水晶玉石加工群体长期未办理相关证照。这些水晶玉石加工作坊大多处于地下状态，政府每次清理无证照行动也会把他们与无证诊所之类的“黑窝点”列为清查对象，从而导致了行业发展的受限，以及相关技工人才的流失。在龙岗区和布吉街道的推动下，三联社区请来专家，对整个社区的整体规划、产业调整、城市化后续管理等作了充分的论证。2005 年 4 月起，布吉街道充分利用三联社区水晶玉石加工这个自发形成的市场优势，打造水晶玉石销售平台和品牌。2005 年 11 月，三联水晶玉石市场启动环境改造工程正式动工，投资近 2800 万元的一期环境改造拆除了“握手楼”，建起了具有行业特点的水晶玉石商铺，配套设施还有宽敞的休闲文化广场。2006 年初，龙岗区又把发展三联水晶玉石文化产业列入“十一五”规划发展纲要。其发展目标是“建设设计平台、加工制造中心、交易中心、都市旅游文化产业基地”。为加快三联水晶玉石文化市场的建设，引导水晶玉石商加强行业自律，2007 年 1 月，深圳布吉三联水晶玉石文化协会揭牌成立。

2007 年 6 月 3 日，改造一新的三联水晶玉石文化村正式迎客，过去处于小作坊状态的众多水晶玉石商铺大都成为正规工商户。当年，三联社区辖区内有水晶玉石加工场所180多家，相关从业人员3000多人，生产加工的品种有天然水晶、缅甸玉、翡翠、玛瑙、宝石等，年产值逾2亿元人民币。经政府与国家珠宝检测中心沟通，该中心在三联社区设立水晶玉石检测站。以上一系列举动，无疑对三联水晶玉石村的发展起到了推动作用，提升了三联水晶玉石文化村的品牌和竞争力。

2007年，三联水晶玉石文化村成为第三届文博会分会场。至此，连同大芬油画村在内仅仅布吉街道就有两个文博会分会场，大芬油画村的带动作用不可小觑。

（三）强势推动发展阶段（2008年5月至今）

继2008年5月龙岗区文化产业发展办公室成立之后，龙岗区的文化产业发展过程中的一个标志性事件是：2009年9月，国家《文化产业振兴规划》通过一个多月后，龙岗区政府颁布了《深圳市龙岗区文化产业发展规划纲要（2009—2015）》。这一次，龙岗走在了深圳各区前列，率先推出了文化产业“十二五”规划。在2009年的3个月时间内，龙岗区连续推出了《龙岗区经济发展资金（文化产业类）管理暂行办法实施细则》、《龙岗区加快文化产业发展暂行办法》，并制定了《龙岗区文化产业园区认定与管理暂行办法》等相关配套文件，在经济发展资金中专门列出文化产业专项资金，对扶持重大文化产业项目、“三旧”改建文化产业园区、重点文化企业、总部文化企业、企业自主创新、动漫企业等方面做出了具体规定。

政策的引导和扶持，为龙岗区文化产业注入了新动力。龙岗区文化产业的重要发力点是文化产业园区的建设。辖区面积广大，而深圳在迎来改革开放三十年之际，经济面临重大转型，旧村、旧厂房、旧工业区等“三旧”面临改造、转型，这些都给文化产业园区建设提供了契机。中丝园正是在这样的背景下登场的。

2009年5月中旬，第五届深圳文博会开幕，龙岗区又添加了一个重量级的分会场——中丝园。中丝园全称为“南岭·中国丝绸文化产业创意园”，位于有“中国第一村”之称的布吉南岭社区，当年2月一期工程开工，5 月就完工迎宾，可谓快速高效。这种令人惊叹的办事效率也折射出合作各方对这一事业的高度认同。

作为中丝园的引进方，南岭村对中丝园的期待就是，建成“一个可以和大芬村媲美的项目”，丝绸是中国物质文化的重要象征，这个产业主题让龙岗方面非常看好。2007 年前后，南岭村第一工业区的出租厂房在经营了 20 多年后面临着转型升级，尽管找到南岭村洽谈合作的投资方很多，给出的经济回报也更优厚，但是南岭村还是坚定地将该地块用于引进文化产业。

中丝园由深圳庆鹏实业集团控股的中国同源有限公司运作。庆鹏实业集团原本从事石油化工经营，2007 年完成了一个重要的收购，收购苏州刺绣研究所 80% 的股份，从此不断涉足丝绸行业。在此过程中，庆鹏实业集团的掌门人郑桂泉逐渐勾画出自己的文化产业蓝图：建设一个以丝绸文化为载体的文化创意产业园，依托中国丝绸产业深厚的历史资源，全方位展示丝绸锦缎制品及其衍生产品的产业链，形成中国优质丝绸产品和优秀丝绸企业的聚集地，建成培育推广最优秀的中国丝绸产品和品牌的高效服务平台。

2007 年 8 月 30 日，中国同源公司与南岭村在北京举行了中丝园框架协议的签约仪式，时任文化部部长孙家正等多位国家文化官员见证了签约。中丝园自 2009 年 5 月开始运作，2010 年 4 月获得深圳市文体旅游局授予的“深圳市文化产业基地”称号，2010 年 11 月获得国家文化部授予的“国家文化产业示范基地”称号，同年还被评为深圳市重点文化企业、龙岗区重点文化企业。

相比于大芬村的筚路蓝缕，中丝园的出场可谓是光艳照人。同属于龙岗区的两大“国家文化产业示范基地”，它们的境遇真是迥然不同，个中原因，除了与文化产业园区的经营内容、模式等相关，也与出场时机有关，与龙岗区的文化产业环境息息相关，中丝园恰逢其时，发展途中顺风顺水。

与中丝园相仿的还有位于南湾街道的宝福李朗珠宝文化产业园，2009 年 2 月正式开园，5 月就成为第五届文博会的分会场，2010 年被授予“深圳市文化产业基地”称号。从某种意义上可以说，自 2009 年起，龙岗区进入了文化产业的强势推动发展期，同时也是一个快速发展期，快速发展尤其体现为文化产业园的快速扩张。

二 龙岗区文化产业的发展路径及特色

文化产业发展所倚仗的两大重要资源是文化资源和人才资源，在这两方面龙岗区都没有先天优势。但是在有限的时间里，仅凭着有限的资源，龙岗区文化产业仍然取得了可观的成绩。究其原因，首先应当归结于龙岗区选择了一条有效的发展路径。早在 2000 年前后，龙岗区即从大芬村无意栽花式的成功中获得了些许启迪；2003 年 1 月，市委三届六次全会第一次提出实施“文化立市”战略，从此以后，龙岗区各方都提升了对文化产业的重视度；2008 年 5 月，龙岗区文化产业发展办公室的成立，意味着全区文化产业发展的一种新可能。

从 2004 年大芬油画村登场文博会分会场开始，龙岗区逐渐确立了自身的文化产业发展路径，即通过文博会的平台来推动文化产业园区的建设，而通过建设文化产业园区来推动全区文化产业发展。近年来的实践表明，这一独特路径行之有效。2009 年第五届文博会，龙岗区分会场由上届的 2 个增加到 5 个，在大芬油画村、三联水晶玉石文化村基础上增加了宝福李朗珠宝文化产业园、中丝园、龙园奇石分会场。2010 年第六届文博会，则增加了龙岗动漫创意产业园、深圳陶瓷文化产业园、玫瑰海岸婚庆文化产业基地、东方国际茶都 4 个分会场，就在这一年，龙岗区在分会场数量上超越宝安区跃居全市各区之首，成为文博会分会场的“领跑者”。2011 年第七届文博会，又增加了布吉文博宫、坂田手造街、葡萄酒文化产业城 3 个分会场，总数达到 12 个。而在 2014 年的第十届文博会上，全市 54 个分会场，11 个在龙岗区，由 14 个园区参与承办，占到全市分会场的两成，规模上连续 5 年领跑全市各区。

本文认为，龙岗区在文化产业上初步形成了自己的特色，这种特色至少可以概括为三个方面：

（一）以民营文化企业为主角

深圳聚橙网公司总裁耿军曾表示，近年来，因为公司业务拓展的缘故他与全国各地的地方政府打过交道，发现在国内城市中深圳的经济发展堪称最健康，市场化水平最高。深圳在改革开放30多年的进程中能够走到今天，原因很多，其中非常重要的一条就是在这个过程中建构了一种城市基因，那就是尊重市场，按市场规则办事，从某种意义上说，这种城市基因也可以视为"文化产业的深圳基因"，在龙岗区发展文化产业的过程中突出地体现了这样的特点：龙岗的文化产业经营资本以民营为主，资源配置以市场为主，营运主体以企业为主。

龙岗区发展文化产业园区的做法是，政府不直接介入产业园区的投资和运营，而是由企业自主决策。目前，龙岗区18个文化产业园区，除了龙园由政府主导、大芬油画村由政府监管，其他全是由市场主导、由企业独立投资和运营。没有政府的介入和干涉，众多文化产业园区照样运转良好，甚至更加具有主动性和创新性，这也正是龙岗区政府的期望。

比如，力嘉创意文化产业园是由力嘉国际集团独资创办的，不满足于优质纸制产品的生产和印刷这样的传统业务，该集团希望以创意、文化为内核，建成一个集创意印刷、最新技术展示、专业人才培育、印刷新设备器材贸易和电子商务等于一体的综合平台，从而形成新业态。力嘉国际集团的决策完全出于自身发展的需要，根据当下形势，而做出的转型升级之举。与之类似，横岗眼镜协会则主动规划建设眼镜时尚设计产业园。

（二）政府适时适度引领扶持

由企业自主决策、运营，并不意味着政府无所作为，在文化产业的发展过程中，政府仍需要某种意义上的"在场"，进行适时适度的引领扶持。龙岗区政府对适时的理解是，在特别企业发展的特殊时期，比如企业刚刚起步之时、遇到困难之时、发力腾飞之时。华夏动漫是一家动漫电视剧内容制作商和动漫衍生品生产商，因企业快速发展亟须扩大园区空间，龙岗区政府及时为其联系了数倍于原有厂房的产业园区，建成华夏动漫创意产业园，帮助该企业迅速发展成为深圳首个全产业链动漫企业和“国家文化出口重点企业”。作为回报，华夏动漫将其总部由罗湖区迁至龙岗区，龙岗区由此在动漫领域增加了一家龙头企业。

至于适度，则是龙岗区政府对在文化产业领域当做什么、不当做什么的思考，他们认为，政府的主要职责在于编制规划、出台政策、做好配套、搭建平台等方面，重在营造宽松自由的营商环境，为企业园区提供贴心服务。

文化产业作为深圳市的支柱产业之一，市、区两级政府给予了资金上的扶持和帮助。为了更好地发挥政策的作用，龙岗区文化产业发展办公室针对区内重点文化企业申请市专项扶持资金进行辅导，力嘉创意文化产业园和宝福珠宝文化产业园结果成功申请深圳市发改委的文化创意产业公共技术服务平台专项扶持，共获得专项资助资金 1150 万元。这是龙岗区一次性获深圳市文创资金资助最多的项目。为了发现和培育中小微文化企业中的“潜力股”，龙岗专门针对起步和创业阶段的中小微文化企业定制办公房租补贴政策，企业一年最多可以得到 20 余万元的财政补贴。

政府的扶持资金如何能发挥最大效应？2014 年龙岗区在分配分会场扶持资金时进行了改革，采取“以奖代补”，将会前分配改为会后奖励，委托第三方单位按照标准对各分会场承办单位的举办效果进行评分，评出一、二、三等奖，分别奖励 60 万元、40 万元、20 万元。这种方式调动了各分会场承办单位的积极性和竞争意识，使得分会场活动纷呈，展会效果良好。

（三）以物质文化的弘扬与开发为重点

龙岗区的文化产业主要体现为高端工业美术产业、高端印刷产业、动漫游戏产业和创意设计产业四大集群，最主要的是前两大集群。从经济指标来看，以大芬油画村、三联水晶玉石文化村等为代表的龙岗工业美术产业占据了深圳的半壁江山，以中华印务公司、力嘉包装公司为代表的高端印刷业占据了深圳的1/3，在龙岗600多家印刷企业中，有8家位列全国百强，而印刷业每年都为全区增加超过16亿元的产值。

不论是工业美术业，还是印刷业，似乎与人们近年来谈论文化产业时所提到的热门话题有点距离。毕竟，这两个行业不如以腾讯为代表的互联网行业那么高科技，也不如制作出《熊出没》的华强科技集团那么能点燃人们的想象力，甚至也不如设计行业那么好听。但是，主要凭着工业美术、印刷这两个行业的支撑，龙岗区的文化产业也取得了骄人的业绩。龙岗区抓住这两个行业，立足于做强这两个行业的前提下向其他行业扩展，体现了对文化产业的深入理解。

文化产业包罗广泛，产品形式多样，这是由人们需求的多样性决定的。人们不仅需要上网社交、获取信息或游戏，不仅需要新闻、影视和音乐，人们还需要生活中充满了美的事物，在美的氛围里提升生活品质。因此，物质文化在人类的文化中占有很大比例，而对富有美感和文化气息的物质的生产具有广阔的市场前景，工业美术业、印刷业因此都是文化产业中不可或缺的部分。对于某一区域的文化产业而言，最好的选择不是追逐潮流，而是要基于自身的现实条件，立足于产业基础，充分发挥自身优势，把某一种或几种行业做到优秀甚至极致。

中丝园之所以能在建园后的短短几年里迅速得到社会认可，与其选择的方向、路径和产品有很大关系。丝绸兴于中国，是中国物质文化的重要构成，虽然在海内外市场上丝绸仍然广受欢迎，但是回报与其应有的价值严重不符。有鉴于此，中丝园把自身定位为丝绸文化的振兴者，希望以现代的市场理念、营销手段，以及文化产业的发展方式，建设一个集设计制作、科研创新、展示交易、旅游休闲、情景购物等功能为一体的丝绸、刺绣制品及其延伸产品的时尚创意园区。自开园以来，已有丝丽、凯喜雅、达利、万事利、六合、杭州高盛、御品云莎、卓尚、绣都、大染坊等囊括国内一线丝绸品牌在内的40余家丝绸企业入驻中丝园。在2014年5月第十届文博会上，中丝园举办了“国际丝绸创意设计展”，邀请了来自德国、法国、日本、加拿大、韩国及我国的深圳、台北、香港共8个国家和地区的知名设计师，以“丝绸的容颜”为主题，设计了包括手提包、服饰、丝巾、被套、餐巾等一系列创意产品，希望用现代设计理念赋予丝绸以新的美感，提升丝绸的市场影响力。

三 龙岗区文化产业未来之展望及建议

从20世纪80年代不知文化产业为何物，到“大芬效应”开启对文化产业的认识，再到文化产业园区带动全区文化产业快速发展，龙岗区文化产业已经走过一段不短的路程。下一步龙岗文化产业如何发展，再上一层楼？笔者认为，在可见的未来，龙岗区文化产业前景仍然将立足于高端工业美术业、高端印刷业、动漫游戏业、创意设计业四大行业，同时向会展业、演艺业等行业延展，但是能否走得更远、走得更高，要靠很多内外因素的综合作用，从政府层面，能做的就是不断改善全区的产业环境，吸引更多的文化企业和文化创意人才的流入，激发全区的各类企业创新激情，发挥政策的扶持引领作用，从而推动全区文化产业的发展。

具体而言，本文提出以下建议：

（一）优化现有文化产业园区

文化产业园区已成为龙岗区文化产业发展的重要推动力。下一步文化产业园区如何发展，关系着龙岗文化产业的大局。笔者认为，在未来的一段时间里，龙岗区在文化产业园区方面的策略应当是：以做精现有文化产业园区为主，培育新的文化产业园区为辅。

文化产业园区的确是推进文化产业发展的一个手段，但是，近年来也受到些许指责。文化产业园区引来的非议之处包括：部分园区定位不够明确，缺少文化创意内涵，入驻企业关联性不强，园区“粗放招商，无为管理”，导致园区内没有形成良好的文化创意生态环境。这样，文化产业园区虽然表面上实现了集聚，却没有产生应有的集聚效应。比如，坂田手造文化街创意园定位就比较模糊，在发展过程中园区急于获得商业回报，不仅入园商户不满，也受到媒体的质疑。坂田手造文化街创意园虽然是一个特例，但是该园存在的问题其他部分园区也有一定程度的存在，值得政府部门关注，对于这样的园区是否值得入选文博会分会场应当慎重。

与坂田手造文化街创意园相比，中丝园受到的几乎是众口一词的称赞，即使这样的典范文化创意园也有不尽如人意之处，在战略上中丝园无疑是成功的，但是在园区的运营上仍可推敲。比如：该园专业人才不足，尤其是懂得文化企业运营与管理的人才更是匮乏，制约了该园的发展；园区建筑颜色老旧，且以灰白色为主，没有文化创意园的氛围，更没有用心凸显丝绸文化；员工宿舍设在园区内，不如改造成相关的服务设施更有利于园区形象的提升。

2014 年 6 月 26 日，龙岗区首次举行文化创意产业项目招商会，吸引了 60 余家企业参会，11 个项目进行了现场签约，代表性的项目包括深圳市龙文文化传播有限公司与南岭股份合作公司签订了南岭创意小镇战略合作协议，以及聚橙演艺文化产业园、多媒体数字化展示厅入驻 DCC（华南）展览展示文化创意园，名兴珠宝入驻天彩祥和（国际）玉石珠宝文化产业园等。继续引进更多优质的文化创意产业项目当然需要，但是一定不要忽视创意园质量的提升，优化、做强现有文化产业园区，充分发挥现有产业园区的功能和效应。

（二）打造人文环境培养创新氛围

文化产业的发展离不了创新。一般认为，创新是文化创意企业自身的事情，其实不尽其然。创新氛围的建设，企业当然有责，但是，当某一地区文化产业发展到一定阶段，外在的环境也会影响着文化企业的创新。比如，近年来龙岗区在城区面貌、交通条件、人居环境等方面发生了很大的变化，对部分文化企业和文化创意人才越来越具有吸引力，但是总的来说，作为深圳的后发区域，龙岗在全区的人文环境上还逊于福田、罗湖、南山三个区。

对于文化产业园区创新氛围的培养，政府部门也可有所作为，最基本的就是尊重创造性人才。比如，如今国内已经有越来越多的地方借鉴了大芬村的运作模式，大芬村已不是优势，现在也面临着转型升级，打造“复制+原创”并重的模式。做了20多年的油画复制，如何能担负起原创的使命？这就需要以大芬村的原创型画家为核心，打造更高艺术品位层面的群落，带动大芬村艺术产业的升级，通过推进艺术相关服务产业的发展，造就原创加贸易的新型大芬油画村。2013年起，大芬村举办了连续两届绘画技能竞赛，就是鼓励原创的尝试。

为了形成创新创意的氛围，政府部门或协会组织可以周期性地组织相关的评选活动，比如龙岗区年度文化创意企业评选、年度创意人物评选、年度创意项目评选，甚至年度最佳雇主评选。此外，政府部门或协会组织也可以利用各种新媒体形式，进行相关活动的传播，在全社会形成尊重创新崇尚创新的氛围。

（三）把发展文化产业与提升本地文化生活结合起来

一家企业的任务不仅是提供产品和服务，从中获取利润，根本目的还在于满足社会需求，提升人们的福祉，文化创意产业尤其如此。一个地区文化产业的发展，不应当忽视本地区居民的文化生活。或者说，首先应当得到本地区人们的认可。从现实情况来看，龙岗区的基本文化设施、文化活动，以及为本区居民提供的基本文化消费上还很欠缺。因此，龙岗区发展文化产业，还应当注重把发展文化产业与提升龙岗全区的文化生活结合起来，这不仅能实现企业的社会价值，也占有了最基本的市场。比如，中丝园虽然能够吸引部分深圳市民前往园区参观、消费，但是由于交通不便及宣传不足，园区平日人流非常有限，2014年9—10月，中丝园走出园区，在深圳中心书城举办了丝绸主题展销活动，展出了丝巾、旗袍、丝绸床品、丝绸工艺品等，该书城密集的人流也让深圳市民近距离地领略了书城的中国丝绸文化的独特魅力。这次活动也给中丝园以很大的启示，即应该适时地做好本地市场的销售展览等工作。

近年来，龙岗区依托大运中心举办了迷笛、热波、草莓等大型音乐节，运作得很成功，显示了龙岗演艺娱乐业发展的巨大空间和潜力。当然，包括文艺演出在内的文化消费活动有些是可以纯粹依靠市场进行运作的，而也有一些文化消费活动则不能纯粹交给市场，政府根据情况扶持此类文化消费，既能满足本地居民的文化消费，又扶持了文化企业的发展，从某种意义上来说，这也是政府在发展文化产业中能做的工作。

（庄向阳：深圳信息职业技术学院副教授）

借鉴与参考

从“城市3.0”理论看创意城市最新进展及对深圳的启示

袁　园

一个城市不但要提出诱人的条件，还必须在全球雷达上，有效地宣传它的信用。突然间，城市的氛围、城市的感觉、城市的活力、城市的魅力、城市对未知的接受度、城市的美学特色、城市的感性能量，甚至城市的视觉设计都变得很重要。这有助于经济上的表现，没有这些，城市终将没落。①

——查尔斯·兰德利

2000 年，英国创意城市研究机构 Comedia 的创始者查尔斯·兰德利出版了《创意城市》一书。该书系统、深入而具体地论述了“创意城市”的建设理念和相关经验总结。伴随着文化产业、创意经济的蒸蒸日上，“创意城市”这个概念越来越被渴望加入新世纪全球化竞争的城市所推崇。乃至 2004 年，联合国教科文组织推出了“全球创意城市网络”项目，更是为“创意城市”这个概念的合理性给予了实践层面的注解，并在全球范围内掀起一股“创意城市”建设和研究的热潮。

转眼间十余年已经过去，查尔斯·兰德利对创意城市发展的观察并没有停止。与众多学院学者不同的是，查尔斯·兰德利是一个以实战经验作为立论基础的专家。他的 Comedia 创意城市研究机构本身就是一个为创意城市发展提供咨询服务的智库。兰德利本人也不断地受邀担任世

① 查尔斯·兰德利：《创意台北，势在必行》，姚孟吟译，台北市都市更新处，第 13 页。

界各地不同城市的顾问，形成了独到的观察视角，积累了丰富的“把脉”经验，从而在比较不同或成功，或失败个案的基础上形成了一套较为完整的理论体系。2012 年，查尔斯·兰德利接受台北都市更新处的委托，担任台北市创意城市顾问，由此展开了为期两年的台北城市观察和访问，并完成了《创意台北，势在必行》与《创意平台：台北，迈向城市 3.0》两本小册子，作为对台北都市活化策略以及后续行动方案的建议。这两本小书在其开创性著作《创意城市》的基础上，以一个城市诊疗师的态度，对台北市进行了详尽的“望、闻、问、切”，既针对台北的个案进行了特别的观察描述，又在普泛的意义上提出了更为明确而具有理论框架意义的“城市 3.0”的发展构想，并以其多年来在世界各国、各城市的“行诊”经验和“临床”见识，提供了一系列进行参照对比的卓越案例，打开了观者的视野。

本文将主要介绍查尔斯·兰德利 2014 年出版的《创意平台：台北，迈向城市 3.0》一书中概括的“城市 3.0”阶段发展理论以及实现策略和最新案例，尝试以该方法来审视、思索深圳的创意城市发展，以期为深圳的创意城市建设提供全球最新进展的经验参照，并尝试提出一些框架性的观察、评述与行动建议。

一　查尔斯·兰德利：“城市 3.0”的理论框架

所谓“城市 3.0”是兰德利提出的一个理解城市变革的概念架构。在他看来，创意城市并不是一个凭空而生的臆造，而是城市不断发展、不断更新而产生的历史现象。一方面，随着全球化的深入，我们应该时刻留意“放眼望世界”，将城市的发展纳入大历史的变革趋势中，对全球在政治、经济、科技等方面的升级换代有充分认识；另一方面，进行创意城市建设也不是一件人云亦云赶时髦的事情，而应该对城市自身的历史、优势与不足有清醒而充分的把握，才能在既有的基础上找到自己的发展之路。

那么如何理解城市变革的历史呢？尤其是自第二次世界大战以来，

由于全球分工合作愈加紧密，世界城市分别经历了不同程度的急剧变化。而"每历经一次新的经济财富创造方式，就会产生新的社会秩序、新形态的城市、新的学习方法、有待学习的新事物以及新的学习环境"①。兰德利认为，对这一切变化的充分认识，"需要不同的文化能力"。正是为了帮助大家厘清这种种经济、社会快速变革中城市所呈现的变化，方便研究者和决策者对各自城市发展阶段作出明确的判断，兰德利对不同阶段的城市进行了"城市1.0"、"城市2.0"、"城市3.0"的界定。通过对这不同阶段城市的描述，形塑了我们观察城市变革的总体框架。

由于第二次世界大战所带来的毁灭式破坏，全球大多数城市都在第二次世界大战后处于一个有待重建的"满目疮痍"的非正常状态。兰德利因而选取了第二次世界大战作为一个时间节点，将从此之过去传承下来的历史城市称为"城市0.0"。并以此为起点，探讨了在此基础上所建设的"城市1.0"、"城市2.0"和"城市3.0"的特色。

（一）城市1.0

城市1.0的城市形态，如果要用一个意象来表现的话，兰德利选取了"一间具有规模生产的巨大工厂"来表述。在这个阶段，城市被视为一具大型机器；城市的管理和组织风格阶级分明、由上而下，组织结构单一、垂直，且各部门都独立、强势，少有合作空间；其获取知识的方式是死记硬背和不断重复；不太能接受或认同失败；工作、生活和休闲等不同的城市功能是截然分开的；对美感的认知不太关注。

在市政规划方面，大幅度聚焦在土地使用上，全面性的大规模开发是主要的城市发展模式；其间，民众的参与程度很低而且不被鼓励。

在交通方面，重视汽车行驶的舒适度，却忽略人行步道的规划，导致丑陋的道路基础建设。

在文化方面，集中在传统形式的维持，发展样式主要是公立文化机构，依赖有钱人的赞助或者是公部门的补助；其观众组成也相当狭隘，

① 查尔斯·兰德利：《创意台北，势在必行》，姚孟吟译，台北市都市更新处，第17页。

主要参与者是社会精英；民俗活动虽然也非常流行，却从属一个另外的自娱自乐的次级系统；文化活动脱离商业基础。

整体而言，城市1.0是理性、有秩序、重技术且壁垒分明的，在都市规划上，重视硬件建设和“都市工程思维”。并以此形成了相应的思想态度和生活型态。

在兰德利看来，尽管这种城市型态在20世纪60—80年代达到高峰，但并没有完全退出历史舞台，在某些地区的某些城市，这种型态依然留存在现今的商业运作、政府架构和硬件环境建设思路中。也正是因为这种观念的滞后，导致了如今某些城市看起来缺乏灵魂、没有美感且无法激发任何想象。

（二）城市2.0

就世界上发展最快的城市来看，从20世纪90年代就开始进入了城市2.0的时代。其工业象征是科学园区与高科技产业；管理组织上是一个较为扁平的架构，即伙伴关系和协同作业模式变得日益重要；学习体系上是开放的，对整合学科的需求具有较高的体认；在思考方式上，认为问题与问题之间有许多关联性，更重视城市硬件与软件之间所产生的交互作用。

在都市设计与规划上，开始重视城市带给人的情绪感受，注重营造氛围，并常常有一种把城市变得引人注目的企图，因而会大量邀请世界知名的明星建筑师来建造具有地标性意义的新颖奇特的建筑。玻璃帷幕、大胆造型、摩天大楼将都市打造得目眩神迷，其中不乏一些具有良好公共空间规划的建筑，邀请市民随时参与其中。城市由此变得更像一个大型的舞台或一面大型的画布。这种型态的城市规划因而需要大量的咨询，以便以更多面向的方式来联结硬件、社会与经济。

在交通方面，城市2.0的城市偏重人的移动性和联结性。因此，城市设计不再是以汽车的便利为中心，公共空间更注重市民的可步行性，建筑退缩后友善的人行道设计、绿树成荫的街道或是林荫大道是此类都市的新风景。除此之外，路边停车以及隐藏式的停车场规划也常常得见，甚至在车辆不断增多的时代更显重要。

在生态和自然系统的价值方面，城市2.0的城市提升了对自然生态的尊重，并有效地使用对环境友善的科技和能源。更强调城市的独特性、美感、市民居住的舒适度，以及环境氛围的营造。

在文化方面，这个阶段的城市更清楚地了解文化经济的能量，以及各类艺术在更宽广的经济结构中所扮演的角色；文化，受到前所未有的重视，甚而成为城市更新、城市再生乃至城市活化的独到工具。博物馆和艺廊更为普及，街道文化生活、艺术节更成为城市文化活动不可或缺的项目。精英式的文化参与正一点点往基层社区渗透，以社区为主要诉求的艺术计划激增，被视为民众参与的一种行为方式。

总体而言，城市2.0更为混搭。它让城市重新置入更多功能性强且多元性的商店、办公室、公寓以及住宅，鼓励多元群体的组合，以各种政策措施鼓励不同年龄、收入水平、文化和种族的人混居在一起。城市显得更具包容力与活力。

（三）城市3.0

在城市3.0阶段，兰德利提出了"软都市主义"的概念。一方面是指这个阶段重视城市全面的感官经验；另一方面也指城市软件所发挥的重要性将远远超过固有的硬件设施。科技软件的应用将史无前例地渗透到城市生活、管理的方方面面。

它需要城市2.0的优点，又进一步利用市民对城市发展的共同想象与智慧，鼓励他们共同创造自己的城市。其思考模式是把城市视为一个有机体。因此，它是一个能自我调适的城市，"通过其灵活的经验，随时把自己调整到最佳状况，面向未来"。①

在管理和组织结构上，更富有弹性，横向和跨部门的工作模式成为常态。偶尔的失败是可以接受的，并且也是必要的，人们对风险具有更高的承受力。

---

① 查尔斯·兰德利：《创意台北，势在必行》，姚孟吟译，台北市都市更新处，第22页。

在城市建构上，它重视人们对于硬件建设的情感经验，因此非常注重公共领域、人文熏陶和美感塑造。它非常清楚索然无味和丑陋会削弱城市的能量，降低它的吸引力和竞争力。

在学习模式方面，城市 3.0 的城市认识到自我学习和发展是非常重要的。如果说在城市 1.0 阶段，知识机构仍然是钻研专业知识的工厂，教导专门的事务而不是教导如何进阶的技巧，那么城市 3.0 时代的学习则是一个探究的社群，不断地去自我学习、去创造、去探索、去创新、去解决问题和自我评量。城市 3.0 的教育更希望能引动或激发更渊博的智慧，让知识在不同的文本中转换，并知道如何理解其中的要义而非只是回想事实经过的来龙去脉。唯有如此，市民的潜力才能完整地被释放，培育出更有创意和创新精神的人才。

在经济形态方面，创造力和创新力被高度重视，而整个经济系统也在培育创业文化。它们认识到开放性的创新系统能带动发展，并能包容合作性的竞争，微型和中小企业扮演更重要的角色。当这些公司能够和主流产业联结以争取共同利益时，它们就真正在这个经济系统中发挥它们的影响力。其产业象征是创意特区或创意街区。

在空间形态方面，"第三空间"变得更为重要。所谓"第三空间"，指的是能提供行动办公，既不是家，也不是办公室的富有创造力的地点。"这个地点可以是一个房间、一栋建筑、一条街道、一个社区，而"创意街区"一词意味着是更多元与复杂的空间组成。它们可以坐落在几百个老仓库、酿酒厂附近，或是再生利用废弃的火车站、巴士站及纺织厂。在这些承载记忆的地方较能引起人们的共鸣，而且这些空间体量都非常大，能多元、灵活地使用。"① 这些大体量的厂房、可弹性使用的空间，使得在这个城市的生活、工作变得更加有趣。

在都市规划方面，城市 3.0 的城市规划脱离了严格的土地使用规范，而是将经济、文化、硬件建设和社会需求一并纳入考量，土地混合使用成为市政规划的主流精神。

---

① 查尔斯·兰德利：《创意台北，势在必行》，姚孟吟译，台北市都市更新处，第 24 页。

在交通方面，运输3.0将原先单一对点的移动方式转换成全方位、无缝式的交通网络。

在文化方面，则是从城市2.0阶段民众的广泛参与进阶到越来越多的人开始主动创造属于他们自己的文化。文化活动举办的地点也不局限在固有的文化设施或场所中，更在许多不寻常的地方出现——街道、商场、公园、咖啡厅或是任意一个临时性的地点。

城市3.0阶段最为显著的变化体现在科技应用上。城市的管理者越来越注重利用现有的科技来创造智慧型应用程式，这种基于智慧型手机普及态势下的互动装置可以让市民们掌握城市的即时状况，能够以身临其境的方式来进行交互操作与使用。为实现这个目标，既需要使用现代科技将各种事物视觉化，还需要政府开放参与和资讯平台，并提供城市服务的应用程序（APP）。以此来创造一个智能经济、智慧移动和智慧生活的环境。

二　机制与措施：世界视野的“城市3.0”发展经验与案例

查尔斯·兰德利总结归纳的“城市3.0”理论框架，可以看作城市发展、进阶的三个相对宽泛阶段的整体性描述。它是一个城市在历史性的进展当中不断因应变化而生的动态系统，呈现的是那些不断升级、具有野心和世界竞争力的城市先驱在社会变革中所展示的创造力和发展趋势。

尽管如此，这不同阶段的城市参数不应被视为刻板化的分类，去标签不同的城市等级，而应将其视为一个城市自我变革的可依进程，以此来检视城市存在的问题并谋求解决之道。正如兰德利强调指出的：“这些整体趋势在城市1.0、城市2.0、城市3.0中有很明显重叠之处，世界上很多具有城市1.0心态的城市越来越朝向城市3.0来运作。这些城市的都市规划仍保有老派的特征，交通和其相关领域亦然，而城市1.0的文化机构与那些城市3.0文化生活形态的人共存，他们需要彼此相互调适。”[①] 事实上，如何在城市1.0的原有基础上，增添城市3.0的思维模式和运作方式，恰恰是体现一个城市创新能力之处，而这也正是名副其实之创意城市的本质。因此，我们不应固化城市3.0的各项指标，反而应该在全球化借助网络科技和通信技术不断深化的当下，将城市3.0的城市型态视作我们的动态发展目标，利用在地的现有资产和客观条件，实现城市的创意转型。

既然我们已经拥有了进行城市3.0转型的动机和相对标准，那么对于城市的管理者来说，面对现存城市1.0或城市2.0状况，从具体路径而言，又有哪些措施或机制是可资凭借或使用的呢？

根据多年的全球城市观察和创意城市顾问实践经验，查尔斯·兰德利开出了两大简明扼要的“药方”——设立“创意平台”机制和实施“创意街区策略”。

（一）设立“创意平台”

查尔斯·兰德利将他的“创意平台”（Creativity Platform）理念比喻成“一个像交响乐团”的组织或平台。来自不同领域的个人在乐团中代表不同的声音、扮演不同的角色，但他们都理解新经济发展的需求并了解转型为3.0城市的当务之急。因此，这个平台实际上是一个沟通的主要枢纽、一个聚集的地点，或是一个入口网站。通过类似于乐团的“分而合之”的整体性机制，把这些个人的潜力和发展可能性最大化。

在这个创意平台上，大部分以小单位为组成型态的创意族群，得以和主流产业建立起关联，形成合作网络，谋求互惠互荣。因而，该平台的核心功能是：创造网络的效益。通过网络的连接，逐步带领参与者提升他们的潜力、创造出新的经济利润。兰德利将此视为创意城市得以顺畅发展的重要基础设施，认为在此基础上可以创造各种可能性和契机。

由于“创意平台”的目标是要鼓励以开放的态度、使用创意的手法

① 查尔斯·兰德利：《创意台北，势在必行》，姚孟吟译，台北市都市更新处，第27页。

来凝聚城市愿景，以伙伴关系来面对城市治理，因此“创意平台”比较适合被设立为一个公益的组织。兰德利建议：该组织可以由民间单位来主导，但其组成应该是一个公、私及第三部门共同成长的伙伴关系，包括政府代表、产业代表和具影响力的个人在该组织中各占1/3；从专业领域来看，组织成员要涵盖高科技、创意产业、金融、投资和交通物流业等各领域，以便达成跨部门协同合作、全方位考量的效果；运作上，应该超越政治干预。

很多城市都有平台，仅就平台本身而言，其根本的目标都是要创造合力、激励潜力，为某个特定的议题聚焦。但就“创意平台”而言，根据兰德利的观察，目前世界最先进城市对此平台的认识已超越传统的工业区群聚，而是聚焦在某些特定的特质或是跨领域的主题上。

案例1：赫尔辛基设计实验室

2012年，芬兰的赫尔辛基以“开放的赫尔辛基——把设计嵌入生活”为主题，取得该年度“世界设计之都”的荣耀。该荣誉的取得可以说和“赫尔辛基设计实验室”（Helsinki Design Lab）计划有很大的关系。该实验室其实就是一个创意平台，由赫尔辛基市与芬兰国家创新基金合作创设，其目的是要推动策略性的设计思维，试图协助赫尔辛基市把承袭自过去的传统做法、市政推动等系统重新检验、重新思索，并且重新设计。

非常明显，赫尔辛基选择了“设计”作为其创意平台的主题。其设计策略是要把设计思维嵌入城市建设过程中所有的举措里。通过该平台的推动，赫尔辛基的城市决策和措施都相互联结，并且与设计有关。例如，设计实验室在城市中设立了特定的设计街区，但其功能远远不仅是为推广某个特定的地区所进行的城市行销，而是试图透过设计街区实际可感的氛围、可参与的活动来宣告设计的重要性，以此影响市民们认知如何重新看待设计这一领域。他们期望说明的是设计可以无所不在、遍及全市，可以与城市中所有大大小小的事物都建立关联。

该平台的运作从2009年开始，到2013年结束，成功引导赫尔辛基获得世界设计之都的荣誉。并作为其后续，又开启了一项名为“受设计驱动的城市”（Design Driven City）两年计划。进一步推动除设计街区之外的赫尔辛基其他地区理解设计是如何被使用在城市规划和系统里。由于其理念是：设计可以帮助城市找到崭新而很便利的方式来运作，并且能够预见未来，因此他们专门聘请了专业的设计师在市政组织里工作，期望以设计来带动公共服务发展，并强化使用端的城市服务的便利性。

在这两个小的创意平台计划试水之后，赫尔辛基持续以更大手笔来开展以设计为驱动力的城市发展计划。由于更大型的设计城市网络的设立需要包含更广大范畴的设计师、专业的设计机构，以及一些大学的研究机构，因此赫尔辛基市将2014—2015年的该计划整体预算编订为150万欧元。

案例2：荷兰安荷芬地区的知识港园区

荷兰安荷芬地区的知识港园区（Brainport in Eindhoven）是一个以“知识”为主题的跨界创意平台。该园区以高科技作为创新的基础，将知识产业、研究机构与设计业的人才聚集在一起，共同努力为未来创造、开发新技术。

其具体做法是让国际知名企业和具有创新能力的微型组织或中小企业建立独特的伙伴关系，协同合作，诱导出浓厚的创新氛围和有效的生产力，并产生了实质而客观的经济效益。

管理和运营园区的是一个由广泛族群代表所组成的新型机构——知识港园区发展局（Brainport Development）。正是由于其代表的多元性，使得不同规模的企业、机构能够相互找到联结，彼此吸引、相互合作。在一个开放的创新环境里，企业和科技研究机构得以通过讨论和脑力激荡，碰撞出更多新知识和新技术的火花。

（二）创意街区策略

创设“创意街区策略”（Creative Quarter's Strategy）的目的是要在城市中不同的实体空间或地域里，制造出群聚活动的热点和聚集，以推动创意能量的集中。在这里，创意的想法应该被鼓励并自然发生，并有相应的条件支持使其得以发挥最大潜能。

那么，怎样的空间适合被打造成“创意街区”呢？查尔斯·兰德利的描述是“一个有想象力并能鼓励创新过程的环境”，他认为符合这种类型的地点包括：“翻新过的旧工业建筑、可以再利用的古迹空间，到可以赋予第二春的历史建筑物，还有因为更新法令而产生新可能性的街弄巷道。发展得宜时，这些地方都能鼓励一种蓬勃的生活方式，以及发展出人们可以再次交流与互动的第三空间。”① 而这些空间的共同特点是：“大都充满活力、多元化且生机勃勃。它们使人亢奋，但同时也有让人沉淀与思考的空间。”②

实际上，如果说“创意平台”是在一个特定主题下，有计划地搭建跨界平台，有意识地引导不同学科领域，乃至产、官、学界的碰撞，那么“创意街区”可以看作在这个城市中寻找一些特殊的地点，通过空间资源的分配和引导，使得没有计划、没有预期、存在多种可能性的创意点子能够在此汇集、激荡——“它们聚集在一个实际的场域里并相互串连成某种网络关系，从社会面与文化面上相互融合，也使这个聚合处成为一个资讯交换的枢纽、一个沟通的节点、一个目的地以及一个人们也想要展现自己技巧与才华的地方。”③

理想的创意街区通常能够容纳完整的价值链在此发生，无论是概念的生成、学习，还是生产与消费，都能在此混合平衡。因此，混合性是这种空间最大的特征，里面既有商业性的场所，如店家、餐厅或高档艺廊，也有非商业性的空间如研究中心、文化中心和低价位的补助空间。不过值得注意的是，如果街区发展得不错，有可能会带动整个区域的房价开始飙升，被媒体、地产商见势炒作而失去了原有自然聚合的风貌，甚至高房租会逼走原本在这里的创意族群。因此，如何保持创意街区在经济价格和文化表现上的平衡，事关重要。

从某种意义上说，创意街区、创意区域并非新的构想，在历史上一直都有，但是，创意街区并不是只要形成就万事大吉，事实上，也需要城市的管理者给予关注和适当引导、支持。如何整合软件与硬件，营造

① 查尔斯·兰德利：《创意台北，势在必行》，姚孟吟译，台北市都市更新处，第55页。
② 同上。
③ 同上。

良好的创意氛围，并促进创意街区产生新经济的收益？查尔斯·兰德利建议政府的规划部门最好能成立一个中介性的创意街区发展机构，世界上常见的成功模式是一个由政府投资但由民间管理的组织。该组织能够结合公部门的公信力与创业家的机能，以类似专案小组的形式运作，针对不同的地理区位，以公共利益为目标，设定行动方案与执行日程，全面地提升区域中的环境改造和经济发展。

案例3：西班牙马拉加市SOHO区的都市艺术再生（Malaga Urban Art in the SOHO, MUAS）

西班牙南部城市马拉加长期以来聚焦于文化和创意产业的推广。不仅仅是这座城市的管理者，就连它的市民都积极地将创意当作他们的生活方式。可以说创意文化深入骨髓。

MAUS项目是一个都市再生倡议，正是在这个都市再生的倡议下，通过艺术彻底扭转了马拉加SOHO区的衰败境况。这块如今被称为SOHO区的街区是一块三角形的围合区域，旁边紧邻马拉加市的当代艺术中心。这里曾经是本市一些重要的资本家们聚居的地区，如今，仍然保有一些代表着19世纪、20世纪建筑风格的宏伟建筑。尽管SOHO区地处城市的中心位置，并携带着重要的文化、历史象征意义，这片街区在过去50年间却逐渐凋敝。[①]

创造一个SOHO创意街区的想法最早产生于2010年年初。在街坊们和本土商业人士的倡导下，诞生了一个“艺术街坊”的本地倡议团。其主要目标是为了促进该地区经济的复兴。[②] 这个最初的倡议后来演变成了MUAS项目。其目标是通过音乐、舞蹈、剧场、摄影、绘画和雕塑等艺术形式来重新形塑SOHO区。这些艺术形式使得该街区的街道充满了艺术的景观，使得它迅速增加了国际知名度。值得一提的是，所有这些艺

---

① John Kramer, Malaga' s urban street art - MAUS, Spain - Holiday. com, http: //www. spain - holiday. com/Malaga - city/articles/malagas - urban - street - art - maus.

② Paulino Cuevas, SOHO Malaga: "The Neighborhood of the Arts", Euromedia, http: // www. euromedia. es/SOHO - malaga - the - neighborhood - of - the - arts/.

术活动都是与本土的居民们融为一体的。因而格外具有生命力和活力。马拉加的 SOHO 区由此成为全世界艺术家们的画布。

Promalaga 是马拉加市政当局所属下的一个本土发展机构。MUAS 这个都市再生项目正是在它的领导下得以融资并顺利开展。通过施行包括文化艺术在内的多项举措，他们成功地将一个充斥了车辆和垃圾的混乱地区改造成了一块美丽的步行街区和文化园地。如今，马拉加的市民们明显察觉到 SOHO 创意街区对马拉加生活方式的影响。

在 SOHO 创意街区完成改造后，为了协调街区中创意活动的开展，并对其进行有序而全面的规划，诞生了“马拉加 SOHO”联合会，该联合会后来更名为“马拉加 SOHO 都市艺术再生”（Malaga Urban Art in the SOHO，MUAS）。MUAS 允许都市艺术在街区中最显眼而又濒临衰败的建筑物上涂鸦，他们甚至有计划地邀请了世界上十位极其有影响力的街头艺术家来 SOHO 区进行墙面艺术创作，大大改观了 SOHO 区的视觉样貌。

如今，“马拉加 SOHO”联合会实际上成为一个由来自不同领域的异质性团体所组成的合资企业，他们包括学者、音乐家、电影制作者、厨师、商人、联络者等。他们成功地组织了“马拉加 SOHO 声响艺术节”，并在全年有序开展着各式各样的文化活动，例如工作坊、展览、剧场演出等。而这一切得以顺利进行的一个极为重要的因素在于，“马拉加 SOHO”联合会成功地获得了本市三个主流政治群体的一致支持，而事实上，这些政治团体本身就有在联合会中的代表席位。

2013 年，西班牙的马拉加市凭借该 SOHO 创意街区的都市艺术再生项目入围欧盟举办的“欧洲创新之都”奖。而透过其发展路径可以看出，马拉加 SOHO 区之所以如此成功与 MUAS 这个联结政府、商人、艺术家、街坊民众多方代表的管理机构的妥善运营息息相关。

三　借鉴与启示：构想深圳的“城市3.0”建设路径

查尔斯·兰德利的“城市3.0”理论框架为我们带来一个新的审视城市发展阶段的视角。深圳虽然早在 2008 年就已经获得联合国教科文组织“创意城市网络”颁发的“设计之都”称号，但若以“城市3.0”的标尺衡量，仍然有很大的空间有待提升。从世界城市竞争和发展的态势来看，创新和创意已经成为一个判断城市竞争力与活力的主要砝码。科技带来的革新不仅体现在实际操作领域，更体现在经由技术实现的观念革新和整个城市管理系统的革新。例如，本文案例1中，“世界设计之都”赫尔辛基对设计的理解早已超越单一技术层面的平面设计、工业设计，而进入到设计街区、设计市政组织服务系统等与城市相关的所有部分，其理念是建设一个“受设计驱动的城市”。正是这个革新的“设计”理念，带来了城市方方面面的变革。

当然，建设3.0的城市绝不可能是一蹴而就的事情，但“城市3.0”的理念应该被视为我们打造创意深圳的目标。为此，兰德利针对台北的情况开出了“创意平台”机制和“创意街区策略”两大方向性药方。就深圳而言，这两大方案都具有可资借鉴的参考意义。限于篇幅，笔者在此仅就这两点结合深圳现状提出一些观察及框架性的政策建议。

（一）以国际上通行的运营方式，强化“深圳创意文化中心”的“创意平台”功能

深圳创意文化中心是深圳于2008年荣膺“设计之都”称号之后设立的“设计之都”品牌运营执行机构。该机构接受“设计之都”工作领导小组及办公室、“设计之都”推广办公室领导。根据其成立章程，主要承担三方面具体任务：

一是负责联系联合国教科文组织、教科文组织中国全委会、全球创意城市，争取用三年时间，达到“五个一”的目标，即建立一个国际专业展会、一个国际专业论坛、一个国际专家网络、一个全国性创意设计大奖和一个创意设计博物馆。

二是联络协调相关产业、协会、企业、专家和设计师的智库机构，组织各设计师协会联席会议；落实“设计之都”建设“1+6”文件。

三是履行对联合国教科文组织相关承诺，承办创意城市网络大会等国际交流活动，力争打造深圳创意设计领域的媒体宣传推广平台、人才

培训交流平台、活动策划组织平台和资源整合服务平台。

应该说“深圳创意文化中心”是深圳市政府推动设立的最具有资源整合能力的平台。但就其组成结构和行政指导机制来看，还是城市1.0式的垂直管理模式，其所预期执行的职能更多是因应联合国“设计之都”这个品牌要求所进行的“品牌维护”。如果说在2008年刚刚加入联合国“创意城市网络”的当口儿，深圳在世界创意城市舞台上还是一个新兵，需要亦步亦趋地“履行承诺”，那么在时隔五年后的今天，无论深圳在全球创意城市网络中的老将地位，还是就世界视野的创意城市发展趋势而论，我们对于一个“老牌”创意城市具有最强整合能力的“创意平台”应该有更多的期许和更大的想象力。

以兰德利城市3.0的视野来看，城市“创意平台”需要扮演的是一个领导者的角色，并在这里汇集该城市最重要的创意能量。为了整合资源，“创意平台”当然需要有政府背景的支持，但是就其组成和组织来看，最好是跨学科、跨部门的专业人士集合，是一个公、私及第三部门共同成长的伙伴关系。唯此，产业的需求、专业的知识、市政资源的调配才能更好地协调起来，发挥最大的效益。

（二）创意街区和创意群聚需要更好地和在地社区融合，真正起到以点带面的创意激发功能

深圳的文化创意产业园区目前已经达到54家，但真正称得上是创意街区式聚集的并不多。原因在于，很多的创意产业园区的创立本不具备自然群聚的先天条件，而且相对独立和封闭。

目前，在深圳最具有人气和群聚效应的创意园区当数华侨城OCT，不仅园区空间改造自旧工厂，而且里面常年有丰富的艺文活动，各类不同的人群在此汇聚，小微创意企业、餐馆、酒吧、书店、艺廊、展览厅等生态多样，完全具备了“第三空间”的有趣性和“创意街区”的吸引力。但由于华侨城OCT园区地处华侨城这个“城中之城”的内部，并由华侨城集团直接经营管理，园区周边是华侨城房地产公司开发的商业住宅，因此该园区更多承载的是房地产行销的品牌功能，以及供大众消费

的休闲功能，更像是华侨城集团的内部品牌，其高企的租金使得一般的创意者难以进入，从而无法实现联动一座城市的创意集聚点。以此，尽管华侨城 OCT 的品质足以成为这个城市的“面子工程”，却失去了创意街区作为创意力量集聚，推动创意城市建设的本来策略意义。

另一个以“设计之都”品牌命名的深圳设计之都创意园区，空间结构也是改造自旧工厂，并在墙体立面上绘有抢眼的大幅艺术涂鸦，颇具艺术气息，所在区位也是深圳中心城区福田区，应该具备发展成为一个繁荣、活力创意街区的先在良好条件。可是，就目前的情况来看，大多数的园区空间使用功能较为单一，主要是作为办公物业，以一定程度的补贴低价出租给小型文化企业。缺乏多元化的文化生态，没有面向普通群众进行聚合的场所，因此也无法被视为创意街区，发挥其本有的创意激励功能。

以这两个具有代表意义的创意园区为例，就创意街区的策略视角来看，深圳目前还没有形成“城市 3.0”意义上的理想创意街区。创意园区的管理结构也相对比较单一，缺乏多方参与、跨界整合的多元性。每个园区的产业特性比较鲜明，基本上只涉及单一产业链的上下游聚合。无法将最具有创意和创新精神的个人和组织机构关联起来，缺乏目标明确、方法得当的创意氛围营造，使得整个城市的创意能量相对比较分散，无法聚成合力。

正如兰德利所建议的，好的创意街区要注重与社区的联合，街坊和社区邻里们关于本地区的创意构想应该受到更多的重视和激发，鼓励他们提出对该地区未来发展的愿景。只有这样，才能最大限度地激发每个人的创意潜能，使得创意街区真正融入市民们的日常生活，从而引导创意精神深植人心，为未来的城市创意贯注活力。

（袁园：深圳市特区文化研究中心助理研究员，台湾实践大学管理学院创意产业博士班在读博士）

国外阅读立法综述：现状、特点与借鉴

蔡　菁

阅读的历史是人类的精神发育史，阅读关乎一个民族的整体素质和精神境界，是提高文化软实力和增强民族凝聚力的需要。阅读对于人类的重要性促使阅读倡议行动和阅读推广保障成为一个世界性的话题。近半个世纪以来，世界范围内诸多国际组织的宣言、公约、纲领性文件等都将阅读放到突出的重要位置。如联合国大会1966年通过的《经济、社会及文化权利国际公约》第15条确定了文化权利，而阅读权利则包含在文化权利之内。联合国教科文组织在1982年向全世界发出“走向阅读社会”的召唤，并于1995年宣布4月23日为“世界读书日”，倡导社会成员人人读书，让阅读成为人类日常生活不可或缺的一部分。如今，在民族竞争日趋激烈的全球化时代，提倡全民阅读、建立阅读型社会已成为国际性世界性的潮流，阅读不仅是一个文化话题，更被上升到国家战略、国家工程和立法层面的高度给予关注与支持。

一　国际阅读立法概况

从国际范围来看，近年来，阅读推广主体和行为方式呈现多元化的局面，有政府、教育界、图书馆、媒体出版机构、民间组织等不同的推动主体。在各行为主体中，政府的推动无疑扮演了相当重要的角色，阅读推广需要政府部门的有效组织、大力倡导和坚实保障，阅读立法不是对公民个体阅读的干涉和强制，而是从立法层面对公民阅读权利和基本文化权益的保障。当前阅读立法已是世界主要发达国家的通行做法，有了法律的顶层制度设计，才能充分调动与阅读相关的各种资源，为公民阅读设施、阅读资源及服务提供完善的法律保障机制。

近年来，世界各国政府相继制定和出台了推动阅读的法规，例如，美国的《卓越阅读法》（Reading Excellence）（1998）和《不让一个孩子落伍法案》（No Child Left Behind Act）（2002）；日本的《少年儿童读书活动推进法》（2001）和《文字及印刷品文化振兴法案》（2005）；韩国的《图书馆及读书振兴法》（1994）和《阅读文化振兴法》（2006）；俄罗斯的《国家支持与发展阅读纲要》（2012），等等，都对阅读做出了很高的期许，对涉及阅读的相关资源及策略进行了不同程度的立法保障。

美国对于阅读促进的立法保障起步比较早，且受到政府及总统的高度重视，主要以各种官方行动计划、阅读项目及政策法规的形式出现。如 1997 年克林顿总统时代提出的“美国阅读挑战”（America Reads Challenge）行动，当时克林顿总统亲自作了“美国阅读挑战行动报告”，并在《为美国的教育，行动起来！》的演说中提出了教育发展的三大目标和应遵循的十大原则，其中十大原则之一是开展阅读运动。[①] 克林顿政府随后于 1998 年颁布《卓越阅读法》（Reading Excellence Act）[②]，将阅读教育纳入法制化的轨道，还在《中小学教育法》第二章中加入与阅读有关条文，首次以法律形式规范和引导学生阅读。[③] 布什政府在 2002 年 1 月 8 日签署通过了《不让一个孩子落伍法案》（NCLB）[④] 的教育改革法案，针对学前教育设立了“阅读优先项目”，采用最新制定的评价标准、教育绩效评估制度，创设一套综合性的、州政府范围内的阅读计划，以确保每一个儿童到三年级时都能够阅读；开展公平起点的家庭读写计划；在学前计划和“提前开始”计划中资助阅读学习等。

---

① 朱永新：《全民阅读应成为国家战略》，《光明日报》2013 年 4 月 21 日第 9 版。

② 参见 Reading Excellence Act（1998），网站（http：//www2. ed. gov/pubs/promisinginitiatives/rea. html）。

③ 孙云帆：《美国孩子如何分级阅读》，《北京日报》2014 年 9 月 10 日。

④ 参见 No Child Left Behind Act（2001），网站（http：//en. wikipedia. org/wiki/No_ Child_ Left_ Behind_ Act）。

日本作为阅读大国，每年人均阅读40本书，而且每年书籍出版量也居世界各国前列。为了防止人们“远离活字”，日本政府采用法律形式倡导全民阅读。[①] 2001年日本国会通过了《少年儿童读书活动推进法》，并于该年12月12日颁布实施，该法的目的是确定儿童阅读推进法的基本理念，在明确国家、地方公共团体责任的同时，确定推进儿童阅读相关的必要事项，全面而有计划地推进与儿童阅读相关的政策，努力促进儿童的健康成长。[②] 2005年7月，日本国会又通过了《文字及印刷品文化振兴法案》[③]，并于同月29日开始实施。该法的主要内容之一是推进国语教育和阅读推广，构筑全民读书氛围，营造国民阅读文化环境。

韩国国会于1994年3月3日通过了《图书馆与读书振兴法》，并于同年7月起实施。该法的制定缘于出版界以世界图书年为契机提出的《国民读书振兴法案》与图书馆界提倡的把读书振兴纳入图书馆功能中来的主张相吻合，是《国民读书法案》的一部分内容，目的是“为图书馆及文库的设立、运营以及读书振兴，创造必要的环境，规定相关内容，建立健全图书馆及文库，促进读书活动，全面提供社会所需的信息，提高流通效率，促进文化发展和终身教育的发展”。该法共10章54条，由正文和附则构成。[④] 进入21世纪，随着互联网等新媒体的冲击，韩国政府更加认识到阅读的重要性，便将读书振兴作为一项专门法提出，以更好地推动社会的全民阅读，韩国国会于2006年12月29日通过了《阅读文化振兴法》，于2007年颁布实施，截至2013年3月已完成3次修订。

俄罗斯民族一向以爱好藏书和热衷阅读而闻名世界，1.4亿国民私人藏书达200多亿册，每个家庭平均藏书近300册，人均每天读书看报时间全球领先。近年来，俄罗斯政府痛感于国民阅读率的下降和快餐式娱乐化阅读的趋向，由俄罗斯联邦新闻出版与大众传媒署在2006年11月

---

① 林夕：《日本立法倡导全民读书》，《生命时报》2013年9月27日第5版。

② 吴玲芳：《“日本儿童阅读推进法”简介》，《中小学图书情报世界》2004年第10期。

③ 参见《文字·活字文化振兴法》，网站（http://law.e-gov.go.jp/htmldata/H17/H17HO091.html）。

④ 参见韩国国立国会图书馆，网站（http://baike.baidu.com/view/13379264.htm）。

联合俄罗斯图书联盟，在全国范围内采取紧急措施，共同制定推出了《国家支持与发展阅读纲要》①（National Program for Reading Promotion and Development in Russia，亦译为“民族阅读纲要”或“民族阅读大纲”等），以促使国民阅读率的快速增长，并在具体实施上由政府给予财力和政策上的大力支持。

二　国外阅读立法的特点

通过对国外与阅读相关的法规政策、研究报告等资料的爬梳整理，提炼有价值、有特色且具有普适性的主旨要点、法条内容等，并结合不同国家的阅读文化环境和社会背景，分析国外发达国家阅读立法的特点主要体现为以下几个方面。

（一）对未成年人阅读的重视

少儿阅读是民族阅读的起点，儿童阅读习惯的培养以及阅读能力的高低关系到国家的未来，国外推动与保障阅读的法规都体现了对儿童阅读和未成年人阅读的重视，并设有专门针对儿童阅读促进的法规条文，如美国的《卓越阅读法》（1998）、《不让一个孩子落伍法法案》（2002），以及日本的《少年儿童读书活动推进法》（2001）等。

自20世纪90年代以来，阅读教育一直是美国联邦政府和整个社会关注的重点问题之一，尤其是针对儿童的阅读素养和能力提高问题，克林顿、小布什和奥巴马先后几任总统在位期间均发起了具有号召力的阅读运动和计划，并制定了数部与阅读相关的法规，均是针对未成年人的阅读促进法案。美国的未成年人阅读立法保持了很好的连贯性，从立法的完善到拨款的增加，再到管理的不断加强，当中无一不体现出美国联邦政府对儿童阅读的重视程度在不断提升。

① 参见MCBS. 俄罗斯《国家支持和发展阅读纲要》（英文版），网站（http//www. mcbs. ru/files/publications/Documents/nat_ progr_ eng. pdf）。

日本政府和社会各界也是从20世纪90年代开始大力提倡和推动儿童阅读，并实施了各种阅读推广的有效措施。1999年8月9日，为了申明读书的价值，培养下一代阅读的兴趣，日本国会通过正式决议，将2000年定为“儿童阅读年”。在儿童阅读年的活动中，为培养婴幼儿阅读习惯，日本从英国移植了“图书起跑线”运动，鼓励新生代父母讲故事给襁褓中的孩子听。2002年5月5日，日本历史上第一座国际儿童图书馆在东京的上野公园正式全面开放。此外，日本于2001年通过的《少年儿童读书活动推进法》明确规定“国家及地方公共团体，都有义务推进儿童读书活动，从而改善儿童的读书环境”，该法明确了中央政府、地方政府和社会各界的责任与义务，指出要制订儿童读书活动计划来促进儿童阅读，还规定中央和地方政府应当给予儿童阅读推广活动必要的财政保障。

除了上升到法律层面的条文，诸多发达国家政府都出台了针对儿童阅读的行动与计划。如新加坡政府早年就提出“天生读书种，读书天伦乐”（Born to Read，Read to Bond）的口号，以及“思考型学校，学习型国家”（Thinking Schools，Learning Nation）的计划，从2001年11月开始，新加坡婴儿出生时，医院护士叮嘱产妇的事项中，就有“如何读书给婴儿听”一项。在新加坡孩子出生就有资格办借书证。美国图书馆协会在2000年5月推出“从出生就阅读”（Born to Read）计划，鼓励父母教育出热爱阅读的儿童。还有英国著名的Book Start运动，由英国公益组织“图书信托基金”（Booktrust）于1992年发起，是全世界第一项专门为婴幼儿量身打造的大规模赠书活动，通过免费赠书给育有婴幼儿的家庭为手段，提倡婴幼儿尽早接触书籍，拥有快乐温馨的早期阅读经验。

（二）将全民阅读上升为国家战略，通过立法来整合各界力量共促阅读

各国的阅读立法法规中都将阅读上升为国家层面的战略加以推进，并以立法方式整合和推动各界力量共同加入。如俄罗斯2006年制定的《国家支持与发展阅读纲要》，力图调动俄联邦政府各个部门、地区行政机构、社会团体、出版业、传媒、作家协会等各方力量参与阅读，对图书馆、教育系统、阅读推广系统、书业、人才培养体系、阅读基础设施

等一一作出规划和要求，并以国家法律作为保障。该纲要明确了大众传媒，特别是电视和广播在推动全民阅读中的重要作用；规定在出版、运输和传播儿童书籍方面提供国家保护措施；要求基础阅读机构之间，建立一个有效的信息交流体系和管理体系，以促进和发展阅读；以组织竞赛或其他方式支持和激励作家为儿童和青少年创作出有意义的图书；并明确国家支持图书馆等基础文化设施措施；还创建俄联邦国家权利委员会下属的联邦阅读研究中心等。

日本2001年的《少年儿童读书活动推进法》在规定国家、地方政府、企业、监护人各方责任义务的同时，为建立家庭、地域和学校一体化的读书环境，要求国家及地方政府应加强与学校、图书馆及民间团体等机构的协作，调动家庭、图书馆、民间团体和学校的力量共促阅读。在读书活动中，政府利用完善的法律体系，充分调动一切资源，扮演协调角色，有效地推动了读书活动的开展。韩国2006年底通过的《阅读文化振兴法》规定中央和地方政府必须为全体公民提供均等的阅读教育的机会，并明确社区、学校、公司企业等各非营利和营利机构在推行全民阅读中的责任。

（三）通过立法来保障图书馆等公共文化设施资源的建设

图书馆等公共文化阵地及设施资源，在推广全民阅读方面起到资源和阅读权利保障的作用，且开展阅读活动早已在国内外图书馆界形成高度共识。国际《公共图书馆宣言》将开展阅读活动列为图书馆的重要使命，是“公共图书馆服务的核心”。《中国图书馆服务宣言》则表述得更为明确：图书馆应努力促进全民阅读；图书馆为公民终身学习提供保障，促进学习型社会的建设。

国外与阅读相关的法规中也涉及图书馆的设立和运营保障方面的内容，如韩国自20世纪90年代开始就重视图书馆和读书振兴的关系，并于1994年制定了《图书馆与读书振兴法》，该法的制定是“为图书馆及文库的设立、运营以及读书振兴，创造必要的环境，规定相关内容，建立健全图书馆及文库，促进读书活动，全面提供社会所需的信息，提高流通效率，促进文化发展和终身教育的发展”。2006 年颁布的韩国《图书馆法》则是在《图书馆及读书振兴法》基础上修缮制定的，将图书馆的发展上升到国家战略层面，保障公民获取信息和知识的权利，注重从细节上践行法律精神。韩国的《学校图书馆振兴法》则是对高中及高中以下学校图书馆的阅读资源保障，从法律和制度层面确保学校图书馆稳健的资金投入和人员配置。

日本的图书馆一直是践行阅读推广职责的主要机构，在日本的阅读法、图书馆法及相关法规政策中都体现了对公共图书馆及学校图书馆的资源保障。如日本《图书馆法》、《学校图书馆法》明确规定了各级政府和学校设立图书馆的责任、经费来源和人员配置。日本《文字及印刷品文化振兴法案》（2005）明确提出：“国家与地方自治体要增建公立图书馆，充实学校图书馆馆藏，日本国民应负有创造国民图书文化环境的权利和义务。”在《少年儿童读书活动推进法》（2001）立法宗旨下制定的《关于推进儿童读书活动的基本计划》（2008）中也强调，图书馆是营造儿童阅读环境和推动儿童阅读的主要阵地，须进一步充实公共图书馆和学校图书馆馆藏资源，并强化其阅读推广职能。① 由日本文部科学省牵头组织的“关于推进国民读书活动的会议”报告——《培养人类、地区、日本社会的未来读书环境》中也提出，自 2007 年始日本进行了为期五年的“学校图书馆图书充实计划”，共花费 1000 亿日元购置约 2600 万册图书充实和完善学校图书馆的馆藏。②

俄罗斯《国家支持与发展阅读纲要》也提出要构建阅读的社会文化空间，加强和巩固阅读推广的基础设施机构建设，如图书馆、文化和教育机构、图书行业等，并在第一阶段的实施规划中对图书馆馆藏及技术的信息化、教育系统图书馆设施的现代化提出了相应的要求。

---

① 参见閣議決定《子どもの読書活動の推進に関する基本的な計画》（第二次），网站（http：//www. kodomodokusyo. go. jp/happyou/datas. html）。

② 参见国民の読書推進に関する協力者会議《人の、地域の、日本の未来を育てる読書環境の実現のために》，网站（http：//www. mext. go. jp/b_ menu/houdou/23/09/_ icsFiles/afieldfile/2011/09/02/1310715_ 1_ 1. pdf）。

（四）阅读能力和阅读素养的培育与提高

国外以立法的形式保障国民尤其是儿童阅读素养积累和阅读能力提升的法律较多，美国便是个典型。阅读能力是学生基本文化素养的重要组成部分，也是基础教育阶段要求儿童掌握的核心技能之一。据“全美教育进展评估委员会”（the National Assessment of Educational Progress）的统计，1994年美国四年级的学生有40%达不到基本的阅读水平，非洲裔和西班牙裔学生的这一比例更是分别达到69%和64%。[①] 且据美国国内相关报道，如果儿童在三年级之前尚未掌握基本的阅读能力，那么他们将会在今后的学习中遇到困难。

美国1998年颁布的《卓越阅读法》实质上是在教育基金资助下，专门用于帮助学校提高学生的阅读技巧的方案，同时还用于研究如何提高教师的阅读水平；2002年通过的《不让一个孩子落伍法案》则以“阅读优先”政策为主导，划拨50亿美元助资教育改革，目标在于提高儿童在三年级以前的基本阅读能力，此法案旨在赋予学校和地方更多权利，保证其切实提高教师素质，进而提高学生的语言水平及阅读能力。2006年，前总统克林顿发起了“美国读书运动”，目的是必须使每名8岁美国儿童学会阅读，而这也成为此后美国教育发展的三大目标之一。2009年2月，奥巴马总统继续推行全民阅读方案，在其签署的《美国复苏和再投资法案》（ARRA）中提出了提高学生阅读能力的综合性计划，规定在小学阶段开展广泛的阅读活动，实施新的阅读课程，并加强对教师和学校领导的培训。根据2011年的美国政府财政预算，美国教育部资助“阅读是根本”非营利组织和“写作工程”在提高全美读写能力方面所开展的各种活动。

其他国家的阅读法规以及阅读规划也不同程度地体现出对国民阅读尤其是儿童阅读素养的重视。如俄罗斯《国家支持与发展阅读纲要》的

---

① 参见U. S. Department of Education，Archived Information：The Reading Excellence Act，网站（http：//www. ed. gov/inits/FY99/1 – read. html）。

首要目标是提升全民文化素养，其中主要侧重于提高阅读能力，即获取、组织、使用印刷型文献信息的能力；以及提高公民阅读的积极性，扩大阅读范围和增加阅读强度，以适应动态复杂的社会转型期等。日本《关于推进儿童读书活动的基本计划》中也规定了0—18岁不同年龄阶段要达到的阅读理解水平。据调查，该计划开展后，日本学生阅读理解能力的国际排名由2006年的第十五位上升到2009年的第八位。①

（五）制订规划计划与立法相结合，切实保障政策的落地实施

通过对不同国家所制定的阅读法规政策的深入分析，发现国外的阅读法规中通常包含规划方案之类的内容，或在法条中明确提出要求政府及相关机构制订相应计划，将规划与立法相结合，切实保障法规政策的落地实施。

比如，俄罗斯的《国家支持与发展阅读纲要》考虑到了俄罗斯阅读立法“从无到有”的问题，在纲要中将发展阅读的规划分为三个实施阶段：第一阶段为“对抗危机”（anticrisis），期限为2007—2010年，力图建立支持和发展阅读基础设施的有效机制，旨在改善运作情况；第二阶段为“巩固”（stabilization），期限为2011—2015年，该阶段将宣传第一阶段所取得的积极成果，系统地补充与加强支持和发展阅读基础设施相关要素；第三阶段为“常态化与发展”（normalization and development），期限为2016—2020年，发掘潜力实现快速成长，逐渐将重点由基础设施建设转移到提高人力资源质量上来，并建立一套标准的机制，以法律法规的形式固定下来。②

日本《少年儿童读书活动推进法》第8条明确规定，政府为能够全面而有计划地推动该法，必须制订儿童读书活动推进法的基本计划，并以都道府县为例进行说明。为此，日本中央政府和地方政府都在各自范

① 万宇等：《国际视野：推动全民阅读在国外》，网站（http：//www.jyb.cn/book/rdss/201310/t20131007_554470.html）。

② 张麒麟：《俄罗斯的阅读立法及其阅读推广实践》，《新世纪图书馆》2014年第4期。

围内制订了相应的规划方案，2004 年是第一次规划，2008 年则是第二次。根据文部科学省 2012 年的调查，日本全国市町村已经制订、正在制订和正在检讨第二次方案的比例为 81.6%。① 在内容上，以文部科学省的《关于推进儿童读书活动的基本计划》（2008）为例，该方案详细规划了 2008 年以来五年间促进日本全国儿童读书的活动。②

美国阅读立法和阅读教育政策的演进始终伴随着一系列项目的实施和计划制订，诸如由美国联邦政府早期为促进学前教育而资助的“开端计划”（Head Start）项目和“平等起点”（Even Start）项目等。1998 年制定的所谓《卓越阅读法》与其说是一部法案，实际上是一个促进方案，是国家教育基金资助下的阅读促进计划；“卓越阅读方案”每年都会选出 13 个州资助他们的阅读计划，而每个州都会为了这个三年一次的资助机会而制订提高阅读率的计划。2002 年由小布什总统签署的《不让一个孩子落伍法》则在此基础上更进了一步，专门就儿童阅读能力提高问题制订了两项方案，一是针对从学前班到小学三年级（K－3）儿童的“阅读优先”（*Reading First*）计划；另一项就是专门针对学前儿童的“早期阅读优先”（Early Reading First）计划，并规定在 2002—2007 财政年度，每项计划每年分别投入 9 亿美元和 7500 万美元。

（六）阅读状况堪忧的情势普遍存在

通过对国际范围内相关阅读研究报告的总结，发现阅读状况堪忧的形势普遍存在。如美国 2004 年发布的《阅读在危险中》（*Reading at Risk*）报告，通过大量翔实的数据收集和数据分析，反映了美国国民阅读的危机现状。而美国、英国、日本等文化强国也时常针对国民特别是儿童阅读状况进行调查，一旦发现有下降或弱化趋势，即引起社会重视，

① 参见文部科学省《都道府県及び市町村における“子ども読書活動推進計画”の策定状況に関する調査結果について》，网站（http：//www. kodomodokusyo. go. jp/happyou/datas. html）。

② 参见閣議決定《子どもの読書活動の推進に関する基本的な計画》（第二次），网站（http：//www. kodomodokusyo. go. jp/happyou/datas. html. ）。

并通过制订法案予以推动保障。

比如1998年，美国的国家研究机构发布了《预防青少年阅读困难》的研究报告，进而促进了“阅读高峰会”的诞生，美国教育部将每年9月定为“阅读高峰会”举办月，广泛邀请各领域专家学者研究青少年的阅读问题，共同讨论阅读危机解决之道。

作为文化强国的日本，进入21世纪以来，国内公众尤其是未成年人阅读状况也不如以往乐观。经合组织（OECD）曾于2000年进行学生学习能力调查，调查中“对阅读不感兴趣”的学生平均比例为12.6%，日本则为22%。这一严峻形势引起政府的重视，直接推动了日本2001年年底《少年儿童读书活动推进法》的颁布实施。近年来，手机阅读和网络的盛行更使日本遭遇前所未有的阅读危机。日本《读卖新闻》2010年10月在全国范围内开展的最新一次读书调查结果显示，52%的受访者“最近一个月里一本书也没有读过”，这一数字较上次的调查结果上升了3个百分点，与20年前相比，更是攀升了14%。[①]

近年来，伴随电视和网络媒介的冲击以及新媒体的普及，俄罗斯国内也同样陷入严峻的阅读危机，大众阅读兴趣、阅读品位、家庭阅读率和母语水平都出现了不同程度的下降。2008年9月，俄罗斯列瓦达分析中心对俄罗斯国民阅读情况进行了调查。结果显示，俄罗斯民众的阅读倾向逐渐娱乐化、年轻化和女性化，成年人中有55%的不买书，46%的根本不看书，而藏书超过500册的家庭从以往的10%下降到了6%。[②] 同时，俄语的地位也受创，学术界和商业界的青年更多地使用英语，2006年PISA[③]的国际抽样显示俄罗斯在校生的功能性文盲超过10%，而发达国家只有1%。为此，越来越多的专家学者呼吁俄罗斯学习欧美发达国家开展阅读立法，扭转这一局面。

---

① 每日新闻社：《读书舆论调查》，每日新闻社2009年版。

② 张洪波：《俄罗斯应对“阅读危机”》，《中国新闻出版报》2009年5月22日。

③ PISA：《国际学生评估项目》，Programme for International Student Assessment 是一项由经济合作与发展组织统筹的学生能力国际评估计划。主要对接近完成基础教育的15岁学生进行评估，测试学生们能否掌握参与社会所需要的知识与技能。

（七）设立阅读日和阅读基金等制度，以确保全民阅读长效机制建立

日本《少年儿童读书活动推进法》（2001）中指定每年4月23日为日本“儿童阅读日”；而2005年通过的《文字及印刷品文化振兴法案》又将读书周的第一天——10月27日设立为“文字、活字文化日”，提倡支持学术书、翻译书的出版，支持国际图书节、出版社的权利。这些法律条文的颁布为日本阅读活动的推广提供了必要的制度和政策保障。

韩国《图书馆与读书振兴法》（1994）中明确提出设立“图书馆及读书振兴基金”，成立“图书馆及读书振兴委员会”，以推动阅读长效机制的建立，保障全民阅读和终身学习的开展。2007年颁布的韩国《阅读文化振兴法》指定文化体育观光部为国民阅读推广的官方机构，每五年需制订一份读书文化振兴基本计划，并成立读书振兴委员会，指导和推动国民阅读的开展，法律实施后很快于2008年推出了第一个五年计划。

除了在法规中明确设立阅读基金外，某些国家阅读法案和规划的实施也得到了政府财力的大力支持和保障。如美国《不让一个孩子落伍法案》的“早期阅读优先”计划自2002年实施以来，联邦政府给该计划的拨款一直呈上升趋势。2002年的拨款为7500万美元，2004年为9400万美元，2005年突破亿元大关，达1.04亿美元，2008年为1.12亿美元，2009年为1.13亿美元。①

（八）特殊群体阅读的立法保障

尽管针对特殊群体阅读的专门法规目前在国内外还未设立，但很多相关领域所制订的法案中都有涉及特殊群体阅读保障的相关条文内容。例如，美国1975年通过的《残疾人教育法》（the Individuals with Disabilities Education Act，IDEA）是一部关于儿童基本权利的法律，其中包括受教育和享受阅读的权利，最基本的规定是所有残障儿童都必须接受免费

① 参见 U. S. Department of Education. Early Reading First Funding Status，网站（http：//www. ed. gov/programs/earlyreading/funding. html）。

的、恰当的公共教育。该法案明确提出各学校对待该法所包括的每一个儿童必须遵守的6条基本要求，对保障残疾儿童的受教育权利起到了较好的作用。法案规定学校必须为每一个符合《残疾人教育法》所规定的残障类型的儿童设计出与他们的评估结果相吻合的个人教育计划，这项计划必须包含残障儿童能够从教育中得益的特殊教育和相关服务，比如为耳聋的学生提供手语翻译等。① 依据该法律规定，各教育机构必须合理精心地策划针对儿童的个人教育计划，包括享受阅读资源等各方面权利，以便提供卓有成效的教育。

还有2002年的《不让一个孩子掉队法案》所提出的“早期阅读优先”计划，尤其注重来自低收入家庭的学前儿童，其目标在于提高学前儿童特别是来自低收入家庭儿童的早期语言、认知能力和早期阅读技巧，帮助来自低收入家庭的孩子享受阅读。该法案的核心要求就是每个州都必须为所有的学生建立年度充分发展（Adequate Yearly Progress，AYP）目标，并必须为其所在区域的“亚群体”学生群分别设立不同的小目标，这些学生群包括来自社会经济地位低下家庭的学生群、来自多数种族和少数民族的学生群、残障学生群以及英语水平有限的学生群。②

事实上，在实践层面，美国图书馆为残障人群提供服务起步较早，早在1868年，波士顿公共图书馆就开始接受盲人图书并为其提供借阅服务；1987年，美国国会图书馆开始正式设立盲人阅览室。美国政府也较早出台了系列政策法规来保障残疾人享受阅读资源和公共设施的权利。比如1968年，《美国建筑障碍条例》就明确规定了公共建筑设施方便残疾人出入和使用的相关设计标准；1973年，《美国康复法案》第504条中指出，应确保残疾人平等享受图书馆设施服务的权利。以上法规政策的制定与实施，为美国图书馆残障人群服务的开展提供了强大的法律后盾，使其残疾人服务走向制度化并处于领先地位。而日本国会于2009年6月通过的《著作权

① 迈克尔·英伯、李晓燕等：《美国〈残疾人教育法〉和〈不让一个孩子掉队法案〉评析》，《美中教育评论》2007年第8期。

② 同上。

法修正案》对大学图书馆改善残障者服务影响较大，可将已发表作品进行录音制作，且录音制品网络传输权限由原来的点字图书馆扩大至公共图书馆、大学图书馆等，有力地保障了残障人士的阅读资源配备。

三 对国内阅读立法的借鉴

国外的阅读立法比国内起步早，它是在其成熟的阅读促进实践基础上的进一步升华，是从法制层面对公众阅读权利和阅读推广活动的保障。通过以上对国外阅读法规内容及特点进行总结分析，提炼并吸纳有价值、具有普适性的要点、法条内容等，将对我国全民阅读促进条例的内容框架设定和起草工作具有一定的借鉴与指导意义。

2013 年至今，阅读立法在国内也受到了中央和地方各级政府及相关部门的高度重视。国家层面，全民阅读立法在 2013 年已被列入国家立法计划。历届“两会”代表就全民阅读问题多次提案，尤其是 2013 年“两会”期间，115 位政协委员联名签署《关于制定实施国家全民阅读战略的提案》，明确建议政府立法保障阅读、设立专门机构推动阅读。国家新闻出版广电总局在 2013 年 3 月底成立全民阅读立法起草工作小组，启动草拟《全民阅读促进条例》工作，目前条例草案已经过数次修改，并已征求各省、市、自治区的意见，进入了国家立法程序。省市区以及城市层面，江苏、湖北等省以及深圳等城市在年内都启动了全民阅读立法工作。

其中，江苏省人大常委会《关于促进全民阅读的决定》已在 2014 年 11 月 27 日获人大常委会通过，作为全国首部促进全民阅读的省级地方性法规，将于 2015 年 1 月 1 日起正式实施。《深圳经济特区全民阅读促进条例（草案）》于 2014 年 11 月 19 日获市政府常务会议原则通过，将提交市人大常委会审议，有望明年上半年出台，为市民阅读权利提供法制保障。而 11 月 24 日，在湖北省召开的省政府常务会议上，对《湖北省全民阅读促进办法》进行了审议并原则通过。这些举措充分显示了全民阅读地方政府规章制定工作的脚步正在加快。

在这些已出台或即将出台的阅读促进法规中，或多或少地均借鉴了国外发达国家阅读立法的相关精髓。比如，不管是国家层面还是地方层面的阅读条例，都彰显了全民参与共促阅读的原则，明确提出要坚持政府引导、社会力量广泛参与的协同原则，调动相关机构组织及个人等各方力量来共同推动全民阅读；均提出各级政府应将全民阅读工作纳入国民经济和社会发展规划，建立全民阅读工作统筹协调机制，如成立全民阅读指导委员会等，来统一协调和组织行政区域的全民阅读工作；各促进条例或促进办法中都提出了阅读日、读书月、阅读节等全民阅读法定节日的设立，如“4·23世界读书日”、“9·28孔子诞辰日”、“深圳读书月”、“江苏全民阅读日”、“江苏读书节”等；同时还鼓励并支持全民阅读公益基金的成立，接受公民、法人或者其他组织的捐赠，或提出将全民阅读服务所需经费纳入政府年度财政预算，在经费和人力方面予以法律保障；此外，这些阅读促进法规都体现了对阅读资源及设施保障的高度重视，包括公共阅读设施的建设和免费开放，阅读出版物的创作和出版，以及各级公共图书馆文献资源和数字资源的建设与更新，以及资源共享体系的构建等；还有未成年人的阅读促进和保障问题在这些法规中也普遍受到重视，有些条例如全国的和深圳地区均单设专门章节来保障和指导未成年人的阅读，规定各级未成年人阅读教育机构的职责。当然，这些条例中也不乏创新型的条款出现，如深圳地区将近年来深圳“阅读推广”方面的创新实践上升为法律条文予以肯定，并设计了阅读推广人制度等系列内容；江苏省将构建“书香江苏”建设指标体系列为全民阅读活动领导小组的职责之一，建立全民阅读调查评估制度，开展全民阅读状况和全民阅读指数调查，等等。当然，任何一部法律条例的制定都不可能做到尽善尽美，目前来说，国内已面世的几部法律文本都存在不足和待完善之处，希望日后出台的阅读法规能够充分吸取和借鉴国外优秀立法成果，并结合自身实践，尽快推动中国全民阅读法治建设，建立巩固和保障全民阅读的长效机制。

（蔡菁：博士，深圳图书馆参考部馆员）